レオ・シュトラウス

ナチュラル・ライトと歴史

遠藤　司訳

序

　長年の間、責任ある統治に関して述べた政治哲学の領域は、アメリカの政治学においては疎かにされてきた。この期間の特徴は、かねて政治的統治関係を判定する基準とされてきた自然法を完全に斥けたことにある。法と権利は国家から発するものとみなされた。民主政のもとでは多数者の意思こそが法を作り、人に権利を付与するものとみなされた。それらを超えるような主権国家を拘束するいかなる法的な制約も、ここではあり得なかった。近年になり、かの20世紀に特有の現象、すなわち全体主義が、政治哲学者たちの間に伝統主義的な自然法の教理についての研究を復活させ、国家権力の制限を主張させたのである。

　ウォールグリーン財団での講義に基づくこのシュトラウス教授の著作は、ナチュラル・ライトの哲学の鋭い分析を表している。それはある種の近代政治理論に対する批判であり、伝統主義者の観点の基本原理を示すものである。

ウォールグリーン財団理事長
ジェローム・カーウィン

緒 言

 本書は私がシカゴ大学において、1949年10月に、チャールズ・R・ウォールグリーン財団の援助のもとに行った六回の講義を加筆したものである。本書を公刊するにあたって、私は可能な限り講義の原形を保つことに努めた。

 ナチュラル・ライトの観念の問題に関する見解をまとめて提示しないかと私をお誘い下さったチャールズ・R・ウォールグリーン財団に対して、とりわけ同財団の理事長であるジェローム・G・カーウィン教授に対して、私は感謝の意を表したい。また、ウォールグリーン財団の行き届いた配慮に対しても、同じく感謝の意を表したい。

 本研究のいくつかの節は、そのままの形で、あるいは簡略化された形で、これまでに発表されたことがある。第一章は *Review of Politics,* October, 1950. において、第二章は *Measure,* spring, 1951. において、第三章は *Social Research,* March, 1952. において、第五章（A）は *Revue internationale de philosophie,* October, 1950. において、第五章（B）は *Philosophical Review,* October, 1952. において、すでに発表されたことがある。

 最後に私は、*Revue internationale de philosophie* の編集者が寛大にも論文の転載を許諾して頂けたことに、感謝の意を表したい。

　1952年10月　イリノイ州シカゴにて

L. S.

第7刷への序文（1971年）

*

　ほとんど言うまでもないことだが、もし私が本書を再び書くとすれば、私はこれを違ったふうに書くことだろう。しかし私は様々な方面から、本書はこのままの書き方で有用であったし、また有用であり続けると保障されてきた。

　本書を書いた時から、私は「ナチュラル・ライトと歴史」についての理解を深めてきたと、そのように信じている。このことは第一に「近代のナチュラル・ライト」に当てはまる。私の見解は、ナチュラル・ライトの再考察に捧げられた書物であり、また「歴史意識」を当然視している人々によっては適切にアプローチされておらず、また理解されてもいない書物である、ヴィーコの『新しい科学　第2巻』についての研究によって確証されたものである。私はヴィーコについては何も書いてはこなかったため、興味のある読者に対しては、その間にホッブズとロックについて書いた私の論文「ホッブズの政治哲学の基礎」と「ロックの自然法の教理」のみを参考として示すことができる。どちらの論文も『政治哲学とは何であるか』(The Free Press of Glencoe, 1959) に再刊されている。とりわけ私は、ホッブズの論拠の神経 (p. 176n) について書いた部分を参考として挙げたい。

　この10年の間、私は「古典的なナチュラル・ライト」の研究に、とりわけ「ソクラテス」に集中してきた。私はこの主題を、1964年以降に公刊されたいくつかの書物において、そしてほぼ公刊の準備が整っている『クセノフォンのソクラテス』という表題の本の中で取り扱ってきた。

　私が学んできたいかなることも、現在支配的である実証主義的な相対主義や歴史主義的な相対主義よりも「ナチュラル・ライト」の方が、とりわけ古典的形態における「ナチュラル・ライト」の方が好ましいとす

る私の向きを揺るがすことはなかった。私はある共通の誤解を避けるために、一つの高次の法へと訴えることは、もしその法が「自然」とは区別される「われわれ」の伝統という語において理解されるならば、たとえ意図はないとしても性格においては歴史主義的であるという発言を付け加えるべきである。もしその訴えが神法へとなされるならば事情は明白に異なるが、それでもなお、神法はナチュラル・ローではなく、ましてやナチュラル・ライトではないのである。

L.S.

1970年9月
メリーランド州、アナポリス、セント・ジョンズ・カレッジ

目　　次

序　論 …………………………………………………… 1

Ⅰ. ナチュラル・ライトと歴史的アプローチ ………… 11

Ⅱ. 事実と価値の峻別とナチュラル・ライト ………… 41

Ⅲ. ナチュラル・ライトの観念の起源 ………………… 92

Ⅳ. 古典的なナチュラル・ライト ……………………… 138

Ⅴ. 近代のナチュラル・ライト ………………………… 190
　A. ホッブズ ………………………………………… 191
　B. ロック …………………………………………… 223

Ⅵ. 近代のナチュラル・ライトの危機 ………………… 293
　A. ルソー …………………………………………… 293
　B. バーク …………………………………………… 332

序　論

　私がこれから始めるチャールズ・R・ウォールグリーン財団における講義を独立宣言の一節の引用から始めることは、この講義が同財団において開かれたものであるという最も明白な理由によるのみならず、別の理由からも適切であるといえよう。その一節はこれまで頻繁に引用されてきた。しかし、その重みと崇高さのおかげで、軽蔑すらもたらすほどの極端なほどの慣れ親しみや、嫌悪すら生じさせるような誤用によって、その品格を落としてしまうという事態から逃れられている。「我々は自明の真理として、万人が平等に創られ、主によって生命、自由、幸福の追求を含む侵すべからざる権利を与えられていることを信ずる。」この命題に身を捧げた国家は、疑いもなく部分的にはこの献身の結果として、いまや地上において最も力強く、そして繁栄した国家となった。いまや成熟したこの国における国民は、かつて自らを創り生じさせたその信念を、いまなお胸に抱いているだろうか。いまなお「自明の真理」であると信じているだろうか。およそ一世代前、まだアメリカのある外交官は「人間の権利が自然と神に根拠をもつことは……すべてのアメリカ人にとって自明である」と述べることができた。ほぼ同じ頃、ある一人のドイツ人学者はまだ、ドイツの思想と西ヨーロッパおよび合衆国の思想との違いについて、西洋ではいまなおナチュラル・ライトが決定的に重要であると考えられているのに対し、ドイツにおいては「ナチュラル・ライト」や「ヒューマニティ」という言葉そのものが「今ではほとんど理解不能なものとなってしまい、……それらに本来あった生彩をまったく失ってしまった」と述べることが出来た。続けて彼は、ドイツ思想はナチュラル・ライトの観念を放棄し、またそれを放棄することを通じて「歴史感覚を創り出し」、ついには無制限の相対主義を招いてしまったと述べている[1]。27年前にはドイツ思想に関する非常に鋭い描写であったものが、今では西洋思想一般においても当てはまってしまうように思われ

序論

る。戦争に敗北し、いうなれば政治的存在としては殲滅させられた国家が、自身の思想の軛を征服者に押しつけることによって勝利の最も崇高な果実を奪い取ってしまった例は、これが初めてではないだろう。アメリカ国民のもつ思想が事実としてどうであるにせよ、一世代前にはまだドイツ思想の特徴としていくらかはまことしやかに述べることのできたナチュラル・ライトに反対する堅固たる態度を、アメリカの社会科学は確かに採用したのである。独立宣言の原理をいまなお固持せんとする学者の多くも、これらの原理をナチュラル・ライトに端を発する表現としてではなく、イデオロギーや神話としてではないとしても、ある種の理想にすぎないものと解釈している。近年のアメリカの社会科学は、それがローマ・カトリック系の社会科学でもない限り、すべての人間は進化の過程や神秘的な運命によって多くの種類の衝動や大望を与えられているとしても、ナチュラル・ライトが与えられていないことだけは確実だ、という命題に身を献げているのである。

それにもかかわらずナチュラル・ライトが必要であることは、過去何百年、いや何千年にわたってさえそうであったように、今日においても明らかである。ナチュラル・ライトを否定することは、すべての「ライト」すなわち法や正義は、実定的なものであると述べるに等しい。それが意味することは、法や正義はもっぱら様々な国の立法者や裁判所によって決められるものである、ということである。「正しくない」法律や「正しくない」決定について語ることは明らかに意味のあることであり、ときに必要なことでさえある。何が「正しい」か、何が「正しくない」かといった判断を下すなかで我々は、実定法から独立し、また実定法より高次の正・不正の基準が存在しうるということを暗に意味しているのである。その基準とは、我々がそれを参照することで、ある実定法について正・不正を判断することのできる基準のことである。今日では、多くの人が次のような見解を抱いている。すなわち、そのような基準は我々の社会や我々の「文明」において採用され、そこにおける生の仕方

や制度のうちに具体化された理想にすぎないのだ、と。しかしこの見解に従うならば、いかなる社会もそれぞれに独自の理想があるのだから、カニバリズムの社会も文明社会に劣るものではない、ということになってしまう。もしある原理が、ある社会に実際に受け入れられているという事実のみによって十分に正当化できるのであれば、カニバリズムの原理は文明社会の原理と同程度に擁護しうるもの、あるいは健全なものということになってしまう。この観点からみれば、たしかにカニバリズムの原理が端的に悪であると斥けることは出来なくなってしまうのである。そして一般に認められているように我々の社会が理想とするものも常に変化するのだから、もっぱら惰性的で活力をなくした我々のもつ習慣を除いては、我々はカニバリズムの方向へと変化してしまうことすらも平然と受け入れざるを得ないことになってしまうのである。もしいかなる基準も我々の社会が独自にもつ理想よりも高次のものではないとすれば、我々はその理想を批判することができなくなってしまう。しかし、我々が自らの社会における理想的な価値とは何であるかという問題を提起することが出来るという、まさにその事実が、人間のうちにはその人の帰属する社会に完全には隷属してしまうことのない何かがあることを示しているのである。それゆえ我々は、我々の社会のみならず他のいかなる社会の理想をも判定することの出来る基準を探し求めることができるということを、またそれゆえに我々はそれを義務づけられているということを、その事実は示しているのである。そのような基準は、多様な社会におけるニーズのうちには発見することができない。なぜなら社会とその内なる諸々の部分は、相互に対立しあう数多くのニーズをもつからである。すなわち、ここでニーズのプライオリティの問題が生じるのである。もし我々が、真のニーズと偽のニーズとを分別したり、様々なタイプの真のニーズのヒエラルキーを見分けたりすることのできる基準を持たないのならば、このプライオリティに関する問題は合理的な方法では解決できるはずがない。つまりもし我々がナチュラル・ライトに関

する知を持たないならば、社会の内で対立し合うニーズの提起する問題は解決できないことになるのである。

　そうであるから私には、ナチュラル・ライトを否定することは、ついには悲惨な結末をもたらすものと思われるのである。多くの人々によって、否そればかりか最も声高にナチュラル・ライトに反対する者によってさえ悲惨なこととみなされている諸々の結末が、今日のナチュラル・ライトの拒絶から起きたものであることは明らかである。現代の社会科学は、ある目的のための手段を選択することに関しては、我々を非常に賢く、あるいは利口にしてくれる。しかしそれは、正統な目的と正統でない目的、正しい目的と正しくない目的を見分けることに関しては、我々の助けにはなり得ないことを認めている。そのような科学は道具的なものである。否、道具以外の何ものでもない。それは現存する権力や利害のしもべとなるために生まれたものである。現代の社会科学は——理由は神のみぞ知るものだが——もしも寛大なる自由主義を論理的一貫性に優先させないのであれば、かつてマキアヴェリが行ったことを実際にやってしまうことだろう。すなわち、自由なる人々に対してのみならず暴君に対しても、同等の適性と鋭さをもって助言を与えることになるだろう[2]。現代の社会科学に従うならば、我々は副次的に重要なすべての事柄に関しては賢明であり得るし、また賢明になり得ることであろうが、しかし最も重要な点に関しては全くの無知に身を任せなければならないのである。すなわち、我々は何を選択すべきかについての究極的な原理に関しては、つまり自らのなす選択が健全か否かに関しては、いかなる知も持ち得ないことになってしまうのである。我々の究極的な原理は、我々の恣意的で盲目的な選好のほかには、何の支えも持ち得ないことになるのである。かくして我々は、些事に携わる時には正気で冷静でいても、重大な問題に直面すれば狂人のように博打に走るような人と、同じ立場に置かれることになるのである。すなわち、正気は小売りしながら、狂気は卸売りすることになるのである。もし我々の原理が盲目的

な選好のほかには何の支えも持たないならば、人が思い切ってやってみようと考えるすべてのことは許されることになるだろう。現代におけるナチュラル・ライトの否定は、ニヒリズムを招く。否それどころか、それはニヒリズムと同じである。

　それにもかかわらず寛大なる自由主義者たちは、ナチュラル・ライトの放棄を平然とどころか、安心感すら抱いて眺めている。彼らは次のように信じているようである。我々は本質的な善や法について真の意味で知ることは出来ないのだから、我々は善や法についてのいかなる意見にも寛容であらざるを得ないし、あらゆる選好やあらゆる「文明」は同等に尊重されるものと認めざるを得ない、と。無制限な寛容だけが理性に合致するというのである。しかしこのような考えは、いかなる選好についても寛容な選好のすべてに対して、理性の法ないしはナチュラル・ライトを認めることにつながる。否定的に表現すれば、すべての非寛容やすべての「絶対主義者」の立場を否定し、非難するための理性の法、ないしはナチュラル・ライトを認めることになるのである。それらの立場は、明らかに誤った前提に、すなわち人間は何が善であるかを知ることができるという前提に基づいているため、非難されなければならない。あらゆる「絶対的なもの」を情念のなかで否定するとき、その根底において我々は、ある種のナチュラル・ライトを、より正確にいえば、唯一必要なものは多様性や個別性の尊重であるとするナチュラル・ライトの特殊な解釈を認めていることが分かるだろう。しかし多様性や個別性の尊重とナチュラル・ライトの承認との間には、ある種の緊張関係がある。自由主義者たちが、ナチュラル・ライトについての最もリベラルな解釈によってさえ課せられる多様性や個別性への絶対的な制限に耐えられなくなったそのとき、彼らはナチュラル・ライトと個別性の奔放な育成との間での選択を迫られることになった。そして彼らは後者を選んだのである。ひとたびこの一足が踏み出されると、寛容すらも多くの価値や理想のうちの一つにすぎないと思われるようになり、その反対の非寛容に

序　論

本質的に優越するものではなくなる。言い換えれば、非寛容は尊さにおいて寛容と同価値のものであると思われるようになるのである。しかしすべての選好や選択が同価値であると結論づけたままにしておくことは、現実には不可能である。もし選択のランクが不等であることが対象の目的間のランクが不等であることに求められないのだとすれば、選択の「行為」のランクが不当であることに求めなければならなくなる。そしてこのことが意味するのは、結局のところ見せかけの、あるいは低劣な選択とは異なる真の選択とは、きわめて真剣な断固たる決断に他ならない、ということである。しかしながらそのような決断は、寛容よりはむしろ非寛容と同種のものである。自由主義的相対主義はその起源を、寛容さについてのナチュラル・ライトの伝統のなかに、すなわち万人は自らの理解するところの幸福を追求する自然権を有するという考えのなかにもつのである。しかしそれは、それ自体、非寛容の一つの苗床なのである。

　ひとたび我々が、自らの行為の原理は盲目的な選択のほかには一切の支えを持たないことを認めてしまえば、我々はもはやその原理を本気で信じることはなくなる。我々はもはや心底からそれらに頼って行為することはできなくなる。我々はもはや責任ある存在として生きることが出来なくなるのである。生きるためには、我々の原理はそれ自体いかなる他の原理とも同等に善くも悪くもあると、そのように我々に告げてくる容易に黙らせることのできる理性の声を、実際に黙らせなければならない。我々が理性を育めば育むほど、ニヒリズムを育むことになるのである。すなわち、徐々に社会の忠実なる成員ではなくなっていくのである。逃れることのできないニヒリズムの事実上の帰結は、狂信的蒙昧主義なのである。

　実際にこのような結末に陥ったかつての厳しい経験が、ナチュラル・ライトに対する一般の関心を再び高めることとなった。しかしまさにこのような事実があるからこそ、我々は特に用心しなければならない。慎

りというものは悪いカウンセラーなのである。我々の憤りは、せいぜいのところ我々が善意を持つことを証明するだけである。それは我々の判断が正統であることを証明するものではない。我々は狂信的蒙昧主義を嫌悪しているのだからこそ、ナチュラル・ライトを狂信的蒙昧主義の精神で受け入れてはならないのである。ソクラテスが目指したものをトラシュマコスの手段と気質で追求するような危険を冒さないように注意しよう。たしかにいえることだが、ナチュラル・ライトが絶対的に必要であるからといって、必ずしもその必要が満たされるわけではない。願望と事実とは別物である。たとえよく生きるためにはある見解が不可欠であることを証明したからといって、それは単にその見解が有益な神話であることを証明したにすぎない。すなわち、それが真理に至ることを証明したことにはならないのである。あるものが有用であるかどうかと真理であるかどうかは、全くの別物なのである。理性が我々の社会のもつ理想を超えることを我々に強制するという事実は、この一足を踏み出すことによって我々が空虚に直面しないことも、互いに相容れずかつ同じ程度に正当化されうる「ナチュラル・ライト」の多様な原理を目の当たりにしないことも、保証するものではないのである。ここで重要なことは、偏ることのない、理論的で、公平な議論を、我々は義務づけられているということである。

　いまやナチュラル・ライトは我々が実際に知っているものというよりは、むしろ記憶の中から掘り出してくるべきものとなってしまった。それゆえ我々は、その複雑な問題の全体に精通するために、歴史を研究することを必要としている。しばらくの間、我々はいわゆる「思想史」の研究者にならなければならない。一般に考えられているところとは反対に、このことは公平に取り扱うことの難しさを取り除くものではなく、むしろさらに悪化させることになるだろう。アクトン卿を引用すれば「諸々の観念の系譜を明るみに出す発見よりも刺激的な発見はない。鋭い定義と容赦のない分析は、社会がその分裂を覆い隠していたヴェール

序　論

を取り除き、政治的論争を妥協の余地なきほどに暴力的なものとし、政治的結合をその効用を奪うほどに根拠の不確かなものとし、社会的・宗教的闘争の全情熱をもって政治をいっそうひどいものとする。」我々は、熱烈で盲目的な党派的熱狂に対する唯一の防衛手段が政治的抑制だけであるような次元を離れることでしか、この危険を克服することはできない。

　ナチュラル・ライトについての論点は、今日では党派的忠誠の如何を表すものとばかりみなされている。我々の周囲を見まわすと、重装備で厳重に防御を固めた二つの敵対する陣営が存在することがわかる。一方は各種の自由主義者たちの占める陣営であり、もう一方はトマス・アクィナスのカトリック系および非カトリック系の弟子たちの占める陣営である。しかし両陣営とも、またそれに加えて垣根に腰かけることを好んだり、砂の中に頭を隠したりといった態度の者たちも、繰り返し比喩を重ねて言えば、みな同じ舟の中にいるのである。すなわち彼らはみな「近代人」なのである。我々はみな同じ困難のうちに捕らえられているのである。古典的形態におけるナチュラル・ライトは、目的論的宇宙観と関係していた。すべての自然存在は、自らにとっていかなる類の働きが善きものであるかを決定する自然本性の目的、自然本性の運命をもつ。人間の場合には、それらの働きを見分けるための理性が必要とされる。すなわち人間の自然本性の目的とは何であるかという究極の点において、理性こそが、何が自然本性において正統であるかを決定するのである。目的論的宇宙観の一部をなすこの目的論的人間観は、近代の自然科学によって破壊されてしまったように思われる。アリストテレスの観点からすれば――この問題において誰がアリストテレスよりも優れた判事であるなどと主張できるものか――機械論的宇宙観と目的論的宇宙観の間の争点は、天、天体、およびそれらの運動の問題が解決されるときの仕方によって決められる[3]。アリストテレスの目からすれば決定的であったこの点に関して、いまやその争点は非目的論的宇宙観のほうに有

利な形で決着をみたようである。この重大なる決着から、二つの相反する結論を導き出すことができるだろう。ひとつは、非目的論的宇宙観は非目的論的な人生観によって徹底されなければならないとするものである。しかしこの「自然主義的」な解決法は、重大な困難にさらされる。すなわち、人間の目的を単に欲求や衝動によって置かれたものと考えることでは、人間の目的を十分に説明することはできないように思われるのである。それゆえもう一つの解決法が有力となった。その意味するところは、人々が非目的論的自然科学と目的論的人間科学との、根本的で、近代に典型的な二元論を受け入れざるを得なくなったということである。これはなかでも近代におけるトマス・アクィナスの弟子たちがとらざるを得なかった立場であるが、この立場はトマス・アクィナス自身の包括的見解のみならず、アリストテレスの見解との決裂も前提とするものである。いま我々が陥っている根本的なジレンマは、近代の自然科学が勝利したことによって生じたものである。この根本的な問題が解決されないことには、ナチュラル・ライトの問題についての完全なる解決法を見出すことなどできない。

いうまでもなく今回の講義ではこれに関する問題を取り扱うことはできない。ここでは社会科学の範疇において明らかにされるようなナチュラル・ライトの問題についてのみ取り扱わねばならないだろう。今日の社会科学は、ほとんど結びついてはいるものの、やはり異なったものである二つの根拠に基づいて、ナチュラル・ライトを否定している。すなわち、一つは「歴史」の名において、もう一つは「事実」と「価値」の峻別の名において、ナチュラル・ライトを否定しているのである。

注

1 "Ernest Troeltsch on Natural Law and Humanity," in Otto Gierke, *Natural Law and the Theory of Society*, translated with Introduction by Ernest

Barker, I (Cambridge: At the University Press, 1934), 201-22.

2 「専制のうちには法秩序はなく、専制君主の恣意がそれを支配している、などという主張は全くのところ無意味である……専制支配の国家であっても、人間の行為についてのいくらかの秩序を示している。……この秩序はまさしく法秩序である。それに対して法的性格を認めないのは、ナチュラル・ライトの蒙昧か、あるいは思い上がりにすぎない。……恣意的だとみなされたものは、すべてにおいて決定を下し、配下にある諸機関の活動を無条件に取り決め、また一度定められた規範をいつでも一般的な効力や特殊的にすぎない効力によって棄て去ったり変更したりする、独裁者の法的可能性に過ぎない。そのような状態は、たとえ不都合に感じられたとしても、一つの法的状態なのである。そのようなものにもなお、よい側面はある。近代の法治国家においても、独裁の呼び声が示されることが珍しくないことが、そのことを明確に表している」(Hans Kelsen, *Allgemeine Staatslehre* [Berlin, 1925], pp. 335-36)。ケルゼンはナチュラル・ライトに対する態度を変えようとはしなかったのだから、なぜ彼が英訳版からこの教訓まじりの一節を削除したのかが私には分からない (*General Theory of Law and State* [Cambridge: Harvard University Press, 1949], p. 300)。

3 *Physics* 196a25 ff., 199a3-5.

Ⅰ. ナチュラル・ライトと歴史的アプローチ

　歴史の名においてなされるナチュラル・ライトへの攻撃とは、ほとんどの場合、次のようなものである。すなわち、ナチュラル・ライトは人間の理性によって識別され、かつ普遍的に承認される一つの法や正義があることを主張しているが、しかし歴史（人類学も含めて）の教えるところではそのような法や正義などは存在せず、想定されている一様性の代わりに我々は、それらについての際限なきほどに多様な考えがあることを見出している、というものである。あるいは別の言い方をすれば、変わることのない正義の原理が存在しなければナチュラル・ライトは存在しないが、歴史はいかなる正義の原理も移ろいやすいものであることを我々に示している、というものである。この論拠が全くもって的外れであることに気づくまでは、歴史の名におけるナチュラル・ライトへの攻撃の意味するところを理解することは出来ない。そもそもからいって「全人類の合意」などナチュラル・ライトが存在するための必要条件ではない。ナチュラル・ライトについての幾人もの最も偉大な教師たちは、もしナチュラル・ライトがまさしく理性的であるならば、それは理性が育まれることを前提としてようやく発見できるものであるから、それゆえナチュラル・ライトは普遍的に知られるものではないだろう、と論じてきた。すなわち、未開人にはナチュラル・ライトについての真の知など期待されるはずもない、というのである[1]。言い換えれば、ある場所、ある時期において否定されたことのない正義の原理などどこにも存在しないことを証明しても、そこでなされた否定が正当化されたとか理性的であったということを証明したことにはならないのである。さらにいえば、異なった時代、異なった国家において正義の観念が異なることは、つねづね分かっていたことである。近現代の研究者たちによってなされたより多くの正義の観念の発見が、何らかのかたちで根本的な論点に影

I. ナチュラル・ライトと歴史的アプローチ

響を及ぼしているなどと主張するのは馬鹿げたことである。とりわけ、正統であるか否かについての観念は際限なく多様であると認識することは、ナチュラル・ライトの観念それ自体と両立不可能なものであるどころか、その観念が現れるための不可欠の条件なのである。すなわち、法や正義の観念が多様であることを認識することこそ、まさにナチュラル・ライトの探究へのインセンティブなのである。歴史の名におけるナチュラル・ライトの否定が何らかの意義をもつためには、歴史的根拠とは違う根拠をもたなければならない。その根拠とは、ナチュラル・ライトが存在する可能性についての、あるいはナチュラル・ライトを認識する可能性についての哲学的批判——ともあれなおも「歴史」と結びついた批判——でなければならない。

　法や正義の観念が多様であることによってナチュラル・ライトが存在しないと結論づけることは、政治哲学そのものと同じくらい古くから存在するものである。政治哲学は、法や正義の観念は多様であるからナチュラル・ライトなどは存在しないと、あるいはすべての法や正義は人為的なものであることを証明しているといった主張とともに始まったようである[2]。我々はこのような見解を「コンヴェンショナリズム」と呼ぼう。歴史の名におけるナチュラル・ライトへの今日の否定の意味を明らかにするために、我々は最初に、一方におけるコンヴェンショナリズムと、他方における19世紀、20世紀の思想に特有の「歴史感覚」や「歴史意識」といったものとの間の、はっきりとした違いを把握しなければならない[3]。

　コンヴェンショナリズムは、自然と人為 convention との区別こそがあらゆる区別のうちで最も基本的なものであることを前提とした。それは、自然が慣例や実社会における法令とは比較にならないほど高い尊厳をもつことを、あるいは自然こそが規範であることを、暗に意味するものであった。法と正義とは人為的なものであるとする命題は、法と正義が自然のうちには基礎をもたないこと、またそれらが究極的には自然に

I．ナチュラル・ライトと歴史的アプローチ

反するものであること、さらにそれらが明示的であるにせよ暗示的であるにせよ、ある共同体の恣意的な決定に根拠をもつものであることを意味する。すなわち、法と正義はある種の合意のほかには基礎をもたず、そして合意は平和をもたらしはするものの真理を生み出すことはできない、ということである。それに対して、近現代における歴史観の支持者たちは、自然こそ規範であるという前提を神話的なものにすぎないとみなして拒否し、また自然が人間の作ったいかなるものよりも高い尊厳を有するといった前提を斥ける。反対に彼らは、人間と、変わりゆく正義の観念を含む人間の作ったものとを、他のすべての実在物と同様に自然的なものと考えるか、さもなければ自然の領域と自由の領域、あるいは自然の領域と歴史の領域といった根本的二元論があることを主張している。後者の場合には、彼らは人間の世界、人間の創造の世界が自然をはるかに越えた上位にあることを暗に意味している。したがって彼らは、正・不正についての観念が根本的に恣意的なものであるとは考えない。彼らはそれらの起源を発見しようとし、それらの多様性と序列を人間の知によって理解できるものにしようと努めている。そしてそれらの由来を自由な行為につきとめることで、彼らは自由と恣意性とが根本的に違うことを主張するのである。

　古典的な見解と近代の見解との相違を明らかにすることの意義は何であろうか。第一に、コンヴェンショナリズムとは古典哲学の一つの特殊形態であることを指摘したい。コンヴェンショナリズムと、例えばプラトンのとった立場との間には、明らかに深い溝がある。しかし彼らのような古典に属しながらもそれに相対する者たちは、最も基本的な点に関しては同じ考えを持っている。すなわち両者とも、自然と人為の区別が根本にあると考えているのである。それというのもこの区別は、哲学の観念のうちに暗に含まれるものだからである。哲学とは、洞窟の中から太陽の光の方向に向かって、つまり真理に向かって昇っていくことを意味する。その洞窟とは、知に反するオピニオン（臆見）の世界である。

I. ナチュラル・ライトと歴史的アプローチ

本質的にオピニオンは変化するものである。もし諸々のオピニオンが実社会における法令を通して安定化されなければ、人間は生きることが、つまり共同することを必要とするこの社会のうちに生きることができない。かくしてオピニオンは、権威的なオピニオンや公的なドグマ、あるいは世界観となっていくのである。そうであるならば哲学することは、公的なドグマから本質的に私的な知へと昇っていくことを意味する。そもそもからいえば、公的なドグマを用いて全体包括的な真理や永遠の秩序についての問題に答えようとすることは適当ではない[4]。永遠の秩序についてのいかなる不適切な見解も、永遠の秩序の観点からすれば偶然のものか、あるいは恣意的なものにすぎない。なぜならばその妥当性は、その内にある真理にではなく、現実の社会における法令や慣例によるものだからである。それゆえコンヴェンショナリズムの基本前提にあるのは、哲学とは永遠なるものを知ろうと試みるものであるとする考えに他ならない。ナチュラル・ライトに反対する近現代の者たちは、まさにこの考えを否定するのである。彼らは、人間のすべての思想は歴史的なものであり、したがってまた人間はいかなる永遠なるものも決して知ることはできないと考えている。古代人にしてみれば哲学とは洞窟から立ち去ることを意味するものであったが、それとは対照的に我々の同時代人からしてみれば、哲学とはすべてが本質的に「歴史の世界」「文化」「文明」「世界観」すなわちプラトンが洞窟と呼んだものに属することなのである。我々は後者の見解を「歴史主義」と呼ぼう。

　我々はすでに、現在なされている歴史の名におけるナチュラル・ライトの否定が、歴史的な根拠に基づくものではなく、ナチュラル・ライトの可能性やその認識可能性に対する哲学的批判に基づくものであることを知るに至った。ここで我々は、そのような哲学的批判がナチュラル・ライトや道徳原理一般のみに対する特殊なものではないことを知ろう。すなわちそれは、人間の思想そのものへの批判なのである。ただそうはいっても、ナチュラル・ライトへの批判は歴史主義の形成において重要

な役割を果たしたことは指摘しておきたい。

　歴史主義は 19 世紀において、永遠なるものについての知、あるいは少なくともその予見は可能であるとする信条の保護のもとに生まれた。しかしそれは、まだ幼き頃には自らを守るものであった信条を徐々に蝕んでいった。そして歴史主義は突然、我々の生きている時代に成熟した形で現れたのである。歴史主義の生成過程は十分には理解されていない。現時点での我々の知識では、近代の発展におけるどのポイントで、初期のすべての哲学においては有力なものであった「非歴史的」アプローチとの決定的な断絶がなされたかを述べることは難しい。おおよその見当をつけるには、それまでは隠れていた動きが表面化し、社会科学を公然と支配し始めたその瞬間からスタートするとよい。その瞬間とは、歴史学派の出現のときのことである。

　歴史学派を導いた思想は、純理論的な性格とは程遠いものであった。歴史学派はフランス革命とそれによる大変動を準備した、あるナチュラル・ライトの教理への反動として現れた。過去からの暴力的な断絶に反対して、歴史学派は叡智と伝統的な秩序を維持し存続させることが必要だと主張した。しかしこのことは、ナチュラル・ライトの観念そのものを批判せずとも行えたはずであった。確かにいえることだが、近代よりも前のナチュラル・ライトは、既存の秩序や今ここに実際にあるものから離れて、無謀にも「自然」的な秩序や「理性」的な秩序に訴えるなどということは許していなかったからである。しかし歴史学派の創始者たちは、ともかくも次のことには思い至っていたようである。すなわち、何らかの普遍的な原理や抽象的な原理を受け入れることは、思想に関する限りにおいては必然として、不安を搔き立て、平静さを失わせる革命的な効果をもたらし、また一般的にいってその効果は、その原理が保守的な行動指針を許すか革命的な行動指針を許すかとは全く独立したものであるということに、である。それというのも普遍的な原理を認めることは、既存の秩序や今ここに実際にあるものを、自然的な秩序や理性的

な秩序に照らして判定せざるを得なくなることを意味するからである。そして今ここに実際にあるものは、普遍かつ不変の規範にはかないそうにもない[5]。かくして普遍的原理を認めることは、運命のもたらした社会秩序を、人々が心底から自らのものとみなし、受け入れることを邪魔する向きがある、ということになる。それは地上における彼らの居場所から、彼らを疎外してしまうのである。それは彼らを異邦人に、全地球上における異邦人にさえしてしまう傾向がある、ということになるのである。

　普遍的規範について、その存在をではないにせよその意義を否定することによって、歴史学派の創始者たる卓越した保守主義者たちは、実際のところ彼らの論敵たちの革命に向かおうとする努力を継続させ、むしろ尖鋭化させてしまった。革命家たちの努力はある特殊な自然観によって息を吹き込まれていた。それは不自然なもの、すなわち人為的なものと、超自然的なもの、すなわち非現世的なものの両方に反するものであった。革命家たちは、自然的なものはいつでも個別のものであり、それゆえ斉一的なものは不自然なもの、すなわち人為的なものであると考えていたといえよう。個としての人間は、自らの幸福にとって単に正しいことをではなく、自身が解釈する幸福を追求するためにこそ解放されるべきであり、また自らを解放すべきであるとされた。しかしながらこのことは、一つの普遍的で斉一的な目標が万人のために定められていることを意味していた。すなわち、それぞれの「個」におけるナチュラル・ライトとは、人間である限りすべての者に一様に与えられている「ライト」、すなわち権利のことである、とされたのである。しかし、斉一性とは不自然なものであり、それゆえ悪であるとみなされていた。個々人の自然本性の多様性と完全に一致するものとして権利を個別化することは、明らかに無理のあることであった。社会的な生と両立可能で、かつ斉一的ではない唯一の権利は、「歴史的」な権利だけであった。それは例えば、「人間の権利」とは対照的なものである「イギリス人の権利」のことであ

Ⅰ．ナチュラル・ライトと歴史的アプローチ

る。場所的・時間的な多様性こそ、反社会的な個人主義と不自然な普遍性の間で、安全かつ確実な中道を提供するものであろう。私は歴史学派が正義の観念の場所的・時間的な多様性を発見したといっているのではない。明白なことは発見されるまでもないのである。我々が言えることはせいぜい、歴史学派が場所的・時間的なものの価値、魅力、本質を発見したということ、あるいは普遍的なものに対する場所的・時間的なものの優越性を発見したということである。ルソーのような人間のもつ傾向をよりラディカルにして、歴史学派は場所的・時間的なものが普遍的なものよりも高い価値をもつことを主張したと言えば、より慎重に述べたことになるだろう。結論として、普遍的なものと考えられたものは、結局のところ場所と時間に限定された何かから派生したものとして、つまり「消えゆく状態にある *in statu evanescendi*」場所的・時間的な何かとして現れたものなのである。例えば、ストア派のナチュラル・ローの教説は、ある特定の場所にある社会の、ある一時的な状態——ギリシアという都市国家の解体の状態——の単なる反映として現れた可能性が高い、といった具合にである。

　革命家たちの努力は、すべての非現世的なもの[6]、あるいは超越的なものに反対することに向けられていた。超越とは啓示宗教だけがなせるものではない。きわめて重要な意味において、それは自然の、すなわち最善の政治的秩序の探究としての政治哲学の本来の意味に含まれていた。プラトンとアリストテレスが理解した最善のレジームとは、大部分が今ここに実際にあるものとは異なったもの、すなわちすべての現実の秩序を超えたものであり、またそうあるためのものである。最善の政治的秩序の超越に関するこのような見方は、18世紀に展開された「進歩」の理解によって著しく修正されてしまったが、しかしなお、まさにその18世紀の観念のうちに維持されていた。さもなければフランス革命の理論家たちは、かねてより存在するすべての社会秩序を、あるいはほぼすべての社会秩序を強く非難することは出来なかっただろう。歴史学派

I. ナチュラル・ライトと歴史的アプローチ

は、普遍的規範の存在をではないとしても、その意義を否定することによって、現実のものを超越しようとするすべての努力のもつ唯一堅固な基礎を破壊してしまったのである。そうであるから歴史主義は、18世紀にあったフランス・ラディカリズムよりももっと極端な近代的現世主義の一形態であるということができる。たしかに歴史主義は、あたかも「この世」に人々を完全に安住させようとしているかのように振る舞っていた。彼らはいかなる普遍的原理も、少なくともほとんどの人間を潜在的にホームレスにするものであるとして、歴史的原理を賛美し、普遍的原理を貶めたのである。人間は、過去、遺産、歴史的状況を理解することによって、古き頃にあった前歴史主義的な政治哲学が主張したのと同じくらい客観的な原理に、つまり抽象的でも普遍的でもなく、それゆえ賢明な行動や人間の真の生に害を及ぼすことのない具体的・個別的な原理——特定の時代や特定の国家に適合した原理、特定の時代や特定の国家に相対的な原理——に到達できるであろうと、そのように彼らは信じたのである。

歴史学派は、客観的でありつつも特有の歴史的状況には相対的な基準を発見しようと試みることで、歴史研究にそれまでよりもずっと大きな意義を与えた。しかしながら我々が歴史研究に期待しようとするものについての歴史学派の見解は、歴史研究の成果物などではなく、直接的か間接的かはともかくとして18世紀のナチュラル・ライトの教理から生じた想定の成果物であった。歴史学派は民族精神の存在を想定していたのである。つまり、国家ないし民族集団が自然的な単位のものであると考え、歴史的進化の一般法則が存在すると考え、あるいはこの二つの想定を結合したのである。歴史研究に決定的な推進力を与えたその想定と、真の歴史理解の要件ならびに結果との間には、対立があることがすぐに明らかになった。これらの想定が放棄されたその瞬間に、歴史主義の幼年期は終わりを迎えたのである。

ここで歴史主義は実証主義の特殊な形態の一つとして現れた。つま

り、神学と形而上学は実証科学に完全に取って代わったと考えた学派として、あるいは実在についての真の知と経験科学の与えるところの知を同一視する学派の特殊な形態の一つとして現れたのである。元来の実証主義は「経験的」という言葉を自然科学の用法と同じように定義していた。しかし歴史の主題に対する元来の実証主義の扱い方と、実際に経験的手法をとる歴史家の扱い方との間には、どぎついばかりの相違があった。まさに経験知のためには自然科学のメソッドは歴史研究にとって権威的であるとは考えられるべきではない、と主張することが必要になったのである。それに加えて「科学的」な心理学と「科学的」な社会学が人間について語らなければならなかったことは、偉大なる歴史家から学びうることに比べれば取るに足りないほど貧相なものであることが証明された。かくして歴史は、真に人間的な、人間としての人間についての知、すなわち人間の偉大さと不幸についての知、唯一経験的な確固たる知を与えるものと考えられた。人間のなすいかなる探究も、人間から出発して人間に回帰するものなのだから、ヒューマニティに関する経験的研究は実在に関する他のいかなる研究よりも高い尊厳をもつことは間違いないと思われた。歴史——すべてのいかがわしい想定、あるいは形而上学的な想定とは絶縁した歴史——が最高の権威となったのである。

　しかし歴史は、歴史学派によって示された約束をまったく守ることができないことを証明した。歴史学派は普遍的原理や抽象的原理の信用を失墜させることに成功した。彼らは歴史研究こそ個別的な基準や具体的な基準を明らかにするものと考えていた。しかし公平であることを大切にする歴史家は、歴史からはいかなる規範も導き出すことができないと告白しなければならなかった。すなわち、いかなる客観的規範もそこには存在していなかったのである。個を形成した伝統や、ある状況によって示される基準を、個が受け入れたり、敬意を払ったりするよう義務づけるものである普遍的原理を基礎とする場合にのみ、個別的な基準や歴史的な基準は権威となりうるのだという事実を、歴史学派は曖昧にした

Ⅰ．ナチュラル・ライトと歴史的アプローチ

のである。しかし普遍的原理は、歴史的基準のすべてを、あるいは勝利を得た原因のすべてを受け入れるものではない。すなわち、伝統に倣うことや「未来の波」に飛び乗ることは、尊崇されてきたものを焼やしてしまったり、「歴史の趣勢」に抵抗したりすることよりも、明らかによいということもなければ、つねによいということもないのである。かくして歴史そのものによって示されるすべての基準は、根本的に曖昧であり、それゆえまた基準とみなされるに相応しくないことが証明された。公平であることを大切にする歴史家にとって「歴史的プロセス」は、人間が行い、生み出し、考えたものによって、あるいは掛値なしの偶然によってのみつくられた無意味な織物――白痴によって語られた物語――であるとみなされるようになった。歴史的基準、この無意味なプロセスによってつくられた基準は、もはやそのプロセスの背後にあるはずの神聖な力によって聖化されるべきことを主張することができなくなった。ただひとつ、純粋に主観的な性格をもつ個々人の自由な選択の他には何の支えも持たない基準しか残らなかった。それからというもの、善き選択と悪しき選択とを区別するためのいかなる客観的基準も存在しなくなったのである。歴史主義はニヒリズムに達するのである。人間を完全にこの世に安住させようとした試みは、人間を完全にホームレスに陥れることで終わりを迎えたのである

　「歴史的プロセス」が無意味な織物であるとか、あるいは「歴史的プロセス」のようなものは存在しないといった見解は、とくに新しいものではない。それは基本的には古典思想の見解だったのである。多くの方面からかなりの程度反対されていたにもかかわらず、それは18世紀においてもなお力を持った見解であった。歴史主義が行き着いたニヒリスティックな帰結は、前歴史主義的な見解よりもなお古い見解への回帰を示すことができたはずである。しかし、歴史主義はかつての前歴史主義的な思想よりも適切かつ確実な指針を人の生に対して与えることができるとされたその実際的な主張は明らかに失敗したが、それでもなお、歴

Ⅰ．ナチュラル・ライトと歴史的アプローチ

史主義のおかげだとされた理論的洞察の威信は潰されることはなかった。歴史主義とその事実上の失敗によってつくられた風潮は、人間としての人間の真の状況についての——過去の人間が普遍かつ不変の原理を信じることによって自らの目を覆ってきた状況についての——未曾有の経験であると解釈された。かつて存在した見解とは異なり、歴史主義者たちは歴史研究が生み出す人間観に決定的な意義を与え続けた。歴史研究そのものがとりわけ第一に関係するのは、永久かつ普遍的なものに対してではなく、変わりゆく個別的なものに対してである。歴史としての歴史は、思想と信念における恥ずべき多様性を、とりわけ人間の抱くすべての思想と信念は過去のものとなっていくという気のめいるような光景を、我々に示すものであると思われる。歴史としての歴史は、すべての人間の思想が多かれ少なかれ異なった先行のコンテクストに後続するものであり、またそれら先行するものも根本的に予知できないかたちで現れる独特の歴史的なコンテクストに依存しているものであることを示しているように思われる。すなわち、人間の思想の基礎は、予知できない経験や予知できない決定に置かれているということを示しているように思われるのである。すべての人間の思想が特定の歴史的状況に属するものであるならば、すべての人間の思想はそれが属する状況と共に消滅していくしかないのであり、そして新たな予知できない思想に取って代わられなければならないのである。

今日では歴史主義者の主張は歴史的な根拠によって十分に支持されたものとして、あるいは明白な事実を示すものとして世に広められている。しかしその事実がそこまで明白なものであるというならば、どうして過去の最も思慮深かった人々の注意を免れることができたのか、それが理解できない。歴史的な根拠に関していうならば、それだけでは歴史主義者の主張を支えるには明らかに不十分である。歴史は我々に、すべての人々によって、すべての有能な人々によって、あるいはおそらく最も声高の人々によって、それまでの見解が棄てられて他の見解が選ばれたこ

I．ナチュラル・ライトと歴史的アプローチ

とを教えてはくれるが、しかしその変化が健全であったかどうか、否定された見解は否定されるに値したかどうかについては、何も教えてはくれない。その見解の公平な分析——その見解の支持者たちの勝利によって目をくらまされたり、その敗北によって驚愕させられたりはしてはいない分析——だけが、その見解の価値に関して、したがってまたその歴史的変化の意味に関して、我々に何かを教えてくれることだろう。歴史主義者の主張が確固たるものとなるには、歴史にではなく、哲学に基づくものでなければならないのである。すなわち、すべての人間の思想は究極的には気まぐれで暗い運命に依存しており、人間としての人間が到達できる明白な原理に依存するものではないことを証明するための哲学的分析に基づかなければならないのである。その哲学的分析の第一の基層は「理性批判」である。つまり、理論的形而上学と哲学的倫理学、あるいはナチュラル・ライトの不可能性を証明することを訴える「理性批判」である。厳密にいって、あらゆる形而上学的見解や倫理学的見解が支持しがたいこと、つまりそれらが端的に真理であるとする主張を支持するのが難しいことがひとたび想定されるならば、それらの歴史的運命はそれに相応して必然として現れることだろう。そうであるならば、様々な時代における様々な形而上学的見解や倫理学的見解の流行の足跡を、それが力を持っていた時代につきとめることは、きわめて重要なことではないとしてももっともらしいことにはなる。しかしこのことはなお実証科学の権威を揺るがすものではない。歴史主義の基礎をなす哲学的分析の第二層は、実証科学が形而上学的な基礎に依存していることの証明なのである。

このような哲学的思想や科学的思想に対する哲学的批判——ヒュームとカントの努力の結晶——は、それ自体、懐疑主義に到るものであろう。しかし懐疑主義と歴史主義とは全く異なる。懐疑主義は自らを、原理上は人間の思想の起こりと同じくらい古くから存在するものとみなすが、歴史主義は自らを、特定の歴史的状況に属するものとみなす。懐疑

Ⅰ．ナチュラル・ライトと歴史的アプローチ

主義者にとってあらゆる主張は不確実なものであり、それゆえまた本質的に恣意的なものであるが、歴史主義者にとって様々な時代、様々な文明において優勢な主張は恣意的であるはずがない。歴史主義は、非懐疑主義的な伝統——人間の知の限界をはっきりさせようと試み、それゆえある範囲に限っては真の知が可能であることを認めた近代の伝統——から派生している。すべての懐疑主義とは対照的に、歴史主義は少なくとも部分的には、いわゆる「歴史的経験」を解明することを求めるところの人間の思想の批判に基づいているのである。

　我々の時代の有能な人はいずれも、過去の思想家によるいかなる完成した教説についても、それが端的に真理であるなどとはみなさないだろう。ある教説の創始者が当然とは決めつけてはならないことを当然とみなしていたこと、あるいはその人が後世において発見されるある事実や可能性を知らなかったことは、すべてのケースにおいて経験の示すところである。これまでのところ、あらゆる思想は決定的な点においてラディカルな改定の必要があることを、あるいは決定的な点において不完全であるか、もしくは制約があることを証明している。さらにいえば、過去をふり返ってみると我々は、一方向におけるすべての思想の進歩は、他の点における思想の退歩を代償としたものであることに気づくだろう。すなわち、それまでにあった制約が思想の進歩によって克服されるとき、かつての重要な洞察はその進歩の帰結として必ずといっていいほど忘れ去られてしまうのである。そうであるならば全体としてみれば進歩はなかったことになり、単にあるタイプの制約から他のタイプの制約へと変化があっただけということになるのである。最後に我々は、過去の思想のうちにあった最も重要な制約は、過去の思想家たちのいかなる努力によっても克服できなかったものであることに気づくだろう。他のことはさておき、ある制約を克服するためのいかなる思想的な努力も、他の点における盲目に至る。今日に至るまで避けられなかったことは将来においても繰り返し起こると考えることは理にかなっている。ある制

I. ナチュラル・ライトと歴史的アプローチ

約は歴史的状況によって異なり、またある時期の思想を特徴づける制約は人間のなすいかなる努力によっても克服されないほど、人間の思想には本質的に制約がある。かつて獲得されたあらゆる知の意味を根本的に変えてしまう、驚くばかりの、全く予期しなかったものの見方の変化は、これまで常にあったことだし、これからも常にあることだろう。全体についてのいかなる見解も、とりわけ人間の生の全体についてのいかなる見解も、究極的な妥当性や普遍的な妥当性を持つなどと主張することはできない。すべての教理は、いかに究極的なものにみえたとしても、早いうちに他の教理に取って代わられることであろう。かつての思想家たちの著作を我々がいかに注意深く研究しようとも、我々のもつ制約が彼らの洞察の可能性を察知することすらも邪魔しているのだから、我々には全く近づけない洞察、近づけるようになることすらもできない洞察を彼らが持っていたことは疑う余地がないのである。人間の思想の制約は本質的に認識不可能なものであるから、それを社会的、経済的、あるいはその他の条件から、つまり認識可能な現象や分析可能な現象から考えることは、意味をなさない。すなわち、人間の思想の制約は運命によって決められているのである。

　歴史主義者の議論にはある種のもっともらしさがある。それは過去においてドグマティズムが勢力を持っていたことによって容易に説明できる。ヴォルテールによる「我々は偉人たちが知らなかったことを全て知っている学士たちをもっている[7]」との言い草を忘れてはならない。それはさておき、第一級の思想家たちの多くは、彼らが多くの重要な点において究極とみなした全体包括的な教理——それはラディカルな改定が必要であることが決まって証明されてきた教理——を示してきた。それゆえ我々は歴史主義を、ドグマティズムに対する闘いの同盟者としては歓迎しなければならない。しかし、ドグマティズム——すなわち「我々の思考の目標と我々が思考することに疲れてしまった地点とを同一視する[8]」傾向——は、人間にとってごく自然なものであり、

過去に特有のものではないだろう。我々は、歴史主義とはドグマティズムが我々の時代に現れようとするときの偽装の姿なのではないかと、そのように疑わざるを得ない。我々には、いわゆる「歴史的経験」が思想史の鳥瞰図となるように思われるが、その歴史とは、必然的な進歩（あるいは過去の思想へと回帰することの不可能性）における信念と、多様性や独自性についての至高の価値における信念（あるいはすべての時代やすべての文明に等しい法や正義）との複合的な影響の下に見られるようになったものである。ラディカルな歴史主義は、そのような信念をまったく必要としないように思われる。しかしそれは、自らが参照した「経験」がそのような問題の多い信念の結果ではないのかどうかについて、これまでに検討したことがないのである。

　歴史の「経験」について語るときに人々は、この「経験」とは歴史的知識から生じるものの、歴史的知識には還元できない包括的な洞察のことであるという意味を含んでいる。それというのも、歴史的知識は常にきわめて断片的なものであり、またしばしば非常に不確実なものであるのに対し、経験と呼ばれるものはおそらく全体的で確実なものだからである。しかし経験と呼ばれるものが究極的には多くの歴史的観察に基づくことは、ほとんど疑うことができない。そうであるならば、そのような観察は次のことを主張する権利を与えるものかどうか、といった問題が生じてくる。すなわち、新しい重要な洞察を得ることは、必然的にかつての重要な洞察を忘れることにつながるということを、またかつての思想家たちは後の時代に関心の中心となった根本的な可能性について思考することがおそらく出来なかったであろうことを、である。例えば、アリストテレスは奴隷制の不正義について思考することができなかったと述べるのは、明らかに真実でないといえる。彼は実際に奴隷制について思考していたからである。しかしながら我々は、彼は世界国家を考えつくことができなかったと述べることはできるだろう。なぜか。世界国家はアリストテレスが夢にも思わなかったようなテクノロジーの発展を

Ⅰ. ナチュラル・ライトと歴史的アプローチ

前提とする。そのようなテクノロジーの発展は、その発展のなかで、科学が本質的に「自然の征服」に奉仕するものとみなされることを、またテクノロジーがいかなる道徳的・政治的監督からも解放されることを必要とするものであった。アリストテレスは、科学とは本質的に理論的なものであり、テクノロジーの道徳的・政治的な制御からの解放は悲惨な結末に至るであろうと絶対的に確信していたがために、世界国家を考えつかなかったのである。すなわち、テクノロジーの無制限の進歩や無制御の進歩に伴う科学とアート（技術）の融合は、普遍的で永久的な専制を大きな可能性のひとつにしてしまうのである。ここでアリストテレスの見解——科学は本質的に理論的かどうか、テクノロジーの進歩は厳格な道徳的・政治的制御を必要とするかどうかといった疑問に対する彼の解答——はすでに論駁されているなどと述べるのは、軽率な人だけだろう。しかし彼の解答について我々がいかに考えようとも、彼によって解答されたその根本問題は、今日の我々が率直に関心を払う根本問題とたしかに同じものである。そのことを認めることによって、同時に我々は、アリストテレスの根本問題を時代遅れとみなした時代が、根本的な論点とは何かといったことについての明晰さを完全に欠落させていたことに気づくのである。

　歴史は歴史主義者の推論に正統性をもたせるどころか、むしろあらゆる人間の思想が、そしてたしかにあらゆる哲学的思想が、同じ根本的なテーマや同じ根本問題に関心を払うものであることを、それゆえまた事実と原理の両方についての人間の知のいかなる変化においても存続する不変の枠組みは存在することを、証明しているように思われる。この推論は、それらの問題についての明晰さ、それらへのアプローチ、そしてそれらに示された解決法が、思想家ごと、あるいは時代ごとに多かれ少なかれ異なるという事実と、明らかに両立することが出来る。もし根本問題があらゆる歴史的変化のなかでも生き延びることができるものならば、人間の思想はその歴史的制約を超えることができ、あるいは超歴

I. ナチュラル・ライトと歴史的アプローチ

的な何かを把握することができる。たとえこれらの問題を解決しようとするすべての試みが失敗する運命にあり、また事実としてそれらは「あらゆる」人間の思想の「歴史性」のせいで失敗する運命にあるとしても、そのことに変わりはないであろう。

　ここで思考を止めてしまえば、ナチュラル・ライトについて主張することは望みのないことと考えるしかなくなるだろう。もしも人間が法や正義について知りうるすべてのことが法や正義だけの問題であるならば、あるいはもしも正義の原理の問題が相互に排除しあうような多様な解答を許し、それらの解答のいずれも他の解答に優越するものでないことが証明されうるのならば、ナチュラル・ライトは存在し得ない。もし人間の思想が、本質的に不完全であるにもかかわらず正義の原理の問題を、真の方法で、したがってまた普遍的に妥当する方法で解決できないのならば、ナチュラル・ライトは存在し得ないのである。より一般的に表現すれば、もし人間の思想がある限定された範囲内においても真の普遍的に妥当する究極的な知を獲得することができないのならば、あるいは特殊な主題についての真の知を獲得することができないならば、ナチュラル・ライトは存在し得ないのである。歴史主義は、こうした真の知を獲得できるとする可能性を否定することができない。それというのも歴史主義それ自体の主張が、この可能性を暗に認めているからである。歴史主義は、あらゆる人間の思想、あるいは少なくとも当面の問題に関連するあらゆる人間の思想が歴史的であると主張することによって、普遍的に妥当し、未来のいかなる驚くべき変化によっても全く影響されることのない最も重要な洞察を人間の思想が獲得しうることを認めているのである。そのような歴史主義者の命題は、一つの孤立した主張ではない。すなわちそれは、人間の生の本質的構造についての見解と不可分のものなのである。この見解は、すべてのナチュラル・ライトの理論と同一の超歴史的性格ないし超歴史的主張をもつものである。

　ここで歴史主義者の命題は、より精緻な考察によっても解決できない、

Ⅰ. ナチュラル・ライトと歴史的アプローチ

解答を逃れるかうやむやにされるしかない非常に明白な困難にさらされる。歴史主義は、あらゆる人間の思想や信念が歴史的なものであり、したがってまた必然として消え去っていく運命にあることを主張するが、しかし歴史主義それ自体が一つの人間の思想なのである。したがって歴史主義は一時的な妥当性しか持ち得ないか、あるいは端的にいって真なるものではあり得ないことになるのである。歴史主義者が自身の命題を主張することは、自らを疑うことを意味し、かくして自らを超えることを意味するのである。しかし現実には歴史主義は、一つの確固たる真理の光を、あらゆる思想とあらゆる時代に妥当する真理の光をもたらしたと主張している。すなわち、思想はこれまでどれほど変化し、これからどれほど変化しようとも、つねに歴史的なものであり続けるだろう、と主張しているのである。あらゆる人間の思想の本質的な性格、それとともにヒューマニティの本質的な性格や制約についての決定的な洞察に関していえば、歴史は終わりに達したと、そのように彼らは述べる。歴史主義者は、歴史主義もいつかは歴史主義の否定によって取って代わられるかもしれないという予想には動じない。彼は、そのような変化は人間の思想を最も強力な幻想へと退行させることになることを確信しているのである。歴史主義は、あらゆる人間の思想についての判定に関して、自身に関しては例外として首尾一貫性もなく除外しているという事実のもとに繁栄している。歴史主義者の命題は自己矛盾的か、あるいは筋が通らないものなのである。我々は、歴史を超越することなしには、また超歴史的な何かを把握することなしには、「あらゆる」思想の歴史的性格——つまり歴史主義者の洞察とその含意を除くあらゆる思想の歴史的性格——を理解することができないのである。

　もし我々がラディカルに歴史主義的なあらゆる思想を、「包括的世界観」とか、あるいははそのような世界観の一部と呼ぶならば、我々は次のように言わなければならない。すなわち、歴史主義それ自体は包括的世界観などではなく、あらゆる包括的世界観の分析、つまりあらゆる包

— 28 —

Ⅰ．ナチュラル・ライトと歴史的アプローチ

括的世界観の本質的性格を説明したものにすぎない、と。すべての包括的見解を相対的なものと考える思想は、ある包括的見解の魔力にとりつかれている思想や、その魔力を利用している思想とは異なる性格をもつ。前者は絶対的で中立的であり、後者は相対的で傾倒的である。前者は歴史を超えた理論的な洞察であり、後者は運命のなすところの結果である。

　ラディカルな歴史主義者は、歴史主義者の命題のもつ超歴史的な性格を認めようとしない。同時に彼は、無条件の歴史主義が一つの歴史的命題としては理にかなっていないことを認めている。それゆえ彼は、様々な包括的見解や「歴史的世界」や「文化」の、それ自体が超歴史的であるといえる理論的・客観的分析の可能性を否定するのである。このような否定は、理論的見解の一つであることを主張していた19世紀の歴史主義に向けたニーチェの攻撃によって、決定的に準備されたものである。ニーチェに従えば、あらゆる包括的見解を相対的であると考え、かくしてまたそれらの価値を下げてしまうことになる人間的な生についての理論的分析は、生や文化や活動が可能となるために必要な庇護的な空気を破壊するものであろうから、人間が生きることそれ自体を不可能にするであろう。またそれ以上に、理論的分析はその基礎を生のうちには持たないのだから、それは生とは何かについて決して理解することができないだろう。生の理論的分析は、何ものにも傾倒的でなく、また傾倒的でないことを運命づけられているが、しかし生きるということは何かに傾倒することを意味するのである。生の危機を回避するために、ニーチェは二つの道のうちの一つを選ぶことができた。すなわち、彼は生の理論的分析が厳格にエソテリックな性格をもつものであると主張すること——つまりプラトンの気高い作り話の観念を復活させること——ができ、あるいはまた、理論そのものの可能性を否定して、思想を本質的に生や運命に従属するか依存するものと考えることが出来たのである。ニーチェ自身がそうではないにせよ、ともかくも彼の後継者たちは第二の選択肢を受け入れたのである。[9]

Ⅰ. ナチュラル・ライトと歴史的アプローチ

　それらを踏まえれば、ラディカルな歴史主義の命題は次のように述べることが可能になる。すなわち、あらゆる理解、あらゆる知は、それがいかに限定的で「科学的」であるにせよ、理解と認識が行われる一つの地平、一つの包括的見解としての準拠体系があることを前提としている。そのような包括的なビジョンだけが、すべての見ること、観察すること、方向づけることを可能とするのである。全体についての包括的見解はすべての推論の基礎であるから、推論によって妥当性を与えられるものではない。したがって、それぞれが他の見解と同じく正統であるとされる多様な包括的見解が存在することになる。すなわち、我々は理性による案内のまったくない中で、そのような見解のうちの一つを選ばなければならないのである。それらのうちの一つを選ぶということはどうしても必要なことであり、その判断において中立の立場を貫いたり、解答を後まわしにしたりすることは出来ない。我々の選択はそれそのものの他には何の支えも持たず、またいかなる客観的確実性や理論的確実性にも支えられない。虚無、すなわち意味の完全な不在から逃れる方法は、我々が選択することの他にはないのである。厳密にいえば、我々は様々な見解のうちからどれか一つを選択できたりはしない。ひとつの包括的見解は、運命によって押し付けられるのである。すなわち、我々のあらゆる理解と方向づけが行われる地平は、個人やその人のいる社会の運命が生み出したものなのである。あらゆる人間の思想は運命に、すなわち思想が手の中に収めることができず、またその働きを予測することもできない何かに依存しているのである。しかし運命とは個に受け入れられなければならないものであるから、運命によって生み出された地平を支えるのは究極的には個の選択ということになる。運命が我々に押し付けた世界観と基準を苦悩のうちに選択するか、あるいは幻想の安全ないしは絶望のうちに自己を見失うかは我々の自由であるという意味において、我々は自由である。

　そうであるからラディカルな歴史主義者は、それ自体何かに傾倒した

Ⅰ．ナチュラル・ライトと歴史的アプローチ

思想や「歴史的」な思想に対してのみ、同じく何かに傾倒した思想やその他の「歴史的」な思想は自らの姿を現わすのだと主張するのであり、とりわけまたそれ自体何かに傾倒した思想や「歴史的」である思想に対してのみ、あらゆる真の思想の「歴史性」のもつ真の意味を現わすのだと主張するのである。そのような歴史主義者の命題は、何ものにも傾倒しない思想や超然とした思想のレベルでは、その自然本性によって十分に表現することのできない基本的経験を表現している。その経験のエビデンスは、そのような経験を表現する際に避けられない論理的困難によって、全くのところ曇らされはするものの、破壊されてしまうことはない。ラディカルな歴史主義者は自らの基本的経験をもって、歴史主義の命題のもつ究極的な性格が、またその意味において超歴史的な性格が、その命題の中身を疑わしいものとすることを否定する。あらゆる思想の歴史的性格のうちにある究極的で取り消すことのできない洞察は、その洞察が人間としての人間にとって可能である場合、したがってまた原理的にはあらゆる時代に可能である場合にのみ、歴史を超越するものであろう。しかしそれが本質的に特定の歴史的状況に属するものであるならば、歴史を超越することはない。それは特定の歴史的状況に属するものにすぎないのである。すなわち、そのような状況は、単に歴史主義者の洞察の条件であるだけでなく、その源泉でもあるのである。[10]

　すべてのナチュラル・ライトの教理は、正義の基本原理が基本的には人間としての人間の辿りつくことの出来るものであることを主張する。それゆえそれらは、最も重要な真理が原理的には人間としての人間の辿りつくことの出来るものであることを前提としているのである。ラディカルな歴史主義はこの前提を否定し、あらゆる人間の思想の本質的制約への基本的な洞察は人間としての人間には不可能であり、あるいはそれは人間の思想の進歩や苦心の結果ではなく計ることのできない運命による予見できない賜物であると主張する。思想が運命に本質的に依存することがようやく理解されるようになったのであり、またかつては理解さ

I. ナチュラル・ライトと歴史的アプローチ

れなかったのは運命によるのだというのである。歴史主義もまた運命に依存しているという点においては、他のあらゆる思想と共通している。しかし運命のおかげで思想が運命に根本的に依存することが分かるようになったという点では、他のあらゆる思想とは異なっている。運命が後の世代に対してどのような驚くべきことを用意しているかについて、我々は絶対的に無知である。また運命はこれまでに我々に明らかにしたことを、将来において再び覆い隠すこともあり得るだろう。しかしこのことは、明らかにされたことが真理であることを損なうものではない。あらゆる思想の歴史的性格を理解するために、歴史を超越する必要などないのである。すなわち歴史的プロセスには、特権的瞬間、絶対的瞬間、あらゆる思想の本質的性格が透けて見える瞬間というものが存在するのである。歴史主義は自らの下す判定から自らを除外することで、単に歴史的現実の性格を反映していることを、あるいは事実に対して忠実であることを主張しているにすぎない。したがって歴史主義の命題が自己矛盾的なのは、歴史主義がそうだからだと考えるべきではなく、現実がそうだからであると考えるべきなのである。

　歴史主義の本質は、歴史のなかに絶対的瞬間があると考えるところにある。この点において歴史主義は、ヘーゲルによって古典的な方法でうち立てられた先例にひそかに追随している。ヘーゲルは、すべての哲学はその時代の精神の概念的表現であると述べたが、それに加えて自らの存在した時代を絶対的なものであるとすることによって、自身の哲学体系が絶対の真理をもつものであることを主張した。彼は、自身のいる時代こそ「歴史の終わり」であり、したがってまた絶対的瞬間であると考えたのである。歴史主義は表向きには「歴史の終わり」が訪れたことを否定しているが、しかし暗黙にはそれと正反対のことを主張している。すなわち、将来起こりうるいかなる方向転換も、思想に必然としてともなう運命への依存、ならびに人間の生の本質的性格に対する決定的な洞察を疑問視することに関して正統性をもたないと主張しているのであ

る。決定的な点において「歴史の終わり」が訪れたと、つまり思想の「歴史の終わり」が訪れたというのである。しかし我々は、絶対的瞬間のうちに生き、あるいは思考するのだと単純に考えたままでいることはできない。我々は何とかして、その絶対的瞬間がいかにして認められうるものかを示さなければならないのである。ヘーゲルによれば絶対的瞬間とは、哲学ないし知恵の探究が知恵そのものへと変容する瞬間のことである。つまり根本的な謎が完全に解決された瞬間こそが絶対的瞬間であると彼は言うのである。しかしながら歴史主義が成立するかどうかは、理論的形而上学と哲学的倫理学、あるいはナチュラル・ライトが可能であることが否定されるかどうか、つまり根本的な謎が解決可能であることが否定されるかどうかにかかっている。それゆえ歴史主義からしてみれば、絶対的瞬間とは根本的な謎が解決不可能であることが完全に明らかとなった瞬間、あるいは人間精神の根本的な幻想が払拭された瞬間でなければならない。

しかし根本的な謎が解決不可能であることを認めながらも、その謎の理解における哲学の務めを見続けることもできるだろう。その場合に人は、非歴史主義的で教条的な哲学を、非歴史主義的で懐疑的な哲学に単に置きかえるだけであろう。歴史主義は懐疑主義を超えて進む。歴史主義は、語の完全かつ本来的な意味における哲学、すなわち全体についてのオピニオンを全体についての知に置きかえる試みを、目標に到達できないばかりか道理に合わないものとさえ考えている。哲学という観念それ自体が教条的な前提、つまり恣意的な前提に、より明確にいえば単に「歴史的で相対的」である前提に依存していると考えているのである。それというのも、もし哲学それ自体が、すなわちオピニオンを知に置きかえる試みそのものが、単にオピニオンに依存するものであれば、明らかに哲学は道理に合わないものということになるからである。

哲学そのものが教条的で恣意的な性格をもつことを、あるいは歴史相対的な性格をもつことを確定的にしようとする最も有力な試みは、次の

Ⅰ．ナチュラル・ライトと歴史的アプローチ

線にそって進められる。哲学、あるいは全体についてのオピニオンを全体についての知に置きかえようとする試みは、全体が認識可能であること、つまり人間の知によって理解可能であることを前提とする。この前提は、それそのものとしての全体を、人間の知によって理解可能である限りでの全体、ないしは客体となりうる限りでの全体と同一視してしまうという帰結をもたらす。それは「存在すること」と「人間の知によって理解可能なこと」ないし「客体」を同一視することに至るものである。それは客体、つまり認識主体の客体とはなり得ないすべてのものに対する教条的な軽視を、あるいは主体によって支配されることのないあらゆるものに対する教条的な軽視をもたらす。さらにいえば、全体は認識可能であるとか人間の知によって理解可能であると述べることは、全体は永遠なる構造を有するとか、全体そのものは不変、あるいは常に同一であると述べることと同じである。もしこれが事実だとすれば、全体が未来のある時期にどうであるかを予言することは、原理上は可能ということになる。すなわち、全体の未来は思想によって予見できることになる。いま述べた前提は、最高の意味において「在ること」を「常に在ること」と教条的に同一視することに根拠を持つものであるといわれている。すなわち、哲学の理解するところの「在ること」とは、最高の意味における「在ること」が「常に在ること」を指すものでなければならない、という意味であると捉えられる事実に、その根拠をもつと言われている。哲学の基本前提のもつ教条的な性格は、歴史の発見によって、あるいは人間の生の「歴史性」の発見によって、明らかにされたと言われている。その発見の意味は、次のようないくつかの命題によって表現できる。いわゆる全体は、実際にはつねに不完全であり、それゆえまた真に全体ではない。全体は本質的に変化しており、それがどのように変化していくかは予見することができない。全体そのものは決して把握することが出来ず、よって人間の知によって理解できるものではない。人間の思想は予見できない何か、決して客体となり得ない何か、決して主体によって

Ⅰ. ナチュラル・ライトと歴史的アプローチ

支配され得ない何かに本質的に依存している。最高の意味で「在ること」は、「常に在ること」を意味しない。あるいは少なくとも、必ずしも意味するものではないのである。

我々はこれらの命題を論じようと試みることすらできない。我々は次のような観察に留めなければならないのである。ラディカルな歴史主義は、ナチュラル・ライトの観念そのものが、語の完全かつ本来的な意味における哲学が可能であることを前提としているという事実関係を我々に認めさせようとする。同時にそれは、哲学によって妥当であると考えられている最も原初的な前提について、先入見をもたずに再検討する必要があることを我々に認めさせようとする。これらの前提の妥当性についての問題は、多かれ少なかれ根強さをもつ哲学の伝統を採用したり、それに固執したりすることによって解決されうるものではない。それというのも伝統の本質は、自身の上に堂々たる建造物を建てることによってその貧弱な基盤を覆い隠すことにあるからである。哲学のもつ最も基本的な前提についての先入見なき再検討はアカデミックなものか歴史的なものにすぎないといった印象を作り出すようなことは、言われるべきでもなければ行われるべきでもない。しかしながらまずもってそのような再検討を行なわなければ、ナチュラル・ライトの問題は未解決のままに残ってしまうのである。

それというのも我々は、その問題が歴史主義によって最終的に解決されたものとみなすことはできないからである。「歴史的経験」と、それほど曖昧ではない人間の諸事の複雑さの経験は、ナチュラル・ライトが存在すると考える哲学の主張の根底にある正・不正に関する単純な経験のもつエビデンスを、曇らせはしても、払拭することは出来ないのである。歴史主義はこれらの経験を黙殺するか、さもなければ曲解している。さらにいえば、歴史主義を確立しようとする最も徹底した試みは、もしも人間が存在しない場合には「存在者 *entia*」はあっても「存在 *esse*」はあり得ない、つまり「存在」はなくとも「存在者」はあり得る、という主

I. ナチュラル・ライトと歴史的アプローチ

張において頂点に達した。この主張と、最高の意味での「在ること」は「常に在ること」を意味するという見解の否定とは、明らかに関係がある。そのうえ過去の思想についての歴史主義の理解の仕方と、過去の思想についての真の理解との間には、対照的なまでの違いが常に存在していた。歴史的客観性は明確に可能であるとする見解は、すべての形態の歴史主義によって、公然か暗黙かを問わず否定されている。特筆すべきは、初期の（理論的）歴史主義からラディカルな（「実存主義的」）歴史主義へと移っていくにおいて、「歴史的経験」は一度たりとも批判的分析を受けたことがなかったことである。それは真の経験であり、経験についての問題の多い一つの解釈などではあるまいと、そのように当然視されていたのである。実際の経験はそれとは全く異なった解釈を、そしておそらくより適切な解釈を許すものなのではないか、といった疑問は提起されなかったのである。とりわけ「歴史的経験」は、正義とは何かといった問題のような根本問題の妥当性が束の間の否定によってどれほど曖昧にされたとしても、またその問題に対する人間の解決のすべてがいかに移ろいやすく暫定的なものであろうとも、いかなる歴史的変化においても自らのアイデンティティを主張することは可能であり、また維持できるものであるとする見解を疑問には思わなかった。こうした根本問題を問題として認識することにおいて、人間の精神はその人を歴史の制約から解放するのである。元来のソクラテス的な意味における哲学に正統性を与えるのに、それ以上のことは必要ではない。すなわち、哲学とは我々が無知であることの知なのである。いわばそれは、我々が何を知らないかの知であり、あるいは根本問題を意識することであり、それとともにまた、それらの解決に関して人間の思想の起こりと同じくらい古くから存在する根本的な選択を意識することである。

　歴史主義の哲学とそうでない哲学との間の争点が解決しない限りナチュラル・ライトの存在どころかその可能性すら未解決のまま残らざるを得ないのならば、我々がまずもってやらなければならないのは、その

I. ナチュラル・ライトと歴史的アプローチ

争点を理解することである。それを理解するには、歴史主義の側から示される見方のみでは不十分である。歴史主義ではない哲学の側から示される見方も、その争点の理解には必要なのである。それが意味することは、事実上、歴史主義の問題は、まず歴史主義ではない思想の純粋な形態である古典哲学の観点から考察しなければならないということである。そうであるならば我々が第一にやらなければならないことは、古典哲学を歴史主義の基礎のもとに示すことではなく、古典哲学が自身を理解した通りに我々も理解することを可能とするような歴史研究である。すなわち我々にとって第一に必要なのは、非歴史主義的哲学を非歴史主義的に理解することである。しかし歴史主義についての非歴史主義的な理解、すなわち歴史主義は紛れもなく健全なものであるなどと考えることなく歴史主義の起源を理解することも、同じくらい必要なことである。

歴史主義の想定するところでは、近代人の歴史への回帰は、古典思想が見落としていた実在の次元、すなわち歴史的次元というものがあるのではないかとする予感と、またついにはその発見を意味するものであった。もしそれを当然とみなすならば、我々は極端なまでの歴史主義に陥らざるを得ないだろう。しかし歴史主義を当然のものとみなすことができないならば、19世紀において一つの発見として称賛されたものは、実際には一つの虚構にすぎなかったのではないかという疑問が生じる。つまりそれは、これまでも常に知られ、また「歴史意識」が現れる前にはその後よりもはるかに適切に解釈されてきた現象についての一つの恣意的な解釈にすぎなかったのではないか、という疑問が必然として生じてくるのである。我々は、いわゆる歴史の「発見」が、実際にはきわめて疑問点の多い前提に基づいてのみ生じる問題への、一つの人工的で間に合わせにすぎない解決法にすぎなかったのではないか、といった問題を提起しなければならないのである。

私は以下のような線のアプローチを提案する。「歴史」という言葉を用いるとき、いかなる時代においてもそれは第一義的には政治における

I. ナチュラル・ライトと歴史的アプローチ

歴史を意味していた。したがって、いわゆる歴史の「発見」とは、哲学一般の仕事ではなく、政治哲学の仕事ということになる。18世紀の政治哲学に特有の苦難が歴史学派の出現を招いたのである。その18世紀の政治哲学とは、ナチュラル・ライトに関する一つの教理のことである。それはナチュラル・ライトについての特殊な解釈において、すなわち近代における特殊な解釈においてつくられたものである。歴史主義とは、近代のナチュラル・ライトを危機に陥らせることによってもたらされた帰結なのである。近代のナチュラル・ライトの危機、あるいは近代政治哲学の危機は、近代において哲学それ自体のすべてが政治的なものへと変化したがために、哲学それ自体の危機となり得たのである。元来、哲学とは永遠の秩序への人間的探究のことであった。したがってそれは人間のインスピレーションと大望の純粋な源泉であった。17世紀より哲学は、一つの兵器、したがってまた一つの道具となってしまった。知識人の裏切りを告発する一人の知識人によって我々の困難の根源とみなされたのは、このような哲学の政治化であった。しかしながら彼は、知識人と哲学者は本質的に違うものであることを無視するという致命的なミスを犯した。この点において彼は、まさに自身が告発した幻想の傀儡に他ならなかったのである。それというのも哲学の政治化とは、まさにこの点に、つまり知識人と哲学者の相違——かつて一方ではジェントルマンと哲学者の相違として、他方ではソフィストや修辞家と哲学者の相違として知られたもの——が曖昧にされ、最後にはなくなってしまうことによって成立するものだからである。

注

1 以下を考察せよ。Plato, *Republic* 456b12-c2, 452a7-8 and c6-d1; *Laches* 184d1-185a3; Hobbes, *De cive*, II, 1; Locke, *Two Treatises of Civil Government*, Book II, sec.12, それに関連して *An Essay on the Human*

I. ナチュラル・ライトと歴史的アプローチ

Understanding, Book I, chap. iii. また以下を参照せよ。Rousseau, *Discours sur l'origine de l'inégalité*, Preface; Montesquieu, *De l'esprit des lois*, I, 1-2; also Marsilius *Defensor pacis* ii. 12. 8.

2 Aristotle, *Eth. Nic.* 1134b24-27.

3 19世紀と20世紀の法実証主義は、コンヴェンショナリズムや歴史主義と端的に同一視することは出来ない。しかしながら、それは究極的には一般に受け入れられている歴史主義の前提からその力を引き出しているように思われる。(とりわけ Karl Bergbohm, *Jurisprudenz und Rechtsphilosophie*, I [Leipzig, 1892], 409 ff. を見よ)。ベルグボームによるナチュラル・ライトの可能性に対する厳しい反論（実定的な法秩序に対するナチュラル・ライトの破壊的な帰結を示すことを意図したに過ぎない反論とは区別される）は、「人間には把握することができず、信心深さにおいてのみ予感されうる第一のものを除いては、永遠かつ絶対的なものなどは存在しない、といった否定することの出来ない真理」(p. 416 n.)、すなわち「我々が歴史的で実定的な法に対して判定を下す際に参照した基準は……それ自体絶対的にその時代の子であり、常に歴史的かつ相対的なものである」(p. 450 n.) という仮説に基づいているのである。

4 Plato, *Minos* 314b10-315b2.

5 「……[国家の] 不完全性があるとすれば、それが多様であることによって、それらの間に不完全性があることを十分に証明している……」(Descartes, *Discours de la méthode*, Part II)。

6 人類の歴史への関心と死後の生への関心との間の緊張については、カントの "Idea for a universal history with cosmopolitan intent," proposition 9 (*The Philosophy of Kant*, ed. C. J. Friedrich ["Modern Library"], p. 130) を見よ。19世紀の歴史的思考に影響を及ぼしたヘルダーの命題「この生には五幕あり」もまた考察せよ。(M. Mendelssohn, *Gesammelte Schriften, Jubiläums Ausgabe*, III, 1. pp. xxx-xxxii を見よ)。

7 "Âme," *Dictionnaire philosophique*, ed. J. Benda, I, 19.

Ⅰ. ナチュラル・ライトと歴史的アプローチ

8 1771年1月9日付レッシングのメンデルスゾーンへの手紙を見よ。
9 この選択について理解するためには、一方ではニーチェが「カリクレス」に対して抱いた共感との関係を、他方では彼がセオレティカルな生よりも「悲劇的な生」の方を好んだことを考察しなければならない (Plato, *Gorgias* 481d and 502b ff. 加えて *Laws* 658d2-5 を見よ。また、ニーチェの *Vom Nutzen und Nachteil der Historie für das Leben* [Insel-Bücherei ed.], p.73 を参照せよ。) この一節は、ニーチェが歴史学派の基本前提と考えられるであろうものを採用した事実を明らかにしている。
10 「条件」と「源泉」の区別は、アリストテレスの『形而上学』第一巻における哲学の「歴史」と歴史主義の歴史との相違と一致している。

Ⅱ．事実と価値の峻別とナチュラル・ライト

　簡潔にいえば歴史主義者の主張とは、語の完全な意味での哲学は不可能なのだからナチュラル・ライトもまた不可能である、というものである。哲学することは、歴史的に変化する地平すなわち「洞窟」とは対照にある絶対的な地平、あるいは自然的な地平が存在する場合にのみ可能である。言い換えれば、人間が全体についての知、あるいは全体についての完全な知を得ることができないとしても、自分が知らないものが何であるかを知ることが可能な場合には、すなわちおよそ人間の思想の起こりと同じくらい古くから存在する根本問題ならびに基本的な選択肢を把握することができる場合には、哲学することは可能なのである。しかし哲学することが可能であることはナチュラル・ライトが成立するための必要条件にすぎず、十分条件ではない。哲学することが可能であるためには、根本問題がつねに同じであるだけで事足りる。しかしナチュラル・ライトは、政治哲学の根本問題が究極的な仕方で解決されないことには成立し得ないのである。

　もし一般にいうところの「哲学」が可能であるならば、その特殊領域である政治哲学もまた可能だということになる。政治哲学は、人間が束の間の選択や偶然の選択の根底にある基本的な政治的選択を理解することが出来るならば、可能なのである。しかし、もし政治哲学が基本的な政治的選択の理解までに留まるならば、その実践的価値は全くないことになる。政治哲学は賢明な行為の究極目標とは何であるかといった問いには答えることができなくなるだろう。政治哲学は決定的な決断を盲目的な選択に委ねなければならなくなるだろう。プラトンからヘーゲルに至るあの夜空に瞬く星のような政治哲学者たち、またナチュラル・ライトの論者たちのすべては、政治的な根本問題の最終的な解決は可能であると考えていた。このような想定は結局のところ、人間はいかに生きる

II. 事実と価値の峻別とナチュラル・ライト

べきかといった問いに対するソクラテスの解答に基づくものである。最も重要な事柄については無知であることを知ることによって、我々は同時に、我々にとって最も重要なこと、あるいは唯一必要なことは、最も重要な事柄についての知の探究、知恵の探究であることを知るのである。このような結論が多くの政治的帰結をもたらしたことは、プラトンの『国家』やアリストテレスの『政治学』を読んだ者であれば誰でも知っていることである。事実として、知恵の探究の成功は、知恵は唯一必要なものではないという結論をもたらすものであろう。しかしこの結論は、それが知恵の探究の結果であるという事実によって妥当性をもつものであろう。すなわち理性の否認は、まさにその理性による否認でなければならないのである。このような可能性がソクラテスのもたらした解の妥当性にどのように影響したかはさておき、ソクラテス派のもたらした解と反ソクラテス派のもたらした解との、決定的で、これからも続くであろう対立は、ソクラテス派の解と反対派の解のいずれもが恣意的であるという印象を、あるいはこの永続的な対立は解消することが出来ないだろうという印象をつくり上げている。したがって歴史主義者ではない、基本的で不変なる選択の存在を認めている今日の社会科学者の多くは、人間理性がこれらの選択の間の対立を解決できるとする考えを否定するのである。かくして今日においてナチュラル・ライトは、すべての人間の思想は歴史的であると考えられていることだけでなく、他の原理よりも優れていることを証明できず相互に対立する多様な法や善の不変の原理が存在すると考えられているということからも、斥けられているのである。

　事実、これはマックス・ウェーバーによってとられた立場である。これからはじめる議論は、ウェーバーの見解に対しての批判的分析となることだろう。ウェーバーが現れてから、彼と肩を並べるほど知性と精励さを持ち、ほとんど狂信に近いほどに勤しんで社会科学の根本問題に取り組んだ者はいない。彼がどのような誤りを犯していたにせよ、彼は今

Ⅱ. 事実と価値の峻別とナチュラル・ライト

世紀最大の社会科学者なのである。

　歴史学派を継承した者の一人であることを標榜していたウェーバーは[1]、歴史主義にきわめて近い立場にある。よって彼の歴史主義に対する留保は本心によるものでない。そのためそれが彼の思想の一般的傾向とは一致しないという見解に対しては、強く擁護することが出来る。彼は、歴史学派が自然の規範を、すなわち普遍的で客観的な規範を斥けたためではなく、特殊的で歴史的でありつつも客観的である基準を確立しようと試みていたがために、歴史学派と訣別した。彼は、歴史学派がナチュラル・ライトの観念を曇らせたためではなく、ナチュラル・ライトを全面的に拒否する代わりに歴史の偽装の下にそれを保持しようと努めていたがために、歴史学派に反対したのである。歴史学派は、すべての真の「ライト」の民族的性格を主張したり、すべての真の「ライト」の足跡を民族特有の精神に求めたり、さらには人類の歴史を意味深いプロセスであるとか人間の知によって理解可能な必然性によって支配されたプロセスであると想定することによって、ナチュラル・ライトに歴史的性格を付与していた。ウェーバーはこれらの想定のいずれもが形而上学に、すなわち実在するものは理性的であるとする教条的な前提に基づくものであるとして斥けたのである。ウェーバーは実在的なものはつねに個別的なものであると考えたため、歴史学派のもつ前提を述べる際にも次のように表現していた。すなわち、個別的なものは一般的ないし全体的なものからのひとつの流出物である、と。しかしながらウェーバーによれば、個別的ないし部分的な現象は、他の個別的ないし部分的な現象の結果としてのみ理解することが出来るのであって、民族精神といった全体的なものの結果であるなどとは決して考えられない。歴史的ないし特殊な現象を、一般法則や独特の全体的なものにまで辿ることで説明しようとすると、歴史の人物を動かす神秘的で分析不可能な力の存在を理由もなしに想定することになる[2]。「主観的」な意味、すなわち歴史の人物を動かした何らかの意図を除いては、歴史に「意味」などない。し

II. 事実と価値の峻別とナチュラル・ライト

かしこれらの意図は、実際に生じた結果がほとんどの場合まったく意図されたものではなかったことからも分かるように、限られた力しかもたない。また、神や人間によって計画されたものではない現実の結果――歴史的運命――は、我々の生き方のみならず我々の思想それ自体をもつくり上げ、またとりわけ我々の理想までも決定するのである[3]。しかしながらウェーバーは、なお科学の理念に非常に強くとらえられていたために、歴史主義を無条件には受け入れることができなかった。実際のところ我々は、彼が歴史学派と歴史主義一般に反対した第一の動機は、彼の時代に優勢であった経験科学の理念への信仰によるものであった、と述べたくなるかもしれない。科学の理念こそが、すべての科学それ自体は世界観から独立したものであるという事実を彼に主張させたのである。すなわち自然科学と社会科学こそ、西洋人に対しても中国人に対しても、つまり「世界観」の根本的に異なるどの人々に対しても、等しく妥当性を主張する、というのである。近代科学の歴史的生成――それが西洋を起源とするものであるという事実――は、その妥当性とは全く関係がない。ウェーバーは、近代科学こそ自然と社会の世界に関する過去のいかなる思考様式よりも絶対的に優れたものであると考え、それについては少しも疑うことはなかった。その優越性は、論理の規則を参照することによって客観的に確立されうると考えたのである[4]。しかしながらウェーバーの考えのうちに、とりわけ社会科学に関して、次のような困難が生じてきた。真の命題の体系である限りの社会科学は、客観的かつ普遍的な妥当性をもつものであると彼は主張した。しかしそれらの命題は社会科学の一部にすぎない。それらは科学的探究の結果であり、疑問に対する解答である。我々が社会現象に向けた疑問は、我々の関心の方向やものの見方に依存するものであり、これらは我々の価値観念に依存するのである。しかし価値観念は歴史的であることとは相対的である。したがって、社会科学の実態は根本的に歴史的である、ということになる。それというのも社会科学の概念的枠組みの全体を規定するの

は、価値観念と関心の方向に他ならないからである。それゆえ「自然の準拠体系」について語ること、つまり基本概念の究極的体系を期待することは無意味である。すなわち、すべての準拠体系は一時的なものなのである。社会科学によって用いられるすべての概念的枠組みは根本問題を分化するものだが、社会的・文化的状況の変化にしたがってこれらの問題も変化していく。必然として社会科学は、現在のものの見方によるところの社会の理解にすぎないのである。歴史を超えるのは、事実とその原因についての調査結果だけである。より正確にいえば、歴史を超えるのは、これらの調査結果の妥当性だけである。しかしあらゆる調査結果の重要性や意義は価値観念に依存するのであり、したがってまた歴史的に変化しうる原理に依存する。究極的には、このことはすべての科学に当てはまる。すべての科学は、科学が価値あるものであることを前提としているが、この前提はある特定の文化の産物であり、したがってまた歴史的なものとは相対的である[5]。しかしながら、無限の多様性をもつ具体的で歴史的な価値観念は、超歴史的なものの要素を含む。すなわち、究極的な価値は論理の諸原理と同様に、時の移り変わりに左右されるものではないのである。このような時間を超えたものの価値を認める点が、ウェーバーの立場を歴史主義から最も明確に区別するのである。歴史主義よりもむしろ時間を超えたものの価値についての独特の考えが、彼がナチュラル・ライトを斥ける根拠となっているのである。[6]

　ウェーバーは自らの理解する「価値」が何であるかについて一度も説明していない。おもに彼は、事実に対する価値の関係に関心を向けていた。事実と価値とは絶対的に異質のものであることは、事実の問題と価値の問題とが絶対的に異質のものであることから端的に示される。いかなる事実からもその事実の価値がどうであるかについての結論を導き出すことはできないし、ある事柄の価値や望ましさからもそれが事実としてどのようなものであるかを推論することもできない。ご都合主義的な思考も願望によるところの思考も、理性によって支持されることはない。

II. 事実と価値の峻別とナチュラル・ライト

いまここにある社会秩序が歴史的プロセスの到達目標であることを証明したとしても、その秩序の価値や望ましさについては何も述べたことにならない。ある宗教的観念や倫理的観念は非常に大きな影響力を持っているとか、逆に全く効果がないといったことを示したところで、それらの観念の価値については何も述べたことにならない。事実の評価やその可能性の評価を理解したとしても、その評価を是認したり容認したりすることとは全く関係がないのである。ウェーバーは、事実と価値が絶対的に異質であるためには、社会科学が倫理的かつ中立的でなければならないと主張した。社会科学は事実とその原因の問題には答えることができるが、価値の問題には答える能力がないというのである。彼は社会科学における価値の役割をきわめて強く主張した。すなわち、社会科学の対象は「価値への関係づけ」によって構成されると考えたのである。そのような「関係」がなければ、関心への焦点も、テーマの合理的な選択も、重要な事実とそうでない事実を区別する原理も、存在しないことになるだろう。「価値への関係づけ」を通して、社会科学の対象は事実の大海から、あるいは泥沼から浮び上がってくるのである。しかしウェーバーは、「価値への関係づけ」と「価値判断」との根本的な違いも同様に強調している。例えば、ある事柄が政治的自由の観点から重要であると述べたとしても、政治的自由に賛成であるとか反対であるといった立場をとったことにはならない。社会科学者は「価値への関係づけ」によって構成された対象を評価することはせず、それらの対象をその原因にまで遡ることによって説明するだけである。社会科学が言及し、行為者が選択の対象とする諸価値は、解明を必要とする。この解明は社会哲学の役目である。しかし社会哲学も決定的な価値の問題を解決することはできない。それは自己矛盾的ではないような価値判断を批判することなどできないのである。[7]

ウェーバーは「価値自由的」な社会科学、すなわち倫理的に中立的な社会科学という自身の考えについては、自らがあらゆる対立の中で最も

II. 事実と価値の峻別とナチュラル・ライト

根本的とみなしていること、すなわち「あること」(存在) と「あるべきこと」(当為) とが対立するものであること、実在と規範や価値とが対立するものであることによって完全に正当化されると主張した[8]。しかし「あること」と「あるべきこと」とが根本的に異質であることから社会科学は価値評価を行うことができないと結論づけてしまうのは、明らかに妥当ではない。正・不正についての知を、すなわち「あるべきこと」についての真の知、真の価値体系についての真の知を我々が持っていると仮定しよう。その知識は経験科学から導き出されたものではないのに、全ての経験的社会科学を正統に導くことができ、また全ての経験的社会科学の基礎となることであろう。社会科学は実践的価値とならなければならないからである。社会科学はある目的に対する手段を発見しようとする。そのためにはまずその目的を理解しなければならない。目的が手段とは異なった方法において「与えられる」かどうかはともかくとして、目的と手段は相伴う。それゆえ「目的は手段と同じ科学に属する。[9]」もし目的についての真の知といったものがあるならば、その知は自ずと手段についての探究のすべてを正しく導くことだろう。目的についての知は社会哲学に委ねながら、手段の探究については社会哲学とは独立したものである社会科学に委ねるということには、何の道理もなかろう。真の目的についての真の知に基づいて、社会科学はこれらの目的に適切な手段を求めることであろう。そして政策に関する客観的で特殊な価値判断を導くことであろう。社会科学は、実際の政策決定者にとっての単なる事実 (データ) 提供者というよりは、構築的とまでは言わないまでも真の政策決定を可能とする科学となることであろう。そうであるならばウェーバーが社会哲学と社会科学の両方に倫理的中立性を主張したことは、「あること」と「あるべきこと」が根本的に対立することを彼が信じていたためではなく、「あるべきこと」について真の意味で知ることなどできないと信じていたことに本当の理由があるのである。彼は、人間が経験的であれ理性的であれ真の価値体系についてのいかなる科学をも

II. 事実と価値の峻別とナチュラル・ライト

つことも否定したし、また科学的であれ哲学的であれそれについてのいかなる知をもつことも否定した。すなわち真の価値体系などといったものは存在しないのであって、人間の理性によっては解決できない相互に対立する要求をもつ多様かつ同格の諸価値のみが存在するというのである。社会科学や社会哲学は、そのような対立と、その対立のもつすべての意味とを明確にすることにおいてのみ可能であり、そしてその解決は、諸個人の自由で非理性的な決断に委ねられなければならないというのである。

　私はこのようなウェーバーの命題が必然としてニヒリズムに至ることを主張する。すなわちここではあらゆる選好は、それがいかに邪悪であり、卑劣であり、狂気じみたものであったとしても、理性の法廷の前では他のいかなる選好とも同等に正統性をもつものと判断されねばならないという見解に必然として行きつくものであると主張する。この必然性の明らかな兆候は、西洋文明の未来についてウェーバーが述べた言葉の中に見ることが出来る。彼は次のような二者択一を見た。すなわち、精神的再生（「まったく新しい預言者たちの、あるいは古き思想や古き理想の力強い復興」）か、さもなければ「一種の強迫的な自己尊大の感覚によって取り繕われた機械的な化石化」すなわち「精神やビジョンを欠いた専門家と心をなくした享楽家」となることを除いた人間のすべての可能性の消滅か、といった二者択一である。この二者択一を目の当たりにしたウェーバーは、そのいずれを選んだとしても、その決定が価値や信念の判断によるものであり、したがって理性の能力を超えることになると感じた[10]。このことはついには、「精神やビジョンを欠いた専門家と心をなくした享楽家」の生き方も、アモスやソクラテスによって推奨された生き方と同等に擁護することが出来ることを容認することになるのである。

　それについてより明白に知るためには、またウェーバーが自らの価値に関する教理のニヒリスティックな帰結を自覚せずにいられた理由を知

るには、彼の思考プロセスを一歩ずつ辿っていかなければならない。そのような活動を進めてその終点まで辿って行くと、我々は、あと一歩踏み出せばヒトラーの影によって情景が暗転させられるある地点に必然として到達することになるだろう。不幸にもここ数十年の間に「帰謬法 *reductio ad absurdum*」に代わって頻繁に用いられた誤りは避けなければならないと述べておかなければ、我々は考察を先に進めることができない。すなわちその誤りとは「すべてをヒトラーのせいにする論法 *reductio ad Hitlerum*」のことである。たまたまヒトラーがある見解を持っていたという事実があることによって、その見解が論駁されたことにはならないのである。

　ウェーバーは、ある新カント派によって理解されたカントの見解と歴史学派の見解とを結びつけるところから出発した。彼の科学の性格についての一般観念と、また「個人」倫理の一般観念とは、新カント主義から受け継いだものである。したがって彼は功利主義と、あらゆる形態の幸福主義とを斥けた。歴史学派からは、正統で合理的だといえる社会的・文化的秩序などは存在し得ないという見解を継承した。彼はこの二つの立場を、道徳的命令（あるいは倫理的命法）と文化的価値とを区別するという手段を通して結びつけた。道徳的命令は我々の良心に訴えるものであり、文化的価値は我々の感情に訴えるものであるというのである。すなわち、個人は自らの道徳的義務を果たさなければならないが、他方で自らが文化的な理想の実現を目指すか否かは、全くのところ彼の自由意思によるものである、というのである。文化的な理想や価値は、道徳的命法にあるような義務的な性格を欠くものとなる。その命法はそれ自体が尊厳を有しており、これを認めることにウェーバーは深く関心を示していたように思われる。しかしまさに道徳的命令と文化的価値が根本的に異なることによって、倫理学それ自体は文化的な問題や社会的な問題に関して沈黙するしかなくなる。ジェントルマンや正直者の間では道徳的な事柄に関しては必然的に合意が成立するが、ゴシック建築、

II. 事実と価値の峻別とナチュラル・ライト

私的所有、一夫一婦制、民主制といったものに関する考えについては、意見が一致しないというのである。[11]

かくして我々は、ウェーバーが絶対的な拘束力をもつ合理的規範を、すなわち道徳的命法の存在を認めていた、と考えるに至る。しかし道徳的命令について彼が述べていることは、彼を育み、実際に人間存在としての彼を規定してやまなかった伝統の残滓にすぎないことがすぐに分かってくる。彼が考えていた本当のところは、倫理的命法も文化的価値と同じく主観的なものである、ということであった。ウェーバーによれば、文化的価値の名において倫理を否定することは、倫理の名において文化的価値を否定することと同様に、あるいは自己矛盾に陥らないようにこれら二つのタイプの規範を結合したものを採用することと同様に、正統性をもつ[12]。このような断定は、ウェーバーの倫理に関する観念から必然として帰結するところである。彼は倫理を「相対化すること」なしには、倫理は正統な社会秩序について沈黙するしかないという自らの見解と、社会問題が倫理と明らかに結びついているという事実とを、整合させることが出来ないのである。彼が「パーソナリティ」すなわち人間の尊厳の概念を発展させたのは、この基盤の上に立ってのことであった。「パーソナリティ」の真の意味が何であるかは、「自由」の真の意味とは何であるかに依存する。仮に、人間の行為は外的な強制や抗いがたい感情に影響されないばかりでなく、手段と目的についての理性的な考察によって導かれるならば自由である、と述べてみよう。しかし真の自由はある種の目的を必要とし、さらにこの目的はある一定の方法で採用されなければならない。目的は究極的価値のうちに留められなければならないのである。人間の存在を単なる自然物や獣よりもはるかに超越したものとする人間の尊厳は、自らの究極的価値を自律的に決めること、その究極的価値を自らの不変の目的とみなすこと、その目的に至る手段を理性によって選択することのうちに存する。人間の尊厳は自律的であるところに、すなわち個が自身の価値や理想を自由に選択することや「汝

自身になれ」との命令に従うことのうちに存するのである。[13]

　この段階ではまだ我々は、客観的な規範と類似した何かを、すなわち「汝理想を抱くべし」といった定言命法を有している。この命法は「形式的」なものであり、理想の内容を何も規定してはいないが、我々が責任のある仕方で人間の卓越性と堕落とを区別するための、明瞭で恣意的でない基準を確立しているかのようにみえる。それとともにこの命法は、すべての気高き魂を持った者たち、すなわち自らの欲求や情念や私利私欲には支配されないすべての人々、すべての「理想主義者」——互いを正当に評価し尊敬することのできる人々——の、普遍的同胞愛をつくり出しているかのようにみえる。しかし、それは幻想にすぎない。当初はあたかも見えざる教会のようにみえたものは、万人の万人に対する闘争の場、あるいはむしろデーモンの巣窟となっていくことを証明する。ウェーバー自身が掲げた定言命法の定式とは、「汝のデーモンに従え」か、あるいは「汝の神またはデーモンに従え」といったものであった。ウェーバーは邪悪なデーモンを過小評価するという罪を犯したかも知れないが、しかし邪悪なデーモンとなってしまう可能性を忘れていたと告発するのは公平さを欠くことだろう。もし彼が善きデーモンの存在のみを思い描いていたのであれば、彼は善きデーモンと邪悪なデーモンとを原理的に区別する客観的基準があることを認めざるを得なかっただろう。彼の定言命法の本当の意味は「善きデーモンであるか邪悪なデーモンであるかとは関係なく、汝のデーモンに従え」というものだったのである。それというのも、人間が選択しなければならない様々な価値の間には、解決することのできない決定的な対立が存在するからである。ある人が神に従っていると考えることを、他の人は悪魔の所業であると、同等の正統性をもって考えることができるだろう。そうであるならばこの定言命法は、次のように定式化されなければならない。「神であれ悪魔であれ、汝の意思の赴くところに従え。しかしいずれを選ぶとしても、全身全霊、全力を尽くしてそれを為せ。[14]」絶対的に低劣なのは、自らの欲求

II. 事実と価値の峻別とナチュラル・ライト

や情念や私利私欲に従い、理想や価値に対して、すなわち神や悪魔に対して、無関心な態度や無頓着な態度をとることである、と。

　ウェーバーの「理想主義」、すなわちすべての「理想的な」目標やすべての「大義」を承認することは、卓越性と卑俗性ないし堕落との間において恣意的ではない区別を可能とするものであるように思われる。同時にウェーバーの「理想主義」は、神学的でない言葉で表現すれば「卓越していようとも卑俗的であろうとも、自らの目指すところを断固として邁進せよ」という意味をもつ「神または悪魔に従え」という命法に行き着くことになる。それというのも、もしウェーバーが価値体系Ｂよりも価値体系Ａの方を選ぶことは価値体系Ｂへの真の尊重と両立するものであるとか、価値体系Ｂを卑俗なものとして拒否することを意味しないといったことを言わんとしていたのであれば、彼は神と悪魔との選択について語りながらも自らの発言の意味するところを知らなかったことになるだろう。彼は決定的な闘争について語りながら、単なる趣向の違いを意味していたことになるのである。かくして社会哲学者たる限りでのウェーバーにとって、卓越性と卑俗性は第一義的な意味を完全に失ったようにみえる。いまや卓越性は、それが善きものであれ悪しきものであれ、ある大義に身を捧げることを意味するのであり、卑属性はいかなる大義に対しても無関心であることを意味する。このように理解された卓越性と卑俗性は、一段高い階層の卓越性と卑属性である。それらは行為の次元をはるかに超えた次元に属するものである。それらはいかなる決定にも先行するものとして存在するにもかかわらず、我々が決断をしなければならない世界から完全に離れてからようやく見えてくるものである。それらは行為の世界に対する純理論的な態度の相関項なのである。その理論的な態度はすべての大義を同等に尊重することを暗に意味するが、しかしそのような尊重はいかなる大義にも傾倒しない者にのみ可能である。ところでもし卓越性がある大義へと身を捧げることを意味し、卑属性はすべての大義に対して無関心であることを意味するのであれ

ば、すべての大義に対する理論的な態度は、卑俗的なものとするのが適当であろう。そうであるならばウェーバーが、理論、科学、理性、精神の領域といった価値、それとともに道徳的命法の価値と文化的価値を疑問視するよう駆り立てられたことは、何の不思議もない。彼は自らが「純『生命論的』価値」と呼ぶものに道徳的命令や文化的価値を認め、またそれと同程度の尊厳を認めざるを得なくなったのである。この「純『生命論的』価値」は、全面的に「各自の個別性の領域」に属することが可能であり、それゆえ純粋に個人的なものであって、決して大義の原理などではない。したがって厳密にいえば、それらは価値ではないのである。ウェーバーは、すべての非個人的・超個人的な価値や理想に対して、またそれとともに「パーソナリティ」すなわち先に定義したような人間の尊厳に配慮することに対して敵対的な態度をとることは完全に正統性があると、そのように明確に主張している。それというのも彼に従えば「パーソナリティ」をもつための道は一つしかない。すなわち、一つの大義へと絶対的に身を捧げることを通してしか、それをもつことが出来ないのである。「生命論的」価値が文化的価値と同格であるとみなされるやいなや、「汝、理想を抱くべし」という定言命法は「汝、情熱的に生きるべし」という命法へと形を変えていく。もはや卑俗性はヒューマニティに関する両立不可能な大目的のすべてに対して無関心でいることではなく、自らの安楽や名声の獲得に熱中することを意味するものである。しかし道徳的命令を「生命論的」価値の名において斥けることができるというならば、恣意的な気まぐれを除けばどういった法や正義が「生命論的」価値の名においてこのような俗物的な生き方を斥けることできるのだろうか。ウェーバーが、もしある人が「精神やビジョンを欠いた専門家と心をなくした享楽家」を堕落した人間であるとして軽蔑したとしてもそれは信念や価値についての単なる主観的な判断にすぎないと率直に認めたことは、人間が堕落していくことを止めるのは不可能であることを暗に認めたということであった。かくしてウェーバーの倫理の原理

II. 事実と価値の峻別とナチュラル・ライト

の最終定式は「汝の好むものを選ぶべし」というものになるだろう。それは「あること」によって成し遂げられることが完全に保証された「あるべきこと」なのである。[15]

完全な混沌に至るには最後にひとつ障害が残っているように思われる。私がどのような選好を持ち、またどのような選択をするにせよ、私は理性的に行為しなければならない。すなわち私は自分自身に対して正直でなければならず、自らのもつ根本的な目的を首尾一貫して固守しなければならず、そして自らの目的に必要な手段を合理的に選択しなければならないのである。しかし、それはなぜか。感情的な俗物の格率と心をなくした享楽家の格率が理想主義者やジェントルマンや聖者の格率に劣らず擁護されうるものとみなされなければならない状態にまで貶められてしまった後で、どういった違いによればそれをなお為すことが出来るというのか。我々は、このような責任とその能力についての遅すぎる主張、首尾一貫性についての一貫しない配慮、理性的であることについての非理性的な称賛を、真剣に受け入れることはできない。ウェーバーが道徳的命法よりも文化的価値の方を好ましいものとするために展開した矛盾よりも強力な例を容易に展開できる者は誰もいないのではないか。「生命論的」価値を自らの最高の価値とすることは正統性があると宣言したとき、その人はあらゆる形態の合理性を軽視していることを必然として意味することにならないだろうか。おそらくウェーバーが主張しようとしたのは、いかなる選択を採用するにせよ、人は少なくとも自分自身に対しては正直でなければならないということであり、とりわけ必然として自らの選好に対する見せかけの根拠となることであろう客観的根拠を与えるような不誠実な試みをなしてはならないということであった。しかし、もし彼がそのようなことを主張したのであれば、彼は単に首尾一貫性を持たない人にすぎなかったことになるだろう。それというのも彼に従えば、真理を望むことも望まないことも、あるいは美しいものや聖なるもののために真理を斥けることも、同等に正統性がある

からである[16]。そうであるならば、なぜ人間は真理よりも心地よい幻想や有益な神話のほうを選ぶべきではないのか。ウェーバーの「合理的自己決定」と「知的誠実」に対する尊重は、「合理的自己決定」と「知的誠実」への彼の非合理的な選好のほかには何の基礎も持たない彼の性格特性にすぎないのである。

　我々は、ウェーバーの命題が至るところのニヒリズムを「高貴なニヒリズム」と呼ぶこともできるだろう。なぜならそのニヒリズムは、すべての高貴なものに対する第一義的な無関心からではなく、高貴であると思われているすべてのものは根拠を持たないとする現実についての洞察から生まれたもの、あるいは洞察とみなされているにすぎないものから生まれたものだからである。そうはいっても我々は、何が高貴で何が卑俗かについての幾分かの知識を持たないことには、高貴なニヒリズムと卑俗的なニヒリズムとを区別することができない。しかし、そのような知識はニヒリズムを超えたものである。ウェーバーのニヒリズムを高貴と呼ぶには、我々はウェーバーの立場とは一線を画さねばならないのである。

　これまでの批判に対して、次のように反論することもできるだろう。すなわち、ウェーバーが言おうとした本当のところは「価値」や「理想」という言葉では全くのところ表現できない。むしろ彼の用いた「汝自身になれ」とか「汝の運命を選べ」といった引用句によってこそ適切に表現されるのである、と。この解釈に従うならば、客観的規範が人間の自由や行為の可能性と両立できないがために、ウェーバーはそれを斥けたことになる。我々は、客観的規範を斥けたことに関するこのような理由が本当によい理由かどうか、またウェーバーの見解をこのように解釈することによってニヒリスティックな帰結が避けられるかどうかといった疑問を、未解決のままにしておかなければならない。ここではそのような解釈は、ウェーバーの現実の理論が構築された際の基礎であった「価値」や「理想」の観念との訣別を必要とするものであろうということ、

II. 事実と価値の峻別とナチュラル・ライト

そして今日の社会科学を支配しているのはそのような現実の理論であって反論にあるような可能的解釈ではないということを述べておけば十分である。

現代の社会科学者の多くは、ニヒリズムとは我々が真の科学的社会科学という最高善を手に入れるために支払わなければならない代償であるから、賢明な人ならば平然と受けいれる小さな不都合にすぎないと、そのように考えているようである。彼らは、たとえいかなる科学的発展も「何の結論も生み出さない不毛な真理」を超えたものにはなれないのだとしてもそれで満足であるかのようにみえるが、しかしその「結論」は純主観的な価値判断か、あるいは恣意的な選好によって生み出されるものである。それゆえ我々は、社会科学は社会現象の理解に至るための探究でありつつもなお、事実と価値の峻別という基礎の上において可能である純理論的な探究とみなされるか否かという疑問について考察しなければならないのである。

西洋文明の展望について述べたウェーバーの言葉をもう一度思い出してみよう。先にみたように、ウェーバーは次のような二者択一を見ていた。すなわち、精神的再生か、さもなければ「機械的な化石化」、すなわち「精神やビジョンを欠いた専門家と心をなくした享楽家」となることを除く人間のもつすべての可能性の消滅か、である。彼は次のように結論した。「しかしこのように述べることによって我々は価値と信念についての判断の領域に足を踏み入れるのだから、このような純歴史的な叙述が負担すべきところではない。」そうであるならば、歴史家や社会科学者にとっては、ある種の生のタイプを精神的に空虚なものとして正直に描写することや、ビジョンを欠いた専門家と心をなくした享楽家を正直に描写したりすることは、不適切であり、また許されないことになる。しかしこれは道理に合わないことではないだろうか。社会現象を正直かつ忠実に表すことは、社会科学者の明白なる義務ではないのか。いかにして我々は、はじめに社会現象をあるがままに見ずに、その因果につい

て説明することができるのだろうか。化石化や精神的な空虚といったものは、我々がそれを見たときに知るものではないだろうか。そしてもしある人がこのような類の現象を見ることができないならば、その人はまさにその事実によって、盲人には絵画鑑定家の資格がないように、社会科学者として失格であるということにならないだろうか。

ウェーバーはとりわけ倫理と宗教の社会学に関心を抱いていた。これらの社会学は「エートス」と「生の技術」（あるいは「思慮」の規則）が根本的に区別できることを前提としている。そのため社会科学者は「エートス」のもつ独特の性格を認識できなければならず、ウェーバーも認めていたように、社会科学者はエートスについての感覚とエートスについての識別眼を持っていなければならない。しかしそのような識別眼は、必然として価値判断を含むものではないだろうか。それはある現象について、真の「エートス」であり単なる「生の技術」ではないとする認識を含むものではないだろうか。アートについての社会学を書いたといいながら実際にはがらくたについての社会学を書いていた人のことを、我々は一笑に付して問題にすらしないのではないだろうか。宗教社会学者は、宗教的性格をもつ現象とそうでない現象とを区別しなければならない。それを区別するために、彼は宗教とは何であるかを知らなければならないし、宗教について理解していなければならない。ウェーバーの示唆するところとは反対に、このような理解こそ、真の宗教と偽の宗教、高次の宗教と低次の宗教とを区別することを可能にするのであり、またそれらを区別することを強いるのである。すなわち、宗教に固有の動機が高度に働いている宗教こそ、高次の宗教なのである。もしくは我々は、社会学者は宗教や「エートス」の存在と非存在を書きとめることが許されている——なぜならこれは単なる事実の観察にすぎないからである——が、その存在の程度、すなわち彼の研究対象である特定の宗教や「エートス」のランクに関しては何も述べるべきではない、などと言うべきだろうか。宗教社会学者は、自らの神にへつらったり買収

II. 事実と価値の峻別とナチュラル・ライト

したりして寵愛を得ようとする者と、心を入れ替えることによって寵愛を得ようとする者との違いに注目せざるを得ない。宗教社会学者はこの違いを見分ける際に、同時にその違いが暗に意味するランクの違い、つまりお金で解決しようとする人の態度とそうではない人の態度の違いを見ずにはいられないのではなかろうか。彼は、神々を買収しようとする試みが神々の主人または雇主になろうとするのに等しいことを、またそのような試みと人々が神々のことを語るときに感じていることとの間には根本的な不一致があることを認めざるを得ないのではないか。事実、ウェーバーの宗教社会学全体が成り立つか否かは、「心情倫理」と「僧侶的な形式主義」(あるいは「化石化した格率」)、「崇高な」宗教的思想と「純粋な魔術」、「単なる見せかけではない本当の深い洞察の新鮮な源泉」と「完全に直観的でない象徴的なイメージの迷宮」、「柔軟な想像力」と「机上の思考」とを、区別できるかどうかにかかっている。もしウェーバーが、つねに適切な用語を用いて、つまり称賛と非難の言葉をもって、現実のすべての知的および道徳的な徳と悪徳について語らなかったならば、彼の著作は単に退屈なものとなるだけでなく、全く無意味なものとなったことだろう。私が念頭に置いているのは次のような表現のことである。すなわち、「堂々たる人物」、「比類なき威厳」、「決して凌駕されることのない完成」、「似非体系」、「この放縦は疑いもなく衰退の産物であった」、「絶対的にアート的でない」、「巧妙な説明」、「高い教養」、「比類なきほど荘厳な説明」、「定式化の力強さ、柔軟さ、そして正確さ」、「倫理の求めるところの崇高な性格」、「完全な内的一貫性」、「粗雑かつ難解な概念」、「男性的な美しさ」、「純粋で深い確信」、「感動的な業績」、「第一級のアート作品」などである。ウェーバーは、詞や音楽などに及ぼしたピューリタニズムの影響にもいくらか注意を向けている。彼はアートに対するピューリタニズムのもつある種のネガティブな影響を指摘している。この事実(もしそれが事実であるとすれば)は、きわめて高度な純宗教的衝動がアートの衰退の原因であったという状況、すなわちかつて

II. 事実と価値の峻別とナチュラル・ライト

存在した純粋で高度なアートが「枯渇」した原因であったという状況と関連づけることにおいて、はじめて重要性をもつ。それというのも、衰えていく迷信ががらくたを生み出す原因であったという事例に対して、常識のある人間であれば誰もすすんで注意を払おうとしないことは明白だからである。ウェーバーの研究では、その原因は真の高度な宗教にあり、その結果がアートの衰退であった。すなわち原因も結果も、単なる価値との関係づけとは異なった価値判断に基づくときにのみ見えてくるのである。ウェーバーは、現象に対して目を覆うか、価値判断を行うかを選択しなければならなかった。彼は実践的な社会科学者としてのキャパシティにおいて、賢明な選択をしたのである。[17]

社会科学において価値判断を禁止することは、例えば強制収容所で見られるようなあからさまな行為を厳格に事実の通り記述したり、その行為者の動機を同じく事実の通り分析したりすることは許されるが、そのような残虐性について語ることについては許されない、といった結論を導くであろう。全くの愚か者でない限りそのような記述を読んだ者は、当然のごとく、そこで述べられている行為が残酷であることを知るだろう。また事実の通りの記述が、実際には痛烈な風刺であることもあるだろう。ストレートに報告したものとされるものが、異常に回りくどい報告であることもあるだろう。筆者が自身のより優れた知識を意図的に隠すことも、あるいはウェーバーのお気に入りの言葉でいえば、知的不誠実を犯すこともあるだろう。攻撃するに値しないことには道徳の弾薬を無駄使いするのはよしておこうというやり方は、ある言葉を発言したら負けだとして相手にその言葉を使わせようとする子供じみたゲームを我々に思い出させる。ウェーバーは、かねて適切な方法で社会問題を論じた他のすべての人たちのように、貪欲、強欲、破廉恥、虚栄、献身、平衡感覚、その他のこれに類する事柄について語ることを、すなわち価値判断をなすことを、避けることができなかった。彼は、グレートヒェンと売春婦との違いを見ない人々、すなわち一方にはあり、もう一方に

II. 事実と価値の峻別とナチュラル・ライト

はない高貴な感情を見ようとしない人々に対し、憤りを示した。ウェーバーの言わんとしたことは、次のように言うことができる。売春は社会学の主題の一つとみなされている。この主題は、売春が堕落的な性格をもつことを同時に見なければ理解できない。もし我々が恣意的な抽象としてではなく「売春」という事実そのものに目を向けるならば、我々はすでに価値判断を行っているのである。また政治学が偏狭な党派的精神、ボス的支配、圧力団体、ステイツマンシップ、腐敗、また道徳的腐敗といった現象、すなわち、いわば価値判断によってつくり上げられた現象について扱うことを許されないならば、政治学はどうなってしまうのだろうか。そのような事柄を表す用語に引用符をつけるようなことは、重要な主題としているところの原理を否定しながらも、重要な主題について語ることを可能にさせるという、子供じみたトリック——常識の利点と常識の否定とを結びつけようとするトリック——なのである。あるいは、例えば世論調査において、調査票に対する回答の多くは知性のない、教養のない、嘘をつきがちで理性的でもない人々によって寄せられているという事実を、また少なからぬ質問が同程度の人々によって作られているという事実を認めることなくしては、適切なことは何も言えないのではないだろうか。すなわち、次から次へと価値判断を行なわないことには、世論調査について適切なことは何も言えないのではないだろうか。[18]

あるいはまた、ウェーバー自身が深く論じている事例を見てみよう。例えば、政治学者や歴史家は政治家や将軍の行いを説明しなければならない。すなわち、彼らの行いをその原因にまで辿らなければならない。例えばそのような行いが手段と目的についての理性的な考察によって引き起こされたものか、それとも感情的な要因によるものかという問いに答えなければ、それを辿ることはできない。それを行うには、ある状況下における完全に理性的な行為のモデルをつくらなければならない。そうすることによってのみ、たとえ非理性的な要因が存在したとしても、

Ⅱ．事実と価値の峻別とナチュラル・ライト

どの非理性的な要因が働き、厳密に理性的なコースからその行為を外れさせたかを知ることができるだろう。ウェーバーは、このような方法が価値評価を含むものであることを認めていた。我々は、行為の当事者があれこれのミスを犯したと言わざるを得ないのである。しかしウェーバーは、モデルを作り、そのモデルとの偏差について価値判断を行なうといったことは、因果について説明するプロセスにおけるひとつの過渡的段階にすぎないと論じている[19]。そうであるならば我々もよい子のように、通りすがりに気づかざるを得ないものでも、気づいてはならないとされているものについては、出来るだけ早く忘れるべきである。しかし第一に、もし歴史家が、ある政治家の行いを「ある状況下での理性的行為」のモデルに参照して、その政治家が次々と大失敗を繰り返したことを明らかにするならば、彼はその政治家が異常に愚かであったという客観的価値判断を下したことになる。また他の例で言えば、歴史家はこれと同じ手順によって、ある将軍が並外れた才略、決断力、思慮を示したと、同じように客観的な価値判断を下すのである。このような現象は状況そのものに内在するものであるから、行為者が当然とみなしている判断基準に自身が気づかないことには理解できないし、実際の価値評価に際してこの基準を利用しないということもまた不可能である。第二に、ウェーバーが単に付随的とか過渡的とみなしたものへの洞察、すなわち、愚かさと賢明さ、臆病と勇気、野蛮さとヒューマニティといったものへの洞察が、ウェーバー流の因果についての説明に比べて歴史家の関心を引くものでないか否かについて問うことができるだろう。避けることができず、また異論の余地のない価値判断が示されるべきかどうか、あるいは抑えられるべきかどうかといった問題に関していえば、実際にはそれは「どこで、いつ、誰によって、誰に向かって」示されるべきかといった問題なのである。それゆえそれは、社会科学のメソドロジーにおける法廷とは異なる法廷に立つべきものなのである。

　社会科学は、純歴史的ないし純「解釈的」アプローチの範囲内に厳密

II. 事実と価値の峻別とナチュラル・ライト

に留まることによってのみ、価値判断を避けることができた。社会科学者は自らの主題についての自己解釈に対して愚痴をいうことなく従わなければならないだろう。彼は「道徳性」、「宗教」、「アート」、「文明」などといった概念を知らない民族や部族の思想を解釈するときには、それらの概念について話すことすら禁じられるだろう。他方で彼は、そこで道徳、宗教、アート、知識、国家といった言葉で呼ばれているものについては、それがいかなる類のものであっても、道徳、宗教、アートといったものとして受けとめなければならないだろう。実際に、「知識」と呼ばれるすべてのものを——たとえそれが紛れもないナンセンスであっても——社会学者は知識として受け取られなければならないとする知識社会学は存在する。ウェーバー自身、正統的支配の諸類型を、正統的支配の諸類型とみなされているものと同一視した。しかしこのような制限があることにより我々は、研究の対象としている人々のもつあらゆる欺瞞やあらゆる自己欺瞞の犠牲となる危険にさらされるのである。そしてあらゆる批判的態度は妨げられ、社会科学はあらゆる可能的価値を奪われることになるのである。政治史学者は大きな失敗を繰り返した将軍の自己解釈を受け入れるわけにはいかないし、文学史学者は下手くそな詩人の自己解釈を受け入れるわけにはいかない。同じように社会学者も、ある現象を解釈するにおいて、その現象の当事者集団の解釈で事足りるなどと考えるわけにはいかないのである。個よりも集団の方が自己欺瞞に陥る傾向が少ないといえるだろうか。ウェーバーにとって、次のように念を押すことは容易であった。「[ある資質をカリスマ的と呼ぶのに]唯一重要なことは、その個人がカリスマ的権威へと服従している人々によって、つまり彼の『追従者たち』や『弟子たち』によって、事実上どのようにみなされているか、である。」この八行あとを読んでみよう。「[カリスマ的なリーダーの]もう一つのタイプは、モルモン教の創始者ジョセフ・スミスのようなタイプである。しかしながら彼は非常に狡猾なペテン師だった可能性があるため」、すなわち彼は単にカリスマをも

つふりをしていた可能性があるため、「絶対確実にこのタイプに分類されるとも限らない。」ドイツ語の原著は控え目にいっても英訳よりもはるかに明瞭・明確ではないが、その事実を主張するのは公正ではなかろう。なぜなら、訳者によって暗に提起されている問題——すなわち、真のカリスマとカリスマを装っているにすぎない者、真の予言者と偽の予言者、真のリーダーとうまいこと成功したはったり屋の区別に関する問題——は、黙っていたところで片付くものではないからである[20]。社会学者は、ある集団が法律上のフィクションとは決して認めようとしなかったものをそのまま受け入れなければならないのではなく、ある集団が自分たちでルールづけている権威を事実上どのように考えているかということと、その権威のもつ真の性格とを区別しなければならないのである。他方、人々が自分たちを理解したままの仕方でその人々を理解することに徹する厳密に歴史的なアプローチも、その限界を理解してさえいれば非常に有益なものであろう。こういったことを明らかにすることによって、我々は非価値評価的な社会科学への要求の根底にある正統な動機を把握するのである。

今日では、社会科学者は自らの属する社会の基準によって他の社会を判断してはならない、ということはすでに常識になっている。称賛も非難もすることなくそのまま理解することは、社会科学者の誇るところである。しかし理解を可能とするには、概念的枠組みや準拠体系がなければならない。ところでその準拠体系は、彼のいる社会がその時代にその社会を理解する仕方を単に反映したものになりがちである。したがって彼は、自らの属する社会とは異なる社会を、その社会にとっては全く異質といえる言葉によって解釈することになるだろう。彼はこれらの社会を、彼の概念的枠組みのプロクルステスのベッドの中に押し込まざるを得ないだろう。彼はこれらの社会を、その社会が自らを理解していたとおりには理解できないだろう。ある社会の自己解釈はその社会の存在における一つの本質的な要素であるから、彼はその社会をあるがままには

II. 事実と価値の峻別とナチュラル・ライト

理解しないだろう。また他の社会を理解していなければ自らのいる社会も十分には理解できないのだから、彼は自らのいる社会でさえ本当には理解できないことになるだろう。さりとて彼は、過去と現在の様々な社会、あるいはそれらの社会の重要な「部分」を、それらが自らをそのまま理解している通りに、あるいは理解していた通りに、理解しなければならないのである。このような純歴史的アプローチの範囲内では、したがってまた単に予備的・補助的作業の範囲内では、評価を止めてしまうような客観性は正統性があり、またあらゆる観点からみて不可欠でさえある。とりわけ、ある教理としての現象を扱うような場合には、その教理を理解しなければ、すなわちその創始者が理解していた通りにそれを理解しなければ、それが健全であるか否かを判断したり、それを社会学やその他の言葉を用いて説明したりといったことができないことは明らかなのである。

　価値判断を止めてしまうことを必要とするような類の客観性をあれほど好んだウェーバーが、まさにその非価値評価的な客観性の発祥地、唯一の発祥地といえるであろう領域に関してはほとんど盲目的であったというのは奇妙である。彼は、自らの用いる概念的枠組みが、自らの時代の社会状況にルーツをもつものであることをはっきりと認識していた。例えば、彼の正統性の三つの理念型（伝統的、合理的、カリスマ的）の区別は、フランス革命後のヨーロッパ大陸において革命前のレジームの残滓と革命のレジームとの間の闘争が伝統と理性との間の対立として理解された状況を反映したものであるということは、容易に理解できる。おそらく19世紀の状況には適合したものであっても、それ以外の状況にはほとんど適さないこの枠組みの明らかな不適切性が、ウェーバーをして正統性のカリスマ的類型に、当時の状況から彼が受け取った二つの類型を付け加えさせたのである。しかしそれらを付け加えたことは、彼の枠組みそのものに内在する根本的な限界を取り除くものではなく、単に包み隠すにすぎないものであった。それらを付け加えたことは、いま

II. 事実と価値の峻別とナチュラル・ライト

やその枠組みが包括的なものであるかのような印象を生み出したが、しかし実際には、それは偏狭な起源から生じたものであったため、何を追加したところで包括的なものにはなり得なかったのである。すなわち、政治社会の本性についての包括的な省察によってではなく、単なる二、三世代の経験だけで、その基本的な方向づけはなされたのである。ウェーバーは、社会科学の用いるいかなる概念的枠組みも一時的な妥当性しか持ち得ないと信じていたため、このような事態をさほど深刻には懸念しなかった。とりわけ彼は、特定の「日付のついた」枠組みを押し当てることが過去の政治状況についての偏りのない理解を脅かす危険につながるのではないかということを、深刻に懸念することがなかった。例えばウェーバーは、歴史に記録されている大きな政治闘争の主人公たちが自らの大義をどのように理解し、自らを正統であるとする原理をどのように考えていたかについて考える際に、自らの枠組みの適合性を疑わなかった。また基本的にはこれと同じ理由で、プラトンの著作全体がある意味で「知識人」の観念の批判でもあったという事実を一瞬たりとも考察せず、ためらうことなくプラトンを「知識人」と呼んだ。彼はトゥキディデスの『歴史』におけるアテナイ人とメロス島の住人たちの間の対話をもって、「古代のギリシアのポリスにおいては最も赤裸々な『マキャベリズム』もいかなる観点からも当然のこととみなされ、かつ倫理的な観点からは全く反対できないものとみなされていた」という主張の十分な根拠になると、まったくためらいもせずに考えたのである。その他の問題点はともかくとして、彼はトゥキディデス自身がこの対話をどのように理解していたかを、その場に立ち止まって思索してみるということをしなかった。彼はまったくためらうことなく次のように書いたのである。すなわち「エジプトの賢者たちは、従順さ、沈黙、自負心の欠如を神の徳として称賛したが、それは官僚主義的な従属に由来するものであった。イスラエルでは、その由来は顧客の平民的性格にあった」と。同様にヒンズー教の思想についての彼の社会学的説明は、「あらゆる種

II. 事実と価値の峻別とナチュラル・ライト

類の」ナチュラル・ライトはすべての人間の最初から最後までの至福の状態は前提としないとしても、すべての人間の自然的平等を想定している、という前提に基づいている。あるいはおそらく最もよい例といえるものを取り上げるならば、カルヴィニズムのような歴史的現象の本質とみなされなければならないものは何かという問題を論じたとき、ウェーバーは次のように述べた。すなわち、我々が何かを歴史的現象の本質と呼ぶときに意味しているのは、永遠の価値をもつと考えられる現象のある一面か、さもなければ最も大きな歴史的影響を及ぼしたある一面にすぎない、と。ウェーバーは、実際には第一の最も明白な可能性といえる第三の可能性、すなわち例えばカルヴィニズムの本質とはカルヴァン自身が自らの仕事の本質や主な特性とみなしたものと同一視されるべきではないかといった可能性には、触れることさえしなかったのである。[21]

ウェーバーのメソドロジカルな原理は、必然として彼の仕事に不利な影響を与えた。我々はそれについて、彼の最も有名な歴史論文「プロテスタンティズムの倫理と資本主義の精神」を概観することによって明らかにしよう。彼はカルヴィニズム神学が資本主義の精神の主な原因であると主張した。彼はまた、その結果は決してカルヴァンによって意図されたものではなく、カルヴァン自身もその結果にショックを受けたことであろうし――最も重要なことには――救済に至る因果の連鎖において決定的な役割をはたす環（予定説についての一つの特殊な解釈）はカルヴァンによって拒否されたにもかかわらず、彼のエピゴーネン、とりわけカルヴァン派の平信徒の広い層には「ごく自然に」現れた、という事実を強調した。ところで、カルヴァンほどの人物が論じるものについて語る際に、単に「エピゴーネン」や「平信徒」にのみ言及することは、これらの人々が採用した予定説の解釈に対するひとつの価値判断を含むものである。その価値判断とは、エピゴーネンや平信徒たちは決定的な要点を見落としがちである、というものである。ウェーバーが暗黙のうちに行った価値判断は、カルヴァン神学の教理を理解している誰の目か

ら見ても十分に正当化されるものであるし、資本主義精神をもたらしたとする予定説の特殊な解釈は、カルヴァンの教理の根本的な誤解に基づくものである。それはこの教理の改竄といえるものであり、カルヴァンの用いる言葉で言えば、霊的教えについての肉的解釈なのである。それゆえウェーバーが証明したと合理的に主張できるのは、せいぜいのところ、カルヴァン神学の改竄あるいは堕落が資本主義精神をもたらしたということである。このようにきわめて限定的に述べることによってのみ、彼の命題は、彼が言及している事実にほぼ一致したものとなり得るのである。しかし彼は価値判断に関するタブーを自らに課していたため、このような決定的な条件をつけることができなかった。必要不可欠なものである価値判断を回避したことによって、彼は現実の事柄について事実として正確でない描写をなさざるをえなくなったのである。それというのも価値判断に対する恐れによって彼は、カルヴィニズムの本質をその歴史的に最も影響を与えた一面と同一視してしまったからである。彼はカルヴァン自身の自己解釈がそのままカルヴァンの弟子を称するカルヴィニストらへの客観的な判定基準として機能しないものかと考えたために、カルヴィニズムの本質とカルヴァン自身が本質的と考えたこととを同一視するのを本能的に避けたのである。[22]

 価値判断を拒否することは歴史的な客観性すらも危うくする。第一に、それは我々が鋤を鋤と呼ぶことを妨げる。第二に、それは価値評価を止めることを要求することに正統性をもたせる客観性の類、すなわち解釈の客観性を危うくする。客観的な価値判断は不可能であると当然のように考えている歴史家は、客観的な価値判断の可能性の前提である過去の思想、すなわちかつて現実にあった全ての思想を真剣に考察することができない。彼は、それらの思想は根本的な幻想に基づくものであると前もって考えているため、過去についてその過去そのものが理解したとおりに理解するのに必要なインセンティブを欠いているのである。

 ここまで述べてきたほとんどのことは、ウェーバーの中心的命題の理

Ⅱ. 事実と価値の峻別とナチュラル・ライト

解における最も重大な障害を取り除くために必要なことであった。ここにおいてのみ、我々はその正確な意味を把握することができる。先ほどの例を再度考察してみよう。ウェーバーは、カルヴァン派神学の改竄が資本主義の精神をもたらした、と言うべきであった。このことは通俗的なカルヴィニズムにおける、一つの客観的な価値判断を意味するものであろう。すなわち、エピゴーネンらは自らが維持しようとしていたものを無意識のうちに破壊してしまった、というものである。しかしこの暗黙のうちになされた価値判断はきわめて限定的な重要性しかもたない。いかんせんそれは、要となる論点には予断をもたらすものではないのである。それというのも、カルヴァン派神学を悪しきものと想定するならば、それについての改竄は、善いことになるからである。カルヴァンが「肉的」理解と考えたであろうことは、別の観点からは、世俗的個人主義と世俗的民主主義のような善きものをもたらした「現世的」理解として称賛されうるであろう。しかしたとえ後者の観点においても、通俗的なカルヴィニズムは、サンチョ・パンサがドン・キホーテよりも好ましいといえるのと同じ理由で、本来のカルヴィニズムよりも好ましいとはいっても、不可能な立場、半端な立場のものとみなされることであろう。そうであるならば、通俗的なカルヴィニズムを斥けることはあらゆる観点からいって避けられないことになる。しかしこのことが端的に意味しているのは、我々は通俗的なカルヴィニズムを拒否した後にようやく本当の問題に直面することになる、ということである。すなわち、宗教と無宗教、つまり真の宗教と単なる魔術ではない気高き無宗教、あるいは機械的な儀式主義と「精神やビジョンを欠いた専門家と心をなくした享楽家」の無宗教との対立の問題である。ウェーバーに従えば、これはまさしく最高位の真の宗教の間の闘争（例えば、第二イザヤ、イエス、仏陀の間の闘争）のような、人間理性によっては解決できない真の争点なのである。かくして社会科学が成立するか否かは価値判断をなすか否かによるという事実があるにもかかわらず、社会科学や社会哲学はこの決

定的な価値闘争を解決できないことになるのである。グレートヒェンと売春婦について語るとき、我々はすでに価値判断を下しているというのは全くの事実である。しかしこの価値判断は、すべての性欲を非難するラディカルに禁欲的な立場に直面した瞬間に、単なる暫定的なものにすぎないことを証明するだろう。この観点からみれば、売春による性のオープンな堕落の方が、感傷や詩による性の本当の姿の偽装よりもきれいなものにみえるかもしれない。我々は知的で道徳的な美徳を称賛し、知的で道徳的な悪徳を非難しなければ、人間の諸事について何かを語ることはできないというのは、全くの真理である。しかし、すべての人間的な美徳は究極的には素晴らしい悪徳を超えるものではないと判断されなければならないとする可能性はなくなってはいない。失敗ばかりの将軍と天才的な戦略家とが客観的にみて異なることを否定するのは馬鹿げたことであろう。しかし、もし戦争それ自体が絶対悪であるならば、失敗ばかりの将軍と天才的な戦略家との違いは、失敗ばかりの泥棒と天才的な泥棒との違いと同レベルのものであろう。

　そうであるならば、ウェーバーが価値判断を斥けたことの真意は、次のように述べられるべきであろう。社会科学の対象は、価値への関係づけによって構成される。価値への関係づけは、価値評価を前提としている。そのような評価は、社会科学者が社会現象を価値づけること、すなわち本物と偽物、高級なものと低級なものを区別することを可能にし、またそれを強いるものである。すなわち、真の宗教と偽の宗教、真のリーダーと詐欺師、真の知と伝承や詭弁にすぎないもの、美徳と悪徳、道徳的感覚が優れた者と鈍感な者、アートと駄作、バイタリティの高さと堕落といったものを区別することを可能とし、かつそれを強いるのである。価値への関係づけは、価値において中立的であらんとすることと両立できず、「純理論的」であることは出来ない。しかし非中立的であることは必ずしも是認を意味するものではなく、拒否を意味することもあり得る。実際に、様々な価値は相互に両立することは不可能であり、一つの価値

II. 事実と価値の峻別とナチュラル・ライト

を是認することは必然的に他の価値を拒否することを意味する。そのような「究極的な諸価値」の受容と拒否に基づいてのみ、社会科学の対象は眼前に現れてくるのである。それより後に発生するすべての作業、すなわち対象の因果関係の分析においては、研究者はその価値を受容するか拒否するかとは無関係でなければならないのである。[23]

ともあれ、社会科学の領域とその役目に関するウェーバーの全体としての考えは、究極的価値の間の闘争は人間理性によって解決することなど出来ない、という論証可能な前提に基づくものである。問題は、その前提が本当に論証されたものかどうか、あるいは特殊な道徳的選好の衝動のもとに要請されたものにすぎないのかどうか、という点である。

ウェーバーが自身の基本前提を論証しようとした試みの入り口において、我々は二つの驚くべき事実と出くわす。一つは、何千ページもの量を書いているウェーバーが、自らの立場における全体的な基礎について主題的に論じることには、三十ページ程しか費やしていないということである。その基礎はなぜそれほどまで証明する必要がないと思われたのだろうか。その基礎はなぜ彼にとっては自明であったのか。それについての暫定的な答えは、我々のなす彼の議論についての分析を待つまでもなく示しうる第二の事実によって与えられる。この主題についての議論を始める際に彼が示したように、彼の命題は、旧来からあるきわめて一般的な見解、すなわち倫理と政治の対立は解決することが出来ないという見解を一般化したものにすぎないのである。すなわち、ときに道徳的な罪を犯すことなくして政治的行動は不可能である、ということである。そうであるならばウェーバーの立場を生み出したものは「パワー・ポリティクス」の精神であったように思われる。ウェーバーが闘争と平和について語るときに、「平和」には引用符を付ける一方で、闘争については同じように前もって注意を促す手だてをとっていないという事実よりも、このことをよく表しているものはない。ウェーバーにとって闘争は明白な事柄であるが、平和はそうではなかった。平和はまやかしだが、

Ⅱ．事実と価値の峻別とナチュラル・ライト

戦争は現実だったのである。[24]

したがって価値間の闘争にはいかなる解決も不可能であるとするウェーバーの命題は、人間が生を営むときには本質的に闘争を避けられないとする包括的な見解の一部であり、あるいはその結論であった。そのため彼にとって「平和と万人の幸福」は正統性をもたないか、あるいはファンタジーにすぎないものに見えたのである。それはたとえ達成することが出来たとしても、望ましいものではないだろう、と彼は考えた。かつてニーチェが「破壊的な批判」の対象とした「幸福を創案した最後の人間ども」の状態であろうと、そのように彼は考えるのである。もし平和が人間の生、あるいは真の人間の生と両立し得ないのであれば、道徳上の問題ははっきりと解決されることだろう。すなわち、事物の自然本性は、戦士のもつ倫理を「パワー・ポリティクス」に基づくものとして要求するが、これはもっぱら国益への思いによって導かれたものであり、あるいは「最も赤裸々な『マキャベリズム』もいかなる観点からも当然のこととみなされ、かつ倫理的な観点からは全く反対できないものとみなされ」なければならないだろう。しかしそうであるならば我々は、世界は戦争の支配のもとにある一方で、個人は平和な状態にあるという逆説に直面することになるだろう。争いに引き裂かれた世の中では、個人も争いに引き裂かれることになるのである。しかしたとえ個人が戦争の原理そのものを否定するよう強いられることはないとしても、その争いが個人の根底にまで達することはないだろう。すなわち、個人としては戦争から逃れることが出来ず、また戦争に身を献げざるを得ないとしても、個人はあくまでも戦争を悪や罪として否定せざるを得ないのである。平和がどこにも存在することがないようにするために、平和は簡単に否定されてはならない、ということである。平和を戦争と戦争の間に必要な息つぎの期間と考えるだけでは十分ではない。我々を普遍的な平和あるいは普遍的な同胞愛へと向かわせる絶対的な義務というものは確かに存在するはずだが、その義務は自国の「自由に行動できる範囲」の

Ⅱ．事実と価値の峻別とナチュラル・ライト

ために行う「永遠の闘争」に参入するよう我々に命じる、同じくらい崇高な義務と対立するものである。もし罪が逃れられるものであれば、対立は究極的なものとはいえないだろう。罪を犯すことを強いられた場合に、果たしてそれを罪といえるのかどうかという問題は、ウェーバーにとってもはや議論の対象ではなかった。すなわち彼が必要としたのは、罪の必然性だったのである。無神論によって生み出される苦悩（救いと慰めの不在）と、啓示宗教によって生み出される苦悩（罪悪感の重圧）とを、彼は結合しなければならなかったのである。この結合がなければ人生は悲劇的であることを止め、深みを失うのである。[25]

　ウェーバーは、価値のヒエラルキーなどは存在しないと考えていた。すなわち、すべての価値は同格であると考えていたのである。ところでもし本当にそうであるなら、二つの価値の要求をみたす社会体系があれば、そのスコープがより限定的な社会体系よりも望ましいことになる。包括的な体系は、二つの価値のなすそれぞれの要求のうちのいくらかの犠牲を求めるものかもしれない。この場合、極端な体系や一面的な体系は、それよりも包括的に見える体系より劣っているか、それとも優れているのか、といった問題が生じるであろう。この問題に答えるためには、二つの価値のうちの一方は無条件に斥けながら他方を採用するということが、そもそもからいって可能なのかどうかについて知らなければならないだろう。もしそれが不可能ならば、二つの構成された価値の要求とみられるものをいくらか犠牲にすることは、理性の命令であるといえるだろう。最適な体系はきわめてよい条件の下でなければ実現されないが、いまここにある現実の条件といえば、きわめてよろしくない。最適な体系は様々な不完全な体系について合理的な判断を下すための基礎として不可欠であり続けるだろうから、最適な体系は重要性を失いはしないだろう。とりわけその重要性は、ある状況下で二つの同程度に不完全な体系からいずれか片方のみを選択しなければならないような状況が生じたとしても、まったく損なわれることはないだろう。大事なことを一

つ言い残したが、こういった問題を考察する場合に我々が一瞬たりとて忘れてならないのは、一方における過激主義の社会的な生と、他方における穏健主義の社会的な生に対する一般的な重要性のことである。ウェーバーはこうした考察はすべて脇に追いやってしまい、「中道が極右と極左の理想よりも科学的に正しいということは全くなく」、中道は明解さが少ない点で過激な解決法に劣ってさえいる、と述べている[26]。社会科学は社会問題の賢明な解決法に関わるべきでないかどうか、また穏健主義は過激主義より賢明でないかどうかといった問題はもちろん重要である。しかし、ウェーバーが実践的政治家としていかに賢明であったとしても、また彼が偏狭な党派的狂信の精神をいかに嫌悪していたとしても、社会科学者としての彼は、ステイツマンシップの精神とは何の共通点も持たない精神をもって、また偏狭な強情さを助長するよりほかには実践的目的には何の役に立ちそうもない精神をもって、社会問題にアプローチしたのである。闘争の至上性における彼の揺るぎない信念が、少なくとも穏健的な路線に対するのと同程度の敬意を、過激主義に対しても抱くよう彼に強要したのである。

　しかし我々は、ウェーバーが究極的価値は端的に相互に対立するものであるという主張をどのように立証しようと試みたかについて、もはや先延ばしすることが出来ない。我々は彼の論証から二つ三つの実例に限定して論ずることにしよう[27]。第一の実例は、彼が社会政策についてのほとんどの争点の性格を例証する際に用いたものである。社会政策は正義に関わるが、しかし社会において正義が要求するものが何であるかは、ウェーバーに従えば、いかなる倫理によっても決定することができない。二つの対立する見解が同等に正統性をもつか、あるいは擁護可能である。第一の見解によれば、我々は多くのことを達成した人や多くのことに貢献した人に、より多くを与えるべきである。第二の見解によれば、我々は多くのことを達成した人や多くのことに貢献しうる人から、より多くを取り立てるべきである。第一の見解を採用するならば、我々は素晴ら

II. 事実と価値の峻別とナチュラル・ライト

しい才能を持った人により大きな機会を与えなければならないだろう。第二の見解を採用するならば、我々は才能を持った個人が自らの優れた機会を悪用することを抑止しなければならないだろう。ウェーバー自身もやや奇妙に感じながらも克服するのが難しいとみなした考察を述べたときの曖昧な態度については、我々は何も言わないことにしよう。我々は、彼が第一の見解について支持する理由を示す必要があると考えなかったことを述べるに留めておこう。しかしながら彼は、第二の見解については明確な論拠が必要だと思ったようである。ウェーバーに従えば、バブーフがそうしたように、我々は次のように論じることができるだろう。すなわち、精神的な天分の不平等な配分という不正義と、優れた天分の単なる所有にともなう特権的な満足感は、優れた才能を持った個人が自身のもつ素晴らしい機会を悪用しないように定められた社会的措置によって補正されなければならない。この見解が擁護できるものかどうかについて述べる前に我々は、自然はその贈り物を不平等に配分することによって不正義の罪を犯したと言えるのかどうか、この不正義からの救済は社会のもつ義務なのかどうか、羨望は聞き入れられる権利をもつのかどうかについて、知らなければならないだろう。しかしたとえ我々が、ウェーバーのいうところのバブーフの見解を第一の見解と同等に擁護可能なものと認めたとしても、その先には何があるだろうか。我々は盲目的な選択をしなければならないのだろうか。二つの対立する見解の支持者たちに、各々の意見を出来る限りの強情さで主張するようにそそのかすべきだというのだろうか。もしウェーバーが主張するように、いかなる解決も他の解決に比べて道徳的に優れてはいないのだとすれば、道理としてついにはその決定は、倫理の法廷から便宜や便益性の法廷へと場所を移さなければならなくなるだろう。ウェーバーはこの問題についての議論から、便宜性についての考察を強く排除した。もし要求が正義の名においてなされるのであれば、どのような解決が最善の「インセンティブ」を与えるかといった考察は場違いである、と彼は述べて

いる。しかし、正義と社会的善との間には、また社会的善と社会的に価値ある活動へのインセンティブとの間には、まったく関係性がないものだろうか。二つの対立する見解は同等に擁護可能であるとするウェーバーの主張がもし本当に正統であると言えるのならば、一つの客観的な科学としての社会科学は、いくつかの見解のうちの一つだけが正義と一致していると主張するすべての人に対して、気狂いの烙印を捺さなければならないことになるだろう。[28]

　第二の実例は、いわゆる「責任倫理」と「心情倫理」との間には解決不可能な対立があることを証明したというウェーバーの主張である。前者に従えば、人間の責任はその人の行為の予見可能な結果にまで及ぶが、しかし後者に従えば、人間の責任はその人の行為の内なる正統さの範囲に限られる。ウェーバーは、サンジカリズムの例によって心情倫理を説明している。すなわち、サンジカリストは自らの革命的活動の結果や成功に関心をもつのではなく、自らの高潔さ、つまりある種の道徳的態度に他ならないものを自らのうちに保持し、かつ他者にも目覚めさせることに関心を持っている。ある状況において、彼の革命的活動が革命的労働者の存在そのものにとって、予見可能なすべての未来において破壊的であろうことがはっきりと証明されたとしても、それは確信的なサンジカリストに対する妥当な反論ではないだろう。ウェーバーのいうところの確信的なサンジカリストとは、もしあるサンジカリストが首尾一貫していたならば彼の王国はこの世にはないというウェーバーの言葉に表されているように、アド・ホックな構成物なのである。言い換えれば、もしサンジカリストが首尾一貫していたならば、彼はサンジカリストたることをやめるしかないことになる。すなわち、この世に属する手段を用いてこの世における労働者階級の解放に関わる人間であることをやめるほかないのである。ウェーバーがサンジカリズムのうちにみた心情倫理は、実際には、すべての現世的な社会運動や政治運動とは相容れない倫理である。ウェーバーが他の場面で述べていたように、本来の社会的行

Ⅱ. 事実と価値の峻別とナチュラル・ライト

動の次元では「心情倫理と責任倫理は絶対的に相反するものではなく、相互に補完しあうものである。すなわち、両者が結合することで真の人間存在は形成されるのである。」ウェーバーがかつて真の人間存在の倫理と呼んだものとは両立することの出来ない心情倫理は、キリスト教的倫理のある種の解釈であり、あるいはより一般的に表現すれば、厳密に非現世的な倫理である。そうであるならば心情倫理と責任倫理との間の解決不可能な対立について語ったときのウェーバーの真意は、現世的倫理と非現世的倫理との間の対立は人間理性によっては解決することができないということであった。[29]

ウェーバーは、厳密に現世的な方向づけを基礎としては、いかなる客観的規範も不可能であると確信していた。「絶対的な妥当性」と特殊な規範が同時に存在するには、啓示の基礎がなければ不可能だと考えていたのである。しかし彼は、裸の人間精神が客観的規範に達することが不可能であることや、異なる現世的な倫理の教理の間の対立は人間理性によっては解決することが不可能であることを証明してはいない。彼は単に、非現世的な倫理が、あるいはむしろあるタイプの非現世的な倫理が、裸の人間精神の見分けることのできる人間の卓越性や人間の尊厳の基準とは両立することができないと証明したにすぎないのである。我々はまったく不遜の罪を犯すことなく、現世的な倫理と非現世的な倫理との間の対立は社会科学にとって必ずしも重要な関心事ではないと述べることができるだろう。ウェーバー自身も指摘するように、社会科学とは社会的な生を現世的な観点から理解しようと試みるものである。社会科学とは人間の生についての人間的な知なのである。その光とはまさしく自然の光である。それは社会問題に対する合理的解決ないし道理的解決を見出そうと努めるものである。それが到達する洞察や解決は、超人間的な知や神の啓示に基づけば疑問視されるものかもしれない。しかしウェーバーが指摘したように、そのような疑問は裸の人間理性には決して明らかにはされない前提に基づくものであるから、社会科学それ自体

Ⅱ．事実と価値の峻別とナチュラル・ライト

はそれを扱うことが出来ないのである。そのような前提を受け入れてしまえば、社会科学は、ユダヤ教、キリスト教、イスラム教、仏教、あるいはその他の「宗派的」な社会科学に変質してしまうだろう。それに加えて、もし社会科学の真の洞察が啓示の根拠のもとに疑われるならば、啓示は単に理性を超えるものであるばかりか、理性に反するものということにもなる。ウェーバーは、すべての啓示信仰は究極的には道理に合わないものへの信仰であると、まったく良心の呵責をもつことなく述べた。結局のところ神学の権威ではなかったウェーバーのこのような見解が知的な啓示信仰と両立しうるものかどうかについては、ここではこれ以上述べる必要もなかろう。[30]

　社会科学、すなわち人間の生についての現世的な理解が明白に正統性をもつことがひとたび認められると、ウェーバーが示した困難は見当違いであることが分かってくる。しかし彼はこのような前提を認めようとしなかった。彼は、科学や哲学とは最後には人間としての人間が思いのままに処理できる明白な前提に基づくものではなく、信仰に基づくものであると主張したのである。彼は、科学や哲学だけが人間の知りうるところの真理に到達できることを認めつつも、人間の知りうるところの真理の探究は善であるか否かという問いを掲げ、そしてこの問いはもはや科学や哲学によって答えられるものではないと断言したのである。科学や哲学は、その基礎について明解で確実な説明を与えることができない。科学や哲学のよさは「真の存在への道」、「真の本性への道」、「真の幸福への道」であると我々が考えうる限りにおいては、それは問題にはされなかった。しかしこれらの期待は幻想にすぎないことが証明された。それからというもの科学と哲学は、人間が到達することのできる非常に限られた真理を突き止めるといった目標しか持てなくなった。しかし、科学や哲学の性格がこのように驚くほど変化したにもかかわらず、真理の探究はそれ自体価値あるものとみなされ続けており、単にその実際の成果の観点からのみ価値あるものとはみなされていない。否、実際の成果

が価値あるものとみなされる方がむしろ問題である。なぜなら、人間の力の増大は、善をなすための力の増大だけでなく悪をなすための力の増大をも意味するからである。真理の探究それ自体を価値あるものとみなすことによって我々は、もはや我々が適当かつ十分な理由をもたないままに物事の選択を行なっていることを認めることになる。それとともに我々は、選択に際しては適当かつ十分な理由を必要としないという原理を認めることにもなる。したがって真理の探究それ自体を価値あるものと考える人は、ある教理の起源についての理解や原典の編纂——いやそれどころか、ある草稿の中の改竄箇所の憶測による修正——といった活動を自己目的とみなすようになる。すなわち、真理の探究は切手集めと同程度の尊厳しかもたなくなるのである。すべての追求、すべての気まぐれが、他のすべてのものと同等に擁護可能になり、また同等に正統性をもつものとなってしまうのである。しかしウェーバーは必ずしもそこまでは進まない。彼はまた、科学の目標は明らかにすること、すなわち重要な問題について明らかにすることであると述べる。その意味は、究極的には全くのところ全体についてではなく、人間としての人間のある状況について明らかにすることである。そうであるならば科学と哲学とは、幻想を脱して自由へ向かう道のことであり、自由な生の、つまり知性を犠牲にすることを拒否し、現実の厳しさをあえて直視する生の基礎ということになる。それは我々が好きか嫌いかを離れて妥当性をもつ人間の知りうるところの真理に関係するものである。ウェーバーはここまでは辿り着いた。しかし科学や哲学は万人がそれを知りたいかどうかとは関係なく、万人に妥当する真理に関係する、と述べることは拒絶した。彼を立ち止まらせたのは何だったのだろうか。なぜ彼は人間の知りうるところの真理が必然として持つ力を否定したのだろうか。[31]

彼は、20世紀の人間は知識の木の実を食べたのだと、つまり過去のすべての人間を盲目にした幻想から逃れることができたのだと、そのように信じようとした。すなわち、我々は幻想を持たずに人間の状況を眺め

Ⅱ．事実と価値の峻別とナチュラル・ライト

ていると、我々は魔術から解放されていると、そのように信じようとしたのである。しかし歴史主義の影響のもとにあった彼は、我々が人間としての人間の状況について語ることが出来るのかどうか、もしそれが可能であるとしても、このような人間としての人間の状況は時代によって異なった見方をされ、また原理上それぞれの時代の見方は他の時代の見方と同等に正統性をもつか、あるいは逆に持たないのではないのかと考えるようになった。それゆえ彼は、人間としての人間の状況であるようにみえたものも、現在の人間の状況、すなわち「我々の歴史的状況において必然として与えられたもの」に他ならないのではないか、と疑ったのである。したがって、当初は幻想からの解放であると思われたものも、結局のところ我々のいる時代に存在する疑問点の残る前提を超えたものではないと、あるいは次の時代にはその時代に合致した態度によって克服されるであろうと、そのように思われるようになった。この時代の思想は、魔術からの解放、無条件に「現世的」であること、無宗教によって特徴づけられる。幻想からの解放であると主張されているものは、過去において有力であった信念と、また未来において有力であろう信念と、同じ程度に幻想にすぎず、あるいは同じ程度に幻想ではない。我々は、運命が我々に強制するところにおいて無宗教であり、ほかに理由などないのである。ウェーバーは知性を犠牲にすることを斥けた。彼は宗教の復活や予言者や救世主を待つようなことはしなかった。また彼は、宗教の復活がこの時代の後にもたらされるかどうかについては全く確信を持たなかった。しかし彼は、大義や理想に対するいかなる献身も、その根拠が宗教的信仰にあることは確信しており、それゆえ宗教的信仰の衰退は究極的にはあらゆる大義や理想の消滅をもたらすことを確信していた。彼は精神の完全なる空虚か宗教の復活かといった二者択一を心に描いていたのである。彼は近代の現世的・無宗教的実験には絶望したが、しかしなお彼の理解するところの科学を信じることは運命であると考え、それに固執し続けたのである。このような彼の解決できなかった葛

II. 事実と価値の峻別とナチュラル・ライト

藤の結果として生じたのが、価値と価値の間の闘争は人間理性によっては解決できないという彼の信念だったのである。[32]

しかし、近代における生と近代科学の危機は、必ずしも科学の理念を疑わしいものとはしなかった。それゆえ我々は、科学はそれ自体についての明確な説明を与えるものではないだろうと述べたときのウェーバーの真意を、より正確な言葉で述べるよう試みなければならない。

人間は光、導き、知がなければ生きることが出来ない。善とは何であるかについての知によってのみ、人間は自らの必要とする善を見出すことができるのである。したがって根本問題は、人間が個としてか集団としてかはともかくとして、いかに生きるかを導くために不可欠な善についての知を、自然本性として備わった力が単独でなす努力によって得ることができるのか、あるいは神の啓示に依存するものなのか、ということになる。人間の導きか神の導きかという二者択一ほど根本的なものはない。前者の可能性は語の本来の意味における哲学や科学の特徴であり、後者の可能性は聖書の中にみられるものである。このジレンマは、いかなる調和や統合によっても避けることができない。それというのも、哲学と聖書のどちらも、あるものを唯一の必要不可欠なもの、唯一の究極的価値をもつものであると高らかに主張しているが、聖書によって唯一の必要不可欠なものとみなされているものは、哲学によってそのようにみなされているものとは対立するからである。すなわち、従順な愛による生と自由な洞察による生との対立が、そこには存在するのである。いかなる調和の試みにおいても、いかなる目覚ましい統合においても、二つの対立する要素のうちの一方が、ほとんどはわずかではあるとしてもいずれにせよ確実に、もう一方に犠牲にされるのである。すなわち女王であらんとする哲学が啓示の侍女にされてしまうか、その逆かである。

哲学と神学との間の世俗的な対立を鳥瞰して見ると、これまで両陣営のいずれもが相手側を完全に論破することに成功していないという印象

Ⅱ. 事実と価値の峻別とナチュラル・ライト

を受けることになるだろう。啓示を擁護するいかなる議論も啓示への信仰を前提としてのみ有効であると思われるが、啓示に反対するいかなる議論も啓示への不信仰を前提してのみ有効なものと思われる。これはごく自然なことである。啓示は裸の理性にとっては常にきわめて不確かなものであるため、啓示は裸の理性に対して同意を強制することはできないし、また人間は自由な探究のうちに、存在の謎の解明のうちに、自らの満足、自らの至福を見出すことができるようにつくられているのである。しかし他方において、存在の謎の解決を望みながらも人間の知識はつねに限られているため、神による光が必要であることは否定できないし、啓示の可能性も論駁することができない。ところでこのような事態は哲学にとっては決定的に不利であり、啓示には有利であるように思われる。哲学は啓示が可能であることを認めなければならない。しかし啓示が可能であると認めることは、哲学はおそらく唯一必要なものではなく、おそらく全くのところ重要ではないものであると認めることを意味する。啓示が可能であると認めることは、必ず、また明らかに、哲学的な生は正統な生であるとは限らないことを認めることになるのである。哲学、すなわち人間としての人間が手に入れることの出来るはっきりとした知の探究へと身を捧げる生は、恣意的で明白さに欠ける盲目的な決定に依存していることになるだろう。このことは、啓示への信仰がなければ首尾一貫性の可能性も首尾一貫した徹頭徹尾真摯な生の可能性もあり得ないという信仰命題を端的に確証するものであろう。哲学と啓示は相互に論駁することができないという端的な事実は、啓示による哲学への反駁を意味するものであろう。

　啓示と語の完全な意味における哲学や科学との間の対立、およびその対立の意味するところが、科学や哲学それ自体は致命的な弱点をもつものであるとウェーバーに主張させたのである。彼は自律的な洞察についての大義に忠実であり続けようとしたが、しかし科学や哲学の根底にはそれらの憎悪の対象である知性の犠牲といった事実が存在すると感じた

Ⅱ. 事実と価値の峻別とナチュラル・ライト

とき、絶望してしまったのである。

　しかし我々はこのような恐ろしい深淵からは逃れ、必ずしも晴れやかではないものの少なくとも静かな眠りだけは保証してくれるはずの表層へと、急いで戻ることにしよう。再び表層へと戻ってきたときに我々は、最小限にまとめられた本文と最大限の量を費やされた脚注によってカバーされた、社会科学のメソドロジーに関するおよそ600ページによって歓迎を受ける。しかしすぐさま我々は困難からは逃れてはいないことに気づく。それというのもウェーバーのメソドロジーは、通常のメソドロジーとは異なるものだからである。ウェーバーのメソドロジーについてよく知るすべての研究者は、それを哲学的であると感じてきた。その感覚を解明することは可能である。正しい科学的な手順を反映したメソドロジーは、必然として科学の限界を反映したメソドロジーでもあるのだ。もし科学が全くのところ人間の知の最高の形態であるならば、それは人間の知の限界を反映したものでもあるのである。そしてもし知こそ地上のすべての存在において人間を区別する特性であるならば、そのメソドロジーはヒューマニティの限界を反映したものか、あるいは人間としての人間のある状況を反映したものということになる。ウェーバーのメソドロジーは、このような要請と非常に近いものである。

　ウェーバーが自らのメソドロジーについてどのように考えていたかについてもう少し深く考えてみると、自然科学と社会科学の両方についての彼の考えは、実在に関するある独特の見方に基づくものであることがわかるだろう。それというのも彼によれば、科学的理解とは実在を特定の仕方で変形させることだからである。それゆえ科学の意味を明らかにするためには、それそのものとしての実在、すなわち科学によって変形させられる前の実在を、あらかじめ分析しておかなければ不可能である。しかしウェーバーはこの主題について多くは語っていない。彼は実在の性格に関してよりも、むしろ様々なタイプの科学によって実在が変形されていくときの「仕方」の違いについて関心を持つ。それというの

Ⅱ．事実と価値の峻別とナチュラル・ライト

も彼の主な関心は、歴史的な科学や文化的な科学の完全性を二つの明らかに存在する危険から守ることにあったからである。その危険とは、それらの科学を自然科学のパターンにおいて形作ろうとする試みと、自然科学と歴史的・文化的な科学との二元論を形而上学的な二元論（「身体と精神」や「必然性と自由」）によって解釈しようとする試みの二つである。しかし彼のメソドロジカルな諸命題は、実在の性格に関する諸命題へと変移させないことには理解不能なものか、あるいは少なくとも見当違いのものであろう。例えば解釈的な理解は因果関係の説明に従属すべきであると述べたとき、彼は人間の知りうるところのものはしばしば人間の知りうるところのものではないものに負けを認めざるを得ないということに、あるいは低次のものはほとんどの場合に高次のものよりも力を持つといった観察に、導かれていたのである。加えて言えば、そのような考察に没頭していた彼は、科学によって変形される前の実在とはいかなるものであるかについての自身の見解を示している。彼によれば実在とは、唯一の無限に分割可能な、それ自体は意味を持たない成り行きの、無限かつ無意味な連続、あるいは混沌のことである。すなわち、すべての意味、すべての解明は、認識や評価の主題についての活動に由来するということである。今日ではごくわずかな人しか、ウェーバーが新カント派から継承し、せいぜい一つか二つの感情的なタッチを加えることでモディファイさせた実在についての見方には満足しないことだろう。ここではウェーバー自身もまたこのような見方を首尾一貫して持ち続けることはできなかったと述べておけば十分である。たしかに彼は、すべての科学的な解明の前に実在についての解明が存在することを否定できなかったのである。すなわち、我々が日々の体験の世界や世界の自然的理解について語るときに念頭に置いている解明を、そしてその意味するところの豊富さを否定することは出来なかったのである[33]。しかし彼は「常識 common sence」として知られている社会的な世界について、あるいは社会的な生や社会的な行動において知ることのできる社会的実在に

II. 事実と価値の峻別とナチュラル・ライト

ついて、包括的に分析してみようとさえしなかった。彼の著書の中ではそのような分析の場は、社会的実在の内的構造との一致を意味せず、加えてきわめて儚い性格をもつものである人間の作為による構成物についての理念型の定義によって占められた。現実において生きる中で我々が知っているような、また市民社会が成立してからというもの人間が常に知ってきたような社会的実在についての包括的な分析だけが、価値評価的な社会科学の可能性についての十分な議論を許すものであろう。そのような分析こそ、社会的な生のなかに本質的に存在する基本的な選択肢を明確にし、それとともにこれらの選択肢の間の闘争が原理的に解決されうるかどうかについての責任のある判断を下すための基礎を提供するように思われるのである。

　ウェーバーは三世紀の間に存在した伝統の精神を持っていたがために、社会科学とは社会的な生の中で経験され、「常識」として知られる社会的実在の分析に基づくものでなければならないといった示唆を斥けてしまったのだろう。その伝統に従えば、「常識」とは個人の感覚における絶対的に主観的な世界と、科学によって次々と発見された真に客観的な世界の両方によって混成されたハイブリッドである。このような見解は、古典哲学との訣別によって近代思想が現れた 17 世紀において生じたものである。しかし近代思想の創始者たちは、哲学や科学を自然の世界に関する人間の自然的な理解の完成であると考えたことに限っては、古典哲学者らと一致していた。彼らが古典哲学者らと異なるのは、新たな哲学や科学を世界に関する真に自然的な理解と考えたこと、古典古代と中世の哲学や科学、あるいは「スコラ派」による誤った世界についての理解に置き換わるものと考えたことであった[34]。新しい哲学や科学の勝利は、その決定的な分野、すなわち新しい自然学の勝利によって決定的なものとなった。この勝利は、新しい自然学と新しい自然科学一般を哲学の臀部から独立させ、その哲学の臀部のほうを「科学」と対照の意味で「哲学」と呼ばせるという結果を招いた。そして事実、「科学」は「哲

Ⅱ．事実と価値の峻別とナチュラル・ライト

学」にとっての権威となったのである。我々の言うところの「科学」とは、近代哲学や近代科学の成功した部分のことであり、他方で「哲学」とはほとんど成功しなかった部分のことである。かくして近代哲学ではなく近代自然科学こそが、自然の世界における人間の自然的な理解の完成とみなされるようになったのである。しかし 19 世紀になって、その頃に「科学的」理解（あるいは「科学の世界」）と呼ばれていたものと「自然的な」理解（あるいは「我々が生を営む世界」）と呼ばれていたものとをドラスティックに区別しなければならないことが、少しずつ明らかになっていった。世界についての科学的な理解なるものは、自然的な理解の完成などではなく、そのラディカルな変更によって現れたものであることが明らかになっていったのである。自然的な理解は科学的な理解の前提であるから、科学と科学的な世界についての分析は、自然的な理解、自然の世界、あるいは常識の世界についての分析の前提だということになる。自然の世界、すなわち我々が生を営み、活動しているこの自然の世界は、純理論的な態度の対象でもその産物でもない。この世界は我々がそこから離れて俯瞰して眺めるような単なる対象ではなく、我々が現実のなかで対処しなければならない「物事」や「諸事」の世界である。しかし我々が生を営むこの世界を自然の世界や前科学的な世界と同一視する限りは、我々は一つの抽象を扱っていることになる。我々が生を営むこの世界は、すでに科学の産物か、あるいは少なくとも科学の存在によって深く影響を受けた世界である。テクノロジーに関してはさておくとして、我々が生を営むこの世界は幽霊や魔女といったものから解放された世界だが、それらは科学が存在しなければ今なお世界に多く存在していることだろう。自然の世界をラディカルに前科学的な世界あるいは前哲学的な世界として把握するには、我々は科学や哲学が最初に現れた頃にまで戻らなければならない。それを行うために、必然として仮説的なものとなってしまう大規模な人類学的研究に従事する必要などはない。古典哲学がその起源についての情報を提供してくれることだろう。

Ⅱ. 事実と価値の峻別とナチュラル・ライト

とりわけもしその情報が聖書の最も基本的な前提の考察によって補足されるならば、「自然の世界」についての本質的な性格を再構成することが出来る。そのように補足された情報を用いることによって、我々はナチュラル・ライトの観念の起源を理解することが可能となるだろう。

注

1 *Gesammelte politische Schriften*, p. 22; *Gesammelte Aufsätze zur Wissenschaftslehre*, p. 208.

2 *Wissenschaftslehre*, pp. 13, 15, 18, 19, 28, 35-37, 134, 137, 174, 195, 230; *Gesammelte Aufsätze zur Sozial-und Wirtschaftsgeschichte*, p. 517.

3 *Wissenschaftslehre*, pp. 152, 183, 224 n.; *Politische Schriften*, pp. 19, 437; *Gesammelte Aufsätze zur Religionssoziologie*, I, 82, 524.

4 *Wissenschaftslehre*, pp. 58-60, 97, 105, 111, 155, 160, 184.

5 *Ibid.*, pp. 60, 152, 170, 184, 206-9, 213-14, 259, 261-62.

6 *Ibid.*, pp. 60, 62, 152, 213, 247, 463, 467, 469, 472; *Politische Schriften*, pp. 22, 60.

7 *Wissenschaftslehre*, pp. 90, 91, 124, 125, 150, 151, 154, 155, 461-65, 469-73, 475, 545, 550; *Gesammelte Aufsätze zur Soziologie und Sozialpolitik*, pp. 417-18, 476-77, 482. 社会科学を事実についての研究に限定することと、自然科学のもつ権威的性格への信仰との関係については *Soziologie und Sozialpolitik*, p. 478 を見よ。

8 *Wissenschaftslehre*, pp. 32, 40 n., 127 n., 148, 401, 470-71, 501, 577.

9 Aristotle, *Physics* 194a26-27.

10 *Religionssoziologie*, I, 204 を *Wissenschaftslehre*, pp. 469-70 および 150-51 と比較せよ。

11 *Politische Schriften*, p. 22; *Religionssoziologie*, I, 33-35; *Wissenschaftslehre*, pp. 30, 148, 154, 155, 252, 463, 466, 471; *Soziologie und Sozialpolitik*, p. 418.

12 *Wissenschaftslehre*, pp. 38, n. 2, 40-41, 155, 463, 466-69; *Soziologie und*

Sozialpolitik, p. 423.

13 *Wissenschaftslehre*, pp. 38, 40, 132-33, 469-70, 533-34, 555.

14 *Ibid*., pp. 455, 466-69, 546; *Politische Schriften*, pp. 435-36.

15 *Wissenschaftslehre*, pp. 61, 152, 456, 468-69, 531; *Politische Schriften*, pp. 443-44.

16 *Wissenschaftslehre*, pp. 60-61, 184, 546, 554.

17 *Ibid*., pp. 380, 462, 481-83, 486, 493, 554; *Religionssoziologie*, I, 33, 82, 112 n., 185 ff., 429, 513; II, 165, 167, 173, 242 n., 285, 316, 370; III, 2 n., 118, 139, 207, 209-10, 221, 241, 257, 268, 274, 323, 382, 385 n.; *Soziologie und Sozialpolitik*, p. 469; *Wirtschaft und Gesellschaft*, pp. 240, 246, 249, 266.

18 *Wissenschaftslehre*, p. 158; *Religionssoziologie*, I, 41, 170 n.; *Politische Schriften*, pp. 331, 435-36.

19 *Wissenschaftslehre*, pp. 125, 129-30, 337-38; *Soziologie und Sozialpolitik*, p. 483.

20 *The Theory of Social and Economic Organization* (Oxford University Press, 1947), pp. 359, 361; *Wirtschaft und Gesellschaft*, pp. 140-41, 753 を参照せよ。

21 *Religionssoziologie*, I, 89; II, 136 n., 143-45; III, 232-33; *Wissenschaftslehre*, pp. 93-95, 170-73, 184, 199, 206-9, 214, 249-50.

22 *Religionssoziologie*, I, 81-82, 103-4, 112. ウェーバーが自身の資本主義の精神についての研究において述べた問題はすでに解決済であるとは言い難い。この問題の解決のためには、この問題についてのウェーバーの定式化を、彼の「カント主義」に起因する特殊的限定から解放しなければならないだろう。彼が資本主義の精神を、無制限の資本蓄積と有利な資本投資は一つの道徳的義務であり、またおそらく最高の道徳的義務であるとする見解と同一視したのは正しかったといえるし、またこの精神は近代西欧世界を特徴づけるものであると主張したことも正しかったといえるだろう。しかし彼は、資本主義の精神は無制限の資本蓄積を自己目的とする点にあるとも主張した。彼は後者の主張を、不確実ないし不明瞭な印象について言及することでしか論証することができなかった。彼は「道徳的義務」と「自己目的」とを同一視し

II. 事実と価値の峻別とナチュラル・ライト

たことによって、そのような主張をせざるを得なくなったのである。彼の「カント主義」はまた、彼に「道徳的義務」と「共通善」との関係のすべてを断ち切ることを強制した。彼は過去の道徳思想を分析する際、一切のテキストによる裏付けのないままに、無制限の資本蓄積の「倫理的」正当化と、その「功利主義」的正当化との区別をなさざるを得なくなったのである。「倫理」についての特殊な考えを持っていた結果、過去の文献における共通善についてのすべての言及は、彼には低級な功利主義への堕落であると思われた。しかしあえて言うならば、精神病院にいるのでない限り、共通善への奉仕ではない根拠によって無制限に何かを獲得する義務や道徳的正しさを正当化した著述家はこれまでいなかったのである。そうであるならば、資本主義の精神の生成の問題は「しかし無制限の資本蓄積は最も共通善のためになる」という小さな前提が現れたことの問題と同一である。なぜなら「共通善や隣人愛へ献身することは我々の義務である」という大前提は、資本主義の精神が現れたことによって影響を受けなかったからである。そのような大前提は、哲学的伝統によっても神学的伝統によってもすでに受け入れられていたのである。そうであるならば問題は、哲学的伝統、神学的伝統、あるいはその両者のいかなる変化が上述の小前提が現れた原因となったのか、ということになる。ウェーバーは、その原因は神学的伝統における変化、すなわち宗教改革のうちに求められなければならないと決め込んでいた。しかし彼もまた、「歴史的弁証法」を使用するか、あるいは問題の多い心理学的解釈を用いることなしには、資本主義の精神の起源を宗教改革にまで、とりわけカルヴィニズムにまで遡ることに成功することはなかった。せいぜいのところ、彼は資本主義の精神の起源をカルヴィニズムの堕落に求めたと述べることしか我々には出来ないのである。ウェーバーの研究した資本主義的ピューリタニズムは後期ピューリタニズムであり、すでに「現世」と和解した後のピューリタニズムであったというトーニーの指摘は適切である。このことが意味しているのは、問題とされているピューリタニズムは現存している資本主義的世界と調和している、ということである。そうであるから、

Ⅱ．事実と価値の峻別とナチュラル・ライト

そのピューリタニズムは資本主義的世界ないし資本主義的精神の原因ではない、ということになる。資本主義の精神の起源を宗教改革に求めることができないのであれば、いま考察している小前提は神学的伝統の変化とは区別されたものとしての哲学的伝統の変化を通して現れたのではないのではないかと、そのように考えざるを得ない。ウェーバーは、資本主義の精神の起源はルネサンスに求められねばならないのではないかという可能性も考えたが、しかし彼が正しく捉えたように、ルネサンスそれ自体は古典古代の精神を、すなわち資本主義の精神とは全く異なった精神を回復しようという試みであった。彼は、16世紀のうちに全ての哲学的伝統からの意識的な断絶が、つまり純粋に哲学的、合理的、世谷的な思想の地平で生じた断絶が存在すると考えなかったことで失敗した。この断絶はマキアヴェリを起源とするものであり、ベーコンとホッブズの道徳の教説にまで至るものである。すなわちこれらの思想家たちの著作は、ウェーバーの命題の論拠である彼らの同胞のピューリタンの著作に数十年しか先行していないのである。せいぜいのところ我々が言えるのは、ピューリタニズムがローマ・カトリシズムやルター主義がなしたよりも「異教の」哲学的伝統（主にアリストテレス主義）から根本的に快を分かつものであったとしても、ピューリタニズムはそれらよりも新しい哲学に対して寛容であったということである。かくしてピューリタニズムは、新しい自然哲学と道徳哲学——全くのところピューリタン的ではないタイプの人々によって創り出された哲学——の極めて重要な、そして恐らくは最も重要な「運搬者」となることが出来たのである。要するにウェーバーは、神学的な地平において生じた革命の意義を過大評価し、合理的思想の地平において生じた革命の意義を過小評価したのである。ウェーバーがなしたよりも純粋に世俗的な発展に対して注意を払うならば、我々は彼によって恣意的に切り離されてしまった資本主義の精神の出現と経済学という科学の出現との関係を回復することができることだろう。(Ernst Troeltsch, *The Social Teaching of the Christian Churches* [1949], pp. 624 and 894 も参照せよ。)

II. 事実と価値の峻別とナチュラル・ライト

23 *Wissenschaftslehre*, pp. 90, 124-25, 175, 180-82, 199.

24 *Ibid.*, pp. 466, 479; *Politische Schriften*, pp. 17-18, 310.

25 *Politische Schriften*, pp. 18, 20; *Wissenschaftslehre*, pp. 540, 550; *Religionssoziologie*, I, 568-69.

26 *Wissenschaftslehre*, pp. 154, 461.

27 ウェーバーは非常に頻繁に、一般的な仕方で、かなりの数の解決不可能な価値の対立に言及しているのに対して、私の知る限りでは基礎となる主張の論証については、せいぜいのところ三つか四つの実例しか試みていない。本書において議論しない実例として、エロティシズムとすべての非個人的ないし超個人的諸価値との対立に関わるものがある。すなわち、男女の誠実な性愛関係も「ある一定の観点からは」誠実な生に向けた「唯一の、あるいは少なくとも最もすぐれた王道」とみなすことが出来るのである。もしもある人が誠実な性愛的な情念の名により、あらゆる神聖さ、善良さ、倫理的ないし美的規範、すなわち文化やパーソナリティの観点から価値とされる全てのものに反対するならば、理性は完全に沈黙しなければならない。このような態度を認めたり助長したりする特殊な立場は、人々の言うようなカルメンの立場ではなく、生の専門化ないし「専門職化」に悩まされている知識人の立場である。そのような人々にとっては「結婚をしていないときになす性生活こそ（いまでは古代の素朴で有機的な農耕者の生活サイクルから完全に離れてしまったものであるが）、唯一、人間をすべての生の自然的根源へと結びつけるものであるように見えたのかも知れない。」おそらくここでは、現象は人を欺くのだと述べれば十分である。しかし、人間における最も自然的なものへの昨今におけるこのような回帰は、ウェーバーに従えば、彼が「性の領域の組織的整備」と呼ぼうとしていたものと結びつくことを付け加えておかなければならないように思われる。(*Wissenschaftslehre*, pp. 468-69; *Religionssozioligie*, I, 560-62)。かくして全くのところ彼は、自らの理解におけるエロティシズムが「あらゆる美的規範」と対立するものであることを証明したが、しかし同時に彼は、エロティシズムを通して生の専門化から脱し

ようとする知識人たちの試みが、エロティシズムを専門化するに至るものにすぎないことも証明したのである。(*Wissenschaftslehre*, p. 540 を参照せよ)。言い換えれば、彼は自らの性愛的世界観が人間理性の法廷の前では弁護されるものではないことを明らかにしたのである。

28 *Wissenschaftslehre*, p. 467.

29 「責任」と「心情」の問題についてより適切な議論を行うためには、以下を参照せよ。Thomas Aquinas, *Summa theologica* i. 2. qu. 20. *a.* 5; Burke, *Present Discontents* (*The Works of Edmund Burke* ["Bohn's Standard Library"], I, 375-77); Lord Charnwood, *Abraham Lincoln* (Pocket Books ed.), pp. 136-37, 164-65; Churchill, *Marlborough*, VI, 599-600. *Wissenschaftslehre*, pp. 467, 475, 476, 546; *Politische Schriften*, pp. 441-44, 448-49, 62-63; *Soziologie und Sozialpolitik*, pp. 512-14; *Religionssoziologie*, II, 193-94.

30 *Wissenschaftslehre*, pp. 33, n. 2, 39, 154, 379, 466, 469, 471, 540, 542, 545-47, 550-54; *Politische Schriften*, pp. 62-63; *Religionssoziologie*, I, 566.

31 *Wissenschaftslehre*, pp. 60-61, 184, 213, 251, 469, 531, 540, 547, 549; *Politische Schriften*, pp. 128, 213; *Religionssoziologie*, I, 569-70.

32 *Wissenschaftslehre*, pp. 546-47, 551-55; *Religionssoziologie*, I, 204, 523.

33 *Wissenschaftslehre*, pp. 5, 35, 50-51, 61, 67, 71, 126, 127 n., 132-34, 161-62, 166, 171, 173, 175, 177-78, 180, 208, 389, 503.

34 Jacob Klein, "Die griechische Logistik und die Entstehung der modernen Algebra," *Quellen und Studien zur Geschichte der Mathematik, Astronomie und Physik* (1936), III, 125 を参照せよ。

Ⅲ. ナチュラル・ライトの観念の起源

　ナチュラル・ライトの問題を理解するには、政治的な事柄についての「科学的」理解からではなく、「自然的」理解から始めなければならない。すなわち、政治的な事柄が我々の仕事であるとき、また我々が何らかの決定を下さなければならないときに、それらが政治的な生や行動においてどのように現れるのかについて理解することから始めなければならないのである。このことは、政治的な生は必然的にナチュラル・ライトについて知っている、ということを意味するのではない。ナチュラル・ライトは発見されなければ知られることはなかったが、それが発見される前から政治的な生は存在していたのである。そのことが端的に意味するのは、どのようなかたちの政治的な生であっても、避けることのできない問題としてナチュラル・ライトに関心を向けざるを得ない、ということである。この問題が意識された時期は政治学が生じた時期よりも古いということはなく、それと同時である。したがってナチュラル・ライトの観念を知らない政治的な生は、必然として政治学の可能性を意識することがなく、またそれは全くのところ、科学の可能性を意識する政治的な生が必然としてナチュラル・ライトを一つの問題であると知るのと同じように、科学それ自体の可能性を意識することもない。

　自然の観念が知られない限り、ナチュラル・ライトの観念は知られないはずである。自然の発見は哲学の仕事である。哲学の存在しないところにはナチュラル・ライトそれ自体の知も存在しないのである。哲学の否定を暗に含むものであるといわれる旧約聖書の基本前提は、「自然」を知らない。すなわち、ヘブライ聖書の中には「自然」に当たるヘブライ語は見つからないのである。例えば「天と地」は「自然」と同じものではないことは言うまでもない。そうであるならば、ナチュラル・ライトそのものについての知も旧約聖書には存在しないのである。必然として

Ⅲ. ナチュラル・ライトの観念の起源

自然の発見はナチュラル・ライトの発見に先行するのである。哲学は政治哲学よりも古いのである。

　哲学とは万物の「原理」の探究であり、このことは第一に万物の「原初」の探究、あるいは「第一存在」の探究を意味する。この点において、哲学は神話と同じである。しかし「知を愛する者 *philosophos*」は「神話を愛する者 *philomythos*」とは同一ではない。アリストテレスは最初の哲学者たちのことを単に「自然について語った人々」と呼び、彼らをそれよりも前に存在した「神々について語った」人々とは区別している[1]。神話とは区別されたものとしての哲学は自然が発見された時に成立したのであり、最初の哲学者は自然を最初に発見した人であった。哲学の全ての歴史とは、2600年を超えるほどの昔に幾人かのギリシア人によってなされたこの決定的な発見の意味を完全に把握しようと繰り返されてきた試みを記録したものに他ならない。たとえ暫定的であれこの発見の意味を理解するためには、自然の観念から遡って哲学が成立するよりも前にはそれに代わるものは何だったのかについて考察しなければならない。

　もし我々が自然を「現象の総体」であると理解するならば、自然の発見の意義を把握することはできないだろう。それというのも自然の発見は、まさにその総体を自然的現象と非自然的現象とに分けることにおいて成立するからである。すなわち「自然」とは、区別を表す言葉なのである。自然が発見される前には、ある事物やある事物の種類に特有の作用は、それらのもつ慣習や仕方 way であると考えられていた。すなわち、時と場所を問わず同一である慣習や仕方と、部族ごとに異なる慣習や仕方との間には、根本的な区別は全くなされていなかったのである。吠えたり尻尾を振ったりするのは犬の仕方であり、月経は女性の仕方であり、狂人のなす奇行は狂人の仕方であるが、それはまさに豚肉を食べないのがユダヤ人の仕方であり、葡萄酒を飲まないのがイスラム教徒の仕方であるのと同じことだったのである。「慣習」や「仕方」こそ、哲学

III. ナチュラル・ライトの観念の起源

の始まる前には「自然」に代わるものだったのである。

あらゆる事物や事物の種類が慣習や仕方をもつなかで、最高に重要な特別の慣習や仕方というものがある。「我々の」仕方、「ここに」住んでいる「われわれ」の仕方、人間が所属している独立した集団における生の仕方がそれである。それを「最高の」慣習や仕方と呼ぶこともできるだろう。その集団におけるすべての成員がそのような仕方を常に行っているわけではないが、しかし彼らがそれを適切に思い出したときには、ほとんどの場合にそこに立ち帰るものである。すなわち、最高の仕方とは正統な路線にあるもののことである。その正統さは古さによって保証されていた。「人間の自然本性や人間の諸事についての深い考察から導き出された、新奇なものに反対するある種の予断というものが存在する。法学の格言『古き慣習は常に法とみなされる *Vetustas pro lege semper habetur*』とはよく言ったものだ。」しかし、すべての古きものがどこにおいても正統な法であるということはない。古くて「我々自身のもの」であるからこそ、あるいは「自国によって育まれた時効のもの」であるからこそ、「我々の」仕方は正統な仕方であるといえるのである[2]。元来「古くて我々自身のもの」が法や善きものと同一とみなされたのと同じように、元来「新しくて我々自身のものではないもの」は悪しきものとみなされた。「古さ」と「我々自身のもの」を結び付けた観念こそ「先祖のもの」という観念である。前哲学的な生は、善きものと先祖のものとの原初における同一視に特徴がある。それゆえ必然として正統な仕方とは、先祖についての思いを、したがって第一存在についての思いを、暗に含むものなのである。[3]

それというのも、先祖を「われわれ」よりも絶対的に優位にあると仮定しなければ、善きものと先祖のものとを理にかなう形で同一視することはできないのである。そしてこのことは、先祖は通常、すべての死にゆく者よりも優位にあったことを意味する。我々は先祖を、あるいは先祖の仕方を確立した者を、神であるとか神の息子であるとか、あるいは

III. ナチュラル・ライトの観念の起源

少なくとも「神々の近くに住む者」であると信じるよう促される。善きものと先祖のものを同一視することは、正統な仕方が神によって確立されたものであるとか、あるいは神の息子や神の弟子によって確立されたものであるといった見解を導く。すなわち、正統な仕方は神の掟でなければならないということである。それぞれの先祖が別個の集団の先祖であることを鑑みると、様々な神の法や掟が存在することになり、それぞれが神的な存在の、あるいは半神的な存在の創ったものであると信じるよう導かれるのである。[4]

元来、第一存在や正統な仕方に関する問いは、それらの問いが提起されるよりも前にすでに答えられていた。すなわち、それらは権威によって答えられていたのである。それというのも、人間が従わなければならない「ライト」としての権威は、本質的には「ロー」に由来するものであり、そして「ロー」とは元来、共同体のうちにおける生の仕方に他ならないからである。もし権威そのものが疑われることがないならば、あるいは少なくとも何らかの存在についての一般的な所説がそのまま受け入れられているのならば、第一存在や正統な仕方は疑問視されて探究の対象となるはずがないし、また哲学が出現したり自然が発見されたりといったこともあるはずがない[5]。それゆえナチュラル・ライトの観念は、権威を疑問視することを前提として現れるものなのである。

プラトンは、明示的な所説を述べるよりも、むしろ『国家』と『法律』の中で会話の場面を設定することによって、権威への疑問視や権威からの解放がナチュラル・ライトの発見にとって不可欠であることを示した。『国家』のなかでナチュラル・ライトの探究が始まるのは、父であり家長である老ケパロスが、神々に聖なる供物を捧げるために立ち去ってからしばらく後のことである。ケパロスがいなくなること、あるいはケパロスが示すものがそこからなくなることが、ナチュラル・ライトの探究にとって必要不可欠だったのである。あるいは、もしこのように言ってよければ、ケパロスのような人物はナチュラル・ライトを知る必要がない

Ⅲ. ナチュラル・ライトの観念の起源

のである。それどころかナチュラル・ライトに関する議論は、参加者らが見物しようと思っていた女神のためになされる松明競争のことを、すっかり忘れさせてしまうのである。すなわち、ナチュラル・ライトの探究が松明競争に置き換わっているのである。『法律』に記された議論は、その議論の参加者たちによって、ゼウスの子であり、弟子であり、クレタ人に神法をもたらした人物であるミノス王の足跡を辿ってクレタ市からゼウスの洞窟まで歩く道中においてなされたものである。彼らの会話は完全に記録されているのに対し、彼らがその当初の目的地に辿り着いたかどうかに関しては、そこでは何も語られていない。『法律』の最後は『国家』の中心的なテーマに当てられている。ナチュラル・ライト、すなわち政治哲学とその極地は、ゼウスの洞窟に置き換わっているのである。もし我々がソクラテスをナチュラル・ライトの探究における代表者とみなすならば、その探究と権威の関係は次のように説明することができるだろう。すなわち、神法によって治められた共同体においては、若者たちの前でそれらの法律について真剣に議論することは、つまりそれらの法律について批判的に考察することは、厳しく禁じられている。しかしながらソクラテスは、ナチュラル・ライト――その発見は先祖の掟や神の掟への疑問視を前提とする――を若者たちの前で議論するだけでなく、彼らと会話することのうちに議論している。プラトンよりもいくらか前にはヘロドトスが、自身の記録した政治の原理に関する唯一の討論のところでこのことを指摘していた。すなわち彼が言うには、自由な議論はマゴスの殺害の後で、真理を愛するペルシア人の間で繰り広げられたのである[6]。このことは、ひとたびナチュラル・ライトの観念が現れ、またそれが当然のものとみなされるに至った時に、それが神によって啓示された法の存在に向けた信仰と容易に適合してしまうことを否定するものではない。我々は単に、そのような信仰が支配的であることはナチュラル・ライトの観念の出現を妨げるか、あるいはナチュラル・ライトの探究が全く重要ではないことにされてしまうということを主張

Ⅲ．ナチュラル・ライトの観念の起源

しているだけである。すなわち、もし人間が神の啓示によって正統な路線とは何であるかについて知るのだとすれば、その路線を神によることのない努力によって発見する必要などはないのである。

権威に対する疑問視の最初の形態、したがってまた哲学が最初にとった方向、あるいは自然が発見されたときの見方は、権威のもつ本来の性格によって決められたものである。神の掟には多様なものが存在するなどと想定することは困難を招く。多様な掟は互いに矛盾するものだからである。ある掟が絶対的に批判する行為を、それとは別の掟は絶対的に称賛する。ある掟が最初に生まれた子を生贄にすることを要求するのに対し、別の掟はすべての生贄を忌まわしきことであるとして禁止する。ある部族の埋葬の儀式は、他の部族の恐怖心をかき立てる。しかし決定的なことは、様々な掟が第一存在に関して示すものは相互に異なるという事実である。神々が地球から生まれたという説は、地球は神々によって創られたという説とは一致しないのである。かくしてどの掟が正統か、どの第一存在の説明が真の説明かに関する問題が生じてくるのである。ここではもはや正統な仕方は権威によって保証されたりはしない。それは一つの問題となるか、探究の対象となる。善きものと先祖のものとの原初における同一視は、善きものと先祖のものとの根本的な区別に置き換わる。つまり正統な仕方や第一存在の探究は、先祖のものとは区別された善きものの探究に置き換わるのである[7]。それは単なる人為による善きものとは区別された、自然による善きものの探究であることが明らかになるだろう。

第一存在についての探究は、善きものと先祖のものとの区別に先立つ二つの根本的な区別によって導かれる。人間はつねに聞いたことと自身の目で見たことを（例えば裁判の事案において）区別し、自身が見たことを他者から聞いたにすぎないことに優先させてきたはずである。しかし元来このような区別は、特定の事柄や付随的な事柄に限って行われていた。最も重要な事柄——第一存在や正統な仕方——に関していえば、

Ⅲ. ナチュラル・ライトの観念の起源

　その知の唯一の源泉は伝聞であった。多くの神聖な掟の間に存在する矛盾を目の当たりにしたときに、ある者——旅人、つまり多くの人々の集まる都市を見続け、彼らの思想や慣習が多様であることを知る者——が、自身の目で見たことと聞いたこととの区別をすべての事柄に適用することを提案し、とりわけ最も重要な事柄に適用することを提案したのである。ある掟やある説明のもつ神的な性格や尊崇に値する性格に対する判断や賛成といったものは、それらの主張が根拠としている事実が明白にされるまでは、あるいはそれが論証されるまでは、留保されなければならない。それらは白日のもとに、万人に対して明白にされなければならないのである。かくして人間は、自らの属している集団が疑う余地がないとみなすものと自身が見るものとの決定的な相違に関して敏感になっていくのである。すなわち、「私」がいかなる罪悪感も抱くことなく「われわれ」に反対することができるようになっていくのである。しかしそのような権利を得るのは「私」としての「私」ではない。神の掟や第一存在についての神的な説明の主張を確立するために、かつては夢やビジョンが決定的に重要であった。聞いたことと自らの目で見たこととの区別を普遍的に適用することによって、目が覚めているときに知覚される一つの真なる共通の世界と、多くの真ならざる個別の夢とビジョンの世界とが区別されたのである。かくしてある特定集団の「われわれ」でも個としての「私」でもなく、人間としての人間こそが、すべての事柄についての真と偽、存在と非存在を判断するための物差しとなるのである。最後には人間は、伝聞を通して知った事柄や集団ごとに異なる事柄の名目と、その人だけでなく他のすべての人間もまた自身の目で見ることのできる事柄それ自体との区別を学ぶのである。かくして人間は、「自然的な」区別によって集団ごとに異なる事柄を恣意的な区別に置き換えることを始めるのである。

　神の掟や第一存在についての神的な説明は、伝聞によってではなく、人間を超えたものの告知によって知られるものであると言われていた。

Ⅲ．ナチュラル・ライトの観念の起源

耳にしたことと自身の目で見たこととの区別が最も重要な事柄に適用されるべきだと主張された際、人間を超えたものの告知であるとされるすべてのものの超人間的な起源は、吟味されることによって確証されなければならないと要望された。例えば、本物の神託と偽物の神託を区別するために用いられた伝統的な基準に照らすのではなく、人間の知によって完全に到達することの出来る問題において、我々の指針となる諸規則から確実な仕方で最終的に導き出されるような基準に照らすことで、吟味され、確証されなければならないと、そのように要望されたのである。哲学や科学が現れる前に存在した人間の知の最高のものは、アートであった。第一存在の探究を最初に導いた第二の前哲学的な区別は、作為すなわち人間がつくったものと、人間がつくったのではないものとの区別である。一方では耳にしたことと自身の目で見たこととの根本的な区別に照らし、他方では人間がつくったものと人間がつくったのではないものとの根本的な区別に照らして人間が第一存在への探究を始めたときに、自然は発見されたのである。この二つの区別のうちの前者は、第一存在は万人がいま見ることのできるものから始めることで明らかにされなければならないという要望の動機となった。しかし目に見えるすべてのものが第一存在を発見するための出発点として適切だということはない。人間がつくったものが導く第一存在は、人間から離れるものではない。人工的なものは、人間のつくったのではないものと比べて、すなわち人間によって見出されたものや発見されたものと比べて、あらゆる点で劣ったものや遅れたものであるように思われる。人工的なものは、その存在そのものが人間の考案や計画に則っているのだと思われる。もしある人が、第一存在についてのある神的な説明が真理であるか否かに関して判断を留保しているのであれば、その人は人間がつくったのではないものが何らかの計画によるものかどうか、すなわち第一存在が他のすべてのものを計画に基づいて創り出すのか、それとも他の仕方で創り出すのかということが判っていないのである。かくして人間は、第一存在

Ⅲ. ナチュラル・ライトの観念の起源

が計画に基づくいかなる創造とも全く異なる仕方で他のすべてのものを創り出す可能性を認めるようになる。目に見えるすべてのものは思考する存在によって生み出されたとか、人間を超えた何らかの思考する存在がいるといった主張は、一つの論拠を必要とするようになった。すなわち、万人が現にいま見ることのできるものから出発する論証を必要とするようになったのである。[8]

そうであるから簡潔にいえば、自然の発見は、少なくともそれ自身の解釈では、超歴史的、超社会的、超道徳的、そして超宗教的な人間の可能性の実現と同じであると言うことができるだろう。[9]

第一存在に対する哲学的探究は、単に第一存在が存在するということだけでなく、第一存在は常に存在するということを、そして常に不変に存在するものはそうでないものに比べてより真に存在するものであるということを前提とする。これらの前提は、いかなる存在も原因なしには出現しないとか、あるいは「最初にカオスが存在する」ことは不可能であるといった基本前提から、すなわち第一存在が無から無によって急に存在し始めることは不可能であるといった基本前提から結果として生じた。言い換えれば、永遠・永久である何かが存在しなければ明白な変化などは不可能であろうし、明白で偶然的な存在は必然的で永遠である何かの存在を必要とするのである。常なる存在は、常ならざる存在よりも高い尊厳をもつが、それは前者だけが後者の、そして後者の存在の究極的な原因であり得るからであり、あるいは常ならざる存在は、常なる存在によってつくられた秩序のうちに自らの場所を見出すからである。滅びやすさは存在と非存在の中間にあるものだから、常ならざる存在は常なる存在よりも真ならざる存在である。我々は同じ基本前提を、「全能」は「自然[10]」の知によって、つまり不変で人間の認識できる必然の知によって制限された力を意味する、と言い換えることもできるだろう。すべての自由と不確定性は、より根本的な必然性を前提とするのである。

ひとたび自然が発見されると、自然的集団や様々な人間部族に特徴的

Ⅲ. ナチュラル・ライトの観念の起源

な振舞いや普段の振舞いを同様に彼らの慣習や仕方として理解することは不可能になる。自然的存在の「慣習」は自然のものとして理解され、異なった人間部族の「慣習」は彼らの人為として理解されるのである。最も古い時代からあった「慣習」や「仕方」といった観念は、一方では「自然」という観念へと、他方では「人為」という観念へと分離する。それゆえ自然と人為との区別、ピュシスとノモスとの区別は、自然の発見すなわち哲学と同時に生まれたのである。[11]

もし自然が隠されたものでなければ、それが発見されることもなかったはずであろう。したがって「自然」は必然として他の何か、すなわち自然を覆い隠しているものとの対比において理解されるのである。存在するすべてのものは自然的なものであると信じているがために、「自然」を区別を表す言葉として理解することを拒否する学者もいる。しかし彼らは、自然なるものが存在すること、あるいは「自然」は例えば「赤い」ということと同じくらい確実で明白なものであることを、人間が自然本性のなかで知っていることを暗に想定している。さらに彼らは、自然的なものや現存するものと、幻想のものや存在しないのに存在するように見せかけているものとを区別することを強いられるが、しかし彼らは、存在しないのに存在するように見せかけている最も重要なものの存在のあり方については、明確にしていないままである。自然と人為との区別は、自然が権威によるところの決定によって本質的に隠されたものであることを暗に意味している。人間は、第一存在についての考えを持たないことには生きていけない。そして人間は、第一存在についての同一の考えによって仲間たちとの結びつきを持たずには、すなわち第一存在についての権威によるところの決定に服従しなければ、善く生きることができないと想定されていたのである。すなわち、第一存在あるいは「何であるか」を明白にしたと主張するものこそが、法なのである。しかし法とは、集団の成員たちの合意や慣例によって拘束力を得たルールとして現れたものである。法や慣例は自然を隠す傾向を、あるいは機能をも

III. ナチュラル・ライトの観念の起源

つ。自然は最初に「慣習」として経験されるものであるとか「与えられる」ものであるとみなす程度には、それは成功するのである。したがって第一存在への哲学的探究は、「存在するもの」や「存在すること」についての理解によって、すなわち存在のあり方の最も基本的な区別が「真に存在すること」と「法や慣例によって存在すること」との区別であることを示すような理解によって導かれるのである。この区別は、スコラ派の「実在的存在 ens reale」と「虚構的存在 ens fictum」との区別において、わずかに認められる形で生き残っている。[12]

哲学の出現は、一般的には政治的な事柄に対する人間の態度に対して、特殊的には法律に対する人間の態度に対して、根本的なまでの影響を与えた。なぜならそれは、それらについての人間の理解に対して根本的なまでの影響を与えたからである。元来、卓越した権威あるいはすべての権威の源泉は、先祖のものにあった。自然の発見によって先祖のものによる主張は根絶されたのである。哲学は先祖の善きものに訴えるのではなく、代わりに内因的に善きものや自然的に善きものに訴える。しかし哲学は、先祖のものによる主張を根絶するために、その本質的要素を保存するような方法をとっている。それというのも、最初の哲学者たちは自然について語るとき、第一存在、すなわち最古のものを意味したからである。つまり哲学は先祖のものにではなく、代わりに先祖のものよりも古いものに訴えたのである。自然はすべての先祖の先祖、すべての母の母である。自然はいかなる伝統よりも古く、したがっていかなる伝統よりも尊い。自然的なものは人間が生み出したものよりも高い尊厳をもつものであるという見解は、神話からのひそかな借用や無意識の借用に、あるいは神話の残滓に基づくものではなく、自然の発見それ自体に基づくものである。アートは自然を前提とするが、自然はアートを前提としない。人間のいかなる産物よりも称賛に値する人間の「クリエイティブな」能力それ自体は、人間の生み出したものではない。シェークスピアの天性は、シェークスピアの作品ではなかったのである。自然はすべて

III. ナチュラル・ライトの観念の起源

のアートに素材を与えるだけでなく、そのモデルをも提供する。「最も偉大で素晴らしいもの」は、アートとは区別された自然の作品なのである。哲学は先祖のものの権威を根絶することによって、自然こそ権威であることを認めたのである。[13]

しかしながら、哲学は権威を根絶することによって自然がまさに基準であることを認めたのであると述べたほうが、誤解は少ないのかもしれない。それというのも、知覚の助けによって自然を発見する人間の能力とは理性や知性のことであるが、理性や知性の対象に対する関係は、権威それ自体に合致することに関して理由もなくそれに従うこととは根本的に異なるからである。自然とは最高の権威であると述べてしまうことによって我々は、哲学が存在するか否かに関わるところの区別を、つまり理性と権威の区別を曖昧にしてしまうことだろう。権威に服従してしまうことで哲学は、とりわけ政治哲学は、その特性を失うことになるだろう。それはイデオロギーに、すなわち現存の社会秩序や成立しつつある社会秩序を擁護するためのものに堕してしまうか、もしくは神学や司法教育といったものに変わってしまうことだろう。チャールズ・ビアードは18世紀の状況を念頭に置きながら次のように述べている。「聖職者と君主制主義者は神の法としての特別な法を主張した。革命家は自然に訴えた。[14]」18世紀の革命家たちにおける真理は「必要な変更を加えれば *mutatis mutandis*」すべての哲学者たる哲学者における真理となる。古典哲学者たちは、善きものと先祖のものとを同一に扱うことの根底にある偉大な真理を完全に正しく評価していた。しかし、もし彼らが最初にそれらを同一にみることを否定していなかったならば、彼らはその根底にある真理を明らかにすることもできなかっただろう。とりわけソクラテスは、彼の政治哲学の究極的で実践的な結論に関する限り、非常に保守的な人物であった。しかしアリストファネスはソクラテスの基本前提によって、息子が自らの父を叩きのめすように誘うことが可能になると、すなわち最も自然的な権威を実際に否認するように誘うことが可能

III. ナチュラル・ライトの観念の起源

であると示すことによって、真理を述べたのである。

自然の発見、すなわち自然と人為との基本的な区別の発見は、ナチュラル・ライトの観念が現れるための必要条件である。しかしそれは十分条件ではない。すなわち、すべての「ライト」が人為的なものかもしれないのである。まさにこれが政治哲学における基本論争のテーマである。ナチュラル・ライトなるものは存在するのだろうか。ソクラテスよりも前には否定的な答えが、すなわち我々が「コンヴェンショナリズム」と呼ぶ見解が支配的だったようである[15]。哲学者たちが最初のうちはコンヴェンショナリズムに寄っていたことは驚くことではない。「ライト」は最初のうちは「ロー」や慣習と同一のものとして、あるいはそのような性格をもつものとして現れる。そして哲学の出現に伴い、慣習や人為は自然を隠すものとみられるようになったのである。

ソクラテスより前にあったテキストの決定版は、ヘラクレイトスの次の言葉である。「神の目からすれば、すべては公正で（気高く）善であり、正しい。しかし人間は、あるものは正しく、他のものは正しくないと考えようとした。」正しいことと正しくないことの区別それ自体は、単なる人間の想定か、あるいは人為的なものにすぎない[16]。神、あるいは人間が第一の原因と呼ぶものは何であれ、正邪を、そして善悪さえも超えている。神は、人間の生そのものに関連するいかなる正義にも関わらない。神は、正義には賞を、不正義には罰を与えるようなことをしない。正義はいかなる超人間的な支持基盤をも持つことはないのである。正義が善で不正義が悪であることは、もっぱら人間の働きと、究極的には人間の決定によるものである。「正しい人間が統治する場所を除くいかなる場所にも、神の正義の痕跡はない。我々が見るように、正しい者にも邪悪な者にも、ひとつの事象が存在するだけである。」かくしてナチュラル・ライトの否定は、特別の神意を否定したことの帰結として現れる[17]。しかしアリストテレスの例だけでも、特別の神意や神の正義それ自体を信じなくともナチュラル・ライトの存在は認められることは、十分に示し

ていると思われる。[18]

　それというのも、宇宙の秩序が道徳的な区別に対していかに無関心であると考えられるとしても、自然一般とは区別された人間の自然本性は、そのような区別の完全なる基礎となり得ると思われるからである。この点をソクラテスより前にあった最もよく知られた教理、すなわち原子論の例によって示すならば、原子が善悪を超えたものであるという事実は、原子の合成体、とりわけ我々が「人間」と呼んでいる合成体の本性において善悪はまったく存在しないという推論を正当化するものではない。実際に、人間のなす善悪の区別や人間の選好のすべてが単なる人為的なものにすぎないなどとは、誰も言うことができない。我々はそれゆえ、人間の自然的な欲求および傾向と、人為から生じる欲求および傾向とを、区別しなければならないのである。さらに我々は、人間の自然本性に合致し、それゆえ人間にとって有益な人間の欲求および傾向と、人間の自然本性やヒューマニティを損ない、それゆえ有害な人間の欲求および傾向とを、区別しなければならない。かくして我々は、自然本性に合致するがために善きものである人間の生、という観念に至る[19]。論争の両陣営とも、そのような生が存在することを認めているし、あるいはより一般的に言えば、彼らは正しさとは区別された善きものの優位を認めているのである[20]。論争の対象となっている問題は、正しさとは善（自然本性において善）であるか、あるいは人間の自然本性に合致した生は正義や道徳を必要とするか、といったものである。

　自然的なものと人為的なものとを明確に区別するためには、人為がなされる前の個人あるいは人類の生[21]にまで遡らねばならない。我々は起源にまで遡らねばならないのである。法や正義と市民社会との関係まで視野に入れると、法や正義の起源の問題は、市民社会の起源の問題へと、ひいては社会一般の起源の問題へと変わってしまう。この問題は、人類の起源の問題へと移っていく。さらには、人間の原初の状態はどのようであったかという問題に移っていくのである。すなわち、その状態は完

Ⅲ. ナチュラル・ライトの観念の起源

全であったか不完全であったか、不完全であったとすればその不完全さは温和な性格（自然本性において善か、あるいは無垢）かそれとも野蛮な性格のものかといった問題に移ってしまうのである。

　これらの問題について古くからなされてきた議論の記録を吟味してみると、このような起源に関する問題に対して与えられた解答のどれをとってみても、ナチュラル・ライトの受容とも拒否とも矛盾するものではないという印象を容易に得ることができる[22]。このような困難こそ、市民社会の起源に関する問題や「最初の人類」の状態を、完全に無視したとは言わないまでも軽視することに貢献したものである。我々が述べてきたことは、重要なのは「国家の観念」であり、決して「国家の歴史的起源」などではないということであった[23]。このような近代の見解は、基準としての自然を斥けたことの帰結である。自然と自由、現実と規範、「あること」と「あるべきこと」が、それぞれまったく独立したものとして現れた。したがって我々は、市民社会とか法や正義といったものについては、その起源の研究からは何ひとつ重要なことは学ぶことができないと思われたのである。しかしながら古代人の目からすれば、起源の問題は、それに正しく解答することによって市民社会と法や正義の地位や尊厳が明らかになるのだから、決定的に重要である。彼らは市民社会や正・不正が自然に基づくものなのか、それとも単に人為に基づくものなのかを見出すために、それらの起源ないし生成を探究したのである[24]。そして市民社会や正・不正の「本質的な」起源の問題は、原初や「歴史的」起源に関して知られていることの考察がなければ答えることができないのである。

　人間の原初の実際の状態は完全であったかそれとも不完全であったかという問題に関していえば、それについての解答は、人類が現実の不完全性に完全に責任を負うものかどうか、あるいはその不完全性は人類の本来的な不完全性によって「免責される」かどうかを決定するものである。言い換えれば、人類の原初は完全であったとする見解は善きものと

先祖のものとの同一視と合致し、哲学よりはむしろ神学と合致するものである。それというのも、アートは人間によって発明されたものであること、あるいは世界の最初期はアートを知らなかったことを、人間は常に思い出し、それを事実として認めているからである。しかし哲学は必然としてアートを前提としている。それゆえもし哲学的な生が、全くのところ正統な生や自然に合致した生のことであるならば、人間の原初は必然として不完全であったことになるのである。[25]

現在の我々の目的にとっては、コンヴェンショナリズムによって行われる標準的な議論を分析するだけで十分である。その議論とは、社会によって「正しいもの」は異なるのだからナチュラル・ライトは存在し得ない、といったものである。この議論はあらゆる時代を通じて驚くべき生命力を発揮してきたが、その生命力はその議論の内的価値とは対照的にみえる。通常それが示されるときには、様々な国家の間において、あるいはひとつの国家の様々な時代において、過去・現在に優勢である多様な正義の観念を単に列挙することで議論が構成される。我々が先に指摘したように、「正しいもの」や正義の観念が多様であるとか移ろいやすいものであるといった単なる事実は、ある種の仮定をしないことにはナチュラル・ライトの否定の根拠となるものではないし、またそれらの仮定はほとんどの場合述べられることさえない。それゆえ我々は、コンヴェンショナリストの議論を、散在する断片的な言説から再構成せざるを得ないのである。

法や正義の原理が不変でなければナチュラル・ライトは存在し得ないという見解は、至るところで当然視されている[26]。しかし、コンヴェンショナリズムの言及する事実が、法や正義の原理が可変的であることを証明しているようには思えない。それらの事実が証明しているのは、単に様々な社会が様々な正義の観念や正義の原理を持つということにすぎないように思われる。人間が様々な宇宙観を有するからといって、宇宙が存在しないとか、宇宙についての唯一の正しい説明などはあり得ない

Ⅲ. ナチュラル・ライトの観念の起源

とか、人間は決して宇宙についての真に究極的な知には達することが出来ないといったことは少しも証明されたことにはならないのとまさに同じく、人間が様々な正義の観念を有するからといって、ナチュラル・ライトは存在しないとかナチュラル・ライトは知ることが出来ないなどといったことは証明されないのである。正義の観念が多様であるということは誤った考えが多様であるということだと理解できるのであって、それは正義に関する唯一の真理が存在するということと矛盾するものではなく、むしろそれを前提とするものである。ナチュラル・ライトが存在することと、すべての人あるいはほぼすべての人がナチュラル・ライトを知らなかったとか現に知らないといった事実とが両立可能であれば、コンヴェンショナリズムに対するこのような反論は成り立つことだろう。しかし我々がナチュラル・ライトについて語るときに意味していることは、正義は人間にとって決定的に重要であるということ、また人間は正義がなければ生きることが、あるいは善く生きることができないということである。そして正義に合致した生は正義の原理についての知を必要とするということである。もし人間が、正義がなければ生きることができないとか、あるいはよく生きることができないといった自然本性をもつのであれば、人間はその自然本性によって正義の原理についての知をもつはずである。しかしもしそれが事実であれば、すべての人間は、まさに彼らが感覚的特性に関して合意するように、正義の原理に関しても合意することだろう。[27]

しかしこのような要求は道理に合わないものであると思われる。感覚的特性に関しても普遍的な合意は存在しないのである。音や色といったものに関しては、すべての人が合意することはないにせよ、すべての正常な人であれば合意することだろう。したがってナチュラル・ライトが存在するために必要なことは、すべての正常な人が正義の原理に関して合意することだけである。普遍的であるものに関する合意の欠如は、真の原理を黙殺する人々の人間本性が退廃したのだと説明できるが、この

Ⅲ. ナチュラル・ライトの観念の起源

退廃は、理由は明白だが、それに対する感覚的特性の知覚における退廃よりも頻繁かつ効果的に現れる[28]。しかし、もし正義の観念が社会によって、あるいは時代によって異なるものだというのが真実だとすれば、ナチュラル・ライトについてのこのような見解は、ある特定の社会の成員、ある特定の社会のある特定の世代の成員、あるいはせいぜいいくつかの特定の社会の成員だけが、現存する唯一の正常な人だとみなされなければならなくなるといった困難な結論を導くことだろう。このことは事実上、ナチュラル・ライトの論者は、自らの社会や自らの「文明」によって抱かれている正義の観念とナチュラル・ライトとを同一にみることが可能であろう、ということを意味している。その人はナチュラル・ライトを語ることによって、自らのグループのもつ先入見に対して普遍的妥当性を主張しようとしているに他ならない。実際問題として、もし多くの社会が正義の原理に関して合意しているといったことが主張されたならば、特定の社会だけが人間本性を手つかずに維持したのだと述べるよりは、この合意は偶然的な原因（生の状態の類似や相互間の影響といったもの）によるものであるとみなしたほうが、少なくとも答えとしてはもっともらしい。もしすべての文明国家が正義の原理に関して合意していると主張された場合、我々はまず「文明」という言葉の意味するものが何であるかについて知らなければならないだろう。もしナチュラル・ライトの論者が、文明をナチュラル・ライトの承認と、あるいはそれに相当するものの承認と同一視しているのであれば、彼の言っていることは実際のところ、ナチュラル・ライトの原理を受け入れているすべての人はナチュラル・ライトの原理を受け入れているのだ、という同語反復なのである。もし彼が「文明」を高度のアートや科学の発展と理解しているのであれば、彼の主張は、コンヴェンショナリストがしばしば文明化された人たちのことであるという事実によって論駁される。そしてナチュラル・ライトやその本質を構成するとされる原理の信奉者たちは、しばしば文明化されていないのである。[29]

Ⅲ. ナチュラル・ライトの観念の起源

　ナチュラル・ライトに反対するこのような議論は、人間がよく生きるために必要なすべての知識は、感覚的特性の知覚やそのほかの努力なくして得られる類の知覚が自然的であるのと同じ意味で自然的である、といったことを前提としている。それゆえ、ひとたび我々がナチュラル・ライトの知は人間の努力によって獲得されなければならないことや、ナチュラル・ライトの知は科学的な性格をもつことを想定したならば、そのような議論は力を失うことになる。このことは、ナチュラル・ライトの知がつねに得られるとは限らないということの理由を説明するものだろう。そのような知が得られないうちは、善き生や正しい生の可能性などないといった結論や、「邪悪なものの停止」の可能性は存在しないといった結論を導くことだろう。しかし科学は、常に存在するもの、不変的なもの、真に存在するものをその対象とする。それゆえナチュラル・ライトあるいは正義は真に存在しなければならず、したがってそれは「あらゆるところで同一の力を持つ」ものでなければならない[30]。かくしてそれは、少なくとも正義における人間の思想に、つねに同一の絶えざる影響を及ぼすものでなければならない。しかし実際には、正義に関する人間の思想は不合意と流動の状態にあることを我々は知るのである。

　しかしまさにこの流動性と不合意こそ、ナチュラル・ライトが有効であることを証明しているように思われる。重量、寸法、貨幣といった明らかに人為的なものに関しては、我々は様々な社会の間での不合意について語ることはほとんど出来ない。それぞれの異なった社会が、重量、寸法、貨幣についてそれぞれ異なる取り決めをなすが、これらの取り決めが相互に矛盾することはない。しかしもし様々な社会が正義の原理に関してそれぞれ異なる見解を持つならば、これらの見解は相互に矛盾する。疑う余地もないほどに人為的なものが異なることは深刻な混乱を生まないが、正・不正の原理が異なることは、必然的に混乱を生むのである。かくして正義の原理に関する不合意は、ナチュラル・ライトの予見や不十分な把握によって引き起こされる真の混乱——人間の把握する

III. ナチュラル・ライトの観念の起源

ところをすり抜けた自存的な何かや自然的な何かから起こる混乱——を、露わにするものであると思われる。このような疑念は、一見するとコンヴェンショナリズムに決定的に有利に証言するものにみえる事実によって強固なものとされるように思われる。法律の命ずることを行なうのは正しいことであり、正しいことは法律に則っていることと同じであると、すなわち人間が法律に則っていると定めたこと、あるいは法律に則っているとみなすことに合意したことと同じであると、到るところでそのように言われている。しかしこのことは、正義に関する普遍的な合意のものさしが存在するという意味を含むものではないだろうか。振り返ってみれば、たしかに人々は正しいことが法律に則っていることと単純に同一にみられることを否定するが、それは「正しくない」法律について語ることもあるからである。しかし、無分別に普遍的なものへと合意しているという事実は、自然の働きを示しているのではないか。また、正しいことと法律に則っていることが同じだとする普遍的な信念が支持できないということは、法律に則っていることは正しいことと同一ではないものの、多かれ少なかれ不鮮明ながらナチュラル・ライトを反映していることを示しているのではないだろうか。コンヴェンショナリズムによって提示されている証拠は、ナチュラル・ライトが存在しており、それが正義の観念が際限なく多様であることや法律が際限なく多様であることをいわば要請している可能性や、ナチュラル・ライトがそれらすべての法律の根底に存在している可能性と、完全に両立することができるのである。[31]

　そのどちらに決定するかは法の分析の結果による。法はそれ自体、何か自己矛盾的なものとして現れてくる。一方において、法は何か本質的に善きものや高貴なものであることを主張する。すなわち、都市国家やその他すべてのものを守るのは法であると主張するのである。他方で、法は共通の意見や都市国家のなす決定、すなわち多数の市民の決定として現れる。そのような法は、本質的に善きものや高貴なものでは決して

III. ナチュラル・ライトの観念の起源

ない。それが愚かさや卑しさの産物であることも、十分にあり得るのである。立法者が「あなたや私」よりも原則的に賢明であると想定することには確実に何の理由もないが、それではなぜ「あなたと私」は彼らの決定に服さなければならないのだろうか。都市国家によって厳粛に制定されたある法律と同じ法律が、同じく都市国家によって同じ厳粛さをもって廃止されるという端的な事実は、それらの制定を招いた知恵が疑わしいものであったことを示しているように思われる[32]。そうであるならば問題は、法が何か善きものや高貴なものであるという主張は何の根拠のないものとして単純に否定されうるものなのか、あるいはそれもまた真理の要素を含むものなのか、ということになる。

　法は都市国家やその他すべてのものを守ることを主張している。それは共通善を保証するものであると主張している。しかし、共通善とはまさに我々が「正しさ」によって意味していることである。法律は共通善に貢献する限りにおいて正しい。しかしもし正しさが共通善と同一であるとすれば、正しいことや正統であることは人為的なものではあり得ない。すなわち、ある都市に存在する人為によるものが実際にはその都市にとって致命的なものであるならば、その都市にとっての善きものに変わることはあり得ないし、その逆もあり得ない。そうであるならば、それぞれの場合に何が正しいかを決定するのは事物の自然本性であって、人為的なものではないのである。このことは、何が正しいかは都市ごと、時代ごとに変化しても、まったくもってよいということを意味している。すなわち、正しさの多様性は、正しさは共通善と同一であるとする正義の原理と両立可能であるというだけでなく、一つの帰結なのである。今この都市にとって自然本性において善きものや本来的に善きものは何であるかの知である、今ここで正しいこととは何であるかの知は、科学的な知ではあり得ない。ましてや知覚のようなタイプの知ではあり得ない。それぞれの場合に何が正しいかを決めるのは、政治的なアートや政治的なスキルの役目である。アートやスキルは医術と比較できるが、医

者はそれぞれの場合に応じて人体にとって何が健康によいか役立つかを決めているのである。[33]

コンヴェンショナリズムは共通善が実際には存在しないと考えることによって、このような結論に至ることを避けている。いわゆる「共通善」とは、実際にはそれぞれの場合における善であり、全体の善ではなく一部の者の善なのである。共通善を目指すことを主張する法律は、それが全くのところ都市国家の決定であることを主張している。しかし都市国家は自らが有している統一を、それとともにその存在を、その「コンスティテューション」(国制)すなわちレジームに負うものである。すなわち、都市国家は民主制、寡頭制、君主制といったもののどれかを採用するのである。レジームの違いの根拠は、その都市国家を構成する部分や階層の違いにある。それゆえすべてのレジームは、都市国家のある階層による支配なのである。したがって法律は、実際には都市国家の作り出したものではなく、その都市国家においてたまたま統治者の立場にある階層の作り出したものである。万人による支配を主張する民主制が実際には一部による統治でしかないことは言うまでもない。それというのも民主制は、せいぜいその都市国家の領内に住むすべての成人の多数派による支配だからである。しかしその多数派は貧しい人である。そしていかに大多数であろうと貧しい人たちは、他の階層の利害とは異なる利害をもつ一つの階層なのである。もちろん支配層はもっぱら自分たちの利害に関わるものである。しかし支配層は、その理由は明白だが、自分らの利益のために制定した法律こそ都市国家全体にとって有益なものであるという嘘をつくものである。[34]

しかし混合政体、すなわち都市国家の主要な階層間の対立する利害に公平なバランスを確立する試みに多かれ少なかれ成功しているレジームは、存在しないのだろうか。一つの特定の階層の(例えば貧しい人たちの、あるいはジェントルマンたちの)真の利益が共通の利益と合致することは不可能なのだろうか。この種の反論は、都市国家が一つの真なる

Ⅲ．ナチュラル・ライトの観念の起源

全体であることを、より正確にいえば、都市国家が自然による存在であることを前提としている。しかし都市国家は、人為的な統一体か虚構の統一体にすぎないものと思われる。それというのも、自然的なものは暴力なしに成立し、存在するからである。存在に対してなされる暴力のすべては、その存在にその性質に反する何かを、すなわちその自然本性に反する何かを行うことを強制する。しかし都市国家が存立することは、暴力、強制、抑圧にかかっている。そうであるから政治的支配と主人の奴隷に対する支配との間には本質的な違いはないのである。しかし奴隷制の非自然的な性格は明らかであるように思われる。すなわち、奴隷にされたり奴隷として扱われたりといったことは、いかなる人間の性質にも反するのである。[35]

　さらにいえば、都市国家とは多数の市民の集まりのことである。一人の市民は生まれながらに市民であり、市民である父と市民である母の子孫であり、自然の産物である。しかし市民である父と彼を産んだ市民である母が法律に基づいて結婚している場合にのみ、あるいはむしろ彼の父とされる人が彼の母の夫である場合にのみ、彼は市民なのである。さもなければ、彼は「自然の」子であるにすぎず「法律上の」子ではない。そして何が法的に正統な子であるかは自然によるものではなく、法や人為に基づくものである。それというのも、家族一般、とりわけ一夫一婦制の家族とは、プラトンでさえも認めざるを得なかったように、自然的集団ではない。「自然的」異邦人が作為のもとに「自然的」市民へと変わることを「帰化 naturalization」と呼ぶ事実もある。要するに、誰が市民であり誰が市民でないかは法によるものであり、法のみによるものなのである。市民と非市民の違いは自然的でなく人為的である。それゆえすべての市民は、現実に「つくられる」のであって「生まれる」のではない。人類の一部分を恣意的に切り出し、それを他の部分と区別するのは、人為である。真の意味で自然的な市民社会あるいは真の市民社会は、同じ言語を話すすべての人々、そしてそのような人々だけで構成される集

Ⅲ．ナチュラル・ライトの観念の起源

団のことであると、差し当たっては考えられるかもしれない。しかし言語とは一般に認められるように人為的なものである。したがってギリシア人とバルバロイの区別も人為的なものにすぎない。このような区別は、すべての数を二つのグループに、すなわち一方は一万という数から成るグループと、他方はその残りのすべての数から成るグループとに分けるような区別と同じく、恣意的なものである。同じことは自由人と奴隷の区別にも当てはまる。この区別は、戦争で捕虜となった際に身代金を払えない者は奴隷にされるべきだという人為的な取り決めに基づくものである。つまり自然ではなく人為が奴隷を作り、したがってまた奴隷とは区別された自由人を作るのである。結論として、都市国家とは自然によってではなく、もっぱら人為によって結合された人間の集団なのである。彼らは自分らの共通の利益を他の人間――自然においては自分らと何の区別もない他の人間、すなわち異邦人や奴隷――から守るために結合し、団結したのである。したがって共通善と主張されるものは、実際には全体であることを主張する一部の利益、あるいはそのような主張、見せかけ、人為的な取り決めによってのみ統一体を形成している一部の利益なのである。都市国家が人為的なものであれば、共通善も人為的なものということになり、それとともに法や正義も人為的なものであることを証明するのである。[36]

　正義に関するこのような説明がいかに適切であるかは、その説明が正義の「現象を守る」ものであるという事実から明らかだといわれている。つまりその説明は、ナチュラル・ライトの理論の根底にある正・不正に関する単純な経験を、人間の知によって理解可能なものにするといわれているのである。そのような経験において正義は、他者に危害を与えることを抑制する習慣、他者を助ける習慣、部分的な利益（個人や一集団の利益）を全体の利益に従属させる習慣として理解される。このように理解される正義は、都市国家の維持にとって全くのところ必要なものである。しかし正義を擁護する者にとって不幸なことに、それは盗賊の一

Ⅲ. ナチュラル・ライトの観念の起源

団の維持にとっても必要なものなのである。すなわちその一団は、メンバーがお互いに傷つけ合うことを抑制しなければ、助け合わなければ、それぞれのメンバーが自らの利益を全体の利益に従属させなければ、一日としてやってはいけないのである。これに対する反論は、盗賊の行う正義など真の正義ではないとか、都市国家を盗賊の一団とは区別する正義こそまさしく正義であるといったものである。盗賊の「正義」なるものは明らかな不正義に奉仕するものである。しかし全く同じことは都市国家についても当てはまらないだろうか。都市国家が真の全体ではないのならば、正しくないことや利己的なことに反して「全体の利益」とか正しいことと呼ばれるものは、実際には単なる集団的な利己心の要求にすぎない。そして個人の利己心よりも集団的な利己心をより尊重すべきだと主張する理由はないのである。言い換えれば、盗賊は彼らの間においてのみ正義を遂行していると言えるのであって、都市国家はそこに属さない人々や他の都市に対しても正義を遂行していると言える。しかしそれは真実だろうか。外交政策の行動原理は、盗賊の一団が行動するときの原理と本質的に異なるものだろうか。そもそも異なるということが可能なのだろうか。繁栄に向かうには、軍隊や権謀術数を用いて他の都市のものを奪い取らざるを得ないのではないか。自然においては等しくすべての他者のものであった地表の一部を収奪することによって、それらは存在するようになったのではなかったか。[37]

　もちろん、人は望めば正しく生きることができるのと同じように、都市国家も他の都市に危害を加えるのを抑えることや、貧しく統治されるといったことは可能である。しかし問題は、そのように行動することによって人は自然に従って生きているのか、あるいは単に人為的な取り決めに従っているにすぎないのではないか、ということである。経験の示すところでは、個人であれ都市であれ、強制されない限りは正しく行動するものなどはほとんどない。経験は、正義そのものは無力であることを示しているのである。このことは、正義は自然のうちには何の基盤も

Ⅲ. ナチュラル・ライトの観念の起源

持たないという、先に示したとおりのことを確認しているにすぎない。共通善とはある集団にとっての利己的な善にすぎないことが明らかにされた。ある集団にとっての利己的な善は、その集団の唯一の自然的な要素である個人にとっての利己的な善に由来する。自然本性においてすべての人間は自身にとっての善を求めるものであり、その他には何も求めない。しかしながら正義は、他者にとっての善を求めるべきであると我々に告げる。そうであるならば正義が我々に要求することは、自然に反することである。自然的な善、人間の気まぐれや愚かさによるのではない善、この実体的な善は、「法」や「正義」と呼ばれるぼんやりとした善とは正反対である。すべての人が自然本性によって引き寄せられる自らの善こそ自然的な善なのであるが、他方で法や正義は強制によってのみ、そして究極的には人為的な取り決めによってのみ、人を引き寄せるものとなる。法や正義は自然的なものであると主張する人でさえ、正義は一種の相互関係のなかで成り立つものであることを認めざるを得ない。つまり人間は、他者から自分にしてもらいたいことを他者に対してなすことを命じられるのである。人間は、他者からしてほしいことを欲するがゆえに、他者のしてほしいことを行うよう強いられる。すなわち、親切を受けるために、人に親切にしなければならないのである。正義とは利己心に由来するものであり、またそれに仕えるものであると思われる。これはつまり自然本性においてはすべての人が自らにとっての善のみを求めるものであると認めることである。自らにとっての善を求めるために用いられるものこそ、思慮であり、知恵である。それゆえ思慮と知恵は、正義それ自体とは両立することが出来ない。真に正しい人は賢明な人ではなく、愚かな人——人為的なものによって騙されている人——なのである。[38]

そうであるからコンヴェンショナリズムは、都市国家と法や正義が個人にとって有用であると認める立場と完全に両立出来ることを主張するのである。すなわち、他者の助けなしに生きるには、あるいはよく生き

III. ナチュラル・ライトの観念の起源

るには、個人は弱すぎることを主張しているのである。すべての人間は、孤独と野蛮の状態にいるよりも市民社会の中にいたほうが豊かに暮らしていける。しかし何かが有用であるという事実は、それが自然的であることを証明するものではない。松葉杖は脚をなくした人にとっては有用だが、松葉杖を用いることは自然に合致しているだろうか。あるいはより適切に表現すれば、計算によって有用だと判り、もっぱらその理由ばかりで存在しているようなものは、人間にとって自然的なものだといえるだろうか。もっぱら計算にのみ基づいて求められ、自発的には、あるいはそれ自体としては求められることのないものは、人間にとって自然的なものであるといえるだろうか。都市国家とか法や正義といったものは疑いの余地もなく有益ではあるが、しかしそれらは大きな不利益から逃れられているだろうか。それゆえ個人の私的な利益と、都市国家とか法や正義といったものの要求との間の対立は避けられないのである。都市国家とか法や正義といったものが個人の私的な利益よりも高い尊厳をもつことや、それが神聖なものであることを宣言することなしには、都市国家はこの対立を解決することができないのである。しかし、このような都市国家や法・正義の本質に関する主張は、本質的にフィクションである。[39]

そうであるならばコンヴェンショナリストの議論の要点は次のようなものとなる。すなわち、法や正義は本質的に都市国家に属し[40]、また都市国家は人為的なものであるから、法や正義も人為的なものである、と。我々が最初に抱いていた印象とは反対に、コンヴェンショナリズムは法や正義の意味が全くのところ恣意的なものであるとか、法や正義に関してはいかなる類の普遍的な合意も存在しないなどといったことを主張してはいない。反対に、コンヴェンショナリズムはすべての人間が正義を根本的には同一のものと理解していることを前提としているのである。すなわちそれは、正しくあることとは、他者を傷つけないとか、他者を助けるとか、あるいは共通善に関心を払うといったことを意味する、と

III. ナチュラル・ライトの観念の起源

いう理解である。コンヴェンショナリズムは次のような根拠によってナチュラル・ライトを斥けている。

（1）正義は自らの利益のみを目指すすべての人間のもつ自然的な欲求と不可避の緊張関係にある。

（2）正義が自然に基礎をもつ限りにおいて——正義が一般的にいって個人に有益である限りにおいて——その要求は都市国家の成員に、つまり人為的なユニットの成員に限定される。「ナチュラル・ライト」なるものは、ある特定の集団の成員に対してのみ妥当なのであって、それに加えて集団のうちにおける関係においてさえ普遍的な妥当性を欠くような、社会的な便益のための荒っぽいルールから構成されるものである。

（3）「法」や「正義」によって普遍的な意味をもつようになることで「援助」や「加害」や「共通善」といったものの正確な意味が決められることはない。これらの用語は詳細を明確にすることを通してのみ真に意味をもつのであり、そのためそのような明確化はすべて人為的なものである。

正義の観念の多様性は、正義が人為的な性格をもつことを証明するものであるというよりは、それを確認するものである、ということである。

　プラトンがナチュラル・ライトの存在を確立しようと試みたとき、彼はコンヴェンショナリストの命題を、善きものは快楽と同一であるという前提へと還元している。我々はそれとは反対に、古典的快楽主義が政治的な領域全般に対する最も徹底した軽視へと到達したことを知っている。善きものと先祖のものとの原初における同一視がまずもって善きものと快楽との同一視に置き換えられたとしても、驚くことではないだろう。それというのも、その原初的な同一視が自然と人為との区別に基づいて斥けられたとき、先祖の慣習や神法によって禁止されていたことが、ごく自然的なものとして、したがってまた本質的に善きものとして姿を現わしたからである。先祖の慣習によって禁止されていたことは、それらが欲求によるものであるという理由で禁止されていた。そしてそれら

III. ナチュラル・ライトの観念の起源

が人為によって禁止されたものであるという事実は、それらが人為に基づいて求められたのではないことを示している。すなわち、それらは自然によって求められたのである。ここで先祖の慣習や神法の狭い小道から外れるよう人を誘うものは、快楽への欲求と苦痛への嫌悪として現れてくる。かくして自然的な善は、快楽として現れるのである。快楽による方向づけこそが、先祖のものによる方向づけに代わる最初のものとなったのである。[41]

古典的快楽主義の最も発展した形態はエピクロス主義である。確かにいってエピクロス主義は、すべての時代を通してコンヴェンショナリズムのなかで最も大きな影響を与えた形態なのである。エピクロス主義はまぎれもなく唯物論的である。そしてプラトンがコンヴェンショナリズムのルーツを見出したのは唯物論であった[42]。エピクロス主義者の議論は次のようなものである。すなわち、我々は自然において善きものとは何であるかを見出すために、いかなる種類の事柄が自然によって善さを保証されているのかとか、あるいはその善さがいかなるオピニオンにも依存することなく、とりわけいかなる人為的なものにも依存することなく感じることができるものなのか、といったことを見ていかなければならない。自然的に善きものは、すべての推論、計算、戒律、拘束、強制にも先立って、我々が誕生の瞬間から探究するもののうちに姿を現す。その意味で善きものとは快楽しかない。快楽だけが率直に感じられる善であり、あるいは善としてはっきりと知覚される善である。それゆえ第一の快楽とは身体的な快楽のことであり、その意味するところは言うまでもなく自分自身の身体の快楽である。すべての人間は自然本性において自らにとっての善のみを求めるものである。他者の善への関心のすべては派生的なものである。正・不正のいずれの推論も含まれるものであるオピニオンは、三つの種類の選択の対象に向けて人を導く。すなわち、最大の快楽、有用なもの、高貴なものの三種類である。最大の快楽に関して述べれば、我々は様々な種類の快楽が苦痛と結びついたものである

ことを観察により知っているのであるから、より好ましい快楽と好ましくない快楽とを区別するよう誘われる。かくして我々は、必要な自然的快楽とそうでない自然的快楽との違いに気づくことになる。さらに我々は、苦痛が全く混入されていない快楽とそうでない快楽が存在することを理解することになる。ついには我々は、快楽の究極のもの、完全な快楽が存在することを知ることになり、そしてこの快楽は、我々が自然本性において目指すところの目標であることを、また哲学を通してのみ到達可能なものであることを証明するのである。有用なものに関して述べれば、それはそれ自体が快楽ではなく、快楽および真の快楽に役立つものである。他方で高貴なものとは、真の快楽でもなければそれに役立つものでもない。高貴なものとは称賛に値するもののことであり、称賛に値するがゆえに、あるいは名誉とみなされるがゆえに、それは快楽なのである。高貴なものは、人々がそれを善であると呼んでいるという理由、あるいはそのように述べているという理由によってのみ、善なのである。すなわち、高貴なものは人為によってのみ善なのである。高貴なものは、人々が基本的な人為的取り決めをつくるための、あるいは社会契約を結ぶための実体的な善を、いびつなかたちで反映したものなのである。徳は有用なものの部類に属する。徳とは全くのところ望ましいものだが、しかしそれ自体のために望ましいものではない。それはただ計算に基づいてのみ望ましいものであり、またそれは強制の要素を含み、それゆえ苦痛の要素を含むのである。しかしながらそれは快楽を生み出すものである[43]。ただし、正義とその他の徳との間には決定的な相違がある。思慮、節制、勇気がそれらの自然的結果を通して快楽をもたらすのに対して、正義はそれによって期待されている快楽——安全性の感覚——を人為に基づいてのみ生み出すのである。その他の徳は、他者がその人の思慮、節制、勇気のあり方を知っているか知らないかにかかわらず有益な効果をもつ。しかしある人の正義は、その人が他者に正しいと思われている場合にのみ、有益な効果をもたらす。他の悪徳は、それが他者に

III. ナチュラル・ライトの観念の起源

よって見破られるかどうか、あるいは見破られうるかどうかにかかわらず、害悪である。しかし不正義は、見破られる危険がほとんど避けられないという理由で害悪である。正義と自然における善きものとの緊張関係は、我々が正義と友情とを比較する場合に最も明瞭に現れる。正義と友情はいずれも計算によって生じたものであるが、しかし友情は本質的に快楽なもの、あるいはそれ自体として望ましいものとなるに至る。いずれにせよ友情は強制とは両立できない。しかし正義および正義と関わりのある結合体――都市国家――の存立は、強制によるものである。そして強制は快楽ではないのである。[44]

哲学的コンヴェンショナリズムの最も重要な文献、また実際のところ、典拠がありながら包括的なものとして我々の手に入れられる唯一の文献は、エピクロス派ルクレティウスによる詩『事物の本性について』である。ルクレティウスによれば、原初において人間は、いかなる類の社会的拘束にも人為的拘束にも縛られることなく、森の中を歩きまわっていた。人間の弱さと、獣によって脅かされる危険への恐怖が、防御のために、あるいは安全性から得られる快楽のために、人間を結合へと誘ったのである。彼らが社会に参入したことで、原初の野蛮な生は親切と誠実さの習慣に道を譲った。この初期の社会、都市の設立よりもはるかに前にあった社会こそ、かつて存在した最良かつ最も幸福な社会であった。もし初期の社会における生が自然に合致した生であるならば、法や正義は自然的なものであろう。しかし自然に合致した生とは哲学者の生のことである。そして哲学は初期の社会においては不可能である。哲学は都市のなかにこそ故郷をもつのであり、初期の社会に特徴づけられる生の仕方の破壊、あるいは少なくともその侵害こそ、都市における生の特徴である。哲学者の幸福、唯一の真の幸福は、社会の幸福とは全く異なる時代に属するものなのである。そうであるならば、哲学すなわち自然に合致した生の要件と、社会としての社会の要件との間には、不一致が存在することになる。法や正義が自然的ではあり得ないのは、この必然と

Ⅲ．ナチュラル・ライトの観念の起源

して存在する不一致によるのである。その不一致は次の理由で必然的なものである。すなわち、初期の拘束のない社会の幸福は、究極的にはある有益な幻想の支配によるものであった。初期の社会の成員たちは、有限な世界あるいは閉じられた地平の内で生を営んでいた。彼らはその目に見える宇宙が永遠であると信じ、あるいは「世界の壁」によって提供される庇護を信じた。この信頼こそ、彼らを純真で親切にし、そして他者の善に快く身を捧げさせたものである。それというのも、人間を野蛮にするのは恐怖だからである。「世界の壁」の堅強さに対する信頼は、自然が破滅するかもしれないと考えることによってもなお揺らぐことはなかった。しかしひとたびこの信頼が揺るがされると、人間は純真さを失って野蛮になった。かくして強制的な社会が必要とされるようになったのである。ひとたびこの信頼が揺るがされると、人間は能動的な神々への信仰に支えと慰めを求めるしか選択肢がなくなった。ここでは本来あるはずの堅強さ、すなわち自然の堅強さを失ってしまったようにみえる「世界の壁」の堅強さを保証すべきものは、神々の自由な意志なのである。神々の善性こそが「世界の壁」の失われた本来の堅強さの代わりとなるべきだというのである。そうであるならば能動的な神々への信仰は、我々の世界——太陽と月と星と、春が訪れれば新緑で覆われる地球という世界、それらから生成し再びそれらのうちに消滅していく生命なき永遠のエレメント（アトムと虚空間）とは区別された生命の世界——に対する恐怖と帰属から生じるのである。しかし、能動的な神々への信仰がいかに慰めを与えるものであるとしても、それは言葉では言い表せないほどの害悪をもたらすものでもあった。唯一の救済策は、宗教がそこで立ち止まっていた「世界の壁」に突破口を開けることであり、また我々が、人間の愛するものが永遠であることが出来ない場所である壁のない都市の中に、無限の宇宙の中に住んでいるという事実をあらゆる点で受け入れることである。その唯一の救済策は、最も確固たる快楽を与えてくれる唯一のものである哲学のうちにある。しかし哲学は「我々の

Ⅲ. ナチュラル・ライトの観念の起源

世界」への帰属から自由になることを必要とするものだから、人々の反発を買うことになる。他方で人々は初期の社会にあった幸福な平明さへと戻ることもできない。それゆえ彼らは、強制をともなう社会と宗教との協力によって特徴づけられる、全くのところ非自然的な生を続けなければならない。善き生、自然に合致した生とは、市民社会の外べりに生きる哲学者の隠居的な生のことである。市民社会と他者への奉仕とに捧げられた生は、自然に合致した生ではないのである。45

我々は、哲学的コンヴェンショナリズムと通俗的コンヴェンショナリズムとを区別しなければならない。通俗的コンヴェンショナリズムは、プラトンがトラシュマコス、グラウコン、アデイマントスに託した「正しくない講話」の中に明瞭に提示されている。それによると最大の善すなわち最大の快楽とは、他者よりも多くを持つこと、あるいは他者を支配することである。しかし都市国家とか法や正義といったものは、必然として最大の快楽への欲求にいくらかの制限を課すものである。それらは最大の快楽や自然による最大の善きものとは両立し得ない。それらは自然に反するものであり、人為から生じたものなのである。ホッブズならば、都市国家と法や正義とは生への欲求から生じるものであり、生への欲求は少なくとも他者に対する支配の欲求と同じくらい自然的なものであると、そのように述べることだろう。このような反論に対して通俗的コンヴェンショナリズムの代表者は、単に生きるということはみじめなことであって、みじめな生は我々の本性が求めるところの生ではない、と答えるだろう。都市国家と法や正義は大きな善を小さな善のために犠牲にするものであるから、自然に反するのである。他者に優越したいという欲求は都市国家の内部においてのみ発揮されることができるというのは真実である。しかしこのことは、自然に合致した生は人為的なものによってつくり出された機会を賢く活用するものだとか、自然に合致した生は多くの者が人為的なものによせた善意への信頼を利用することによって成り立つものだとか、そのようなことを意味するにすぎない。そ

Ⅲ. ナチュラル・ライトの観念の起源

のように利用するためには、都市国家とか法や正義といったものに対する真摯なまでの尊重によって邪魔されないようにすることが必要である。自然に合致した生は、外観としては人為的な振舞いに結びついたものとして、内的には人為的なものの力から完全に解放されることを、必要とするのである。実際には不正義であるものと結びついた正義の外観は、人間を幸福の頂点に導くことだろう。不正義を大々的に実行しながらそれを首尾よく隠すためには、人間は利口でなければならないのである。しかしこのことが端的に意味しているのは、自然に合致した生とは、ごく少数の者、自然的エリート、奴隷として生まれなかった真の人間の領分だということである。より適切にいえば、幸福の頂点とは、都市国家全体を私的な善に従属させるという最大の犯罪を首尾よく行った専制者の生、正義や法律に則ることの外観を無視しても平気でいられる専制者の生のことである。[46]

　通俗的コンヴェンショナリズムとは哲学的コンヴェンショナリズムの通俗版である。哲学的コンヴェンショナリズムと通俗的コンヴェンショナリズムは次の点では一致している。すなわち、人間は誰しも本性において自身にとって善きものだけを求めるということ、他者にとっての利益に全く関心を持たないことは自然に合致しているということ、他者へのいかなる関心も人為によってのみ生ずるものであるということ、である。しかし哲学的コンヴェンショナリズムは、他者にいかなる関心も持たないことは他者より多くを所有したいと欲すること、他者に優越したいと欲することを意味するのだという見解については否定する。哲学的コンヴェンショナリズムは、優越したいという欲求を自然なものとみなすどころか、むしろ空しいものと、あるいはオピニオンによって生じたものとみなしている。富や力といったものに由来するものよりも確固とした快楽を味わっている哲学者は、おそらく自然に合致した生を専制君主の生と同一視することなどできないだろう。通俗的コンヴェンショナリズムはその起源を、哲学的コンヴェンショナリズムの堕落にみる。

Ⅲ. ナチュラル・ライトの観念の起源

その堕落を「ソフィスト」にまで遡ることは道理にかなっている。ソフィストは、ソクラテスよりも前の哲学者たちのもつコンヴェンショナリズムを「流布させ」、それとともに質を低下させたのだといえるだろう。

「ソフィスト」という言葉は、多くの意味をもつ。哲学者を意味することもあれば、あまり一般的でない見解をもつ哲学者や、報酬のために崇高な事柄を教えるような善性を欠いた人のことを指すこともある。少なくともプラトン以後は、「ソフィスト」という言葉は通常「哲学者」と対比したものとして用いられ、それとともに軽蔑の意味を込めて用いられた。歴史的な意味における「ソフィスト」とは紀元前5世紀のあるギリシア人たちのことであるが、それはプラトンと他の哲学者たちによって正確な意味でのソフィストとして、すなわちあるタイプの非哲学者として表現されたものである。正確な意味でのソフィストとは、まがい物の知恵を教える教師のことである。まがい物の知恵は真ならざる教理と同一ではない。さもなければプラトンはアリストテレスの目から見ればソフィストであったことだろうし、逆もまた然りである。間違いを犯す哲学者はソフィストとは全く異なる。ソフィストが偶然的に、またおそらく習慣的に真理を教えることを妨げるものはない。ソフィストを特徴づけるのは、真理への無関心、すなわち全体についての真理への無関心である。ソフィストは哲学者とは対照的に、確信や信念と真の洞察との間にある根本的な相違の意識に刺激されて動かされたり、また動かされ続けたりといったことがない。しかしこのように述べるだけではあまりにも一般的すぎる。それというのも全体に関する真理への無関心は、ソフィストだけの領分ではないからである。ソフィストとは、他のほぼすべての人たちよりも知恵や科学が人間の最高の卓越性をもつことを知ってはいるものの、真理に無関心であったり知恵を愛することがなかったりといった人間のことをいう。知恵に特有の性格に気づいている彼は、知恵に由来する名誉こそが最高の名誉であると知っている。彼は知恵それ自体のために知恵に関心を払うのではなく、つまり彼は魂における嘘

Ⅲ．ナチュラル・ライトの観念の起源

を何よりも嫌悪するからこそ知恵に関心を払うのではなく、知恵をもつことによって名誉や名声を得るために知恵に関心を払うのである。彼は、名声を得ること、他者に優越すること、他者よりも多くを持つことこそ最高善であるという原理に則って生き、行動する。彼は通俗的コンヴェンショナリズムの原理に従って行動するのである。彼は哲学的コンヴェンショナリズムの教説を受け入れており、そのため彼と同じ原理にもとづいて行動する多くの人よりも理路整然としているため、通俗的コンヴェンショナリズムの最適の代表者とみなされうるのである。しかしながらここで困難が生じる。ソフィストの最高善とは知恵に由来する名声のことである。彼の最高善を達成するために、彼は知恵を発揮しなければならない。彼が知恵を発揮することは、自然に合致した生あるいは賢者の生が実際の不正義と正義の外観との結合において成立するものであるという見解を人に説くことを意味する。しかし、ある人が実際には不正義であると認めることと正義の外観を一貫して保ち続けることとは両立するものではない。それは知恵と両立することが出来ないのであって、それゆえ知恵に由来する名誉を不可能にする。したがって遅かれ早かれソフィストは、自身の知恵を隠さざるを得なくなるか、あるいは彼が人為的なものにすぎないとみなしていた見解に屈服せざるを得なくなる。彼は多少なりとも尊敬に値する見解を宣布することで得られる名声を断念しなければならないのである。我々はこのような理由により、ソフィストの教説そのものについて、すなわちソフィストの明確な教説について語ることができないのである。

　最も有名なソフィストであるプロタゴラスに関していえば、プラトンはコンヴェンショナリストの命題を漠然とではあるが示すような神話を彼に語らせている。『プロタゴラス』の神話は、自然とアートと人為との区別に基づくものである。自然はある種の神々の地下での働きとエピメテウスの働きによって表現されている。生産があってから思考があるような人物であるエピメテウスは、唯物論的な意味における自然を表現し

III. ナチュラル・ライトの観念の起源

ているが、それに従えば思考とは、無思考の物体とその無思考の運動の後からやってくるものである。神々の地下での働きは、光のない、知性のない働きであって、それゆえそれは基本的にはエピメテウスの働きと同じ意味をもつのである。アートはプロメテウスによって、プロメテウスの盗みによって、天上の神々の意志に対する彼の反逆によって表現されている。人為は「万人」に対するゼウスの正義の賜物によって表現されている。すなわちそのような「贈物」は市民社会の懲罰的な活動を通してのみ効果的なものとなるのであって、またその要求するところは、正義の単に見せかけにすぎないものによって完全に満たされるのである。[47]

　ソクラテスより前に存在したナチュラル・ライトについて端的に述べることで、本章を締める。ここで私は、ソクラテスと彼の後継者たちによって十分に発展させられたタイプのナチュラル・ライトの教理について述べるつもりはない。ここでは古典思想家たちによって斥けられたタイプのナチュラル・ライトを、すなわち平等主義者のナチュラル・ライトを描写するに留めておきたい。

　奴隷制が自然的特性を持つことや、人類を個々の政治的集団や民族集団へと分けることが自然的特性を持つことに対する疑問は、人間は自然本性において自由であり平等であるという命題において最も端的に表現されている。自然的自由と自然的平等とは、分けることができないものである。もしすべての人間が自然本性において自由であれば、すべての人間は自然本性においては他者に優越することはなくなり、したがって人間はみな平等だということになる。もしすべての人間が自然本性において自由かつ平等であれば、いかなる人間であっても不自由なものとして扱うことや不平等なものとして扱うことは自然に反することとなり、自然的自由や自然的平等の維持ないし回復はナチュラル・ライトによって要求されるものだということになる。かくして都市国家はナチュラル・ライトに反するものとみられることになるが、それというのも都市

国家は、不平等や服従によって、また自由の制限によって存立するものだからである。自然的自由と自然的平等が都市国家によって実際に否定されたことは、暴力にまで遡らなければ、そして究極的には不正なオピニオンや自然の堕落にまで遡られなければ求められない。このことが意味しているのは、自然的自由と自然的平等とは、まだ自然がオピニオンによって堕落させられていなかった原初の頃においては、十分に実効性のあるものだったと考えられるということである。かくして自然的自由と自然的平等の教理は、黄金時代の教理と結びつくことになる。しかし、元来の無垢は回復できないほどには失われていないとみなし、自由と平等が自然的な性格を持つものであるとはいっても市民社会は必要不可欠であると、そのように想定することもできるだろう。その場合には、市民社会が自然的自由と自然的平等とにある程度の調和をもたらすことの出来るような方法を探し求めなければならない。それを実現することのできる唯一の方法とは、市民社会はナチュラル・ライトと合致する程度において、自由かつ平等な個人間の合意に基づくものと、より正確には社会契約に基づくものと想定することである。

自然的自由と自然的平等の教理は、社会契約の教理と同様に、最初から政治的命題を示すものであったか、あるいはむしろ市民社会そのものの問題についての理論的命題として示されたものだったのではなかったか、それは分からない。社会契約論者の教理は市民社会を自然的なものでなく人為的なものとみなすことを暗に意味するものであるから、自然が基準とみなされる限りにおいて、平等論者と不平等論者のいずれの前提に基づくにせよ必然として市民社会への軽視を含むものである[48]。17、8世紀の社会契約の教理のもつ特異な性格と、その驚くべき政治的効果を理解したいのであれば、このことを念頭に置いておかなければならない。それというのも近代においては、自然こそ基準であるといった観念は放棄され、それとともに人為的なものや契約によるものへの烙印は取り払われてしまったからである。前近代に関していえば、すべての

Ⅲ. ナチュラル・ライトの観念の起源

社会契約論者の教理は起源を契約に負うすべてのものの軽視を暗に意味していたと、そのように想定しても何ら問題ない。

　プラトンの『クリトン』の一節において、ソクラテスは自らのいる都市国家アテナイと、そこにおける法律への服従の義務を、暗黙の契約から導き出して示した。この一節を理解するためには、『国家』の中にあるそれに似た箇所と比較してみなければならない。『国家』において、都市国家へと服従する哲学者の義務はいかなる契約からも導き出されてはいない。その理由は明白である。『国家』における都市国家は最善の都市国家であり、それは自然に合致した都市国家である。しかし都市国家アテナイとその民主制は、プラトンの目からすれば最も完成していない都市の一つだったのである[49]。劣悪な共同体に対する忠誠心だけが契約から導き出されるものであり、それというのも誠実な人間は、約束した相手の価値がどうであるかに関わらず、すべての人間に対して約束を守るものだからである。

注

1　Aristotle, *Metaphysics* 981b27-29, 982b18 (cf. *Nicomachean Ethics* 1117b33-35), 983b7 ff., 1071b26-27; Plato, *Laws* 891c, 892c2-7, 896a5-b3.

2　Burke, *Letters on a Regicide Peace*, i and iv; cf. Herodotus iii. 38 and i. 8.

3　「正統な仕方」は、「仕方」（あるいは「慣習」）一般と「第一存在」、すなわち「自然」の二つの最も重要な意味のルーツをつなぐものであるように思われる。すなわちそれは、事物やその群の本質的性格としての「自然」と、「第一存在」としての「自然」である。後者の意味については、プラトンの *Laws* 891c1-4 と 892c2-7 を見よ。前者の意味については、アリストテレスとストア派が自然を定義する際に言及する「仕方」を参照せよ（Aristotle, *Physics* 193b13-19, 194a27-30 and 199a9-10; Cicero, *De natura deorum* ii. 57 and 81）。「自然」が退けられる時、「慣習」が元の場所に復権する。 Maimonides,

  Guide of the Perplexed i. 71 and 73; Pascal, *Pensée*, ed. Brunschvicg, Frags. 222, 233, 92 を参照せよ。

4 Plato, *Laws* 624a1-6, 634e1-2, 662c7, d7-e7; *Minos* 318c1-3; Cicero, *Laws* ii. 27; cf. Fustel de Coulanges, *La Cité antique*, Part III, chap. xi.

5 Plato, *Charmides* 161c3-8 と *Phaedrus* 275c1-3 を *Apology of Socrates* 21b6-c2 と比較せよ。また Xenophon, *Apology of Socrates* 14-15 と *Cyropaedia* vii . 2. 15-17 もまた比較せよ。

6 Plato, *Laws* 634d7-635a5; *Apology of Socrates* 23c2 ff. と *Republic* 538c5-e6; Herodotus iii. 76（cf. i. 132）とを比較せよ。

7 Plato, *Republic* 538d3-4 and e5-6; *Statesman* 296c8-9; *Laws* 702c5-8; Xenophon, *Cyropaedia* ii. 2. 26; Aristotle, *Politics* 1269a3-8, 1271b23-24.

8 Plato, *Laws* 888c-889c, 891c1-9, 892c2-7, 966d6-967e1. Aristotle, *Metaphysics* 989b29-990a5, 1000a9-20, 1042a3 ff.; *De caelo* 298b13-24. Thomas Aquinas, *Summa theologica* i. qu. 2, *a*. 3.

9 この見解は、ある程度までは次のA・N・ホワイトヘッドの見解によって率直に理解される。「アリストテレス以後、倫理的・宗教的関心が形而上学的な結論に対して影響し始めた。……正確な意味での一般形而上学が、他の考察を密かに導入することなしにアリストテレスより先に進むことが出来たかどうかは疑わしい」（*Science and the Modern World*［Mentor Books ed.］, pp. 173-74）。Thomas Aquinas, *Summa theologica* i. 2. qu. 58, *a*. 4-5 および qu. 104, *a*. 1; ii. 2. qu. 19, *a*. 7 および qu. 45, *a*. 3 を参照（道徳と宗教への哲学の関係について）。

10 *Odyssey* x. 303-6 を考慮せよ。

11 自然と人為の区別に関する最初期の記録については Karl Reinhardt, *Parmenides und die Geschichte der griechischen Philosophie*（Bonn, 1916）, pp. 82-88 を見よ。

12 Plato, *Minos* 315a1-b2 and 319c3; *Laws* 889e3-5, 890a6-7, 891e1-2, 904a9-b1; *Timaeus* 40d-41a; Parmenides, Frag. 6［Diels］もまた参照せよ。P. Bayle,

III. ナチュラル・ライトの観念の起源

Pensées diverses, § 49 を見よ。

13　Cicero, *Laws* ii. 13 and 40; *De finibus* iv. 72; v. 17.

14　*The Republic* (New York, 1934), p. 38.

15　Plato, *Laws* 889d7-890a2 with 891c1-5 および 967a7 ff; Aristotle, *Metaphysics* 990a3-5 および *De caelo* 298b13-24; Thomas Aquinas, *Summa theologica* i. qu. 44, *a*. 2 を参照せよ。

16　Frag. 102; Frags. 58, 67, 80 を参照せよ。

17　Spinoza, *Tractatus theologico-politicus*, chap. xix（§ 20, Bruder ed.）. Victor Cathrein（*Recht, Naturrecht und positives Recht* [Freiburg im Breisgau, 1901], p. 139）は「人格的な創造者と世界を治める者が存在することを否定すれば、もはやナチュラル・ライトは保持することが出来ない」と述べている。

18　*Nicomachean Ethics* 1178b7-22; F. Socinus, *Praelectiones theologicae*, cap. 2; Grotius, *De jure belli ac pacis*, Prolegomena § 11; Leibniz, *Nouveaux essais*, Book I, chap. ii, § 2. ルソーの『社会契約論』より以下の節を考察せよ。「契約者らの間には自然法の他にはあてにするものがなく、相互に交わされた約束を保証するものはないことがわかる……」（III, chap. 16）。「物事を人間的に考察すれば、自然は制裁を加えず、正義の法は人間の間では意味をなさない」（II, chap. 6）。

19　この観念は、キケロが強調しているように（*De finibus* v. 17）「ほとんどの」古典哲学者によって受け入れられていた。その観念を斥けたのは、とりわけ懐疑論者たちである（Sextus Empiricus, *Pyrrhonica* iii. 235 を見よ）。

20　Plato, *Republic* 493c1-5, 504d4-505a4; *Symposium* 206e2-207a2; *Theaetetus* 177c6-d7; Aristotle, *Nicomachean Ethics* 1094a1-3 and b14-18.

21　人間が「誕生したまさにその瞬間から」どうであったかについての省察に関しては、例えば Aristotle, *Politics* 1254a23 および *Nicomachean Ethics* 1144b4-6; Cicero, *De finibus* ii. 31-32; iii. 16; v. 17, 43 および 55; Diogenes Laertius x. 137; Grotius, *op. cit.*, Prolegomena § 7; Hobbes, *De cive*, i. 2, annot.

Ⅲ. ナチュラル・ライトの観念の起源

1 を見よ。

22 野蛮な原始の状態という仮定とナチュラル・ライトの受容との関係については Cicero, *Pro Sestio* 91-92 と *Tusc. Disp.* v. 5-6, *Republic* i. 2, *Offices* ii. 15 とを比較せよ。また Polybius vi. 4. 7, 5. 7-6. 7, 7. 1 を見よ。Plato, *Laws* 680d4-7 と Aristotle, *Politics* 1253a35-38 の意味を考察せよ。

23 Hegel, *Philosophy of Right*, § 258; cf. Kant, *Metaphysik der Sitten,* ed. Vorlaender, pp. 142 and 206-7.

24 Aristotle, *Politics* 1252a18 ff. および 24 ff. と 1257a4 ff. とを比較せよ。Plato, *Republic* 369b5-7, *Laws* 676a1-3 を考察せよ。Cicero, *Republic* i. 39-41 もまた考察せよ。

25 Plato, *Laws* 677b5-678b3, 679c; Aristotle, *Metaphysics* 981b13-25.

26 Aristotle, *Nicomachean Ethics* 1094b14-16 and 1134b18-27; Cicero, *Republic* iii. 13-18 and 20; Sextus Empiricus, *Pyrrhonica* iii. 218 and 222. Plato, *Laws* 889e6-8 および Xenophon, *Memorabilia* iv. 4. 19 を参照せよ。

27 Cicero, *Republic* iii. 13 and *Laws* i. 47; Plato, *Laws* 889e.

28 Cicero, *Laws* i. 33 and 47.

29 Locke, *An Essay Concerning Human Understanding*, Book I, chap. iii, sec. 20. を参照せよ。

30 Aristotle, *Nicomachean Ethics* 1134b19.

31 Plato, *Republic* 340a7-8 and 338d10-e2; Xenophon, *Memorabilia* iv. 6. 6; Aristotle, *Nicomachean Ethics* 1129b12; Heraclitus, Frag. 114.

32 Plato, *Hippias maior* 284d-e; *Laws* 664d2-3 and 780d4-5; *Minos* 314c1-e5; Xenophon, *Memorabilia* i. 2. 42 and iv. 4. 14; Aeschylus, *Seven* 1071-72; Aristophanes, *Clouds* 1421-22.

33 Aristotle, *Nicomachean Ethics* 1129b17-19 および *Politics* 1282b15-17 を Plato, *Theaetetus* 167c2-8, 172a1-b6 および 177c6-178b1 と比較せよ。

34 Plato, *Laws* 889d4-890a2 and 714b3-d10; *Republic* 338d7-339a4 and 340a7-8; Cicero, *Republic* iii. 23.

III. ナチュラル・ライトの観念の起源

35 Aristotle, *Politics* 1252a7-17, 1253b20-23, 1255a8-11 (cf. *Nicomachean Ethics* 1096a5-6, 1109b35-1110a4, 1110b15-17, 1179b28-29, 1180a4-5, 18-21; *Metaphysics* 1015a26-33). Plato, *Protagoras* 337c7-d3; *Laws* 642c6-d1; Cicero, *Republic* iii. 23; *De finibus* v. 56; Fortescue, *De laudibus legum Angliae* chap. xlii (ed. Chrimes, p. 104).

36 Antiphon, in Diels, *Vorsokratiker* (5th ed.), B44 (A7, B2). Plato, *Protagoras* 337c7-d3; *Republic* 456b12-c3 (and context); *Statesman* 262c10-e5; Xenophon, *Hiero* 4. 3-4; Aristotle, *Politics* 1275a1-2, b21-31, 1278a30-35; Cicero, *Republic* iii. 16-17 and *Laws* ii. 5. 市民社会を「群れ」に例えることの意味を考察せよ (Xenophon, *Cyropaedia* i. 1. 2 を見よ。Plato, *Minos* 318a1-3 を参照せよ)。

37 Plato, *Republic* 335d11-12 and 351c7-d13; Xenophon, *Memorabilia* iv. 4. 12 and 8. 11; Aristotle, *Nicomachean Ethics* 1129b11-19, 1130a3-5 and 1134b2-6; Cicero, *Offices* i. 28-29; *Republic* iii. 11-31.

38 Thrasymachus, in Diels, *Vorsokratiker* (5th ed.), B8; Plato, *Republic* 343c3, 6-7, d2, 348c11-12, 360d5; *Protagoras* 333d4-e1; Xenophon, *Memorabilia* ii. 2. 11-12; Aristotle, *Nicomachean Ethics* 1130a3-5, 1132b33-1133a5, 1134b5-6; Cicero, *Republic* iii. 16, 20, 21, 23, 24, 29-30.

39 Plato, *Protagoras* 322b6, 327c4-e1; Cicero, *Republic* i. 39-40, iii. 23, 26; *De finibus* ii. 59; Rousseau, *Discours sur l'origine de l'inégalité* (Flammarion ed.), p. 173. もまた参照せよ。

40 Aristotle, *Politics* 1253a37-38.

41 Antiphon, in Diels, *Vorsokratiker* (5th ed.), B44, A5; Thucydides v. 105; Plato, *Republic* 364a2-4 and 538c6-539a4; *Laws* 662d, 875b1-c3, 886a8-b2, 888a3; *Protagoras* 352d6 ff.; *Clitophon* 407d4-6; *Eighth Letter* 354e5-355a1 (cf. also *Gorgias* 495d1-5); Xenophon, *Memorabilia* ii. 1; Cicero, *Laws* i. 36 and 38-89.

42 *Laws* 889b-890a.

43 Epicurus, *Ratae sententiae* 7; Diogenes Laertius x. 137; Cicero, *De finibus* i. 30,

32, 33, 35, 37, 38, 42, 45, 54, 55, 61, 63; ii. 48, 49, 107, 115; iii. 3; iv. 51; *Offices* iii. 116-17; *Tusc. Disp.* v. 73; *Acad, Pr.* ii. 140; *Republic* iii. 26. フィリップ・メランヒトンによるエピクロス主義の原理の定式化を参照せよ。(*Philosophiae moralis epitome*, Part I: *Corpus Reformatorum*, Vol. XVI, col. 32)。「その行為は、自然本性が強制的にではなく自ら向かうところの目的である。快楽へは最大の勢いによって促されるが、徳の方へは仕方なしに促されるだけである。そのため快楽こそ、人間の目的である」。Hobbes, *De cive*, i. 2. もまた参照せよ。

44 Epicurus, *Ratae sententiae* 34; *Gnomologium Vaticanum* 23; Cicero, *De finibus* i. 51 (cf. 41), 65-70; ii. 28 and 82; *Offices* iii. 118. エピクロスは「自然法 right of nature［あるいは自然的正義］は、人間が互いに傷つけたり傷つけられたりしないことに由来する利益についての符号 *symbolon* である」と述べている。『主要教説』32 以下で示されているように、このことは、厳密な意味でのナチュラル・ライトが存在することを、すなわち一切の聖約や契約から独立した、あるいはそれに先立つ「ライト」が存在することを意味するのではない。すなわち、符号はある種の約束事なのである。エピクロスが示していることは、正しいことは無限に多様であるにもかかわらず、正義あるいは「ライト」は、どこにおいても一次的には同一の機能を果たすために意図されているということである。すなわち、普遍的ないし一次的な機能の観点から理解された「ライト」は、ある意味で「自然法」なのである。それは諸都市において一般に受け入れられている正義の神話的ないし迷信的な説明に反するものである。「自然法」は、コンヴェンショナリストの説によって認められている法や正義の原理である。かくして「自然法」は、「ライト」に関する誤ったオピニオンに反して、「ライトの自然本性 nature of right」と同じ意味になる（『主要教説』37）。「ライトの自然本性」という表現は、『国家』篇（359b4-5）においてコンヴェンショナリストの説がグラウコンによって要約される際に用いられている。すなわち、ライトの自然本性は自然に反するある種の人為のうちに存在している、というのである。エピクロス主義の著名な復興者

Ⅲ. ナチュラル・ライトの観念の起源

ガッサンディは、古代のエピクロス主義よりも一段とナチュラル・ライトの存在を主張するための動機を持っていた。加えてホッブズが彼に対して、エピクロス主義がナチュラル・ライトの主張と結びつくことのできる根拠を教えた。しかしガッサンディはこの新たな機会を活用しなかった。ガッサンディの『主要教説』31 のパラフレーズ（*Animadversiones* [Lyon, 1649], pp. 1748-49）を見るとよい。

45 ルクレティウスの詩を読む際に常に心に留めておかねばならないことは、読者を最初に引きつけるもの、また読者を最初に引きつけるために期待されているものは、「甘さ」（あるいは非哲学的な人間にとっての快さ）であって「苦さ」や「悲しさ」ではない、という事実である。詩がウエヌスの賛歌から始まり、災厄についての陰鬱な描写で終わるのは、第一巻 934 以下および第四巻 10 以下で述べられている原則の、決して最も重要ではないものの最も明白な例である。人間社会を扱ったセクション（v. 925-1456）を理解するためには、加えてこの特別のセクションの概略を考察しなければならない。(a)前政治社会における生（925-1027）(b)前政治社会における生に属する創案（1028-1104）(c)政治社会（1105-60）(d)政治社会に属する創案（1161-1456）。1011 と 1091 以下の火についての言及を比較せよ 1111-13 と 1170-71 および 1241 以下の美貌と力 *facies viresque* や黄金についての言及とを比較せよ。この観点から、977-81 と 1211 以下を比較せよ。1156 と 1161 および 1222-25（第二巻 620-23 および Cicero, *De finibus* i. 51 を見よ）もまた比較せよ。第一巻 72-74、943-45、第三巻 16-17、59-86、第五巻 91-109、114-21、1392-1435、第六巻 1-6、596-607 もまた見よ。

46 Plato, *Republic* 344a-c, 348d, 358e3-362c, 364a1-4, 365c6-d2; *Laws* 890a7-9.

47 *Protagoras* 322b6-8, 323b2-c2, 324a3-c5, 325a6-d7, 327d1-2. 『プロタゴラス』と『テアイテトス』の神話の間には矛盾があるように思われる。『テアイテトス』では、コンヴェンショナリストの命題はプロタゴラスの命題の改良版として示されており、その通常抱かれるところの見解に対する否定はコンヴェンショナリズムを逸脱しているからである（167c2-7, 172a1-b6,

Ⅲ. ナチュラル・ライトの観念の起源

177c6-d6)。しかし文脈が示すとおり、『プロタゴラス』の神話においてプロタゴラスが述べていることは、同じように彼の命題の改良版である。『プロタゴラス』における改良は、状況の圧力（有望な生徒の存在）の下でプロタゴラス自身によってなされたものであるが、『テアイエトス』においてはソクラテスによってプロタゴラスのためになされたものである。

48　Aristotle, *Politics* 1280b10-13; Xenophon, *Memorabilia* iv. 4. 13-14（Cf. *Resp. Laced*. 8. 5）.
49　*Crito* 50c4-52e5（cf. 52e5-6）; *Republic* 519c8-520e1.

Ⅳ. 古典的なナチュラル・ライト

　ソクラテスは哲学を天上から下ろし、生と、生の様式と、善悪の事柄についての探究へと向かわせた最初の人物であったと、そのように言われている。言い換えれば、彼は政治哲学の創始者であったと言われているのである[1]。それが真実であれば、彼はナチュラル・ライトの教説の伝統全体の創始者だということになる。ソクラテスによって始められ、プラトン、アリストテレス、ストア派、そしてキリスト教思想家たち（とりわけトマス・アクィナス）によって発展させられた特有のナチュラル・ライトの教理を、古典的なナチュラル・ライトの教理と呼ぶことができるだろう。それは17世紀に現れた近代的なナチュラル・ライト（自然権）の教理とは区別されなければならない。

　古典的なナチュラル・ライトの教理を十分に理解するためには、ソクラテスによって引き起こされた思想上の変化について十分に理解することが必要であろう。それを理解するのは簡単ではない。一見すると最も信頼できる情報を提供してくれるように見える妥当な文献をざっくりとしか読まなかったことで、近代の読者が次のような見解を抱くに至ったことは、ほとんど避けられなかったことである。すなわち、ソクラテスは自然の研究から目をそむけ、自らの研究を人間的な事柄に限定したという見解である。彼は自然と関わりをもたないことで、自然と法（人為）との破壊的な区別に照らして人間的な事柄を見ることを拒否した。彼はむしろ法と自然とを同一視した。たしかに彼は正しさと適法性とを同一視した[2]。かくして彼は先祖の道徳を、反省の要素においてではあるが回復させたのだと、近代の読者らはそのような見解を持つのである。このような見解は、ソクラテスの曖昧な出発点を、あるいは彼の探究の曖昧な結果を、彼の思想であると誤解したことによるものである。取り急ぎ一点だけ述べるならば、自然と法（人為）との区別は、ソクラテスに

— 138 —

IV. 古典的なナチュラル・ライト

とっても古典的なナチュラル・ライト一般にとっても、全くのところ重要であるとみなされていたのである。古典思想家が法は自然によってつくられた秩序に従うべきだと主張するときには、あるいは彼らが自然と法との協調関係について語るときには、そのような区別が妥当であることを前提としている。彼らは、ナチュラル・ライトと自然的道徳性の否定に対し、ナチュラル・ライトと法律上の「ライト」との区別と、自然的道徳性と（単なる）人間の道徳性との区別をもって対抗する。彼らは同様にそのような区別を、真の徳と政治的徳や通俗的徳との区別によって維持している。プラトンの最善のポリテイアを特徴づける制度は「自然と合致したもの」であり「習慣や慣習に反するもの」だが、他方でそれとは対極にある慣習的にどこにでも行なわれているような制度は「自然に反するもの」である。アリストテレスは自然的な富と人為的な富とを区別することなしには、貨幣とは何であるかを説明できなかった。彼は自然的奴隷と法律上の奴隷との区別を除いては、奴隷制とは何であるかを説明できなかった。[3]

ここで、人間的な事柄の研究を行いはじめたソクラテス的転回の意味するところを考えてみよう。彼の人間的な事柄の研究は、例えば「勇気とは何であるか」とか「国家とは何であるか」といったもののように、あるものが「何であるか」を問うことから成り立っていた。しかしそれは、様々な徳のような人間に特有の事柄に関して「何であるか」を問うことに限られるものではなかった。ソクラテスは、人間的な事柄それ自体とは何であるかとか、「人間的な事柄の理 ratio rerum humanarum 」とは何であるかといったものもまた問わざるを得なかったのである[4]。しかし人間的な事柄それ自体の特性を把握することは、人間的な事柄とそうでない事柄、すなわち人間的な事柄と神的な事柄や自然的な事柄との本質的な違いを把握しないことには不可能である。同様にこのことは、神的な事柄や自然的な事柄そのものについてのある程度の理解を前提とする。つまりは、ソクラテスの人間的な事柄の研究もまた「あらゆ

Ⅳ. 古典的なナチュラル・ライト

る事柄」についての包括的な研究に基づくものだったということである。他のすべての哲学者のように、彼もまた知恵すなわち哲学の目標をあらゆる存在についての科学に定めた。すなわち彼は、「それぞれの存在とは何であるか」についての考察を止めるなどということは決してしなかったのである。[5]

　外観とは反対に、人間的な事柄の研究を行ったソクラテス的転回は、神的な事柄や自然的な事柄の無視に基づくものではなく、あらゆる事柄を理解しようと試みる新しいアプローチに基づくものであった。そのアプローチは人間的な事柄そのものの研究を、すなわち神的な事柄や自然的な事柄に還元されない限りの人間的な事柄の研究を許すものであり、またそれを促進するものであった。ソクラテスは、全体すなわち存在するあらゆるものについての科学を「それぞれの存在」の理解と同一にみたことで、先人たちから離れていった。それというのも「在ること」とは「何かであること」を、したがってまた「他の何か」とは異なるものであることを意味するからである。それゆえ「在ること」は「部分であること」を意味するのである。したがって全体は、「何か」であるすべてのものが「在る」のと同じ意味において「在る」ことができないのである。全体は「存在を超えて」いなければならないのである。しかしまた、全体とは各部分の総体である。そうであれば全体を理解することは、全体のすべての部分を理解すること、あるいは全体の分節化を理解することを意味することとなる。もし「在ること」が「何かであること」ならば、事物の存在、あるいは事物の本性とは、第一義的にはそれが何であるかということであり、とりわけ事物が生じる根源にあるものとは区別された「形態」「形相」「特性」といったもののことである。事物そのもの、つまり完成された事物は、それに至る過程の産物としては理解できないが、しかし反対に、その過程は完成された事物すなわちその過程の終局に照らすことなしには理解できないのである。何であるかということそれ自体は、事物のクラスあるいは事物の「族」の特性――自然本性

Ⅳ. 古典的なナチュラル・ライト

において一つの自然的集団に属し、あるいはそれを形成している事物の特性——である。全体はひとつの自然的分節をもつ。それゆえもはや全体の理解は、第一義的には完成された全体、分節化された全体、様々な事物とは区別された集団からなる全体、人間の知りうるところの全体、コスモスといったものが生成したルーツの発見を意味することはなく、あるいはカオスをコスモスへと変化させた原因の発見や、事物や外観の多様さの裏に隠された統一性の知覚を意味することもなく、完成された全体の明白な分節化において明らかにされた統一性を理解することを意味するのである。このような見解は、様々な科学の区別に根拠を与えるものである。すなわち様々な科学の区別こそ、全体の自然的分節化に合致するのである。このような見解は人間的な事柄それ自体の研究を可能にし、とりわけまた奨励するものである。

　ソクラテスは自らがもたらした変化について、先人たちの「狂気」を「正気」と「節度」へと回帰させることであるとみなしていたように思われる。先人たちとは対照的に、彼は知恵と節度とを切り分けることはしなかった。現代の用法を使えば、その転回は「常識」や「常識の世界」への回帰であるということもできるだろう。「何であるか」という問いが示すものは、事物のエイドス、事物の形態、形相、特性、すなわち「イデア」である。エイドスという言葉が、最初の頃は特別努力することもなく万人に見えるものを、あるいは事物の「表層」と呼べるものを表したことは、偶然ではない。ソクラテスは、まずそれそのものとして在るものや本性において在るものからではなく、まず我々のために在るもの、目に見えてくるもの、現象といったものから出発した。しかし事物の存在、事物の何であるかが最初に見えてくるのは、それらについて我々が見ているもののうちにではなく、それらについて言われていること、すなわちそれらについてのオピニオンのうちにおいてである。したがってソクラテスは事物の本性を理解するために、事物の本性についてのオピニオンから出発したのである。それというのもすべてのオピニオンは、

IV. 古典的なナチュラル・ライト

ある事物についての何らかの意識や、心の眼による知覚に基づくものだからである。ソクラテスは、事物の本性についてのオピニオンを無視することは、結局のところ我々のもつ実在への最も重要な経路や、我々が到達できる最も重要な真理の痕跡を放棄することになるだろうということを暗に意味した。彼はあらゆるオピニオンを「普遍的に疑う」ことは、我々を真理の核心にではなく空虚の中へと導くであろうということを暗に意味したのである。それゆえ哲学は、オピニオンから知あるいは真理への上昇、オピニオンによって導かれたといえる上昇において成立するのである。ソクラテスが哲学を「問答法」と呼ぶとき、彼が第一に念頭に置いていたのはこの上昇である。問答法とは、会話あるいは友好的な論争のアート（技術）である。真理へと人を導くものであるその友好的な論争は、事物とは何であるかとか、ある非常に重要な事物のグループとは何であるかといったことに関する複数のオピニオンの間に矛盾がみられたことによって可能となったのであり、もしくは必要となったのである。そこに矛盾があることが明らかになれば、そのようなオピニオンを超えて、事物の本性に関する矛盾なき見解を目指さざるを得なくなる。矛盾なき見解は、相互に矛盾していた複数のオピニオンが相対的な真理にすぎなかったことを明らかにし、矛盾なき見解こそが包括的で総体的な見解であることを証明する。かくして諸々のオピニオンは真理の断片、純粋な真理の汚れのついた断片であるとみなされるようになる。言い換えれば、オピニオンは自存する真理によって導かれたものであることが証明され、また真理への上昇は、万人が常に探し求めている自存する真理によって導かれるものであることが証明されるのである。

　それらのことに基づけば、なぜ法や正義についての多様な意見が、ナチュラル・ライトの存在や正義の観念の存在と両立しうるだけでなく、それらによって要求されてもいるのかということは理解できるようになる。もしもナチュラル・ライトが存在するためには法や正義の原理に関する万人による実際上の合意が必要であるならば、正義の観念が多様で

Ⅳ. 古典的なナチュラル・ライト

あることはナチュラル・ライトが存在するという主張を論駁するものだといえるだろう。しかし我々がソクラテスやプラトンから学んだことは、ナチュラル・ライトが存在するために必要なことはせいぜいのところ潜在的な合意があることぐらいである、ということである。プラトンは次のように述べている。風変わりなものであれ「原初のもの」であれ、あなたの望む「ライト」についての何らかのオピニオンをとり上げてみたらいい。それを詳しく調べる前に確信できることがある。それは、そのオピニオンがそれ自身を超える方向を示しているといった意見を抱く人々は、彼らの間に一人の哲学者が現れれば、まさにそのオピニオンに反対し、それを超えて正義についての一つの真の見解の方向へと向かわざるを得なくなるということである。

　このことをより一般的な言葉で表現してみよう。すべての知は、それが限定的なものであれ「科学的なもの」であれ、知が可能となる地平、知が可能となる包括的な見解を前提としている。すべての理解は全体についての一つの根本的な意識を前提としている。すなわち、特定の事物についてのいかなる知覚よりも前に、人間の魂は諸々の観念についての一つのビジョン、分節化された全体についての一つのビジョンをもっていなければならないのである。多様な社会を動かしている包括的なビジョンがいかに異なっているとしても、それらはすべて同一のものについての——全体についての——ビジョンなのである。それゆえ、それらは単に相互に異なっているだけでなく矛盾もしている。まさにこの事実によってそれらのビジョンは、それだけを取ってみれば、それぞれが全体についての単なるオピニオンか、あるいは全体についての根本的な意識の不完全な分節化にすぎないのであり、かくして自身を超えて完全なる分節化になお向かっていくものであることを我々は認めざるを得ないのである。分節化に向けた完全なる探究が基本的な選択肢の理解を超えたところに到達する保証はなく、また哲学が議論や論争の段階を越えていつかは決着をみるという保証もない。しかしながら全体の完全なる

Ⅳ. 古典的なナチュラル・ライト

分節化に向けた探究が終りのないものであっても、そのために全体ではなく一部分の理解に、それがいかに重要なものであっても一部分の理解に哲学を限定してしまうことは、許されることはない。それというのも、部分の意味は全体の意味に依存するものだからである。とりわけ全体についての仮説的な想定といったリソースもなく、根本的な経験にのみ基づいているような部分の解釈は、結局のところ、そのような仮説的な想定にあからさまに基づいている他の解釈に優るものではないのである。

コンヴェンショナリズムは、オピニオンのうちに具現化されている理解を無視し、オピニオンから離れて自然に訴える。他の理由はともかくとしてこの理由のせいで、ソクラテスとその後継者たちは、コンヴェンショナリズムの選んだ基盤の上でナチュラル・ライトの存在を証明することを強いられた。彼らは「言葉」とは区別されたものである「事実」に訴えることによって、それを証明しなければならなかったのである[6]。やがて明らかになるように、一見したところではより直接的なものにみえるこの存在への訴えは、単にソクラテス的な根本命題を強固にするだけである。

コンヴェンショナリズムの基本前提は、善きものと快楽との同一視にあるように思われる。したがって古典的なナチュラル・ライトの教説の基本部分は、快楽主義への批判である。古典理論の命題とは、善きものは快楽よりも根本的なものであるから、善きものは快楽とは本質的に異なる、といったものである。最も共通の快楽は、欲求の充足と結合している。欲求は快楽に先立つものである。いわば欲求は、快楽がその中を動く経路を提供するものである。欲求は何が快楽であり得るかを決定する。第一の事実は快楽あるいは快楽への欲求ではなく、むしろ欲求とその充足のための努力である。快楽が多様であることは欲求が多様であることによって説明できるが、快楽の種類の違いは快楽によっては理解できず、様々な種類の快楽を可能にする欲求との関係においてのみ理解できる。様々な種類の欲求は衝動の束ではない。欲求には自然的秩序があ

IV. 古典的なナチュラル・ライト

る。存在の種類の違いは、快楽の種類の違いを求めたり、それを楽しんだりするものである。すなわち、一頭のロバの快楽は、一人の人間の快楽とは異なるのである。ある存在の欲求の秩序は、その存在の自然的なコンスティテューションに、つまりその存在の「何であるか」によるのである。ある存在の様々な欲求や様々な傾向における秩序、ヒエラルキーを決定するのは、その存在のコンスティテューションに他ならないのである。ある特定のコンスティテューションには、特定の作用、特定の働きが合致する。存在は自身にとってのあるべき働きをなしているときには、善き状態にあり、「順序に従っている」のである。したがって人間は人間にとってのあるべき働き、人間の自然本性に合致するとともに自然本性によって求められている働きをなしているときは、善き状態にあるといえよう。人間にとって自然本性において善きものとは何であるか、あるいは自然本性における人間の善とは何であるかを決定するためには、人間の自然本性とは何であるか、あるいは人間の自然的なコンスティテューションとは何であるかを決定しなければならない。古典理論家の理解におけるナチュラル・ライトに基礎を与えたのは、人間の自然的なコンスティテューションのヒエラルキーである。すべての人間は何らかの仕方において身体と魂を区別している。またすべての人間は、魂は身体よりも高いところにあることを否定しようとすると、自己矛盾に陥るしかないことを認めざるを得ない。人間の魂を獣の魂と区別するもの、人間を獣と区別するものは、言葉や理性や知性である。それゆえ人間のあるべき働きは、よく考えて生きること、知性を働かせること、よく考えて行動することにある。善き生とは、人間存在の自然的秩序に合致した生、よく秩序づけられた健全な魂に基づく生のことである。端的にいって善き生とは、人間の自然的傾向の要求が適正な秩序において可能な限り高い程度に満たされているような生、可能な限り高い程度に目覚めている人の生、無駄に放置されて魂が抜け切ってしまってはいないような人の生のことである。善き生とは、人間の本性の完成のことなの

IV. 古典的なナチュラル・ライト

である。それは自然本性に従った生である。それゆえ善き生の一般的な特徴を線を引いて囲んだルールのことを「ナチュラル・ロー」(本性法則)と呼ぶことができるだろう。自然に従った生とは、人間の卓越性による生とか徳の生といったもののことであり、それは「ハイクラスの人」の生のことであって、快楽としての快楽を求めるような生のことではないのである。[7]

　人間の卓越性による生こそが自然に従った生であるという命題は、快楽主義の立場からも擁護することができる。しかし古典理論家は、このような仕方による善き生についての理解に対しては異議を述べている。それというのも快楽主義の視点からみれば、高貴な性格が善きものであることは、快楽を求める生を招き、あるいは不可欠でさえあるからである。すなわち彼らは、高貴な性格とは快楽のしもべであり、それはそれ自身のために善きものではないと考えるのである。古典理論家によればこのような解釈は、公平さを持った有能なすべての人々が、すなわち道徳的感覚をもつ人々が経験によって知っている諸々の現象を歪曲するものである。我々は自らの快楽や利益のことを全く考えない卓越した人のことを称賛する。善き人や卓越した人のことを、快楽を求める生を送っている人であると考える者などいない。我々は善い人、立派な人と悪い人とを区別する。両者の違いは、全くのところそれぞれが選び求める快楽の種類の違いのうちに反映されている。しかしこの快楽のレベルの違いは、快楽の見地からは理解することができない。それというのも、そのレベルは快楽によって決定されるのでなく、人間の格によって決定されるものだからである。卓越した人と自分の恩人とを同一視することが俗にみられる誤りであることを我々は知っている。例えば我々は、敵軍を勝利に導いた天才的な戦略家を称賛する。自然本性的に、内在的に、称賛されるに値するもの、高貴なものが存在するのである。それらの全てか、あるいはほぼ全てにみられる特徴は、利己的な利益とは関係しないこと、あるいは打算的ではないことである。自然本性において高貴で

IV. 古典的なナチュラル・ライト

あり、称賛に値する様々な人間的な事柄は、本質的に、達成された人間的な気高さの一部であり、あるいはそれに関係するものである。それらのすべては、比較にならないほど最高に称賛に値する人間的現象である善く秩序づけられた魂を示している。人間の卓越さを称賛する現象は、快楽主義や功利主義の立場においては、アド・ホックな仮説によらなければ説明できない。それらの仮説は、すべての称賛はせいぜいのところ我々自身の利益が当て込まれた一種の計算によるものにすぎない、といった主張をもたらす。それらは唯物論による見解か、あるいは唯物論のシンパによる見解によるものであって、唯物論はその支持者たちに、高次のものは低次のものが生み出した結果にすぎないなどといったことを理解させようとしたり、単純にそれらの条件には還元できない現象が存在する可能性や、独自にクラスを形成する現象が存在する可能性があると考えることを邪魔したりといったことをするものである。まさにこのような仮説は、人間についての経験科学の精神においては考えられないことである。[8]

人間はその本性において社会的な存在である。人間は他者と共にでなければ生きて行けないか、あるいは善く生きては行けないように作られている。人間を他の動物と区別するものは理性や言葉であり、そして言葉はコミュニケーションの手段であるから、人間は他のいかなる社会的動物よりも根本的な意味で社会的である。すなわち、ヒューマニティそのものが社会的な性格をもつのである。人間は、人間的な行為のすべてにおいて、その人が「社会的」か「非社会的」かを問わず他者と関係をもつか、あるいは他者に関係をもたれる。そうであるならば人間の社会性は、他者と関係をもつことによって期待される快楽の計算に由来するのではなく、そもそもから人間は本性において社会的であるために、他者との交わりによって快楽を得るのである。愛、愛情、友情、同情といったものは、自身にとっての利益に対する関心や、何が自身にとっての利益に役に立つものかといった計算と同じくらい、人間にとって自然なも

IV. 古典的なナチュラル・ライト

のである。狭義の意味での、あるいは厳密な意味におけるナチュラル・ライトの根拠となるものは、人間の自然本性である社会性である。なぜなら人間はその自然本性において社会的であり、人間の自然本性の完成は、とりわけ社会的な徳を、つまり正義を含むものだからである。正義と「ライト」は自然的なものなのである。同種のすべての成員は、互いに同族である。この自然的な同族関係は、人間の場合には根本的な社会性の結果として深化され、変形されている。人間の場合、生殖への個人的関心は、種の保存のために抱く関心の一部でしかない。人間と人間の関係において、思うがままに自らに適した通りに絶対的に自由に振舞うことのできる関係というものはない。すべての人間がいくらかはこの事実を意識している。すべてのイデオロギーは、正当化する必要があるといくらかは感じられるような行動指針を、すなわち正統であることが明らかであるなどとはいえないような行動方針を、自身や他者の前で正当化しようとする試みである。アテナイ人が自身らの土着性を信じていたのは、他者から土地を奪い取ることが正しくないと知っていたからであり、そして自らの誇りに思う社会の基礎が犯罪であるなどという見解を甘んじて受け入れることなどできないと彼らが感じていたからに他ならないのではないか[9]。ヒンズー教徒がカルマ説を信じているのは、そうしなければカースト制度を擁護できそうにないことを知っているからに他ならないのではないか。合理性という徳があることで、人間は他の地上におけるいかなる存在も持たないような広い選択肢を持っている。この広さの感覚、自由の感覚には、完全かつ無制限な自由の行使には正統性がないという感覚がついてまわる。人間の自由には神聖な畏怖、いかなることでも許されることなどはないという一種の予見がついてまわる[10]。我々はこのような畏怖の念を引き起こす怖れを「人間のもつ自然的良心」と呼ぶこともできるだろう。それゆえ、抑制は自由と同じく自然的なものであり、原初的なものである。人間は自らの理性を適切なプロセスで育まないうちは、自らの自由に課せられる制限に関して、あら

IV. 古典的なナチュラル・ライト

ゆる種類の異様ともいえる観念をもつことになるだろう。彼は馬鹿げたタブーを苦心して作り上げることになるのである。しかし野蛮人を野蛮な行為へと駆り立てるものは、野蛮さそれ自体ではなく、法や正義についての予見である。

人間は社会のうちに、より正確には市民社会にうちになければ、完成することはできない。市民社会、すなわち古典理論家の頭の中にあった都市国家は閉じられた社会であり、加えて今日言われるところの「小さな社会」である。都市国家とは誰しもが、他のすべての成員をではないにせよ、少なくとも他のすべての成員の知人のことは知っているような共同体のことであるといえるだろう。人間の完成を可能にするような社会は相互の信頼によってまとまっていなければならず、また信頼はお互いに知っていることを前提とするのである。古典理論家は、そのような信頼がなければ自由はあり得ないと考えた。都市国家に代わるもの、すなわち都市の連合などは、専制的に支配された帝国（できるならば神格化された統治者によって率いられた帝国）か、あるいは無政府状態に近しいものだと考えたのである。都市は、人間の自然的な一次的知、直接的知の能力にふさわしい共同体である。それは一見して受け入れられる共同体であり、あるいは節度ある人であればきわめて重要な事柄においても間接的な情報に習慣的に頼るといったことはなく、自身の観察にもとづいて自らの行動を見出すことが出来るような共同体なのである。人々の直接的な知が聞接的な知に安全に置きかえられるのは、政治的な多数派を形成する個人らが均質的な場合か、あるいは「大衆」である場合だけである。相互の信頼を可能にするのに十分なほど小さな社会だけが、相互の責任のために、あるいは監督——成員の完成に関与する社会にとって成員の行為や作法を監督することは不可欠である——するのに十分な大きさなのである。非常に大きな都市、例えばバビロンにおいては、すべての人が多かれ少なかれ欲するがままに生きることが出来た。人間の直接的な知についての本性的な力に限界があるのとまさに同じよ

IV. 古典的なナチュラル・ライト

うに、愛する力や積極的関心の力にも本性的に限界があるのである。都市国家の限界は、人間が匿名でない個人に対して積極的に関心を払うことのできる限界と合致する。さらにいえば政治的自由は、とりわけ人間の卓越性を追求していることで自らを正当化するものである政治的自由は、天の賜物などではない。それは幾世代にもわたる努力を通してのみ現実のものとなるのであって、またその維持のためには常に最大限の警戒を必要とする。すべての人間社会が同時に真の自由を実現できる可能性は、きわめてわずかである。それというのもすべての貴重な事柄は、きわめて珍しいものだからである。開かれた社会やすべてを包括する社会は、大きく異なったレベルの政治的成熟度をもつ多数な社会から成り立つものであろうし、成熟度の低い社会が成熟度の高い社会をひきずり下ろすチャンスは、圧倒的なほど多いといえるだろう。開かれた社会やすべてを包括する社会は、幾世代にもわたって人間の完成に向けて至上の努力を払ってきた閉じられた社会に比べて、ヒューマニティにおいて低いレベルで存在することになるだろう。それゆえ、独立した社会がただ一つ存在する場合よりも多数存在する場合の方が、善き社会が実現する見込みは大きいのである。人間が自然本性の完成に到達することの出来る世界が必然として閉じられた世界となるのならば、たくさんの独立した集団に人類を区別することは、自然に合致していることになる。この区別は、ある市民社会の成員が自然本性において他の市民社会の成員とは異なるということと同じ意味で、自然的ではないのである。都市は植物のように成長するものではない。それらは共通の血統に基づくものではない。それらは人間の活動を通して成立したのである。特定の人々が他者を排除して「集住する」ことには、選択の要素が含まれており、そして恣意性の要素さえ含まれている。このことは、他者の排除によってその人たちの状態が悪くなった場合にのみ、正しくない行為であったといえるだろう。しかし人間本性の完成に向けていまだ真剣に努力していない人々の状態は、必然として、決定的な点において劣悪である。彼

Ⅳ. 古典的なナチュラル・ライト

らの間で、呼びかけに応じたことで感化されて、魂の完成に向けて努力がなされたという端的な事実によれば、彼らの状態が悪くなったということはおそらくあり得ないだろう。さらには、排除された人々は自身の市民社会を形成すべきではないとする必然的な理由はないのである。閉じられた社会としての市民社会は自然に合致するものであるため、自然に則って可能であり、かつ必然的なのである。[11]

　もし自由と同じように抑制が人間にとって自然的なものであり、また抑制が効果的であるためには多くの場合に強制的な抑制でなければならないとすれば、都市国家が強制的な社会であるという理由によっては、それが人為的なものであるとか自然に反するものであるといったことを述べることはできなくなる。人間は自らの低級な衝動を抑え込まなければ、自らのヒューマニティの完成には到達できないようにつくられている。説得では自らの身体を支配することはできない。この事実だけでも、専制支配でさえそれ自体は自然に反するものではないことが示される。自己抑制、自己強制、自己支配について原則として当てはまることは、他者の抑制、強制、支配についても当てはまるのである。極端なことを言えば、説得によって支配されうる人間や知性が十分な人間に対して行われた場合にのみ、専制支配は正しくないのである。すなわち、キャリバンに対するプロスペロの支配は、自然本性によって正しいのである。正義と強制とは相互排除的なものではなく、実際のところ、正義とは一種の善意ある強制であると述べたとしても、あながち間違いではないのである。正義と徳一般とは、必然として一種の力である。それゆえ力それ自体が悪であるとか腐敗していると述べることは、徳は悪であるとか腐敗していると述べることと同じことになるだろう。力を行使されることによって堕落する人もいれば改善される人もいるのである。すなわち、「力は人間をあらわにする[12]」のである。

　ヒューマニティの完成は、市民社会においてある種の受身的な成員であることにおいて達成されるものではなく、政治家、立法者、設立者と

Ⅳ. 古典的なナチュラル・ライト

して適切な方向に向けて活動することにおいて達成されるものである。共同体の完成を真剣に望むことは、個人の完成を真剣に望むことよりも高い徳を必要とする。裁判官や統治者は並の人と比べて正しく行為するためのより多くの高尚な機会をもつ。善き人は善き市民と端的に同一ではなく、善き社会において統治の役割を果たしている善き市民と同一なのである。そうであるならば政治的な偉大さに対して敬意を払うよう人々を促すものは、高い役職に伴う輝かしい栄光や喧騒といったものよりも上にある確固たる何かであり、また自らの安寧に関することよりも上にある高貴な何かによるのである。自由と帝国という人類の大きな目的を感受するようになった彼らは、政治とは人間の卓越性の十分な成長を示すことのできるフィールドであり、またあらゆる形態の卓越性がある意味でその適切な発展にかかっていることをいくらかは感じている。自由と帝国は、幸福の要素あるいは条件として求められている。しかし「自由」と「帝国」という言葉それ自体によって呼び起こされる感情は、幸福と身の安寧や虚栄心の満足とを同一視することの根底にある幸福感に比べて、より適切な幸福についての理解を示している。それらが示しているのは、幸福あるいは幸福の核心は、人間の卓越性を成立させるものであるという見解である。そうであるならば政治的活動は、それが人間の完成や徳の方向へと向けられているならば、適切に方向づけられていることになる。それゆえ都市国家は、究極的には個人の他には何の目的も持たない。市民社会や国家の道徳は、個人の道徳と同じものである。都市国家は、単なる集団的利己心のための機関や表現ではないのだから、盗賊集団とは本質的に異なるのである。都市国家の究極目的は個人のそれと同一であるから、都市国家の目的は人間の尊厳に合致した平和的活動であって、戦争や征服ではないのである。[13]

　古典理論家は道徳的な事柄や政治的な事柄を人間の完成という観点からみていたため、平等主義者ではなかった。完成へ向けて進歩する自然本性をすべての人間が平等にそなえているということはなく、あるいは

IV. 古典的なナチュラル・ライト

すべての「自然本性」が「善き自然本性」ではない。すべての人々、すなわちすべての普通の人々は徳へのキャパシティをもっているが、他者の導きを必要とする人もいれば、それを全く必要としない人やごく僅かにしか必要としない人もいる。そのうえ自然本性におけるキャパシティの違いはともかくとしても、すべての人が同じくらいに熱意をもって徳を目指すことはない。いかに人々は育てられ方によって大きな影響を被るとはいっても、養育の良し悪しの違いは、部分的には自然的「環境」が好ましいか否かの違いによるのである。そうであるならば人間は、人間の完成という決定的な点において同等ではないのだから、すべての人間の平等の権利といったものは、古典理論家にとっては最も正しくないことに思われたのである。彼らは、ある者は自然本性において他の者よりも優れており、それゆえナチュラル・ライトに従って他者の支配者である、と主張した。時折いわれることに、古典理論家の見解はストア派、とりわけキケロによって斥けられ、この変化こそナチュラル・ライトの教理の発展における一つの時代を特色づけたとか、ソクラテス、プラトン、アリストテレスのナチュラル・ライトの教理との根本的な断絶をなすものだ、といったものがある。しかしキケロ自身は、まずもって彼が自身の語っていることを理解していたと仮定しなければならないが、プラトンの教説と自身のそれとが根本的に違うものであるなどとは全く思っていなかった。キケロの『法律』の中には、平等主義的なナチュラル・ライトの確立を目指したものと一般に思われている重要な一節があるが、この一節は実際には人間の自然本性における社会性を証明しているにすぎないのである。人間の自然本性における社会性を証明するために、キケロはすべての人間が相互に似ていると、すなわち同類であると述べている。彼はこの類似性を、人間に対する人間の慈悲の心の自然的基礎として示している。「似たものは似たものを喜ぶ。*simile simili gaudet*」この文脈のなかでキケロが用いた表現こそ平等主義のコンセプトへのバイアスを僅かながら示しているのではないかという問題は、比

IV. 古典的なナチュラル・ライト

較的重要な問題ではない。キケロの著作は、人間は決定的な点において不平等であるという古典的見解を再確認するものであり、またそのような見解のもつ政治的意味を再確認するような言説を豊富に含んでいると述べておけば十分である。[14]

その最高の高みに達するためには、人間は最善の社会に、人間の卓越性にとって最も役に立つような社会に生きなければならない。古典理論家は最善の社会のことを最善の「ポリテイア politeia」と呼んだ。このような表現によって彼らが示したことは、第一に、社会は善きものであるためには市民社会ないし政治社会でなければならず、また単なる事物の管理ではなく人間の統治が存在する社会でなければならないということであった。ポリテイアは通常「コンスティテューション」と訳される。政治的なコンテクストの中で「コンスティテューション」という言葉を用いる際、現代人はほとんど不可避的に法律上の現象、何か国家の基本法のようなものを意味し、身体や魂の性質（コンスティテューション）のようなものを意味することはない。しかしポリテイアとは法律上の現象ではない。古典理論家は、ポリテイアを「法律」と対比させて用いているのである。ポリテイアはいかなる法律よりも根本的であり、それはすべての法律の源泉である。ポリテイアは、制定憲法が政治権力に関して規定したものというよりは、むしろ共同体内における力の事実上の配分のことである。ポリテイアは法律によって規定されることもあるだろうが、必ずしもそうである必要はない。意図してかどうかはともかくとして、ポリテイアに関する法律はそのポリテイアの真の性格に対して欺瞞的なこともあり得る。すべての法律は人間に依存するものであるから、いかなる法律も、したがってまたいかなるコンスティテューションも、根本的な政治的事実ではない。法律は、人々によって採択され、維持され、執行されなければならないのである。政治的共同体を形成している人間は、共同体における諸事のコントロールに関して、非常に多様な仕方で「アレンジ」することが出来る。元来ポリテイアという言葉に

Ⅳ. 古典的なナチュラル・ライト

よって意味されるものは、政治権力に関する人間の事実上の「アレンジ」なのである。

アメリカのコンスティテューション（憲法）は、アメリカ人の生の仕方と同じではない。ポリテイアはある社会のコンスティテューションというよりは、むしろある社会における生の仕方を意味するものである。しかしポリテイアに当てられた「コンスティテューション」という不十分な訳語が、「ある社会における生の仕方」という訳語よりも一般に好まれるのは偶然ではない。コンスティテューションについて語るとき、我々は統治のことを思い浮かべるが、ある共同体における生の仕方について語るときには、我々は必ずしも統治のことを思い浮かべてはいない。古典理論家がポリテイアについて語るときは、本質的にその「統治の形態」によって規定される、ある共同体における生の仕方のことを思い浮かべていた。我々はポリテイアを「レジーム」と訳すことにしよう。ただしその際の「レジーム」は、我々が例えばフランスのアンシャン・レジームについて語るときなどに用いるもののような、広い意味のものとしよう。「ある社会の生の仕方」と「統治の形態」とを結びつける考えは、さし当たって次のように述べることができる。すなわち、社会の性格や風潮は、その社会が何を最も尊敬すべきものとか最も称賛に値するものとみなすかにかかっている、と。しかし、ある習慣や態度を最も尊敬すべきものとみなすことは、その社会がその習慣や態度を最も完全に身につけた人の優越性や高い尊厳性を認めるということである。いうなれば、すべての社会は特定の人間のタイプ（あるいは人間のタイプの明確な混合）を権威とみなすことになるのである。権威のタイプが普通人である場合、すべてのものは普通人の法廷の前で自らを正当化しなければならず、そこで正当化することの出来ないすべてのものは、蔑まれるか疑われるか、さもなければせいぜいのところ大目にみられるだけである。そしてたとえそのような法廷を認めない人でも、否応なしにその評決によって型にはめられるしかないのである。普通人の支配する社会に関し

Ⅳ. 古典的なナチュラル・ライト

ていえることは、聖職者、富裕な商人、軍司令官、ジェントルマン等々の支配する社会においても当てはまる。真に権威的であるために、称賛に値する習慣や態度を身につけた人は、共同体のうちで白昼において決定的発言をなさなければならない。すなわち彼らはレジームを形成しなければならないのである。古典理論家が主に様々なレジームについて述べるとき、とりわけ最善のレジームについて述べるときに彼らが暗に意味していたことは、最高の社会現象、あるいは自然現象を除けば根本的なものがないような社会現象こそがレジームである、ということである。[15]

「レジーム」と呼ばれる現象の中心的意義は、いくらか曖昧なものとなってしまった。このような変化の理由は、かつて政治史がもっていた優位性を、社会、文化、経済等々の歴史に譲ってしまうという現実をひき起こした理由と同じである。このような新しい歴史の傍流の出現は、「文明」(あるいは「文化」)の概念においてその頂点に――またその正統性に――達した。古典理論家が「レジーム」と述べたものを、我々は「文明」と述べる習慣がある。「文明」は「レジーム」の現代における代用語なのである。文明とは何であるかを見出すことは困難である。文明とは大きな社会のことだと言われるが、しかしそれがいかなる類の社会かを明瞭に聞かされたことはない。もし我々がある文明を他の文明と区別するにはどうすればよいかを尋ねるならば、最も明白で間違いの少ない指標とはアート的様式における相違であると聞かされることだろう。このことが意味しているのは、文明とは大きな社会そのものの関心の焦点には決してならないような何かによって特徴づけられる社会だということである。すなわち、社会はアート的様式の相違を理由にして戦争を始めることはない。レジームに代わって文明によって我々が方向づけられるようになったことは、社会を動かし活気づけ、またそれを維持しているこれらの死活問題から、奇妙にも疎遠になってしまったことが原因だと思われる。

Ⅳ. 古典的なナチュラル・ライト

　最善のレジームは、今日では「理想的なレジーム」あるいは単に「理想」と呼ばれる。現代の「理想」という用語は、古典理論家が最善のレジームにおいて意味したことの理解を妨げる多くの含意をもつものである。現代の翻訳者たちは、古典理論家が「願いによって」とか「祈りによって」と呼んだものを訳すのに、しばしば「理想的な」という言葉を用いる。最善のレジームは、人が願いや祈りをなすためのレジームのことである。より詳細にみてみれば、最善のレジームとはすべての善き人やすべてのジェントルマンの願いや祈りの対象であることが分かる。すなわち、古典的な政治哲学によって示された最善のレジームとは、哲学者によって解釈されたところのジェントルマンたちの願いや祈りの対象のことなのである。しかし古典理論家が理解した最善のレジームは、単に最も望ましいものというだけでなく、うまくいきそうなもの、実現可能なもの、すなわち地上において実現可能なものであることも意味していた。それは自然に合致したものであるため、望ましく、かつ実現可能なものである。それは自然に合致したものであるため、その実現には人間本性におけるいかなる奇跡的な変化も非奇跡的な変化も必要としない。人間および人間の生に本質的に内在する悪や欠陥を除去したり根絶したりといったことを必要としないのである。それゆえそれは実現可能なのである。またそれは人間本性の卓越性や完成の要件と合致するため、最も望ましいものである。しかし、最善のレジームは、可能であって、その実現は決して必然ではない。その実現は非常に困難であり、したがって起こりそうにないことであり、きわめて起こりそうもないとさえいえるのである。それというのも、人間はそれが現実のものとなるための条件をコントロールしてはいないからである。それが実現するかどうかは偶然によるのである。自然に合致した最善のレジームは、おそらく現実的なものではなかった。それが実現していると想定する理由は何もない。そして今後も実現しないかも知れないのである。行為とは区別された言葉のうちにおいて存在するのが、最善のレジームの本質なので

IV. 古典的なナチュラル・ライト

ある。一言でいえば、最善のレジームとはそれ自体——プラトンの『国家』を最も深く学んだ者の一人によって作り出された用語を使えば——ある一つの「ユートピア」なのである。[16]

最善のレジームは、最も好ましい条件のもとにおいてのみ可能である。それゆえ、それは最も好ましい条件のもとにおいてのみ正当であり、あるいは正統である。多かれ少なかれ好ましくない条件のもとでは、多かれ少なかれ完成していないレジームだけが可能であり、それゆえ正統なのである。最善のレジームは一つだけであるが、正統なレジームは多様に存在する。正統なレジームの多様性は、関連する状況のタイプの多様さと合致しているのである。最善のレジームは最も好ましい条件のもとでのみ可能であるのに対し、正統なレジームや正しいレジームは、あらゆる時代にもあらゆる場所にも可能であり、また道徳的にみて必要である。最善のレジームと正統なレジームとの違いは、気高さと正しさの違いに根拠を持つ。高貴なものはすべて正しいものであるが、正しいものであるすべてのものが高貴であるとはいえない。借金を返すことは正しいことであるが、高貴ではない。罰を受けることは正しいことだが、高貴ではない。プラトンの最善のポリテイアにおいて農民や手工業者たちは正しい生を送ってはいるが、高貴な生を送ってはいない。すなわち、彼らは高貴な行為をなす機会をもたないのである。人間が強要のもとに行ったことは、それによって彼が責められることはないという意味では正しいことではあるが、しかしそれは決して高貴ではないのである。アリストテレスが言うように、高貴な行為にはある種の素養が必要であり、そのような素養がなければ、それは不可能である。しかし我々はあらゆる状況において正しく行為することを義務づけられている。ある非常に不完全なレジームが、ある共同体の問題に対する唯一の正しい解決法であることもあるだろう。しかし、そのようなレジームは人間の完全なる完成に効果的に向かうことはできないのだから、決して高貴なものになることはないのである。[17]

Ⅳ. 古典的なナチュラル・ライト

　誤解を避けるために、最善のレジームの問題に対する古典理論家に特有の解答について、少しながら述べておく必要がある。最善のレジームとは最善の人々が習慣的に統治するレジームのこと、すなわちアリストクラシー（哲人政治）のことである。善さは、知恵と同一ではないにせよ、少なくとも知恵に依存するものである。すなわち、最善のレジームとはおそらく賢者による統治のことであると思われる。実際のところ、古典理論家にとって知恵は、自然に合致した最高の統治の資格であるように思われた。何らかの規制によって知恵の自由な湧出を妨げることは馬鹿げたことであろう。したがって賢者の支配とは絶対的な支配でなければならない。愚者の愚かな願望を考慮することによって知恵の自由な湧出を妨げることもまた、同じくらい馬鹿げたことであろう。したがって賢い統治者は、愚かな民に対して責任を負うべきではない。賢者の支配を愚者による選挙や愚者の合意に依存させることは、自然本性において優れたものを自然本性において劣ったものの支配に従属させることを意味することであろうから、それは自然に反する行為である。しかしこの解決法は、一見すると賢者のいる社会における唯一の正しい解決法であるかのように見えるが、概して実行するのは不可能である。少数の賢者が多数の愚者を力によって支配することはできない。愚かな多数者が賢者を賢者として認め、賢者に対して知恵があることを理由に、自発的に従わなければならないのである。しかし、賢者のもつ愚者に対する説得力はごく限られたものである。自らの教えるところに従って生きたソクラテスは、クサンチッペを抑え込むことには失敗した。それゆえ、賢者の支配にとって必要な条件が満たされることは、滅多にありそうにないのである。よりありそうなのは、愚者が知恵のナチュラル・ライトに訴えつつ、多数者の最も低俗な欲求を満たすことによって、自らが正統であると多数者に納得させることである。すなわち、専制の見込みの方が賢者の支配の見込みよりも明るいのである。それが事実だとすれば、賢者のナチュラル・ライトは疑問視されなければならず、知恵を不可欠

Ⅳ. 古典的なナチュラル・ライト

の要件とする立場は、合意を要件とする立場によって修正されなければならない。政治的な問題は、知恵の要件と合意の要件との調停を成立させる。しかし他方において、平等主義的なナチュラル・ライトの観点からみれば合意が知恵に優先するのに対し、古典的なナチュラル・ライトの観点からみれば知恵が合意に優先する。古典理論家に従えば、これら二つの完全に異なる要求——知恵の要求と合意や自由の要求——を統合させる最善の方法とは、賢き立法者が市民共同体の幹となり、正式に納得され、自発的に採用される法典をつくり上げることであった。知恵の具体化ともいうべき法典は、出来る限り変更を加えられてはならない。たとえ人間がどれほど賢明であろうと、法の支配が人間の支配に置き換わってしまうことになるのだ。法の執行は、それを最も公平に行いそうな人、つまり賢明な立法者の精神に基づいて執行しそうなタイプの人、あるいは立法者が予見できなかった状況の要求するところに合わせて法を「完成させる」ことのできそうなタイプの人に、任されなければならない。古典理論家は、このようなタイプの人間とはジェントルマンのことであると考えた。ジェントルマンは賢者と同一ではない。ジェントルマンとは賢者を政治に反映した人のことであり、つまりはイミテーションである。ジェントルマンと賢者との共通点は、両者とも俗人が高く評価する多くのものを「下にみる」ことであり、あるいは両者とも高貴なものと美しいものに熟達していることである。ジェントルマンは正確さを堂々と軽視し、生のある一面を認めようせず、またジェントルマンとして生きるためには暮らし向きもよくなければならないため、賢者とは異なる。ジェントルマンとは、主に土地財産としての莫大すぎない相続財産をもち、とはいえ生の仕方が都会的であるような人のことであろう。彼は農業から収入を得ている都市貴族であろう。そうであるならば最善のレジームとは、都市貴族であり、育ちがよく、公的精神をもったジェントルマンが、法律に従いつつ法律を完成させ、順番に支配し支配されながら支配権を維持し、社会に特色を与えているような国家のことであ

IV. 古典的なナチュラル・ライト

ろう。古典理論家は、最善の者の支配に役立つと思われる様々な制度を考察し、あるいは推奨した。おそらく最も影響を与えた示唆は、王制と貴族制と民主制が混じり合った混合政体であろう。混合政体においては貴族制的な要素——上院の重み——が、媒介的な、すなわち中心的な位置や中核的な位置を占める。実際のところ混合政体とは、君主制的な制度と民主制的な制度との混合によって強化され保護されたアリストクラシーのことであり、またそのようなものを意味していた。要約すれば、古典的なナチュラル・ライトの教説は、最善のレジームの問題に対する二重の解答にその特徴がある、と言えるだろう。すなわち、端的に最善のレジームとは賢者による絶対的な支配のことであろうという解答と、現実的な最善のレジームは法の下におけるジェントルマンの支配、すなわち混合政体のことであるという解答である。[18]

今日ではむしろ一般的な見解、マルクス主義的とかマルクス主義シンパ的と言われる見解に従えば、古典理論家は、自らが都市貴族に属しているか、あるいは都市貴族の取り巻きであったため、都市貴族の支配を好んだ。我々は政治理論を研究するにおいて、創始者の偏向、階級的な偏向さえも考慮しなければならないとする主張と論争する必要などない。その思想家が属する階層の正確な特定を要するだけで十分である。先の一般的見解においては、哲学者には哲学者の階層における利害があることが見過ごされているが、それは究極的には哲学の可能性の否定に起因するものである。哲学者としての哲学者が自身の家族と行動を共にすることはない。哲学者の利己的な利益や階層的な利益とは、ただ孤独の状態に置かれること、最も重要な問題の探究に専念することによって地上において至福の生を送ることを許されることにあるのである。ところで、非常に様々な自然的・道徳的風土の中で幾世紀にもわたって経験されてきたことは、哲学に対して習慣的に共感を示してきた、国王のような間接的なものではない一つの、また唯一の階層が存在するということである。そしてこの階層こそが都市貴族であった。一般の人々は哲学

Ⅳ. 古典的なナチュラル・ライト

にも哲学者にも共感を示さなかった。キケロが述べたように、哲学とは多数者にとっては胡散臭いものだったのである。19世紀になってからようやくこのような事態は、深く、明らかな変化をみせたのであり、そしてこの変化は究極的には哲学の意味の完全なる変化に起因するものだったのである。

　本来の形の古典的なナチュラル・ライトの教理は、もし十分に展開されたならば、最善のレジームについての教理と同じものである。それというのも自然によるところの「ライト」とは何であるか、正義とは何であるかについての問いが完全な解答を見出すためには、言葉のうちに最善のレジームを構築するほかないからである。古典的なナチュラル・ライトの教理に本質的である政治的な特性は、プラトンの『国家』において最も明瞭に表われている。アリストテレスのナチュラル・ライトの議論が彼の政治的な「ライト」についての議論の一部であるという事実は、とりわけ我々がアリストテレスの言説の冒頭部を、ナチュラル・ライトを個人の「ライト」すなわち権利の一部として紹介したウルピアヌスの言説と比べてみるならば、プラトンの場合に劣ることなく明らかである[19]。ナチュラル・ライトの政治的な性格は、古代の平等主義的なナチュラル・ライトと聖書信仰との両者の影響によって曖昧になり、あるいは本質的なものであることを止めた。聖書信仰に基づけば、最善のレジームは端的に「神の国」となる。それゆえ最善のレジームは天地創造と同時に生まれたものであり、したがって常に現実のものである。そして悪の終息、すなわち救済は、神の超自然的な行為によってもたらされる。かくして最善のレジームの問題は、決定的な意義を失うのである。古典理論家の理解における最善のレジームは、完全な道徳的秩序と同一のものではなくなる。市民社会の目的は、もはや「有徳な生そのもの」ではなく、有徳な生の一つのセグメントでしかない。立法者としての神の観念は、古典哲学が決して持つことの出来なかった確実さと明確さをもつに至っている。それゆえナチュラル・ライトは、否むしろナチュラル・

ローは、最善のレジームから独立し、そして最善のレジームに優先するものとなったのである。十戒の第二表とその中に具体化された原理が、最善のレジームよりもはるかに高い尊厳となるのである[20]。ほとんどキリストの時代が始まってから西洋思想に最も力強く影響を及ぼしてきたのは、この深いところで修正された形態における古典的なナチュラル・ライトである。なお、このような古典的な教説の決定的な修正は、ある意味では古典理論家によって予期されたことであった。古典理論家によれば、政治的な生そのものは哲学的な生よりも尊厳において本質的に劣ったものなのである。

　このような考察は、新しい困難を招くか、あるいはむしろ我々がかねて――例えば我々が「ジェントルマン」といった用語を用いたときに――直面していたものと同じ困難へと我々を引き戻すものである。もし人間の究極目的が超政治的なものであれば、ナチュラル・ライトも超政治的な根拠をもつものであると思われる。しかしナチュラル・ライトは、もしそれがこの根拠に直接的に関係するものだとしたら、十分に理解することが出来るだろうか。ナチュラル・ライトは人間の自然的な目的から導き出すことが出来るだろうか。そもそもそれは何かから導き出すことの出来るものなのだろうか。

　人間本性は、徳や人間本性の完成といったものとは別物である。徳、とりわけ正義の一定の性格は、人間の本性から導き出すことはできない。プラトンの言葉でいえば、人間のイデアは正義のイデアとは全くのところ両立可能ではあるが、しかしそれらは異なったイデアである。正義のイデアは人間のイデアとは異なる種類のイデアに属するようにさえ思われるが、それは人間のイデアは正義のイデアと同じ仕方で問題となるものではないからである。ある存在が人間であるか否かについてはほとんど意見が異なることはないだろうが、他方で正しいものや高貴なものに関しては習慣として意見が異なることがあるのである。アリストテレスの言葉でいえば、徳と人間本性の関係は、現実態と可能態の関係と比較

IV. 古典的なナチュラル・ライト

することができ、現実態は可能態から出発することによって規定することはできないが、逆に可能態は現実態から振り返ることによって知られるようになるのである[21]。人間本性は、その完成態や徳とは異なる仕方で「ある」のである。徳は、たとえすべてではないにせよほとんどの場合、目指すところの対象としてあり、達成されたものとしてあるのではない。それゆえ徳は、行為のうちにではなく言葉のうちに存在する。人間本性の研究における適切な出発点がどこであるにせよ、人間本性の完成、したがってとりわけナチュラル・ライトの研究にとっての適切な出発点となるのは、これらの主題について語られたことや、これらの主題についてのオピニオンなのである。

非常に荒っぽくいえば、古典的なナチュラル・ライトの教説は三つのタイプに、すなわち、古典理論家の理解におけるナチュラル・ライトは三つの異なる仕方に区別することができる。その三つのタイプとは、ソクラテス=プラトン的、アリストテレス的、トマス的タイプである。ストア派に関していえば、彼らのナチュラル・ライトの教説はソクラテス=プラトン的タイプに属するものと私には思われる。今日においてはかなり一般的になっている見解によれば、ストア派が全く新しいタイプのナチュラル・ライトの教説を創始したことになっている。しかし、他の考察はここではおいといて、その意見はストア派とキュニコス派との密接な関係を無視することに基づくものであり[22]、そしてキュニコス派はソクラテス派の一人によって創始されたものである。

そうであるから、我々が敢えて「ソクラテス=プラトン=ストア派的なナチュラル・ライトの教説」と呼ぼうとしているものの性格を出来る限り簡潔に示すために、正義に関する二つの最も一般的な意見の対立から出発することにする。すなわち、正義とは善のことであるとする意見と、正義とはすべての人に対してその人にふさわしいものを与えることであるとする意見である。一人の人間に何がふさわしいかは、法によって、つまり都市国家の法によって規定される。しかし都市国家の法が愚

かしく、したがってまた有害で悪しきものだということもある。それゆえ、すべての人にその人にふさわしいものを与えることにおいて成り立っている正義が悪しきものだということもあり得るのである。正義が善きものであるためには、我々はそれを本質的に法から独立したものと考えなければならない。そうであるならば我々は、すべての人に対して自然本性に合致したものとしてその人にふさわしいものを与える習慣としての正義を定義することにしよう。他者にとって自然本性に合致したものとしてふさわしいものは何かを示す一つのヒントは、例えば、危険な武器をその法的所有者に返却することは、もし彼が正気でなかったり、都市国家の破壊に心を傾けたりしているような人ならば正しくないとするような、一般に受け入れられているオピニオンによって与えられる。このことが意味しているのは、他者に危害を加えることのうちに正しいことなどないということ、あるいは正義は他者に危害を加えない習慣のことであるということである。しかしながらこの定義は、他者に危害こそ加えはしないが、行為や言葉によって他者を助けることに用心深く思い止まるような人は正しくない人だと我々が非難するようなよくあるケースを説明することには、全くのところ失敗している。そうであるならば正義は他者を利する習慣のことになってしまうだろう。正しい人とは、すべての人に対して、愚かしいものである可能性のある法律の命じることをではなく、他者にとって善きもの、つまり他者にとって自然本性において善きものを与える人のことである。しかしすべての人が、人間一般にとって、またすべての個人にとって、何が善きものであるかを知っているわけではない。医者だけがそれぞれのケースで身体にとって善きものを真に知っているのとまさに同じく、賢者だけがそれぞれのケースで魂にとって何が善きものであるかを真に知っているのである。それが事実であるならば、賢者が絶対的な支配のうちにあるような社会の他には、正義は、つまりすべての人にその人にとって自然本性において善きものを与えるということは、あり得ないことになるのである。

IV. 古典的なナチュラル・ライト

　小さなコートを持っている大きな少年と、大きなコートを持っている小さな少年を例に考えてみよう。大きな少年は、彼自身か彼の父親がその小さなコートを買ったことを理由として、その法的所有者である。しかしそのコートは彼にとって善きものではない。彼には合わないからである。それゆえ賢明な支配者が、法的な所有権を全く考慮せず、小さな少年から大きなコートを取り上げ、大きな子に与えたとしよう。少なくとも我々が述べなければならないことは、正しい所有権は法的な所有権とは全く異なるということである。もし正義が存在すべきであれば、賢明な支配者はすべての人に対して、その人に真にふさわしいものを、あるいはその人の自然本性における善きものを、割り当てなければならないのである。賢明な支配者はすべての人に対して、その人がよく使うことのできるものだけを与え、よく使うことができないものは取り上げることだろう。そうであるならば正義は、私的所有権として一般に理解されるものとは両立し得ない。すべての利用は、究極的には活動や行動のためにある。それゆえ、とりわけ正義はよく遂行できる役割や仕事がすべての人に割り当てられていることを必要とする。しかしすべての人が最もよく行えるものは、その人の自然本性に最も適した仕事である。そうであるならば正義とは、すべての人が自身の最もよく行えることを行い、各人がよく使うことのできるものを所有する社会においてのみ存在する。正義とはそのような社会――自然に合致した社会――の成員として、自らの社会に献身することと同じことなのである。[23]

　我々はさらに先へと進まなければならない。都市国家における正義は「すべての者は彼のキャパシティに応じて与え、彼の功績に応じて与えられる」という原理に従って行為することにおいて成り立つ、と言うことができるだろう。「機会の平等」がその社会における生きた原理として働いているとき、すなわちそこに属するすべての人間がその人のキャパシティに応じて全体に貢献する機会をもち、またその功績にふさわしい報酬を受ける機会をもつような場合に、その社会は正しいのである。

Ⅳ. 古典的なナチュラル・ライト

報酬を受けるに値する行為のキャパシティが性別や容姿のよさといったものと結びつくものであると想定するのに適切な理由などないのだから、性別や容姿がよくないことによる「差別」は正しくない。奉仕に対する唯一の適切な報酬は名誉であり、それゆえ目覚ましい奉仕に対する唯一の適切な報酬は、大いなる権威である。正しい社会においては、社会的ヒエラルキーは厳密に功績のヒエラルキーに合致し、またそれのみに合致する。ところで概して市民社会は、一人の市民として生まれた個人であることを、すなわち市民である父親と市民である母親の息子であることを、高い役職につくための不可欠の条件とみなすものである。いわば市民社会はある方法で、功績の原理に対し、つまり卓越した正義の原理に対して、それとは全くのところ関係のない自然に生じた原理によって制限を加えている。真に正しくあるために、市民社会はこの制限を取り除かなければなければならない。市民社会は「世界国家」へと移り変わらなければならないのである。それが必然であることは次の考察からも明らかだといえる。すなわち、閉じられた社会としての市民社会は、二つ以上の市民社会が存在することを暗に意味しており、同時に戦争が可能であることを暗に意味している。それゆえ市民社会は戦争向きの習慣を育まなければならない。しかしこのような習慣は、正義の要件とは異なるものである。人々が戦争に従事する場合、彼らは勝利にこそ関心を持つものであり、公平で洞察力のある判事が敵軍に有益だと考えるものを敵軍に割り当てることには関心を持たない。彼らは他者に危害を加えることに関心をもつが、正しい人とは他社に危害を加えない人のことである。それゆえ市民社会は、次のように区別せざるを得なくなるのである。すなわち、正しい人は友人や隣人、つまり同じ市民には危害を加えることなく愛するものだが、しかし自らの敵には、つまり少なくとも潜在的に自らのいる都市にとっての敵になり得るような異邦人には、危害を加えたり嫌ったりするのである。このようなタイプの正義を「市民的徳性」と呼ぶことができ、そして都市国家はこのような意味での

IV. 古典的なナチュラル・ライト

市民的徳性を必然として必要とするものであるといえる。しかし市民的徳性は不可避的に自己矛盾をもつ。戦時には平時と異なる行為の規則が妥当すると主張しつつも、平時にのみ妥当するといわれる少なくともいくつかの関連する規則を、普遍的に妥当するものとみなさざるを得なくなるのである。例えば都市国家は欺瞞を、とりわけ平時には悪であるが戦時においては称賛に値する他者に危害を加えることの欺瞞を、そのままにしておくことはできない。都市国家は、人を上手に欺く者を胡散臭い者とみなさざるを得ないし、首尾よく欺くために求められる道に外れた不誠実な仕方を卑劣で嫌悪すべきこととみなさざるを得ない。しかし都市国家は、そのような仕方が敵に対して用いられるならば、それを命じ、称賛さえしなければならない。この自己矛盾を避けるためには、都市国家は「世界国家」に転じなければならないのである。しかし、いかなる人間あるいは人間集団も、全人類を正しく支配することなどできない。それゆえ「世界国家」を人間のつくった一つの政府に従う全包括的な人間社会として語るときに述べられることは、実際には神によって支配されたコスモスのことであるが、このコスモスこそ端的に正しい都市国家であるため、唯一の真なる都市国家であり、あるいは端的に自然に合致する唯一の都市国家なのである。人間は賢者である場合に限り、この都市国家の市民であり自由人である。自然的な都市国家を秩序づける法、すなわちナチュラル・ローに対する彼らの服従は、思慮と同じである。[24]

正義の問題についてのこのような解決法は、明らかに政治的な生の限界を越えたものである[25]。それは、都市国家の内において可能な正義は不完全なものでしかなく、あるいは疑問の余地もなく善ではないことを暗に意味している。完全なる正義のために、より一般的にいえば真に自然に従った生のために人々を政治の領域を越えるよう強制する理由は他にもある。ここではこれらの理由を示唆する以上のことはできない。第一に、賢者は支配することを望まない。それゆえ彼らは支配することを

IV. 古典的なナチュラル・ライト

強制されなければならない。彼らがそのように強制されなければならないのは、彼らの生の全体が、いかなる人間的な事柄よりも尊厳において絶対的に高い事柄——不変の真理——の追求に捧げられているからである。高次のものよりも低次のものが選ばれるようなことは、自然に反することだと思われる。永遠の真理を知ることを求めて努力することが人間の究極目的であるならば、正義と道徳一般は、それらが究極目的にとって必要なものであるという事実や、それらが哲学的な生の条件であるという事実によってのみ、十分に正統性をもつものとなり得る。このような観点から見れば、哲学者ではない単に正しい人や道徳的な人は、手足を切断された人間のようにみえる。かくして哲学者ではない道徳的な人や正しい人は、非哲学的な「エロス的」人間よりも端的に優れているのかどうかが問題となってくる。同様に、哲学的な生にとって必要とされる限りでの正義や道徳性一般は、それらの意味と範囲に関して一般に理解されている正義と道徳性と同じなのか、道徳は二つの全く異なるルーツをもつものではないのか、アリストテレスが道徳と呼んだものは実際には単なる政治的な徳や世俗的な徳にすぎないのではないのかと、そのようなことが問題となる。後者の問題は、我々は道徳性に関するオピニオンを道徳性に関する知に変えることによって、政治的連関の意味における道徳の次元を越えることにはならないだろうか、と問うことによっても表現することができる。[26]

　これらのことがどうであれ、哲学的な生は明らかに都市国家に依存するのであり、また人間が人間に対して抱く愛情、とりわけ彼らの同族に抱く愛情は、相手が「善き本性」をもつかどうかとか、潜在的に哲学者であるかどうかといったこととは関係がない。そしてこのことは、哲学者に対して再び洞窟の中へと、すなわち直接的であれ間接的であれ都市国家で起きた諸事の面倒をみるために洞窟の中へと降りて行くことを要求するものである。洞窟の中へと降りて行く際に哲学者は、内的に最高のものや自然本性的に最高のものとは何であるかといったことは、本質

Ⅳ. 古典的なナチュラル・ライト

的に「中間的」存在——獣と神との中間的存在——である人間にとって緊迫した問題ではないことを認めている。彼は都市国家を導くに際して、都市国家にとって有益で善きものであるためには知恵の要求を制限したり薄めたりしなければならないことを知っているのである。もしそれらの要求がナチュラル・ライトないしナチュラル・ローと同じであるならば、都市国家の要求と両立させるためにナチュラル・ライトないしナチュラル・ローは薄められなければならないことになる。都市国家は知恵と合意とが調和することを求める。しかし合意の必要性を、つまり愚者の合意の必要性を認めることは、無知である権利を、つまり不可避的ではあっても非理性的である権利を認めることと等しい。市民的な生は、知恵と愚かさの根本における妥協を必要とするものだが、このことは理性や知性によって見極められるナチュラル・ライトと、オピニオンのみに基づく「ライト」との間の妥協を意味する。市民的な生は、ナチュラル・ライトが人為的な「ライト」によって薄められることを必要とするのである。ナチュラル・ライトは市民社会においてはダイナマイトとして機能するものであろう。言い換えれば、自然本性において善きもの、先祖のものとは根本的に区別されるところの端的に善きものは、いわば端的に善きものと先祖のものを足して二で割ったような政治的に善きものへと転換されなければならないのである。政治的な善きものとは「先入見という巨大な塊にショックを与えることなく巨大な邪悪の塊を取り除く」ようなものである。政治的な事柄や道徳的な事柄が部分的に成立することに非厳密性が求められるのは、このような必要性があるからである。[27]

ナチュラル・ライトは市民社会と両立しうるものとなるために薄められなければならないとする見解は、後に述べる原始的なナチュラル・ライトと第二のナチュラル・ライトとの区別の哲学的なルーツである[28]。この区別は、私的所有やその他の市民社会の特徴をなすものを排除する原始的なナチュラル・ライトは人間の間の本来の無垢の状態に属するも

IV. 古典的なナチュラル・ライト

のであり、それに対して第二のナチュラル・ライトは堕落した後の人類にとっての救済策として必要なものである、といった見解と結びつくものである。しかしながら我々は、ナチュラル・ライトが薄められなければならないとする見解と、第二のナチュラル・ライトとの見解との間の相違を見逃してはならない。市民社会に妥当する原理が薄められたナチュラル・ライトのことをいう場合、それらは第二のナチュラル・ライトの場合よりも、すなわち神によって制定され、堕落した人間に対する絶対的義務を含むものとみなされる場合よりも、尊厳においてより薄められていることになるだろう。後者の場合においてのみ、一般に理解されている正義は疑いもなく善きものである。後者の場合においてのみ、厳密な意味でのナチュラル・ライトは、あるいは原始的なナチュラル・ライトは、市民社会にとってのダイナマイトであることをやめるのである。

キケロは自らの著作、とりわけ『国家』第三巻と『法律』第一巻および第二巻において、本来のストア的なナチュラル・ローの教説の緩和されたものを示している。彼が示したもののなかには、ストア派とキュニコス派とが関係しているとする痕跡は全く残されていない。彼によって示されたナチュラル・ローは、市民社会と両立しうるものとなるために薄められなければならないようには見えず、市民社会と自然に調和しているように見える。したがって「キケロ的なナチュラル・ローの教説」と呼びたくなるものは、我々が断片以上のものを持っているはずの初期のいかなるナチュラル・ローの教説よりも、現在幾人かの学者によって典型的な前近代のナチュラル・ローの教説とみなされているものに近いのである。それゆえ、キケロのナチュラル・ローの教説に対する態度を誤解なきようにすることは、いくらか意義をもつのである。[29]

キケロと彼の仲間たちが日陰を求め、またキケロ自身がストア的なナチュラル・ローの教説を示している『法律』の中で、彼はこの教理が真理であると確信していないことを示している。これは驚くことではな

Ⅳ. 古典的なナチュラル・ライト

い。ストア的なナチュラル・ローの教説は、神の摂理の教理と人間中心的な目的論とに基づくものである。キケロは『神々の本性について』の中で、その神学的・目的論的な教理を、真理についての見せかけのアプローチを超えるものとは認められないと結論づけることで、厳しく批判している。同様に彼は『法律』においてストア的な卜占説（それはストア的な摂理説の一部である）を受け入れながら、他方において『卜占について』の第二巻においてはそれを攻撃している。『法律』における対話者の一人であるキケロの友人アッティクスはストア的なナチュラル・ローの教理に同意したが、しかしエピクロス主義者であった彼は、それを真理とみなすにおいては同意しなかったし、あるいは思想家としてのキャパシティにおいては同意しなかった。彼はそれを政治的に有益なものとはみなしていたため、ローマの市民として、さらにいえばアリストクラシーの支持者として、あえてそれに同意したにすぎなかったのである。一見すると無条件的にみえるキケロのストア的なナチュラル・ローの教説の許容がアッティクスのそれと同じ動機をもつものと想定することは道理に合っている。キケロ自身、自らの本当の見解をあまりオープンには示さないために対話篇を書いたのだと言っている。結局のところ、彼はアカデメイアの懐疑論者であって、ストア派ではなかったのである。そして彼が追随者であることを主張し、最も称賛した思想家とは、アカデメイアの創始者であるプラトンなのである。少なくとも言っておかなければならないことは、キケロはストア的なナチュラル・ローの教説を、プラトンのナチュラル・ライトの教説を越えていく限りにおいては、真なるものとは明らかにみなしてはいないのである。[30]

対話者たちが太陽を求め、プラトンの『国家』の自由なイミテーションであることが十分に認められる作品であるキケロの『国家』において、ストア的なナチュラル・ローの教説や正義の擁護（つまり正義が自然本性によって善であることの証明）は、主要な登場人物によっては示されていない。プラトンの『国家』におけるソクラテスの役割をキケロの著

Ⅳ. 古典的なナチュラル・ライト

作において演じているスキピオは、人間の事柄のすべてが小さなものであることを完全に確信しており、それゆえ死後に享受される観想的な生を想い焦がれている。市民社会の要求と完全に調和するようなストア的なナチュラル・ローの教説——それは通俗的なものである——は、語の完全かつ厳密な意味における哲学を信頼してはおらず、現世すなわちローマに絶対的に安住している人であるラエリウスに託される。彼は中央に座りながら現世を模倣する。ラエリウスは、ナチュラル・ローをローマ帝国に特有の要求と一致させるのに何の困難も感じないほどの人である。しかしながらスキピオは、市民社会の要求と両立することのできない本来の厳格なストア的なナチュラル・ローの教説を示している。同様に彼は、ローマを強大にするためにどれほど多くの暴力と欺瞞を必要としたかも示している。すなわち、現存するもののうちでは最善のレジームであるローマのレジームも、端的に正しいとはいえないことを示しているのである。かくして彼は、市民社会が行動の拠りどころとしている「ナチュラル・ロー」が、実際には低次の原理によって薄められたナチュラル・ローであることを示しているように思われる。法や正義の自然的性格に反対する主張が、キケロと同じくアカデメイアの懐疑論者であるフィルスによってなされている[31]。そうであるならばキケロをストア的なナチュラル・ローの教説の信奉者と呼ぶことはミスリードである。

　アリストテレスのナチュラル・ライトの教説に戻るときに我々が第一に注意しなければならないのは、確実にアリストテレスによる、確実にアリストテレス本人の見解を示しているナチュラル・ライトをテーマとしたものは、『ニコマコス倫理学』の中の一頁しかないということである。加えてその一節は特別に理解しにくいところであり、ナチュラル・ライトによるものとは何であるかについて述べた一例によっても、それは例証されてはいないのである。しかしながら、間違いなく次のことはいえそうである。すなわち、アリストテレスによればナチュラル・ライトと政治社会の要求との間には根本的な不均衡は何も存在しないというこ

Ⅳ. 古典的なナチュラル・ライト

と、あるいはナチュラル・ライトを薄める必要などは本質的に存在しないということである。他の多くの点と同じように、ここにおいてもアリストテレスは、比類なきほどの平静さの精神においてプラトンの神的な狂気に反対し、その直感力によってストア派の逆説に反対している。彼は、必然として政治社会を超えるような法や正義は、自然本性において政治的な動物である人間にとっての自然的な法や正義ではあり得ないことを我々に理解させようとしている。プラトンは、様々な主題——都市国家のこと、天国のこと、数のこと——を論じるときには、いつでもソクラテスの根本問題である「正統な生の仕方とは何であるか」を念頭に置いていた。そして端的に正統な生の仕方とは、哲学的な生であると証明した。最終的にプラトンはナチュラル・ライトを、端的に正しい生といえる唯一の生は哲学者の生であるという事実に直接関係させて定義している。他方でアリストテレスは、様々なレベルの存在それぞれを扱い、したがってとくに人間的な生のそれぞれのレベルをそれ自体の条件のもとに扱っている。彼が正義を論じるときには、誰もが知っている、政治的な生において理解されているような正義のことを論じており、通常の意味における正義をはるかに越えて我々を哲学的な生へと運ぼうとする弁証法的な渦の中に引き込まれることを拒んでいる。それは、彼が弁証法的なプロセスの究極的な正統さや、哲学の要求と都市国家の要求との間の緊張関係を否定したということではない。それは、端的に最善のレジームが属する時期は十分に発達した哲学の存在する時期とは全く異なることを彼が知っていたということである。しかし彼は、絶対的な一貫性をもつものではないそのプロセスにおける中間段階は、事実上、完全なる一貫性をもつものであることを暗に意味している。それらの諸段階が薄明かりの中にのみ存在しているというのは真実だが、しかしそのことは分析家にとって——とりわけまた人間の行為を導くことを自らの主な関心としている分析家にとって——それらの段階を薄明かりの中に置いておくための十分な理由となっている。単なる人間としての人間

IV. 古典的なナチュラル・ライト

の生にとって本質的である薄明かりの状態においては、それぞれの都市国家の中で通用しうる正義は完全な正義であり申し分のない善であるように見えるものだから、ナチュラル・ライトを薄める必要などはないのである。そうであるからアリストテレスは、ナチュラル・ライトとは政治的な「ライト」の一部である、と端的に述べている。このことは、都市国家の外には、あるいは都市国家に先立っては、いかなるナチュラル・ライトも存在しないということを意味するのではない。親子関係はいうまでもなく、無人島で出会った二人の全く見知らぬ者同士の間で成り立つ正義に関係することは、政治的な正義に関係することではなく、やはり自然によって規定されるものなのである。アリストテレスが示していることは、最も発展したナチュラル・ライトは同じ市民の間で成立しているものであるということである。つまり法や正義の主題をなすところの関係は、同じ市民においてのみ、最も密度の高い状態、したがって最も成熟した状態に到達するということである。

　アリストテレスがナチュラル・ライトに関して第二に主張したこと――その主張は第一の主張よりも驚くものである――は、いかなるナチュラル・ライトも変化するものだ、ということである。トマス・アクィナスによれば、この発言は留保の上で理解されなければならない。すなわち、具体的な規則が導き出されるところの公理であるナチュラル・ライトの原理は、普遍的に妥当であり、不変である。変化するものだというのは、具体的な規則（例えば預託金の返済に関する規則）のことを言っているのだと、そのように言うのである。トマス的解釈は、彼が「良心」と、あるいはより正確には「シュンデレーシス $synderesis$」と呼ぶところの、実践原理の「習慣 $habitus$」が存在するという見解と関連している。こうした用語を用いることそれ自体が、この見解がアリストテレスとは無縁のものであることを示している。つまりそれは教父に起源をもつものである。加えて言えば、アリストテレスはすべての「ライト」が――したがってまたすべてのナチュラル・ライトが――変化するもの

IV. 古典的なナチュラル・ライト

であると明言しており、彼はその発言にいかなる留保も付けてはいないのである。アリストテレスの理論にはもう一つの中世的な解釈がある。すなわちそれはアヴェロエス的見解、より適切に言えば、ユダヤ的アリストテレス主義と「ファラーシファ falasifa」(つまりイスラム的アリストテレス主義)の特徴をもつ見解である。この見解はキリスト教的な世界のなかでは、パドヴァのマルシリウスと他のキリスト教的・ラテン的アヴェロエス主義者によって唱えられていた。アヴェロエスによれば、アリストテレスはナチュラル・ライトを「法律上のナチュラル・ライト」と理解していた。あるいはマルシリウスによれば、ナチュラル・ライトは準自然的なものにすぎず、それは人工的な制度や人為的な取り決めに依存するものであるが、しかしそれは遍在的な人為に基づくものであるという事実によって、単なる実定法とは区別される。あらゆる市民社会において、正義を構成する同一の広い規則が必然として生じてくる。それらは社会の最小限の要求を規定したものである。これはざっくりと言えば十戒の第二表に対応するものであるが、ただしそれは神を崇拝せよとの命令を含むものである。それらは明らかに必然のように見え、普遍的に認められているという事実があるにもかかわらず、次のような理由で人為的な取り決めにすぎない。すなわち、市民社会と不変の規則とは、たとえそれが基本的なものであっても、両立し得ないのである。それというのも、ある状況においてはこれらの規則を無視することは社会の維持のために必要だからである。しかし教育上の理由から、社会は一般的に妥当である規則を、普遍的に妥当な規則として示さなければならない。その規則それ自体が一般的なものであるため、すべての社会理論は稀な例外をではなく、これらの規則を布告するのである。一般的な規則は、「もしも」とか「しかし」といった条件なしに教えられる場合に効果的である。しかし規則をより効果的にする条件を省略することは、同時にそれらを真でないものとする。条件なしの規則は、ナチュラル・ライトではなく、人為的な「ライト」である[32]。ナチュラル・ライトについてのこ

IV. 古典的なナチュラル・ライト

のような見解は、あらゆる正義の規則が変化するものであることを認める限りにおいて、アリストテレスのそれと一致する。しかしそれがナチュラル・ライトそれ自体を否定することを意味する限りにおいては、アリストテレスの見解とは異なる。そうであるならば、我々はどうすればアヴェロエスとトマスの強力な対立の間に安全な中道を見出すことができるのだろうか。

　我々は次のことを示唆してみたい。すなわち、アリストテレスはナチュラル・ライトについて語るときに、主として一般的な命題のことではなく、むしろ具体的な決定のことを考えていた、と。あらゆる行為は個々の状況に関連している。したがって正義とナチュラル・ライトは、いうなれば一般的な規則というよりも、具体的な決定のうちに宿るものなのである。ほとんどの場合において、正しい殺人の行為一般と正しくない殺人の行為一般の明確な違いを明確に述べることよりも、ある特定の殺人行為が正しかったことを明確に理解することの方がずっと簡単である。ある時期のある国に特有の問題を正しく解決する法律のほうが、一般的であるがためにある状況においては正しい決定を妨げてしまうすべてのナチュラル・ローの一般規則よりも、ずっと正しいということができるだろう。人間の争いのすべてには、すべての諸事情の完全なる考慮に基づく正しい決定、ある状況が要するところの決定というものが存在する。ナチュラル・ライトとはそのような決定によって成り立つものである。このように理解されるところのナチュラル・ライトは、明らかに変化するものである。しかしすべての具体的な状況において一般的な原理が含まれ、またそれが前提とされていることは、ほとんど否定できないことである。アリストテレスはそのような原理が存在することを、例えば彼が「矯正的」正義と「配分的」正義について語るときに述べている原理が存在することを認めていた。同様に、奴隷制についての彼の議論はいうまでもなく、都市国家の自然的な性格に関する彼の議論（無政府主義や平和主義によって扱われる原理の問題に関する議論）は、「ラ

IV. 古典的なナチュラル・ライト

イト」の原理を確立するための試みなのである。これらの原理は、普遍的に妥当するもの、あるいは不変性をもつものであるように思われる。そうであるならば、アリストテレスのいうところのすべてのナチュラル・ライトは変化するものであるという言葉は何を意味するのだろうか。あるいは、なぜナチュラル・ライトは究極的には一般的な規則よりも具体的な決定に宿るものなのだろうか。

矯正的正義とか配分的正義といった特殊な原理では言い尽くすことのできない正義というものがある。矯正的に正しいとか配分的に正しいといったことの前に、正しさとは共通善なのである。共通善は通常、矯正的正義と配分的正義によって、あるいはこの種の他の道徳原理によって要求されていることや、これらの要求と両立可能なもののうちに存する。しかしもちろん共通善とは、ある政治的共同体の存在、存続、独立といったものもまた含むものである。ある社会の存在や独立が危機に瀕している状況を、極限の状況と呼ぶとしよう。極限の状況においては、社会の存続が要することと矯正的正義とか配分的正義といったものが要することとの間には葛藤が生じることがある。そのような状況においては、またそのような状況においてのみ、公共の安全が最高の法であると正しく言うことができる。まともな社会は正しい根拠もなしに戦争を行うようなことはないだろう。戦争中に行なうことには、ある程度は敵——場合によっては完全に無法者の野蛮な敵——によってはそのようにせざるを得ないこともある。そこには前もって定められた限界というものはなく、正しい報復となりうるものを決められる限界もない。しかし戦争は平和の上にも影を落とす。最も正しい社会でも「インテリジェンス」ないしスパイ活動なしには生き残れない。スパイ活動は、ナチュラル・ライトのある規則を一時的に止めないことには不可能である。しかし社会は外部からのみ脅かされものではない。外敵への配慮は社会の内部において破壊活動を行う者にも当然なされることであろう。このような悲しくも差し迫った事情には、ヴェールをかけてすべて覆い隠してしまおう。

IV. 古典的なナチュラル・ライト

ここでは極限の状況においては平時には妥当なものであったナチュラル・ライトの規則がすっかり変えられてしまうか、あるいはナチュラル・ライトに従って変えられてしまうということをもう一度述べておけば十分である。例外は規則と同じくらい正しいのである。そしてアリストテレスは、いかに基本的なものであっても例外を認めない規則などは一つもないことを示していたように思われる。我々はいかなる場合にも、共通善は私的な善に優先して選ばれなければならないと、そしてこの規則にはいかなる例外もないと、そのように言うことができるだろう。しかしこの規則は、正義は観察されなければならないという以上のことは言っておらず、それは我々が知りたいと思うのは正義や共通善によって要求されていることは何であるかということである。極限の状況においては公共の安全こそ最高の法であると言うことによって我々は、平時における最高の法とは公共の安全のことではないということを暗に意味している。平時における最高の法とは正義の一般的規則であるということを暗に意味しているのである。正義は二つの異なる原理か、あるいは二組の原理をもっている。一方での公共の安全の要求、すなわち極限の状況において社会の存在や独立それ自体を維持するために必要なものと、他方での、より正確な意味における正義の諸規則の二つである。そしていかなるケースにおいては公共の安全がプライオリティを持ち、いかなるケースにおいては正義の正確な規則がプライオリティをもつのかを明白に定める原理は存在しない。それというのも、平時と対比される極限の状況の構成要件を正確に定義することは不可能だからである。内的か外的かを問わずすべての危険な敵は、経験からいえば、平時の状態と当然みなすことのできるものを極限の状況に変えてしまうほどの独創性を持つ。ナチュラル・ライトはこのような悪しき独創性に対処しうるために変化できるものでなければならないのである。普遍的な規則によっては前もって決定され得ないこと、危機的な瞬間において最も有能かつ細心な政治家によってその場で決定されうることは、振り返ってみたとき

Ⅳ. 古典的なナチュラル・ライト

に、すべての人が正しいと判断できるものなのである。極限時の正しい行為と正しくない行為とを客観的に区別することは、歴史家の最も気高き義務の一つなのである。[33]

　ナチュラル・ライトについてのアリストテレス的見解とマキャベリズムとの違いを明確に理解することは重要である。マキアヴェリは、正義の要求が必然性の要求によって減じられるような極限の状態に立って方向を見定め、厳格な意味における正義の要求が最高の法となるような平時の状態に立って方向を見定めはしなかったため、ナチュラル・ライトを否定した。さらにいえば、彼は平時における法や正義の逸脱に関する心理的抵抗を克服しようとはしなかった。反対に彼は、このような逸脱を熟慮することから少なからず楽しみを味わったようであり、また彼は、ある特定の逸脱が本当に必要なのかどうかをしっかりと考察することには関心がなかったのである。他方でアリストテレス的な意味における真の政治家は、平時の状態、平時における法や正義のもとに立って方向を見定め、そして彼が平時における法や正義から不本意ながら逸脱するにせよ、それは正義とヒューマニティそのものの大義を守るために他ならないのである。このような違いに対して法律上の説明をなすことは出来ない。しかしそれが政治的に重要であることは明白である。今日において「シニシズム」と「理想主義」と呼ばれるその二つの相反する両極端は、この違いを曖昧にするために結びついている。そして誰の目にも明らかなように、それらは成功していないわけではない。

　人々が実行することのできる正義の要求が変化するものであることは、アリストテレスだけでなくプラトンも同様に認めていることである。両者は、我々が敢えて次のような表現をする見解を抱くことで、スキュラの「絶対主義」とカリブディスの「相対主義」の両方を避けた。すなわち、普遍的に妥当である諸目的のヒエラルキーは存在するが、行為に関する普遍的に妥当な規則は存在しない、という見解である。先に示したことを繰り返しはしないが、何がなされるべきか、つまり今ここで、

IV. 古典的なナチュラル・ライト

　この個人(あるいは個人の集団)によって何がなされるべきかを決定するに際しては、競合する様々な目的のどれがより上位にあるかということだけでなく、どれがその状況において最も差し迫ったものであるかということも考えなければならないのである。最も差し迫ったことがさほどではないことよりも優先されなければならないことは正統性をもつが、多くのケースにおいて最も差し迫ったものはそれほどではないものよりもランク的には低いのである。しかし、緊急性はランクよりも高く考慮されるものだという普遍的な規則を作ることはできない。それというのも、最高の活動を可能な限り最も差し迫ったことや最も必要なことにするのが、我々の義務だからである。また、期待されうる最大限の努力は、必然的に個人によって変わるものである。唯一の普遍的に妥当する基準は、諸目的のヒエラルキーだけである。この基準は、個人と集団の気高さのレベルと、行為や制度のレベルを判定するには十分である。しかしそれは、我々の行為を導くものとしては不十分である。

　トマスのナチュラル・ライトの教理、より一般的に言えばトマスのナチュラル・ローの教理は、プラトンとキケロだけでなくアリストテレスの教説の特徴でもある淀みと曖昧さから解放されている。明確さと気高き簡潔さにおいて、それは緩和された形としてのストア的なナチュラル・ローの教説さえも超えている。それはナチュラル・ライトと市民社会の間の基本的調和に関してだけでなく、ナチュラル・ローの根本命題が不変の性格をもつことに関しても全く疑問を残していない。道徳法の諸原理、とりわけ十戒の第二表に定式化されているような原理は、おそらく神の介入によるまでもなく、いかなる例外もないのである。シュンデレーシスの教理、すなわち良心の教理は、なぜナチュラル・ローがいつでも万人に滞りなく公布され、したがってまた普遍的な義務をもち得ているかについて説明している。これらの深いところの変化が聖書的啓示信仰の影響によるものであると想定することは理にかなっている。しかしながら、もしこの想定が正しいと証明された場合には、トマス・ア

IV. 古典的なナチュラル・ライト

クィナスの理解におけるナチュラル・ローが厳密な意味でのナチュラル・ローなのかどうか、つまり裸の人間精神、神の啓示によって光を照らされることのない人間精神の知ることの出来る一つの法なのかどうかといったことについて、疑問に思わざるを得なくなるだろう。このような疑問は次のような考察によって強められる。すなわち、裸の人間精神が知ることができ、そして主に行為に対して厳密な意味において前もって規定するものであるナチュラル・ローは、人間の自然本性的な目的に関係するものであり、あるいはそれに基づくものである。その目的には二通りある。道徳的完成と知的完成である。知的完成の方が道徳的完成よりも尊厳において高い。しかし裸の人間理性が知るところの知的完成、すなわち知恵は、道徳を必要としない。トマスは実質的には次のように主張することでこの困難を解決している。自然的理性によれば人間の自然本性的な目的は不完全なものか、あるいはそれ自体を越えたものを示しており、より正確にいえば人間の目的は哲学的探究によって達成されることは不可能であり、言うまでもなく政治的活動にあるのでもない。かくして自然的理性それ自体が神法を志向する想定を創り出し、神法がナチュラル・ローを補い、あるいは完成させるというのである。いずれにせよトマスのナチュラル・ローについての見解の最終的な帰結とは、ナチュラル・ローは実際には自然神学——つまり実際には聖書的啓示信仰に基づく自然神学——と分けることが出来ないだけでなく、啓示神学とも不可分である、ということである。近代のナチュラル・ローは、このような神学によるナチュラル・ローの併合に対するリアクションの一面を持つものであった。近代の努力は、道徳原理は自然神学の教説よりも優れたエビデンスを持つものであり、それゆえナチュラル・ローやナチュラル・ライトは神学とその議論から独立したものであるべきだという、古典理論家にも受け入れられるであろう前提に、部分的には基づいていた。近代の政治思想がトマス的見解に反対して古典理論家へと回帰していった第二の重要な点は、離婚とか出産制限といった問題によっ

て例証される。モンテスキューの『法の精神』のような著作は、それがトマス的なナチュラル・ライトの見解に対抗するものであったことを見落すと、誤解されてしまうことだろう。モンテスキューはトマスの教説によってかなり制限されていたステイツマンシップの範囲を回復させようとした。モンテスキュー個人の思想がいかなるものであったかは常に論争の余地を残している。しかし、彼が政治学者として政治的に健全かつ正統なものとして明確に論じたものは、その精神においてトマスよりも古典理論家に近かったと言ってしまって問題ないだろう。

注

1　Cicero, *Tusc. Disp.* v. 10; Hobbes, *De cive*, Preface の冒頭。政治哲学のいわゆるピタゴラス的起源については Plato, *Republic* 600a9-b5, Cicero, *Tusc. Disp.* v. 8-10; *Republic* i. 16 を考察せよ。

2　Plato, *Apology of Socrates* 19a8-d7; Xenophon, *Memorabilia* i. 1. 11-16; iv. 3. 14; 4. 12 ff., 7, 8. 4; Aristotle, *Metaphysics* 987b1-2; *De part. anim.* 642a28-30; Cicero, *Republic* i. 15-16.

3　Plato, *Republic* 456b12-c2, 452a7, c6-7, 484c7-d3, 500d4-8, 501b1-c2; *Laws* 794d4-795d5; Xenophon, *Oeconomicus* 7. 16 and *Hiero* 3. 9; Aristotle, *Nicomachean Ethics* 1133a29-31 and 1134b18-1135a5; *Politics* 1255a1-b15, 1257b10 ff.

4　Cicero, *Republic* ii. 52 を参照せよ。そこでは政治的行動のモデルの設定とは区別された「市政の事情 *ratio rerum civilium*」の理解が、プラトンの『国家』における目的であると述べられている。

5　Xenophon, *Memorabilia* i. 1. 16; iv. 6. 1, 7; 7. 3-5.

6　Plato, *Republic* 358e3, 367b2-5, e2, 369a5-6, c9-10, 370a8-b1 を見よ。

7　Plato, *Gorgias* 499e6-500a3; *Republic* 369c10 ff.; *Republic* 352d6-353e6, 433a1-b4, 441d12 ff., 444d13-445b4 を Aristotle, *Nicomachean Ethics*

IV. 古典的なナチュラル・ライト

1098a8-17; Cicero, *De finibus* ii. 33-34, 40; iv. 16, 25, 34, 37; v. 26; *Laws* i. 17, 22, 25, 27, 45, 58-62 と比較せよ。

8 Plato, *Gorgias* 497d8 ff.; *Republic* 402d1-9; Xenophon, *Hellenica* vii. 3. 12; Aristotle, *Nicomachean Ethics* 1174a1-8; *Rhetoric* 1366b36 ff.; Cicero, *De finibus* ii. 45, 64-65, 69; v. 47, 61; *Laws* i. 37, 41, 48, 51, 55, 59.

9 Plato, *Republic* 369b5-370b2; *Symposium* 207a6-c1; *Laws* 776d5-778a6; Aristotle, *Politics* 1253a7-18, 1278b18-25; *Nicomachean Ethics* 1161b1-8 (cf. Plato, *Republic* 395e5) and 1170b10-14; *Rhetoric* 1373b6-9; Isocrates, *Panegyricus* 23-24; Cicero, *Republic* i. 1, 38-41; iii. 1-3, 25; iv. 3; *Laws* i. 30, 33-35, 43; *De finibus* ii. 45, 78, 109-10; iii. 62-71; iv. 17-18; Grotius, *De jure belli*, Prolegomena, §§ 6-8.

10 Cicero, *Republic* v. 6; *Laws* i. 24, 40; *De finibus* iv. 18.

11 Plato, *Republic* 423a5-c5; *Laws* 681c4-d5, 708b1-d7, 738d6-e5, 949e3 ff.; Aristotle, *Nicomachean Ethics* 1158a10-18, 1170b20-1171a20; *Politics* 1253a30-31, 1276a27-34 (cf. Thomas Aquinas, *ad loc.*), 1326a9-b26; Isocrates, *Antidosis* 171-72; Cicero, *Laws* ii. 5; Thomas, *Summa theologica* i. qu. 65, *a.* 2, ad 3 を参照せよ。

12 Plato, *Republic* 372b7-8 and 607a4, 519e4-520a5, 561d5-7; *Laws* 689e ff.; Aristotle, *Nicomachean Ethics* 1130a1-2, 1180a14-22; *Politics* 1254a18-20, b5-6, 1255a3-22, 1325b7 ff.

13 Thucydides, iii. 45. 6; Plato, *Gorgias* 464b3-c3, 478a1-b5, 521d6-e1; *Clitopho* 408b2-5; *Laws* 628b6-e1, 645b1-8; Xenophon, *Memorabilia* ii. 1. 17; iii. 2. 4; iv. 2. 11; Aristotle, *Nicomachean Ethics* 1094b7-10, 1129b25-1130a8; *Politics* 1278b1-5, 1324b23-41, 1333b39 ff.; Cicero, *Republic* i. 1; iii. 10-11, 34-41; vi. 13, 16; Thomas Aquinas, *De regimine principum* i. 9.

14 Plato, *Republic* 374e4-376c6, 431c5-7, 485a4-487a5; Xenophon, *Memorabilia* iv. 1. 2; *Hiero* 7. 3; Aristotle, *Nicomachean Ethics* 1099b18-20, 1095b10-13, 1179b7-1180a10, 1114a31-b25; *Politics* 1254a29-31, 1267b7, 1327b18-39;

Ⅳ. 古典的なナチュラル・ライト

Cicero, *Laws* i. 28-35; *Republic* i. 49, 52; iii. 4, 37-38; *De finibus* iv. 21, 56; v. 69; *Tusc, Disp.* ii. 11, 13; iv. 31-32; v. 68; *Offices* i. 105, 107. Thomas Aquinas, *Summa theologica* i. qu. 96, *a.* 3 and 4.

15 Plato, *Republic* 497a3-5, 544d6-7; *Laws* 711c5-8. Xenophon, *Ways and Means* 1. 1; *Cyropaedia* i. 2. 15; Isoerates, *To Nicocles* 31; *Nicocles* 37; *Areopagiticus* 14; Aristotle, *Nicomachean Ethics* 1181b12-23; *Politics* 1273a40 ff., 1278b11-13, 1288a23-24, 1289a12-20, 1292b11-18, 1295b1, 1297a14 ff.; Cicero, *Republic* i. 47; v. 5-7; *Laws* i. 14-15, 17, 19; iii. 2. キケロは自身の『国家』と『法律』を対照的に設定することで、「法律」とは区別された「レジーム」の尊厳を示している。『法律』は『国家』の続編としての意味を持つ。『国家』の中では哲人王である小スキピオが、当時の人々と最善のレジームについて三日にわたり話し合っている。『法律』の中ではキケロが、当時の人々と最善のレジームにおいて適切な法律について丸一日話し合っている。『国家』の議論は冬に行なわれており、参加者たちは陽のあたる場所を探している。加えてその議論が行われたのはスキピオが亡くなった年であり、政治的な事柄が永遠性の観点から検討されている。『法律』の議論は夏に行われており、参加者たちは日陰を探している (*Republic* i. 18; vi. 8. 12; *Laws* i. 14, 15; ii. 7, 69; iii. 30; *Offices* iii. 1)。より理解を深めるためには、とりわけ Machiavelli, *Discorsi*, III, 29; Burke, *Conciliation with America* (末尾辺り); John Stuart Mill, *Autobiography* ("Oxford World's Classics" ed.), pp. 294 and 137 を参照せよ。

16 Plato, *Republic* 457a3-4, c2, d4-9, 473a5-b1, 499b2-c3, 502c5-7, 540d1-3, 592a11; *Laws* 709d, 710c7-8, 736c5-b4, 740e8-741a4, 742e1-4, 780b4-6, e1-2, 841c6-8, 960d5-e2; Aristotle, *Politics* 1265a18-19, 1270b20, 1295a25-30, 1296a37-38, 1328a20-21, 1329a15 ff., 1331b18-23, 1332a28-b10, 1336b40 ff.

17 Plato, *Republic* 431b9-433d5, 434c7-10; Xenophon, *Cyropaedia* viii. 2. 23; *Agesilaus* 11. 8; Aristotle, *Nicomachean Ethics* 1120a11-20, 1135a5; *Politics* 1288b10 ff., 1293b22-27, 1296b25-35 (cf. [Thomas Aquinas] *ad loc.*), 1332a10 ff.; *Rhetoric* 1366b31-34; Polybius vi. 6. 6-9.

Ⅳ. 古典的なナチュラル・ライト

18 Plato, *Statesman* 293e7 ff.; *Laws* 680e1-4, 684c1-6, 690b8-c3, 691d7-692b1, 693b1-e8, 701e, 744b1-d1, 756e9-10, 806d7 ff., 846d1-7; Xenophon, *Memorabilia* iii. 9. 10-13; iv. 6. 12; *Oeconomicus* 4. 2 ff., 6. 5-10, 11, 1 ff.; *Anabasis* v. 8. 26; Aristotle, *Nicomachean Ethics* 1160a32-1161a30, *Eudemian Ethics* 1242b27-31; *Politics* 1261a38-b3, 1265b33-1266a6, 1270b8-27, 1277b35-1278a22, 1278a37-1279a17, 1284a4-b34, 1289a39 ff.; Polybius vi. 51. 5-8; Cicero, *Republic* i. 52, 55 (cf. 41), 56-63, 69; ii. 37-40, 55-56, 59; iv. 8; Diogenes laertius vii. 131; Thomas Aquinas, *Summa theologica* ii. 1. qu. 95, *a*. 1 ad 2 and *a*. 4; qu. 105, *a*. 1.

19 Aristotle, *Nicomachean Ethics* 1134b18-19; *Politics* 1253a38; *Digest* i. 1. 1-4.

20 Thomas Aquinas, *Summa theologica* ii. 1. qu. 105, *a*. 1 と qu 104, *a*. 3, qu. 100, *a*. 8, qu. 99, *a*. 4 とを比較せよ。ii. 2. qu. 58, *a*. 6 と *a*. 12 もまた比較せよ。また、Heinrich A. Rommen, *The State in Catholic Thought* (St. Louis, Mo.: B. Herder Book Co., 1945), pp. 309, 330-31, 477, 479. Milton, *Of Reformation Touching Church-Discipline in England* (*Milton's Prose* ["Oxford World's Classics" ed.], p. 55) を見よ。「我々の基盤は、コモン・ローや市民法ではなく、敬虔さと正義である。それらは貴族制、民主制、君主制といったものに対して、腰をかがめたり、顔色を変えたりせず、あるいはそれらの政治の正しい針路をさえぎったりはせず、そのような取るに足りない些細なことを気にするのを超えて、両者が出会った時にはどこでも十分なる共感のもと口づけをするのである」。

21 Plato, *Republic* 523a1-524d6; *Statesman* 285d8-286a7; *Phaedrus* 250b1-5, 263a1-b5, *Alcibiades* i. 111b11-112c7; Aristotle, *Nicomachean Ethics* 1097b24-1098a18; 1103a23-26; 1106a15-24; *De anima* 415a16-22; Cicero, *De finibus* iii. 20-23, 38; v. 46; Thomas Aquinas, *Summa theologica* ii. 1. qu. 54, *a*. 1, and 55, *a*. 1.

22 Cicero, *De finibus* iii. 68; Diogenes Laertius, vi. 14-15; vii. 3, 121; Sextus Empiricus, *Pyrrhonica* iii. 200, 205. モンテーニュは「より自由なストア派」を

Ⅳ．古典的なナチュラル・ライト

「上品ぶった逍遥学派」と対置した（*Essais*, II, 12 ["Chronique des Lettres françaises," Vol. IV], p. 40）。

23 Plato, *Republic* 331c1-332c4, 335d11-12, 421e7-422d7（cf. *Laws* 739b8-e3 and Aristotle, *Politics* 1264a13-17）, 433e3-434a1; *Crito* 49c; *Clitopho* 407e8-408b5, 410b1-3; Xenophon, *Memorabilia* iv. 4. 12-13, 8. 11; *Oeconomicus* 1. 5-14; *Cyropaedia* i. 3. 16-17; Cicero, *Republic* i. 27-28; iii. 11; *Laws* i. 18-19; *Offices* i. 28, 29, 31; iii. 27; *De finibus* iii. 71, 75; *Lucullus* 136-37; Aristotle, *Magna moralia* 1199b10-35 を参照せよ。

24 Plato, *Statesman* 271d3-272a1; *Laws* 713a2-e6; Xenophon, *Cyropaedia* i. 6. 27-34; ii. 2. 26; Cicero, *Republic* iii. 33; *Laws* i. 18-19, 22-23, 32, 61; ii. 8-11; Frag. 2; *De finibus* iv. 74; v. 65, 67; *Lucullus* 136-37. J. von Arnim, *Stoicorum veterum fragmenta* iii, Frags. 327 and 334. このパラグラフにおいて論じられている問題は、とりわけプラトンの『国家』の中では次のような特徴的な形で漠然と描かれている。すなわち、正義とは友を助け、敵を傷つけることであるとするポレマルコスの定義は、守護者たるものは犬のように友人や知人には穏やかであり、敵や知らない者にはそれと反対であらねばならないとする守護者の条件のうちに保持される（375a2-376b1; 378c7, 537a4-7 および Aristotle, *Politics* 1328a7-11 を参照）。「敵」の問題を最初に提起したのはソクラテスであり、ポレマルコスではなかったこと（332b5; 335a6-7 も参照）、またポレマルコスはソクラテスがトラシュマコスと議論する際のソクラテス側の証人であり、クレイトポンがトラシュマコス側の証人であること（340a1-c1; *Phaedrus* 257b3-4 を参照）は注意すべきである。これらのことを考慮すれば、『クレイトポン』（410a7-b1）においてソクラテス自身がクレイトポンに対して示した正義の唯一の定義は、『国家』においてポレマルコスがソクラテスの助けを借りながら示した定義と同一であると言われても、もはやうろたえることはない。プラトンを解釈した人たちの多くは、ソクラテスが正義を説くばかりでなく正義とは何であるかを理解することにも、すなわち複雑な正義の問題の全体を理解することにも同様に関わっていた可

Ⅳ. 古典的なナチュラル・ライト

能性を十分に考察してはいない。それというのも、もしある人が正義の問題を理解することに関わっているのであれば、その人は正義が市民道徳と同一のものとして現われた段階をよくよく検討しなければならず、その段階を大急ぎで通り過ぎてしまってはいけないのである。我々はこのパラグラフで描写された議論の結論を、もし神の規則や摂理といったものが存在しないのであれば真の正義は存在し得ない、といった言葉で表すことができるだろう。極度の欠乏の状態に習慣的に生き、単に生存するということのために常に互いに戦わなければならないような人々に対して、多くの徳や正義を期待するのは無理だろう。もし人間の間に正義が存在すべきならば、人間がつねに自己保存ばかりを考えるよう強いられることのないように、また自らの仲間に対してそのような状況下でほとんどの人がなすような仕方で振る舞うことを強いられることのないように、配慮されなければならないのである。しかしそのような配慮は、すでに人間のなせることではない。もし人間としての人間の状態が、したがってとりわけ人間の原初の状態（そこでは人間はまだ誤ったオピニオンによって堕落させられてはいなかった）が欠乏の状態ではなかったならば、正義の根拠は限りなく強められることとなる。かくして、ナチュラル・ローの観念と完全なる原初期、すなわち黄金時代あるいはエデンの園とは、きわめて密接に関係していることになるのである。Plato, *Laws* 713a2-e2, *Statesman* 271d3-272b1 and 272d6-273a1 を参照せよ。神の支配は豊かさと平和をともなう。欠乏は戦争をもたらす。*Statesman* 274b5 ff.; *Protagoras* 322a8 ff. を参照せよ。

25　Cicero, *Laws* i. 61-62; iii. 13-14; *De finibus* iv. 7, 22, 74; *Lucullus* 136-37; Seneca, *Ep.* 68. 2.

26　Plato, *Republic* 486b6-13, 519b7-c7, 520e4-521b11, 619b7-d1; *Phaedo* 82a10-c1; *Theaetetus* 174a4-b6; *Laws* 804b5-c1. 正義とエロスとの関係の問題については『ゴルギアス』の全体と『パイドロス』の全体とを比較しなければならない。この方向における試みが David Grene, *Man in His Pride: A Study in the Political Philosophy of Thucydides and Plato* (Cicago:

University of Chicago Press, 1950), pp. 137-46（*Social Research*, 1951, pp. 394-97 を参照）によってなされている。Aristotle, *Nichomachean Ethics* 1177a25-34, b16-18, 1178a9-b21; *Eudemian Ethics* 1248b10-1249b25. *Politics* 1325b24-30 を『国家』における個人の正義と国家の正義との平行論と比較せよ。Cicero, *Offices* i. 28; iii. 13-17; *Republic* i. 28; *De finibus* iii. 48; iv. 22; また *Republic* vi. 29 を iii. 11 と比較せよ。Thomas Aquinas, *Summa theologica* ii. 1. qu. 58, *a*. 4-5.

27 Plato, *Republic* 414b8-415d5（cf. 331c1-3）, 501a9-c2（cf. 500c2-d8 and 484c8-d3）; *Laws* 739, 757a5-758a2; Cicero, *Republic* ii. 57.

28 R. Stintzing, *Geschichte der deutschen Rechtswissenschaft*, I（Munieh and Leibzig, 1880）, pp. 302 ff., 307, 371 を参照せよ。また、例えば Hooker, *Laws of Ecclesiastical Polity*, Book I, chap. x, sec. 13 も見よ。

29 例えば *De finibus* iii. 64-67 を見よ。

30 *Laws* i. 15, 18, 19, 21, 22, 25, 32, 35, 37-39, 54, 56; ii. 14, 32-34, 38-39; iii. 1, 26, 37; *Republic* ii. 28; iv. 4; *De natura deorum* ii. 133 ff.; iii. 66 ff., 95; *De divinatione* ii. 70 ff.; *Offices* i. 22; *De finibus* ii. 45; *Tusc. Disp.* v. 11. 前掲注（24）を chap. iii, n. 22 と比較せよ。

31 *Republic* i. 18, 19, 26-28, 30, 56-57; iii. 8-9; iv. 4; vi. 17-18; *ibid*. ii. 4, 12, 15, 20, 22, 26-27, 31, 53 を i. 62; iii. 20-22, 24, 31, 35-36 と比較せよ。*De finibus* ii. 59 もまた参照せよ。

32 L. Strauss, *Persecution and the Art of Writing*（Glencoe, Ill.: Free Press, 1952）, pp. 95-141 を見よ。

33 アリストテレスが承認している法や正義に関する他の原理については、ここでは次のことを指摘しておけば十分である。すなわち、彼によれば市民社会の構成員となることの出来ない人間は、必ずしも欠陥のある人間というわけではなく、反対に、彼が人間を超えた人であるということもあり得るのである。

V. 近代のナチュラル・ライト

　すべての近代のナチュラル・ライトの論者のうちで最も有名かつ影響力のあった人物は、ジョン・ロックである。しかしロックがいかに近代の人であり、いかにナチュラル・ライトの伝統から外れていたのかを捉えることにおいては、彼は特に難しい人物である。彼はきわめて思慮深い人であったし、またその優れた思慮は相応の報酬を受けたのである。すなわち、彼は多くの人の耳を傾けるところの人物となったし、実務家とオピニオンの大部分に異常なほどの影響を及ぼした人物なのである。しかし、語るべき時と沈黙すべき時を知ることが思慮の本質である。ロックはこのことをよく知っていたため、結局のところは正統な著述家よりもそうでない著述家により多くの共通面をもっていたのだが、正統な著述家のみから引用し、そうでない著述家については沈黙するという優れたセンスを持っていた。彼が権威と考える人物は、イギリス国教会の偉大なる聖職者リチャード・フッカーであったように思われるが、フッカーは情操と真面目さの高さにおいて際立った人物であったので、ロックも他者と同じように好んで彼を「賢明なるフッカー」と呼んだ。ところでフッカーのナチュラル・ライトの概念とはトマスのナチュラル・ライトの概念であり、またトマスの概念は教父たちに帰するものであって、教父たちはストア派の弟子、つまりはソクラテスの弟子の弟子であった。そうであるならば、我々は見たところソクラテスからロックまで途絶えることなく続く完全なる君子の伝統を目の当たりにしているかのようである。しかし我々が労を惜しまずロックの教説の全体とフッカーの教説の全体とを比較してみれば、ロックとフッカーの間にはある種の一致があるにもかかわらず、瞬時に、ロックのナチュラル・ライトの概念がフッカーのそれとは根本的に異なることに気づく。フッカーとロックとの間でナチュラル・ライトについての見解に根本的な変化がもたらされたの

である。ナチュラル・ライトの伝統において断絶が起きた、ということである。これは驚くことではない。フッカーとロックとの間の時期は、近代の自然科学、非目的論的な自然科学の興り、それとともに伝統的なナチュラル・ライトの基盤の破壊が目撃された時期だったのである。この重大な変化の中からナチュラル・ライトにとっての結論を導き出した最初の人が、トマス・ホッブズ——無思慮で小鬼のような、偶像破壊的な過激論者であり、最初の平民の哲学者である彼は、ほとんど子供じみた率直さ、欠けるところのないヒューマニティ、そして驚くべき明晰さと説得力があるため、読んでいて非常に楽しめる著述家である——であった。彼はその無謀さのためにそれ相応の罰を、とりわけ彼の国の人たちから受けた。そうはいっても、彼は後世に続くすべての政治思想に対して、大陸においてのみならずイギリス国内においてさえも、そしてとりわけロックに対して——賢明にもホッブズの「非難されて然るべき名前」に言及することを控えた賢明なるロックに対して——非常に大きな影響を与えた。我々が近代のナチュラル・ライトに特有の性格を理解しようと望むならば、まずホッブズに戻らねばならないのである。

A．ホッブズ

　トマス・ホッブズは、政治哲学あるいは政治学の創始者を自認していた。もちろん彼は、自らのものと主張している偉大なる名誉が、ほとんど普遍的な合意のもとにおいてソクラテスに与えられるべきものであることを知っていた。彼は、ソクラテスから始まる伝統がホッブズの時代においてもなお優勢であるという周知の事実を忘れることを許されたりはしなかったのである。しかし彼は、伝統的な政治哲学が「科学というよりはむしろ夢想である」と確信していた。[1]

　今日の学者たちはホッブズの主張には何ら感銘を受けていない。彼ら

V. 近代のナチュラル・ライト

は、ホッブズが嘲笑った伝統に彼自身が深く恩恵を受けていると述べている。彼らの幾人かは、ホッブズとは最後のスコラ哲学者であった、とまで言い出しそうである。木を見て森を見ずということにはならないように、まずは今日の博学的な知によってなされた重要な成果を一言に要約しておこう。ホッブズはたった一つ、しかし重要な観念において伝統の恩恵を受けている。すなわち、政治哲学ないし政治学は可能であり必要であるという見解を、彼はそのまま受け入れているのである。

ホッブズの驚くべき主張を理解するということは、一方では伝統に対する彼の強い拒絶の態度に対して、他方では伝統にほぼ黙って従ったことに対して、バランスのとれた注意を払うことを意味する。このために、まずその伝統というものが何であるかを確認しなければならない。より正確にいえば、まずホッブズがその伝統をどのように見ていたかを理解しなければならないのであって、その伝統が今日の歴史家にどのように理解されているのかは、しばらくのところ忘れておかなければならない。ホッブズは伝統の代表者たちとして次の名前を挙げている。すなわち、ソクラテス、プラトン、アリストテレス、キケロ、セネカ、タキトゥス、プルタルコスである[2]。そうであるならば彼は暗黙のうちに、政治哲学の伝統とある特定の伝統とを同一視していることになる。彼はそれを、次のような基本前提を有する伝統と同一視しているのである。すなわち、高貴なことと正しいことは快楽とは根本的に区別され、また快楽よりも自然本性において望ましいことであるとする伝統、人間の結んだ契約や人為的な取り決めから完全に独立したナチュラル・ライトが存在するとする伝統、自然に合致しているからこそ最善であるような最善の政治的秩序が存在するとする伝統、である。彼は伝統的な政治哲学を最善のレジームや端的に正しい政治的秩序の探究と同一視し、それゆえ単に政治的な事柄を扱うからではなく、とりわけ政治的精神によって息を吹き込まれているからこそ政治的といえる探究と同一視した。彼は伝統的な政治哲学を、特定の伝統と、すなわち公共精神をもつ——曖昧ではあ

V．近代のナチュラル・ライト

るが今日でも容易に理解される言葉を用いれば——「理想主義」の伝統と同一視したのである。

　ホッブズは初期の政治哲学者について語るときに、「ソフィスト」やエピクロスやカルネアデスをその最も著名な代表者とする伝統のことを語っているのではない。反理想主義の伝統など——ひとつの政治哲学の伝統としては——彼にとっては存在すらしないものだったのである。それというのも、それはホッブズが理解したような政治哲学の観念そのものに関して無知だったからである。それは全くのところ政治的な事柄の本性に、とりわけ正義の本性に関係するものであった。それはまた個人の正統な生の問題に関係するものであり、それゆえ個人は自らの私的で非政治的な目的のために、すなわち自らの安楽や栄光のために、市民社会を利用することができるか否か、あるいはどのようにして利用できるかという問題に関係するものであった。しかしそれは政治的なものではなかった。公共精神に基づくものではなかった。ステイツマンが彼らの見解を拡げていく際の方向づけを維持するものではなかった。それは、それ自体が選択に値するものとして社会の正統な秩序に関わることに献げられるようなものではなかった。

　伝統的な政治哲学を理想主義の伝統と暗黙のうちに同一視することによって、ホッブズは政治哲学の役割やそのスコープについての理想主義の見解に対して暗黙の同意を示していた。彼はかつてのキケロと同じように、カルネアデスに反対してカトーの側につく。彼は自らの新しい教理を指して、ナチュラル・ローを真に科学的ないし哲学的に扱った最初のものであると述べた。政治哲学はナチュラル・ライトに関係するものだという見解を保持していたことにおいては、彼はソクラテスの伝統に賛同している。彼は、プラトン、アリストテレス、キケロといった様々な人たちが行ったように「法とは何であるか」を示そうとしたが、プロタゴラスやエピクロスやカルネアデスには言及しなかった。彼は自らの『リヴァイアサン』が読者にプラトンの『国家』を想起させるのではない

V. 近代のナチュラル・ライト

かと恐れたが、『リヴァイアサン』をルクレティウスの『事物の本性について』と比較されるなどということは、誰も夢にも思わなかったのである。[3]

ホッブズは、理想主義の伝統に根本的には賛同しながらも、これを斥ける。彼はソクラテスの伝統が全く不完全にしかなし得なかったことを、完全になさんとしている。彼はソクラテスの伝統が失敗したところにおいて成功しようとしているのである。彼は理想主義の伝統が失敗したことを、一つの根本的な誤りに突きとめる。すなわち、伝統的な政治哲学が、人間は自然本性において政治的ないし社会的動物であると想定したことに突き止めるのである。ホッブズはこの想定を斥けることによってエピクロス派の伝統に加えられる。彼は、人間は自然本性において、あるいは本来的には、非政治的であり非社会的ですらあるとするエピクロス派の見解を、善きものとは根本において快楽と同一であるというエピクロス派の前提と同様に受け入れる[4]。しかし彼は、その非政治的な見解を政治的な目的のために用いている。彼はその非政治的な見解に政治的な意味を与えているのである。彼は快楽主義の伝統の中に政治的理想主義の精神を注入しようと試みている。かくして彼は、いかなるところでも他のどのような教説によってもアプローチされたことのないスケールで人間の生に革命をもたらした教理である、政治的快楽主義の創始者となったのである。

我々がホッブズにまで遡らなければならなかったこのような一時代を築き上げた変化は、エドマンド・バークによってよく理解されていた。「大胆さは、かつては無神論者を特徴づけるものではなかった。彼らはそれとはほとんど正反対の性格でさえあった。かつて彼らは老いたエピクロス主義者のように、むしろ消極的な種族であった。しかし最近になって彼らは、活動的で、設計的で、不穏で、扇動的になったのである。[5]」政治的無神論は明らかに近代に特徴的な現象である。前近代の無神論者のなかで社会的な生が神への信仰と崇拝を必要とするものであ

V. 近代のナチュラル・ライト

ることを疑った者はいなかった。一時的な現象によって欺かれないように気をつけて見るならば、我々は政治的無神論と政治的快楽主義とが同属にあると理解することができる。それらは一緒に、同時に、同一の精神のうちに生じるものなのである。

　我々がホッブズの政治哲学を理解しようとする際に見落してならないのは、彼の自然哲学である。彼の自然哲学は、古典的にいえばデモクリトス＝エピクロス的自然学に代表されるタイプのものである。しかし彼は、エピクロスやデモクリトスではなく、プラトンを「最高の古典哲学者」とみなした。彼がプラトンの自然哲学から学んだことは、宇宙は神的な知性によっては支配されていないとみなさないことには理解できない、ということではなかった。ホッブズの個人的な思想がいかなるものであったにせよ、彼の自然哲学はエピクロス派の自然学と同じように無神論的であった。彼がプラトンの自然哲学から学んだことは、数学が「すべての自然科学の母」であるということだった[6]。数学的かつ唯物論的＝機械論的であることにおいて、ホッブズの自然哲学はプラトン的自然学とエピクロス的自然学とを結合したものであった。彼の見解からすれば、この結合を考えつかなかったために、前近代の哲学や科学は全体として「科学というよりはむしろ夢想」だったのである。彼の哲学は全体として、政治的理想主義と唯物論的・無神論的な全体観との典型的な近代の結合の古典的な例ということができるだろう。

　二つの方法において、本源的には両立し得ない立場は結合されうる。一つは折衷的な妥協の方法であり、これは元の立場と同じ平面にとどまるものである。もう一つは統合の方法であり、これは元の立場の平面から全く異なる平面へと考えを変えることで可能となるものである。ホッブズによって実行された方法は、統合である。彼が実際に二つの相反する伝統を結合しているのだという意識を持っていたかどうかはわからない。ただ彼は、自らの思想がすべての伝統的な思想からのラディカルな断絶を、あるいは「プラトン主義」と「エピクロス主義」が長年にわたっ

V. 近代のナチュラル・ライト

て戦いを繰り広げてきた地平の放棄を前提としていることは、十分に意識していた。

ホッブズは彼の同時代の非常に著名な人たちと同じように、伝統的な哲学が完全に失敗したと意識することで参ってしまったり奮い立たされたりした。かねて続いてきた論争を一目見ただけで、哲学すなわち知恵の探究が、知恵それ自体に変わることに成功してはいないことを十分に納得することができた。この遅れた転換が、いまようやく成し遂げられるべきだとみなされた。伝統が失敗したところで成功するためには、知恵の実現のために満たされるべき条件を省みることから出発しなければならない。すなわち、正統なメソッドへの省察から出発しなければならないのである。この省察の目的は、知恵の実現を保証することであった。

伝統的な哲学の失敗は、教条的な哲学には懐疑論的な哲学が常に影のようにつきまとうという事実のうちに、最も明瞭に現れている。ドグマティズムは懐疑論の克服にはっきりとは成功していない。知恵の実現を保証することは、懐疑論において具現化されている真理のために正義をなすことによって懐疑論を根絶することを意味する。そのために、まず極端な懐疑論を完全に解放しなければならない。すなわち、極端な懐疑論の猛攻撃から生き残ったものこそが、知恵の絶対的に安全な基礎となるのである。知恵の実現とは、極端な懐疑主義の基礎の上になされる絶対的に信頼できる教条的体系を組み立てることと同じことなのである。[7]

そうであるならば極端な懐疑論の実験は、新しいタイプのドグマティズムの期待によって導かれていたことになる。かねて知られたすべての科学的探究のうち、数学だけが唯一成功していた。それゆえ新しい教条的な哲学は、数学のパターンの上に構築されなければならなかった。利用可能である唯一の確実な知は目的に関係するものではなく「図形と運動との比較においてのみ成立するもの」であるという端的な事実が、目的論的見解に反対し、機械論的見解に賛成するような先入見を生み出し

V. 近代のナチュラル・ライト

た[8]。すでに存在していた先入見を強化したのだと述べた方が、おそらくより正確であろう。それというのも、おそらく前もってホッブズの念頭にあったものは、新しいタイプの哲学あるいは科学のビジョンではなく、物体とその無目的な運動に他ならない宇宙のビジョンだったからである。かつて支配的だった哲学の伝統の失敗は、あらゆる目的論的自然学につきまとう困難にまで直接遡ることができ、そして様々な種類の社会的圧力のために機械論的自然観は徳を示す機会を公平には与えられてこなかったのではないか、という疑念をきわめて自然に生じさせた。しかし、ホッブズが主だった関心を本当に機械論的な見解に寄せていたのならば、その頃の事情を鑑みれば、極端な懐疑論に基づく教条的な哲学の見解に導かれるのを避けられなかったはずである。それというのも彼は、もし宇宙がデモクリトス=エピクロス的自然学に帰せられた性格を持つならば、それはいかなる自然学、いかなる科学の可能性をも排除してしまうことを、言い換えれば徹底した唯物論は必然的に懐疑論へと到達することを、プラトンやアリストテレスから学んでいたからである。「科学的唯物論」は、第一に唯物論によって生じる懐疑論に反対して科学の可能性を保証することに成功しなければ、可能なものとはなり得ないだろう。唯物論的に理解された宇宙に対して予見的に抵抗することだけが、そのような宇宙についての科学を可能なものとすることができるだろう。機械的因果関係の絶え間なき変化から免れている島が、発見されるか、あるいは発明されなければならなかったのである。ホッブズは自然の島が存在する可能性を考察しなければならなかった。非物体的な精神などは問題外であった。他方で、彼がプラトンとアリストテレスから学んだことは、エピクロスが満足していた非常に滑らかで丸い粒子から構成される物体的な精神が不完全な解決でしかないことを、彼にいくらかは認めさせた。彼は、宇宙には人工の島、科学によって創造されるべき島の余地が残されていないかどうかを、考えざるを得なかったのである。

V. 近代のナチュラル・ライト

　その解決法は、新しい哲学のモデルである数学それ自体が懐疑論の攻撃にさらされ、そして明白な転換ないし解釈を経験することによってそれに耐えうることが証明された事実によって示された。「あの非常に有名な幾何学の証明」における「懐疑論者の粗探しを避けるために……私は、線、面、固体、形状などが描かれ、また描写される運動を表すことが、私の定義においては必要だと考えた。」一般的にいえば、我々は、我々自身がその原因である対象、その構成が我々自身の力によるもの、我々の恣意的な意思に依存している対象についてのみ、絶対に確実な知識すなわち科学的な知識を持つ、ということである。もし我々の監督の下に完全には置かれないような構成の段階が一つでもあるならば、その構成は完全には我々の支配のうちにはないことになるだろう。その構成は意識的な構成でなければならないのである。科学的な真理は、我々がそれを作ったことを同時に知ることなしには、知ることが不可能なのである。その構成は、もしそれが何らかの素材を、つまりそれ自体我々の構成したものではない何かを用いるならば、完全には我々の支配のうちにはないことになるだろう。我々が構成したものとしての世界は、我々がその唯一の原因であり、したがってまた我々がその原因についての完全な知を持つのだから、全くのところ謎めいたものではない。我々が構成したものとしての世界は、我々とは異なる原因を、つまり我々の支配の範囲内にないか、あるいは完全には範囲内にはない原因をもたない。我々が構成したものとしての世界は、絶対的な原初を持つ、厳密な意味における創造物なのである。それゆえ我々が構成したものとしての世界は、盲目的で目的なき因果関係の絶え間なき変化から免れている希望の島なのである[9]。この島の発見ないし発明は、運動する物質に還元できない魂や精神の想定を我々に強いることなく、唯物論的・機械論的な哲学ないし科学の可能性を保証するものであると思われる。この発見ないし発明は、結局のところ長年にわたる唯物論と唯心論との対立に対する中立あるいは無関心の態度を許すものであった。ホッブズは「形而上学的な」

V. 近代のナチュラル・ライト

唯物論者でありたいと切望した。しかし彼は「メソドロジカルな」唯物論に満足するに留まらざるを得なかったのである。

　我々は自分たちの作ったものだけを理解する。我々は自然的存在を作り出さないのだから、それらは厳密には人間の知によっては理解できない。ホッブズによれば、この事実は自然科学の可能性と完全に両立しうる。しかしそれは、自然科学とは根本的には仮説のようなものであり、また常にそのようなものであろう、という帰結を導く。しかし我々が自然の主人となり所有者となるために必要なことは、これが全てである。さらにいえば、人間がいかに自然の征服に成功したとしても、人間は自然を理解できるようには決してなれないのである。宇宙はいつまでも完全に得体の知れないもののままであろう。この事実こそ、究極的には懐疑論が永続的なものであることを説明し、懐疑論をある程度まで正当化するものなのである。懐疑論とは、宇宙が人間の知によっては理解できないものであることから不可避的に生じた結果であり、あるいは理解できないことを根拠なく信じたことから不可避的に生じた結果なのである。言い換えれば、自然的なものはそれ自体が神秘的なものだから、自然によって生み出された知や確実性は、必然としてエビデンスを欠くのである。人間精神の自然な働きに基づく知は、必然として疑問にさらされる。このような理由から、ホッブズはとりわけ前近代の唯名論とは袂を分かつのである。前近代の唯名論は、人間精神の自然な働きを信頼していた。それはこの信頼を「自然はどこにおいてもひそかに働いている *natura occulte operatur in universalibus*」とか、我々が通常の生と科学とにおいて態度を決める際に拠りどころとする「予見」は自然の産物であるといった教説によってとりわけ示されるものであった。ホッブズにとって、普遍的な存在や予見が自然を起源とするということは、それらを見捨てて人工的な「知的道具」を選ばなければならないことに対する、止むに止まれぬ理由であった。そこでは人間精神と宇宙との間には自然的調和はないのである。

V. 近代のナチュラル・ライト

　人間が知恵の実現を保証されうるのは、知恵が自由な構成と同一のものだからである。しかし、もし宇宙が人間の知によって理解可能であるならば、知恵は自由な構成ではあり得ない。人間は知恵の実現を、宇宙が人間の知によっては理解できないという事実があるにもかかわらずではなく、その事実があるがゆえに、保証しうるのである。人間は、ヒューマニティに対する宇宙の支えが存在しないという理由によってのみ、主権者となりうる。人間は、宇宙における絶対的な異邦人であるという理由によってのみ、主権者となりうる。人間は、主権者となることを強いられるという理由によってのみ、主権者となりうる。宇宙は人間の知によっては理解できないものであるから、また自然を支配することは自然の理解を必要としないのであるから、人間が自然を征服するために認識できることに限界などはないのである。人間は鎖の他には失うものは何も持っておらず、おそらくすべては得ることばかりであろう。ともあれ確実なことは人間の自然状態は不幸だということであり、神の国の廃城の上に建てられるべき人間のビジョンは、根拠のない願望にすぎないのである。

　絶望の原因が非常に多く存在するその場所で、ホッブズがいかにしてあれほど楽観的でいられたのかを我々が理解することは困難である。人間の支配下にある領域内での未曾有の進歩について正統に予見することに加えて、いくらかそれを経験することは、「それら無限の空間についての永遠の沈黙」に対して、あるいは「世界の壁 *moenia mundi*」のひび割れに対して、彼を鈍感にさせてしまったに違いない。彼に公平であるように言えば、後の世代が経験した一連の度重なる失望は、彼が彼の最も著名な同時代人たちとともに灯した希望を消し去ることにはなお成功してはいない、ということを付け加えておかなければならない。それどころか、まるで彼が自らのビジョンを制限するために建てたかのようにみえる壁を破壊することにも、それらは成功していないのである。意識的な構成は全くのところ、「歴史」の無計画な働きに置き換えられた。しか

し「歴史」は、意識的な構成がホッブズのビジョンを制限したのと全く同じ仕方で、我々のビジョンを制限する。「歴史」はまた、人間に全体や永遠なるものを忘れさせることによって、人間とその「世界」の地位を高める役割も果たしている[10]。その最終段階において、典型的な近代の限界は、次のような示唆において姿を現す。すなわち、いかなる可能的原因や全体の原因とも関係を持たない最高の原理そのものは「歴史」が神秘的である根拠であって、またそれは人間と結び付けられ、また人間とだけ結び付けられるものなのだから、永遠なるものであるどころか人間の歴史と同時的なものである、という示唆である。

　ホッブズに戻れば、彼の哲学や科学についての考えは、目的論的宇宙観は不可能であるという確信と、機械論的宇宙観は人間の知によって理解される可能性の要件を満たすことに失敗しているという感覚にルーツをもつものである。彼の解決法は、目的は現象に内在する必要などなく、知との関係のうちに内在していればそれで十分である、というものであった。目的としての知こそ、必要不可欠な目的論的原理を供給するものである。新たな機械論的宇宙観ではなく、後に「認識論」と呼ばれるようになるものが、目的論的宇宙観に代わるものとなる。しかしもし全体が端的に人間の知によっては理解できないのであれば、知は目的であり続けることができない。「知は力のためにある *Scientai propter potentiam* [11]」。人間の知によって理解できる可能性のすべては、あるいはそのすべての意味は、その究極的な根拠を人間のニーズのうちに持っている。目的、あるいは人間の欲望によって定められた最も差し迫った目的こそ、最高の原理であり、組織原理である。しかしもし人間の善が最高の原理となるのであれば、政治学や社会科学はアリストテレスが予言したように最も重要な類の知となる。ホッブズの言葉で述べれば、「たしかに科学の中で最も価値のあるものは、君主や人間の統治に従事する人たちの必要とするところの科学である。*Dignissima certe scientiarum haec ipsa est, quae ad Principes pertinet, hominesque in regendo genere*

V. 近代のナチュラル・ライト

humano occupatos [12]」そうであるならば、ホッブズは政治哲学の役割とスコープに関して理想主義の伝統に賛同していると述べるだけでは済まなくなる。彼が政治哲学に期待したものは、古典思想家たちが期待したものとは比較にならないほど大きい。全体についての真のビジョンによって描かれたスキピオのいかなる夢も、人間の為すことの出来るすべてのことは究極的には無益であるということをホッブズの読者らに思い出させることはない。このように理解された政治哲学は、全くのところホッブズこそがその創始者である。

ホッブズが自らの建造物を建設することができた大陸を発見したのは、「偉大なるコロンブス」であるマキアヴェリであった。マキアヴェリの思想を理解しようと試みるとき、マーロウが感化されてマキアヴェリに帰すものとした次の言葉を思い出すとよい。「私が……思うところでは、罪などは存在せず、あるのは無知だけである。」これはほとんどマキアヴェリという哲学者を定義するものである。さらには、マキアヴェリの政治研究が公共精神によるものであることを疑ったことのある重要人物はいない。彼は公共精神を有する哲学者として、政治的理想主義の伝統を続けていた。しかし彼は、ステイツマンシップの内的な気高さについての理想主義的な見解を、全体の起源ではないにせよ、ともかくも人類や市民社会の起源についての反理想主義的な見解と結びつけたのである。

マキアヴェリの古典古代の政治的慣行に対する称賛、とりわけローマ共和国の政治的慣行に対する称賛は、古典的な政治哲学の否定の裏返しに他ならない。彼は古典的な政治哲学を、それとともに語の完全な意味における政治哲学の伝統の全体を、無用のものとして斥けた。すなわち、古典的な政治哲学は、人間はいかに生きるべきかについての態度を決めてきたが、社会の正統な秩序の問題に答える正しい仕方とは、人間が実際にどのように生きているかによって態度を決めることにある。伝統に

Ⅴ. 近代のナチュラル・ライト

対するマキアヴェリの「現実主義的」な抵抗は、人間の卓越性、とりわけ道徳と観想的な生の代わりに、愛国心や単なる政治的徳を採用することを導いた。このことは究極的な目標を意図的に低下させるものであった。目標を達成する可能性を高めるために、目標は低い位置に置かれたのである。のちにホッブズが知恵の実現を保証するために知恵の本来的な意味を放棄したように、マキアヴェリも善き社会や善き生の本来的な意味を放棄したのである。ただ低い位置におかれるものとなってしまった目標を超えることを要する人間や人間の魂の自然的傾向に何かが起きてしまうとしても、それはマキアヴェリにとってはどうでもいいことだった。彼はそのような傾向を無視した。彼は成果を得るために自らの地平を制限したのである。また、チャンスの力に関して言えば、フォルトゥナは彼の前に、正統な男性の力に従う女性の姿で現れた。すなわち、チャンスは征服されうるのである。

マキアヴェリは自らの「現実主義的な」政治哲学の主張を市民社会の基礎を省察することによって正当化したが、これは究極的には人間がその内で生きている全体についての省察を意味する。正義においてはいかなる超人間的な支えも、いかなる自然的な支えも存在しない。すべての人間的な事柄はあまりにも流動的であるため、正義の安定した原理に従わせることは許されない。必要性は道徳的目的よりも、むしろそれぞれのケースにおける合理的な行動方針を決定するものである。それゆえ市民社会は単に正しいことを望むことさえできない。すべての正統性は、正統性を持たないものに根拠をもつ。いかなる社会的秩序も道徳的秩序も、道徳的に問題のある手段の助けによって確立されたものである。市民社会はその根拠を、正義にではなく、不正義のうちにもつ。あらゆるコモンウェルスのなかで最も有名な創設者は、兄弟殺しであった。いかなる意味における正義も、社会秩序が確立した後になって可能になるのである。いかなる意味における正義も、人間がつくった秩序の内においてのみ可能なのである。しかし政治の最大の関心事である市民社会の創

V. 近代のナチュラル・ライト

設は、市民社会の内において、つまりすべての極限のケースのなかで模倣されたものである。マキアヴェリは自らのとるべき態度を、人がどのように生きるかよりも、極限のケースによって決めた。彼は極限のケースは通常のケースよりも、市民社会の根源について、それゆえその真の性格について、多くのことを明らかにするものと信じていた[13]。根源や効率性が、目的や目標に取って代わったのである。

ホッブズをマキアヴェリの「現実主義」の平面の上に、政治の道徳原理、すなわちナチュラル・ローの回復を試みるように誘ったのは、単なる政治的な徳と倫理的な徳とを置き換えたことに暗に含まれていた困難であり、あるいはマキアヴェリがローマ共和国の狼のような政治を称賛したことに暗に含まれていた困難であった[14]。彼はこの試みをなすにおいて、もし自らが正統な社会秩序とその実現の条件についての確実で正確な科学的知識をもたないならば、正統な社会秩序の実現を保証することはできないという事実を、よくよく心に留めていた。それゆえ彼はまずナチュラル・ローないし道徳法を厳密に演繹してみようと試みた。「懐疑論者による粗探しを避ける」ために、ナチュラル・ローはいかなる自然的「予見」からも、それゆえ「一般的同意 consensum gentium」からも、独立したものとする必要があった[15]。かねて支配的であった伝統は、ナチュラル・ローは理性的で社会的な動物としての人間の目的あるいは完成であると定義していた。このような伝統のなすユートピア的な教説に対するマキアヴェリの根本的な反論に基礎を置きつつ、マキアヴェリ自身の解決法には反対しながらもホッブズがなさんとしたことは、ナチュラル・ローの観念は維持しつつも、人間の完成という観念からは分離することであった。ナチュラル・ローは、人間が実際にいかに生きているのかということから演繹される場合、すべての人間あるいはほぼすべての人間を、ほぼすべての場合において実際に決定づけている最も強い力から演繹される場合においてのみ、効力を持つことができ、あるいは実際の価値を持つことができる。ナチュラル・ローの完全な基礎は、

V. 近代のナチュラル・ライト

人間の目的にではなく原初のうちに[16]、「自然の起源 *prima naturae*」のうちに、あるいはむしろ「自然の第一の起源 *primum naturae*」のうちに求められなければならない。ほぼすべての人間にほぼすべての場合において最も力強く働いているものは、理性ではなく情念である。ナチュラル・ローは、もしその原理が情念によって不信感を抱かれ、あるいはその原理が情念に賛同できないならば、効力を発揮しないだろう[17]。ナチュラル・ローはあらゆる情念のうちで最も強力なものから演繹されなければならないのである。

しかし、あらゆる情念のうちで最も強力なものというのは、一つの自然的な事実であろう。我々は正義にとっての、あるいは人間のうちにある人間的なものにとっての自然の支えがあるなどと想定してはならない。あるいは、ある意味では反自然的な情念やその対象、すなわち、いうなれば自然の「消えゆく状態 *status evanescendi*」であり、それゆえ自然の克服の起源や自由の起源となり得るような、自然的なものと非自然的なものとの間の中立点をなす情念やその対象など、存在するものだろうか。あらゆる情念のうちで最も強力なものは死への恐怖であり、とりわけ他者の手による暴力死への恐怖である。すなわち、自然ではなく「自然の恐るべき敵である死」、人間がそれについて何かを為すことのできる限りにおける死、つまり避けたりやり返したりすることができる限りにおける死、それらが究極的な指針を提供するのである[18]。死が「目的 *telos*」に置き換わるのである。あるいは、ホッブズの思想の多義性を維持するために、暴力死への恐怖こそすべての自然的欲求のうちで最も力強く、最も根本的な欲求である最初の欲求、自己保存の欲求を最も力強く表現する、と述べておくことにしたい。

そうであるならば、もしナチュラル・ローが自己保存の欲求から演繹されなければならないとすれば、言い換えれば、もし自己保存の欲求がすべての正義と道徳の唯一の根源であるとすれば、基本的な道徳的事実は義務ではなく「権利 a right」だということになる。すべての義務は、

V. 近代のナチュラル・ライト

自己保存という基本的で譲渡できない権利（ライト）から派生するものとなる。そうであるならば、絶対的な義務や無条件的な義務などというものは存在せず、義務はその遂行が我々の自己保存を脅かさない場合にのみ拘束力を持つことになる。自己保存の権利（ライト）だけが、無条件的ないし絶対的である。自然において存在するのは完全な権利（ライト）であって、完全な義務ではない。人間の自然的義務を定形化したものであるナチュラル・ローは、正確に言えば法ではないのだ。基本的で絶対的な道徳的事実は「権利」（ライト）であって義務ではないのだから、市民社会の限界と役割は、人間のナチュラル・ライト（自然権）の見地から定められるべきであって、人間の自然的義務の見地からではない。国家機構は、有徳な生を生み出し促進する役割ではなく、各人のナチュラル・ライト（自然権）を保護する役割をもつのである。そして国家権力はその絶対的な限界を、他のいかなる道徳的事実にでもなく、ナチュラル・ライト（自然権）のうちに見出す[19]。義務とは区別された人間の権利 rights を基本的な政治的事実とみなし、国家機構の役割はそれらの権利を保護し安全なものとすることだとする政治理論をリベラリズム（自由主義）と呼ぶことができるとするならば、リベラリズムの創始者はホッブズであったと言わなければならない。

マキアヴェリの平面にナチュラル・ローを植え付けることによって、ホッブズはたしかに全く新しいタイプの政治的教理を創始した。前近代的なナチュラル・ローの教理は人間の義務を教えるものであったが、人間の権利に注意を払うときには、人間の権利とは人間の義務から本質的に派生するものであると考えていた。しばしば述べられてきたように、17、8世紀のうちに、権利はかつてみられなかったほど重要視されるようになった[20]。自然的義務から自然権へと重点が移行したのだと、そのように述べることができるだろう。しかしこのような性格における量的変化は、常に質的・根本的な変化によってのみ可能となるとはいえないにせよ、質的・根本的変化の背景に対してみられる場合にのみ、人間の

V. 近代のナチュラル・ライト

知によって理解可能となるものである。自然的義務による方向づけから自然権による方向づけへと根本的に変化したことは、無条件の自然権をすべての自然的義務の基礎とし、それゆえその義務は条件付きのものにすぎないと正面を切って述べたホッブズの教説の中に、最も明瞭かつ雄弁なものとして見出すことができる。彼は古典理論家でありつつも、明らかに近代のナチュラル・ローの教理の創始者である。いま考察しているこの深いところの変化は、正統な社会秩序を実現するための人間的保証についてのホッブズの関心、あるいは彼の「現実主義的な」意図にまで直接遡ることができる。人間の義務の見地から定められる社会秩序の現実化は、必然として不確かで起こりそうにないものである。そのような秩序がユートピア的に見えるのは当然である。それとは全く異なるものは、人間の権利の見地から定められる社会秩序のケースである。それというのも権利それ自体は、すべての人間が何らかのかたちで実際に欲しているものを表しており、あるいは表しているはずだからである。それらは誰しもが実際に見ることができ、あるいは簡単に見ることができるようなすべての人間の自己利益を、神聖なものとする。人間は、自らの義務を果たすことよりも、自らの権利のために戦うときの方が、確実にそれに依存することができる。バークの言葉でいえば「人間の権利についての小さな理論的問答は即座に学びとられる。そして人間の権利に関する推論は情念においてなされる。[21]」ホッブズの古典的な定式化に関して、諸前提はすでに情念のうちにあったのだと我々は付け加える。近代のナチュラル・ライトを有効なものとするために必要なことは、道徳に訴えることよりも啓蒙とプロパガンダである。このことから我々は、ナチュラル・ローは近代では過去よりもずっと革命的な力となり得たとしばしば述べられる事実を理解することができるだろう。この事実は、ナチュラル・ローの教理それ自体の性格の根本的な変化がもたらした直接的な帰結である。

ホッブズが反対した伝統は、人間は市民社会において、また市民社会

V. 近代のナチュラル・ライト

を通してでなければ、その自然本性の完成に到達できないことを想定しており、それゆえ市民社会は個人に先立つものと想定している。第一の道徳的事実は義務であって権利ではないという見解を導いたのは、このような想定であった。個人がいかなる点においても市民社会に先立つという主張がなければ、自然権の優位は主張できない。すなわち、市民社会や主権者のもつすべての権利は、本来的には個人に属する権利から派生するものなのである[22]。個人そのものは、その質はともかくとして——またアリストテレスが主張したように、ヒューマニティを越えた単なる人間ではなく——市民社会からの独立を本質的に完成したものと考えられなければならない。この考えは、市民社会に先立つものとして自然状態が存在するという主張の中に暗に含まれている。ルソーによれば「市民社会の基礎を研究してきた哲学者たちの誰しもが自然状態にまで遡る必要性を感じていた。」正統な社会秩序の探究は、市民社会の起源や人間の前政治的な生の省察から切り離すことができないというのは真実である。しかし人間の前政治的な生を「自然状態」と同一に視るのは独特の見解であり、決して「すべての」政治哲学者によって抱かれている見解などではない。自然状態は、その用語を使うことをいまなおほとんど弁明しているホッブズにおいて、政治哲学において欠くことのできないトピックとなったのである。ナチュラル・ローの哲学的教理が本質的に自然状態の教理となったのは、ホッブズ以降のことにすぎないのである。彼よりも前には「自然状態」という用語は政治哲学よりもキリスト教神学においてなじみのものであった。自然状態はとりわけ恩寵の状態とは区別されており、また純粋な自然状態と堕落した自然状態とに分けられていた。ホッブズはそのような分割を止め、恩寵の状態と市民社会の状態とを取り換えたのである。かくして彼は、堕落の事実をではないにせよ、ともかくも堕落の重要性を否定し、したがって自然状態の欠陥や「不便」を救済するのに必要なものは、神の恩寵ではなく人間の正統な統治であると主張したのである。「自然状態」という言葉のもつこ

Ⅴ. 近代のナチュラル・ライト

のような反神学的な含みは、義務とは区別された権利の優位性を人間の知によって理解できるものとするその哲学内的な意味から切り離すのに困難をもたらしうる。すなわち自然状態は、完全な権利のみが存在し、完全な義務は存在しないという事実によって、根源的に特徴づけられることになったのである。[23]

　もしすべての人間が自然本性において自己保存の権利を持つのであれば、自己保存に必要な手段への権利も必然として持つことになる。この点で、いかなる手段が人間の自己保存にとって必要かということは誰が判断するのかという問題、あるいはそのような手段が適切か、正統かといった問題が生じてくる。古典理論家ならば実践知の持ち主こそが自然の判定者であると答えたであろうが、この答えは最終的に、端的に最善のレジームとは賢者の絶対的支配であり、そして実現可能な最善のレジームはジェントルマンの支配のことであるといった見解に立ち帰るものである。しかしながらホッブズによれば、すべての人間は自然本性において自らの自己保存のために正統な手段とは何であるかについての判定者なのである。それというのも、原理的には賢者がよりよい判定者であることは認められるにせよ、賢者は愚者の自己保存に対し、その愚者自身よりもずっと低い関心しか持たないからである。しかしそれがたとえ愚者であっても、すべての人間が自然本性において自らの自己保存に必要なものの判定者であるとすれば、すべてのものが自己保存に必要なものとみなされることには正統性があることになるだろう。すなわち、すべてのものは自然本性的において正しいのである[24]。我々は愚者の自然権について語ることが出来るのである。さらにいえば、もしすべての人間が自然本性において自らの自己保存を導くものとは何であるかということについての判定者であるならば、同意は知恵に先立つことになるだろう。しかし同意は、主権者への服従といった形に変わらなければ効力を持たない。その理由はすでに示したように、主権者が主権者であるのは、彼に知恵があるからではなく、本源的契約によって主権者とされ

V. 近代のナチュラル・ライト

たからである。このことは、熟慮や理性の働きではなく命令や意思こそ主権の中核となるという帰結を、あるいは真理や合理性ではなく権威のみによって法律は法律であるという帰結を導く[25]。ホッブズの教説において、理性とは区別された権威の至高性は、個人の自然権の並々ならぬ拡張から導かれるものである。

ナチュラル・ローすなわち道徳法を自己保存のナチュラル・ライト（自然権）から、あるいは暴力死への恐怖という逃れられない力から演繹する試みは、道徳法の内容についての広い範囲にわたる変化をもたらした。ついにはこの変化は、第一に道徳法を著しく単純化した。16、7世紀の思想一般は、道徳の教理を単純化する傾向に向かっていた。少なくともその傾向は、正統な社会秩序の実現の保証といったものよりも広い関心ごとに専念するために役立ったということができる。一つの徳によってそれ以上は還元できない諸々の徳の「無秩序な」多様性を置き換えようとの試みが、あるいは唯一の基本的な徳によってそこから演繹されるすべての徳を置き換えようとの試みがなされたのである。この演繹の達成のために、よく整えられた二つの道が存在した。アリストテレスの道徳についての教説は、ホッブズのいうように「そのオピニオンは今日でも、またこの地でも、他のいかなる人の著作よりも偉大なる権威を持つものである」が、そこには他のすべての徳を包含し、二つの「一般的」徳と呼ぶことのできそうな二つの徳がみられる。すなわち、個の卓越性に貢献する限りにおいて他のすべての徳を包含するものである高邁さと、人間が他者に奉仕するために貢献する限りにおいて他のすべての徳を包含するものである正義である。したがって、道徳性を高邁や正義といったものに還元することによって、道徳哲学は単純化できるのである。第一のものはデカルトによって、第二のものはホッブズによってなされた。後者の選択は、道徳の教理をより単純化するために都合がよかったという特別の利点をもっていた。すなわち、徳の教理を道徳法すなわちナチュラル・ローの教理と無条件に同一視できるという利点である。道徳

V. 近代のナチュラル・ライト

法はまた、自己保存の自然権から演繹されることによって大いに単純化された。自己保存は平和を求める。それゆえ道徳法は、平和が実現されるために従わなければならない規則の総体となった。マキアヴェリが徳を愛国心という政治的な徳に還元したのとまさに同じく、ホッブズは徳を泰平という社会的な徳へと還元したのである。泰平とは直接的にも一義的にも関係をもたない人間の卓越性の諸形態——勇気、節制、高邁さ、寛容、そして言うまでもなく知恵——は、厳密な意味における徳であることを止めた。正義は（衡平と博愛と結びついて）徳であり続けたが、しかしその意味はラディカルに変化した。もし唯一の無条件的な道徳的事実が各人の自己保存への自然権であり、それゆえまた他者に対するすべての義務は契約から生じるものであるならば、正義は契約したことを果たす習慣と同一のものとなる。正義は人間の意思から独立した基準に従うことではもはや成り立たなくなるのである。正義のすべての実体上の原理——矯正的正義、配分的正義の規則や十戒の第二表の規則——は、本来備わっているはずの妥当性を持つことを止めてしまった。すべての実体上の義務は契約者らの合意から生じるものであり、それゆえ実際には主権者の意思から生じるものである[26]。それというのも、他のすべての契約を可能にする契約とは社会契約であり、主権者への服従の契約だからである。

　もし徳が泰平と同一のものとみなされるならば、悪徳は本質的に、いわば他者への意図的な侵害の問題であるという理由でそれ自体平和とは両立できないような習慣や情念と同一のものとなるだろう。悪徳は実際問題として放埓や魂の弱さよりもむしろプライドや虚栄心や「自尊心 *amour-propre*」と同じものとなるだろう。言い換えれば、もし徳が社会的な徳、博愛、親切さ、「寛容の徳」に還元されるならば、自制的な「厳格な徳」は立ち位置を失ってしまうことだろう[27]。ここで再び我々は、バークのフランス革命の精神についての分析に頼らなければならない。それというのも「新しい道徳」が披露されたときに、その偽装（それが

— 211 —

V. 近代のナチュラル・ライト

意識的なものにせよ無意識のものにせよ) を引き剥がすには、バークの論争向きの誇張表現が不可欠であったし、また今でも不可欠だからである。「パリの哲学者たちは……欲求を抑制する類の徳を打破するか、憎むべきものや軽蔑すべきものとみた。……彼らはこれらすべてのものを、自身らがヒューマニティや博愛と呼ぶ一つの徳と置き換えた。[28]」この置き換えられたものこそ、我々が「政治的快楽主義」と呼んできたものの核心である。

政治的快楽主義の意味をもう少し正確な言葉で確立するために、我々はホッブズの教説をエピクロスの非政治的な快楽主義と比べてみなければならない。ホッブズがエピクロスに賛同できたのは次のような考えである。すなわち、善きものは快楽と基本的に同一である。それゆえ徳は、それ自体に価値があるからではなく、快楽が獲得できたり苦痛が回避できたりするからこそ選ばれるに値する。名誉や栄光への欲求は全くの空虚であり、感覚的な快楽はそれ自体、名誉や栄光よりも望ましいものである、と。ホッブズは政治的快楽主義を可能にするために、二つの決定的な点でエピクロスに反対しなければならなかった。第一に彼は、エピクロスの厳密な意味における自然状態、すなわち人間がナチュラル・ライトを享受している前政治的な生の状態に対する暗黙の否定を斥けなければならなかった。それというのもホッブズは、市民社会の存否は「ナチュラル・ライト」の存在にかかっていると考える点で、理想主義的の伝統に賛同していたからである。そのうえ彼は、エピクロスがなした必要な自然的欲求と不必要な自然的欲求との区別が暗に含むものを受け入れることができなかった。それというのもその区別が、幸福は「禁欲的な」スタイルの生を要すること、および幸福は安らぎの状態のうちに成り立つことを意味するものだったからである。エピクロスの自制に対する高い要求は、ほとんどの人間に関する限り必然としてユートピア的なものとなってしまうのである。それゆえそれらは「現実主義的な」政治的教説によって破棄されなければならなかった。政治に対するそのよう

V. 近代のナチュラル・ライト

な「現実主義的」アプローチは、平和のために必要な抑制は例外として、不必要な感覚的快楽の追求に対するすべての抑制を、より正確に言えば「現世の便益 *commoda hujus vitae*」や力に対するすべての抑制を、ホッブズに取り除かせた。エピクロスが述べたように、「自然は［唯一］必要なものだけを容易に供給されるものとし」、安楽への欲求の解放は科学に対して欲求の充足に奉仕することを要求した。とりわけそれは、市民社会の役割が根本的に再検討されることを要求したのである。すなわち、人間がそれを求めて市民社会に入るためのものである「善き生」は、もはや人間の卓越性における生などではなく、ハードワークの報酬としての「便利な生活」のことなのである。そして統治者の神聖な義務は、もはや「市民を善良で高貴なことを行う者とするためのもの」ではなく「安楽に役に立つ……市民にとって善きものすべてを豊富に供給するために、法律によって可能な限り努力することなのである。」[29]

　我々の目的にとって、ホッブズの思考の道程を万人の自然権につきとめる必要や、自然状態から市民社会の設立に至るまで辿ってみる必要などはない。彼の教理におけるこの部分は、彼の前提からの厳密な帰結以上のものにはなっていないのである。それはホッブズがその古典における代表者と一般に認められることとなった、主権の教理において頂点に達している。主権の教理は法律上の教理である。その要旨は、全ての権力を支配的な権威に帰属させることが得策であるといったものではなく、全ての権力を正統なものとして支配的な権威に帰属させるというものである。主権者の権利には、実定法や一般的慣習にではなくナチュラル・ローに基づいて最高の力が与えられる[30]。主権の教理は自然公法を定式化する。自然公法――一般的公法や「自然的公法 *jus publicum universale seu naturale*」――は、17世紀において現れた新しいディシプリンである。それは我々がいま理解しようと試みているラディカルな方向転換の結果として現れたものである。自然公法は近代の政治哲学に特徴的な二つの形態のうちの一つを表しており、もう一つの形態はマキ

V. 近代のナチュラル・ライト

アヴェリの「国家理性」の意味における「政治」のことである。両者は古典政治哲学から根本的に区別されたものである。それらは互いに対立するものであるにもかかわらず、基本的には同一の精神によって動機づけられている[31]。それらの起源は、実現が確実ではないにせよ可能性が高く、あるいは偶然によるものではないような正統な社会や健全な社会の秩序への関心である。したがってそれらは意図的に政治の目標を低下させている。それらはもはや、すべての現実の政治的秩序が責任ある仕方で判定される基準となりうる最高の政治的可能性について明白な見解を持つことには関心を持たない。「国家理性」学派は「最善のレジーム」を「有益な政府」に置き換えた。「自然公法」学派は「最善のレジーム」を「正統性のある政府」に置き換えた。

古典政治哲学は最善のレジームと正統性のあるレジームとの違いを認識していた。それゆえ様々なタイプの正統性のあるレジームが主張されたのである。つまりは、ある状況においていかなるタイプのレジームが正統性をもつかは、その状況によるものと考えられていたのである。他方、自然公法はあらゆる状況において実現できるような正統な社会秩序に関係する。それゆえそれは、状況に関係なくいかなる場合にも正統性があり、あるいは正しいと主張しうる社会秩序の輪郭を描こうと試みる。自然公法は、今ここで正しい秩序は何であるかといった問題への解答を与えず、また与えようともしない最善のレジームの観念を、時と場所に関係なく基本的で実践的な問題にきっぱりと答えてくれる正しい社会秩序の観念によって置き換えたのだと、そのように言うことができるだろう[32]。自然公法は政治的な問題に対して、実際に普遍的に適用できることを目指した普遍的に妥当性をもつ解決法のようなものを与えようとしているのである。言い換えれば、古典思想家たちによれば元来の政治理論は本質的に現場における政治家の実践知によって補完される必要があったのに対して、新しいタイプの政治理論はそれ自体が決定的な実践的問題——いかなる秩序が今ここで正しいのかについての問題——を

解決するものである。そうであるならば、決定的な点においてもはや政治理論と区別されたステイツマンシップが必要とされることはない。我々はこのようなタイプの考え方を「純理主義 doctrinairism」と呼ぶことができるが、この純理主義は政治哲学のうちでは——法律家は彼らだけで一つの階級を形成していたため——17 世紀において初めて現れたといってよいだろう。この時、古典政治哲学の分別ある柔軟性は、狂信的な硬直性へと道を譲ったのである。政治哲学者は徐々に党派的な人間と区別がつかなくなっていった。19 世紀の歴史的思考は、自然公法がきわめて厳しく制限していたステイツマンシップの活動範囲を回復しようと試みた。しかし歴史的思考は近代の「リアリズム」の絶対的な呪縛の下にあったため、政治上の道徳原理すべてを破壊するプロセスにおいてのみ、自然公法を破壊することに成功したのである。

とりわけホッブズの主権における教説に関していえば、その純理的性格は、それが暗に含む否定によって、最も明瞭に示される。それは善いレジームと悪いレジーム（王制と僭主制、アリストクラシーと寡頭制、民主制と衆愚政治）の区別の可能性の否定と、同時に混合政体や「法の支配」の可能性の否定を暗に含むものである[33]。これらの否定は実際に観察される事実とは食い違っているため、主権の教理は実際には、先に述べた可能性の存在の否定ではなく、その正統性を否定することになった。すなわち、ホッブズの主権の教理は、すべての法律上の制限と憲法上の制限を自らの勝手で無視することのできる無制限の権利を主権者たる君主や人民に与えるものであり[34]、そして主権者や彼の行動に対する非難は、たとえそれが分別のある人によるものであっても、ナチュラル・ローによって禁止されるのである。しかしこの主権理論の基本的欠陥は、程度に違いはあっても、他のすべての形態の自然公法の教理に等しく共有されているという事実を見逃すことは間違いであろう。端的にいって我々は、正統性のあるレジームは民主制だけであるという教理の実際上の意味を思い出さなければならないのである。

V. 近代のナチュラル・ライト

　古典思想家たちはレジーム（ポリテイアイ *politeiai*）を、制度の見地としてよりも、共同体やその権威の部分によって実際に追求される目標の見地と考えた。したがって彼らは、最善のレジームとは徳を目標とする体制のことだと考え、正統な制度は有徳者の支配を確立し、またそれを保つのに全くのところ不可欠ではあるが、しかし「教育」すなわち性格の形成に比べればそれは重要性において二次的なものにすぎないと主張した。他方で自然公法の観点からみれば、正統な社会秩序を確立するために必要なことは、性格の形成よりもむしろ正統な制度を考察することである。カントが正統な社会秩序の確立は天使の民を必要とするという見解を否定する際に述べたように、「国家機構［つまり正しい社会秩序］の確立の問題は、それがいかに困難にみえようとも、分別をもつならば悪魔の民でさえ解決可能」、すなわち彼らが啓蒙された利己心によって導かれるならば解決可能であり、根本的な政治的問題は端的に「全くのところ人間が実現することの出来るよい組織」の問題である。ホッブズの言葉を用いれば「［コモンウェルスが］外からの暴力ではなく内なる無秩序によって解体されるとき、その誤りはそれらの『素材』としての人間にではなく、それらの『創造者』かつ秩序維持者としての人間にある。[35]」市民社会の創造者としての人間は、市民社会の素材としての人間に内在する問題をきっちりと解決することができる。人間は情念のメカニズムを理解し、また操作することによって人間本性を克服することができるのだから、正統な社会秩序の実現を保証することができることになるのである。

　ホッブズが起こした変化の成果を最も要約した形で表現している一つの言葉がある。その言葉とは「権力 power」である。権力が「その名にて *eo nomine*」初めて中心的なテーマとなったのは、ホッブズの政治的教理においてである。ホッブズに従えば科学そのものは権力のために存在するという事実を考えれば、ホッブズの哲学全体は最初の「権力の哲学」であるということもできるだろう。「権力」とは曖昧な言葉である。

Ⅴ．近代のナチュラル・ライト

それは一方では「力能 *potentia*」を表わし、他方では「権能 *potestas*」（あるいは「法・権利 *ius*」や「支配 *dominium*」）を意味する[36]。権力は「物理的な」権力と「法律上の」権力の両方を意味するのである。それが曖昧なのは本質的である。すなわち、「力能 *potentia*」と「権能 *potestas*」が本質において対になる場合にのみ、正統な社会秩序は実現される保証が出てくるのである。国家機構はそれ自体、最大の人間的な強制力であるとともに最高の人間的な権威である。法律上の権力とは抵抗できない強制力のことである[37]。最大の人間的な強制力と最高の人間的な権威との必然による合致は、最も力強い情念（暴力死への恐怖）と最も神聖な権利（自己保存の権利）とに、厳密に必然として合致する。「力能 *potentia*」と「権能 *potestas*」は、いずれも「現実態 *actus*」との対比と関係づけにおいてのみ人間の知によって理解可能であるという点で共通している。人間の「力能 *potentia*」とは、人間は何をすることができるかのことであり、「権能 *potestas*」あるいはより一般的に言って人間の権利は、人間は何をすることが許されるかのことである。それゆえ「権力 power」への関心が優越することは「現実態 *actus*」への相対的な無関心の裏返しにすぎず、そしてこのことは人間の「物理的な」権力と「法律上の」権力が用いられる目的、用いられるべき目的への無関心を意味するものである。この無関心は、厳密ないし科学的な政治的教説へのホッブズの関心に直接遡ることができる。物理的な権力の健全な使用は、権利の健全な行使と同じく「思慮 *prudentia*」に依存するものであるが、「思慮 *prudentia*」の領域の内に属するすべてのものは正確さとは相容れないものである。正確さには二種類ある。数学的な正確さと法律上の正確さである。数学的な正確さの観点からみれば、「現実態 *actus*」の研究は目的の研究とともに、「力能 *potentia*」の研究に置き換えられる。利用という目的から分離されたものである「物理的な」権力は道徳的に中立的であり、それゆえその利用よりも数学的な厳密さを受け入れやすい。すなわち、権力は測定可能なのである。このことは、ホッブズを大きく

V. 近代のナチュラル・ライト

超えて権力への意思こそ実在の本質であると説明したニーチェが「力の量」という言葉で権力を考えたことを説明するものである。法律上の正確さの観点からみれば、目的の研究は「権能 *potestas*」の研究に置き換えられる[38]。行使とは区別されたものとしての主権者の権力は、予測不可能な状況への配慮が全くなかったとしても正確に定義することが出来るが、このような正確さは道徳的な中立性と不可分である。すなわち権利とは、名誉に値するものが何であるかとは区別された、許されるものが何であるかを言明するものなのである。目的とは区別された、実際に用いられ、あるいは用いられるべき権力は、正統な社会秩序が実現される保証が必要なときになされる地平の制限によって、政治的省察の中心的テーマとなるのである。

　ホッブズの政治的教理は、普遍的に適用できることを、したがってとりわけ極限のケースにおいても適用できることを目指すものであった。次の点は全くのところ古典的な主権の教理の誇るべきところと言ってよいだろう。すなわち、古典的な主権の教理は極限のケースに対してもなすべきことをなし、危機的な状況においても善きことを保つものであったが、他方で古典的な主権の教理を問題とみる人たちは、平時の範囲を越えたときの見通しがないことについて非難されている点である。したがってホッブズは自らの道徳の教理や政治的教理の全体を、極限のケースに関する観察のもとに構築した。それというのも彼が自然状態の教理の基礎とした経験とは、内乱の状態だったのである。すべての社会秩序が究極的に基づかなければならない確固たる基礎、すなわち人間の生における最も力強い強制力である暴力死への恐怖が眼前に現れるのは、社会組織が完全に崩壊されてしまった極限の状況においてである。しかしホッブズは、暴力死への恐怖こそ「日常的に」、あるいはほとんどの場合に、最も力強い強制力であることを認めなければならなかった。そうであるならば普遍的に適用できる政治的教理を可能にするものと想定された原理は、ホッブズの観点からみれば最も重要なケース——極限のケー

V. 近代のナチュラル・ライト

スにおいては普遍的な妥当性をもたず、それゆえ役に立たないことになる。まったく、極限の状況においては例外が優先される可能性を排除するなどということが、どうしてできるというのだろうか。[39]

　さらに明確に述べるならば、暴力死への恐怖の圧倒的な力に関するホッブズの主張が限定的に妥当なものにすぎないことを特に明瞭に示すように思われる二つの政治的に重要な現象がある。一つに、もし唯一の無条件的な道徳的事実とは個人の自己保存の権利のことであるならば、市民社会が出征と死刑のために自己保存の権利を放棄することを個人に要求するのはほぼ不可能であろう。死刑に関していえばホッブズは、正当に、法律に則って死刑判決を受けた者も、「自らを襲う者」に抵抗することで自らの生命を守る権利を失わないと主張し、首尾一貫性を保った。すなわち、正当に判決を受けた殺人犯は、生き延びるために、逃げ道に立ちはだかる看守ほかすべての者を殺す権利をなお保持している——否、獲得する——というのである[40]。しかしホッブズはこのことを認めることによって、実際には政府の権利と個人の自己保存の自然権との間に解決不可能な対立が存在することを認めたのである。この対立は、自己保存の権利の絶対的な優越性から死刑廃止の必然性を導き出したベッカリアによって、ホッブズの文章には反するものながらその精神のうちに解決された。戦争に関しては、内乱が勃発した際に「逃げ出した最初の者」だったことを誇らしげに宣言したホッブズは、完全に一貫して「自然本性における臆病心は許容されなければならない」ことを認めていた。そして彼は、まるでローマの狼のような精神に自らがどこまで反対するつもりでいるのかを完全に明らかにすることを望んでいるかのように、次のように続けて言う。「軍隊が戦う時、一方に、あるいは双方に逃げ出す者がいる。しかし彼らが裏切りからではなく恐怖から逃亡するときには、正しくないことによってではなく不名誉によってそうしているのだとみなされる。[41]」しかし彼はこのことを認めることによって、国防の道徳的基礎を破壊した。ホッブズの政治哲学の精神を保持しながらこの

V. 近代のナチュラル・ライト

困難を解決するには、戦争の廃絶か世界国家の設立しかない。

　ホッブズ自身も非常に鋭く反応し、そして彼が克服のためにすべての努力を費やした彼の基本的な想定に対する唯一の根本的な反論がある。多くの場合、暴力死への恐怖は地獄の火の恐怖や神への恐怖よりも強制力において弱いことが明らかにだったのである。この困難は『リヴァイアサン』において二つの全く異なったくだりにおいて詳しく描写されている。第一のくだりではホッブズは、力に対する人間の恐怖（すなわち暴力死への恐怖）は「一般的に」、「見えない霊魂」の力への恐怖よりも、すなわち宗教よりも大きいと述べている。第二のくだりではホッブズは、「暗闇と霊に対する恐怖は他の恐怖よりも大きい」と述べている[42]。ホッブズはこの矛盾を解決する道を次の仕方に見た。すなわち、見えない力への恐怖は人々が見えない力を信じる限りにおいては、つまり人々が実在の真の性格についての妄想の呪縛の下にある限りにおいては暴力死への恐怖よりも強いが、人々が啓蒙されてしまえば直ちに暴力死への恐怖は十分にその本来の力を発揮するようになる、というのである。このことは、ホッブズによって示された枠組み全体が、見えない力への恐怖を弱めることが出来ることを、あるいはむしろ除去することの出来る方向づけを必要とすることを暗に意味するものである。それは、科学的な知識が普及したり大衆が啓蒙されたりすることでなされる世界の脱魔術化によってもたらされるような、根本的な方向転換を必要とするのである。ホッブズの教理とは、社会的問題や政治的な問題の解決法として、完全に「啓蒙された」社会を、すなわち非宗教的な社会や無神論的な社会の設立を、必然的かつ明確に示した最初の教理である。ホッブズの教理におけるこの最も重要な含意は、ホッブズが死んでから間もなく無神論的な社会が可能であることを証明しようとしたピエル・ベールによって明らかにされた。[43]

　そうであるならば、ホッブズの教理が持っていた首尾一貫性は、もっぱら大衆の啓蒙への見通しによって獲得されたものである。彼が啓蒙に

V. 近代のナチュラル・ライト

期待した効能は全くのところ異常といえるほどのものであった。彼が言うには、野心や貪欲さの力は正・不正に関する大衆の誤ったオピニオンに基づくものである。それゆえ、ひとたび正義の原理が数学的な確実性をもって知られるならば、野心と貪欲さは力を失い、人類は永遠なる平和を享受することになるだろう。それというのも、正義の原理に関する数学的知識（すなわちナチュラル・ライトの新しい教理とそれに基づいて打ち立てられた新しい自然公法）は、もし大衆がその数学的知識の成果によって教化されることがないのならば、明らかに大衆の誤ったオピニオンを破壊することができないからである。プラトンは、哲学者が王にならないならば、あるいは哲学と政治権力が合致しないならば、各々の都市国家から悪がなくなることはないだろうと述べた。彼は、自然本性において死に至る運命にあることが合理的に期待されるような救済策を、支配されることのなく、願ったり祈ったりすることしかできない哲学との合致に期待したのである。他方でホッブズは、哲学それ自体が一般化されて世論となることで、哲学と政治権力の合致をもたらすことが出来ると確信していた。システマティックな哲学がシステマティックな啓蒙のうちで問題化されることによって、運命は征服されることであろう。「大衆は徐々に教育されるのである *paulatim eruditur vulgus*[44]」。哲学は正統な制度を考案し市民を啓蒙することで社会的問題の解決を保証するが、その解決は道徳の修練に依存するものとみなされる場合には、人間によって保証されることは出来ないのである。

　古典思想家たちの「ユートピア的な理想主義」に反対して、ホッブズは実現が可能であり確実でさえあるような社会秩序に関心を持った。それが実現される保証は、健全な社会秩序が人間のもつ最も力強い情念とともに最も強い強制力を基盤にしているという事実によって与えられているように思われた。しかし、もし暴力死への恐怖が真に人間における最も強い強制力であるならば、そのような社会秩序は自然のもつ必然性によって、つまり自然の秩序によって生み出されるものであろうから、

V. 近代のナチュラル・ライト

望ましい社会秩序は常に、あるいはほとんど常に、存在するものと期待してよいだろう。ホッブズはこの困難を、人間は愚かであるから自然の秩序を妨げるものだと想定することで克服している。正統な社会秩序は、その秩序について人間が無知であるために、通常は自然のもつ必然性によってもたらされることはない。「見えざる手」は『リヴァイアサン』によって——あるいはお望みならば『国富論』によって——支えられることがなければ無力なままである。

　ホッブズの理論哲学と実践哲学の間には、注目すべき一致と、それ以上に注目すべき不一致が存在している。その哲学の両部分において彼は、理性が無力であること、理性は全能であること、あるいは理性は無力であるがゆえに全能であることを説いている。理性は、理性やヒューマニティが宇宙のいかなる支えも持たないがために、無力なのである。すなわち、宇宙とは人間の知によっては理解できないものであり、自然は人間と「分離している」のである。しかし宇宙が人間の知によっては理解できないものであるというまさにその事実は、理性に対してその自由な構成物に安んじて満足することを許し、作用するためのアルキメデス的な土台をその構成物を通して確立させ、そして自然の征服における無限の進歩を予見させたのである。理性は情念に対して無力だが、しかしそれが最も強力な情念と共になって作用するならば、あるいはそれが最も強力な情念に奉仕するならば、理性は万能になることができる。そうであるならばホッブズの合理主義は、究極的には自然の親切のおかげで、最も強力な情念とは「永続的で大きな社会の起源」となりうる唯一の情念であるという考えや、最も力強い情念は最も合理的な情念であるという考えに基づいていることになるのである。人間的な事柄の場合、その基礎は自由な構成物などではなく、人間に対する最も力強い自然の強制力である。人間的な事柄の場合、我々は単に自らが作ったものを理解するだけでなく、自らの作る行動やこれから作り出すものをも理解するのである。哲学や自然科学が根本的に仮説でありつづけるのに対し

て、政治哲学は人間の本性についての仮説的でない知に基づくものである[45]。ホッブズのアプローチが優勢である限り「人間の諸事に関わる哲学」は自然の最後の避難所であり続けるだろう。それというのも、いくつかの点において自然はそこで傾聴の場を得ることに成功するからである。人間が「世界を変化させる」ことができるとか「自然を押し戻す」ことができるといった近代の主張は道理に合わないものではない。我々は間違いなく自然を大きく超えて進むことができるし、人間は干し草用の熊手で自然をほっぽり出すことができるとさえ言うことができる。あの哲学的詩人が付け加えた「それでもいつもそれは戻ってくるだろう *tamen usque recurret*」という言葉を忘れた場合にのみ、我々は理性的であることを止めるのである。

B. ロック

一見したところ、ロックはホッブズのナチュラル・ローの観念を全面的に斥け、伝統的な教説のほうに追随しているかのようにみえる。しかしたしかに彼は人間のナチュラル・ライト（自然権）をあたかも「自然法 law of nature」に由来するものであるかのように述べ、したがってまた彼は「自然法」を語の厳密な意味での「法律」として述べているのである。「自然法」は、人間が自然状態に生きているか市民社会に生きているかとは関係なく、人間としての人間に完全な義務を課す。「自然法はすべての人間に対して永遠の規則として存立している」のであり、なぜならそれは「すべての理性的生物にとって平明かつ理解可能なもの」だからである。それは「理性の法」と同一である。それは「自然の光によって知ることの出来るものであり、実定的な啓示の助けなしに知ることの出来るものである。」ロックは「自然法」ないし道徳法が論証科学の域にまで高められることは全くのところ可能だと考えている。その科学は

V. 近代のナチュラル・ライト

「自明の諸命題から出発し、必然的な帰結によって……正・不正の基準」を立証することだろう。かくして人間は「理性の原理から自然法となることを証明する倫理の体系、生におけるあらゆる義務を説く倫理学の体系」、「『自然法』の完全な体系」、「完全な道徳」、我々に「自然法」を「完全に」与えてくれる一つの「法典」を、精巧に作り上げることができるようになるのである。この法典は、とりわけ自然の刑法なるものを含むものとなるだろう[46]。しかしロックは、そのような法典を精巧に作り上げることに関しては真剣に努力しなかった。彼がこの偉大な企画に乗り出すことができなかったのは、神学によって示された問題のせいであった。[47]

「自然法」とは神の意志の表明である。それは人間の内なる「神の声」である。それゆえ、それは「神の法 law of God」とか「神法 divine law」とか「永遠法 eternal law」とさえ呼ばれうるものである。それは「至高の法」である。それが神の法である理由は、事実においてそうであるというだけではいけない。それが法であるためには、神の法であることが知られていなければならないのである。そのような知がなければ、人間は道徳的に行動することなどできない。なぜなら「道徳性の真の根拠となり得るのは……神の意志と法だけだからである。」神の存在と属性は論証することが可能であるから、「自然法」もまた論証されうるものである。このような神法は理性の内で、あるいは理性によってのみならず、啓示によっても同じく公布される。事実としてそれがはじめて完全な形で人間に知られるようになったのは啓示によってであるが、理性はこのように啓示された神法を確固たるものとする。このことは、神は人間に対して純粋な実定法を啓示しなかったという意味ではない。すなわち、人間としての人間を義務づける理性の法と、キリスト教徒を義務づける福音のうちに啓示された法との区別は、ロックによっても維持されていたのである。[48]

「自然法」と啓示された法との関係についてロックが述べていること

V. 近代のナチュラル・ライト

が困難から逃れられているかどうかを考えてみることもできるだろう。しかしそれがどうであれ、彼の教説は、より根本的かつ明白な困難に、まさに「自然法」という考えそれ自体を危険に陥らせると思われるような困難にさらされているのである。彼は一方では、それが一つの法律であるためには、神によって与えられていること、また神によって与えられたことが知られていなければならないだけでなく、加えてその制裁として神による「来世における無限の重みと持続性をもつ賞罰」をもたなければならない、と述べる。しかしながら他方では、来世が存在することは理性によって証明できるものではない、とも述べている。啓示を通してのみ我々は、「自然法」の制裁や「道徳的方正の唯一の真なる試金石」を知るというのである。それゆえ自然的理性は、「自然法」を一つの法律としては知ることができない[49]。このことは、厳密な意味での自然的な「法律」は存在しないということを意味するものだろう。

この困難は「神の誠実さこそ神が啓示したことが真理であると証明する」という事実によって明白に克服される[50]。つまり、自然的理性は人間の魂が永遠に生きるものであろうことを証明することは全くできないのである。しかし自然的理性は、新約聖書が啓示を完全に記録した文書であることを証明することはできる。そして新約聖書は人間の魂が永遠に生きるであろうことを説いているのだから、自然的理性は道徳性の真の根拠を証明することができるし、それとともに真の法律としての「自然法」の尊厳を確立することができるのである。

新約聖書が啓示を記録した文書であることを証明することで、イエスの公布した法が語の正確な意味での「法律」であると証明される。この神法は理性と完全に一致するものであると証明される。この神法は、「自然法」を絶対的に包括的で、完全に定式化したものであることが証明されるのである。かくして我々は、裸の理性は「自然法」を完全な姿で発見することはできないが、啓示から学んだ理性は新約聖書の中に記された法が完全に理性的な性格をもつことを認知できることを理解するよう

V. 近代のナチュラル・ライト

になる。新約聖書の教説と他のすべての道徳的な教説とを比較することで、「自然法」の全体が新約聖書において、また新約聖書においてのみ得られることが明らかになる。「自然法」の全体は新約聖書においてのみ得られるのであり、そして完全な明晰さと平明さにおいて得られるのは新約聖書においてのみである。[51]

「自然法」の全体の、したがってまたその一部の「最も確実で、最も安全かつ効果的な教え方」が「インスパイアされた書物」によって与えられているものならば、とりわけ統治に関する完全かつ完璧に明快なナチュラル・ローの教説は、聖書からの、とくに新約聖書からの引用句を適当にアレンジしたものの構成物となるだろう。したがってロックは「聖書のうちにある適当な言葉の引用からなる政治学」を書いたのではないかと、ある人はそのように予想することだろう。しかし実際には、彼は『政府二論』を書いたのである。彼のなしたことは、彼の言ったことと著しく対照的である。彼自身は「人間の行動は自らの思想の最良の解釈者であると常に考えていた。[52]」もし我々がこの規則をおそらく彼のなした最大の行動と思われるものに適用するならば、我々は、彼が統治に関する厳密に聖書的なナチュラル・ローの教説へと向かう道すがらにおいて、何らかの隠れた障害に直面したのではないか、とそのように疑わざるを得なくなる。彼は、聖書が啓示的な性格を持つことについて証明するための障害となる困難や、新約聖書における法と「自然法」とを同一にみるための障害となる困難に、あるいはその両方に気づいてしまったのかもしれない。

ロックはこれらの困難について詳しく論じようとはしなかった。彼は慎重な著述家だったのである。しかしながら彼が慎重な著述家として一般に知られているという事実は、彼の慎重さが際立ったものであったということであり、それゆえおそらくその慎重さのおかげで通常理解されているところの彼の思想とは実際には異なっていたことを示している。いずれにせよロックが慎重であったと述べる学者らも、「慎重」という言

葉が様々な現象を示すものであるということを、またロックが慎重であることについての信頼のおける解釈者はロック本人しかいないということを、いつでも考慮しているわけではない。とりわけ今日の学者は、彼らの観点からすればまさに不適当とみなされる手順も、他の時代の異なるタイプの人からすれば全く異論の余地のないものとみなされうるという可能性を考慮しないものである。

　慎重さとは一種の高貴な恐れのことである。「慎重」が理論に対して用いられるときには、実践ないし政治に対して用いられるときとは何か異なったものを意味する。理論家は、自らが用いる様々な論拠の価値をそれぞれの場合において明らかにすることなしには、あるいは何らかの関連する事実を押さえこんだりすれば、慎重な人とは呼ばれないだろう。このような意味で慎重な実務家は、慎重さに欠けるとみなされて非難されるかもしれない。極端なほど関連をもつ事実のなかには、もしそれが強調されるならば、大衆の情念を燃やし、かくしてまたその事実の賢明な処置を妨げることになるものもある。慎重な政治的著述家は、その大義に対して一般の好意が向けられることが期待されうるような仕方で、それを述べることだろう。彼は、社会のかなりの部分が「その分裂を隠す」ための「ヴェールを取り除く」ようなことをすべて言及することは避けるだろう。慎重な理論家は先入見に訴えることを軽蔑するであろうが、それに対して慎重な実務家は、全うな先入見のすべてを自らの大義のために用いようとするだろう。「論理はいかなる妥協も認めない。政治の本質は妥協なのである。」このような精神により、ロックが『政府二論』において擁護した 1689 年の解決に対して責任のある政治家たちは行動したのであって、「彼らの主要人物が二百票を獲得し、次に結論が二百票以上を獲得しさえすれば、彼らの主要人物が自身らの結論に賛同するかどうかについてはさほど関心を持たなかった。[53]」ロックがその革命的な解決を擁護したときも彼は同じ精神のもとに行動していたのであり、可能な限り頻繁にフッカー——かつて生きていた人のなかで最も革

V. 近代のナチュラル・ライト

命的ではない人物の一人である——の権威に訴えた。彼はフッカーと部分的にでも一致しているものはすべて利用した。そして事実、押し黙ることによってフッカーとの部分的な不一致によって起こるかもしれない不都合は避けた。ものを書くことは行動することを意味すると考えていたため、彼は最も理論的な著作『人間知性論』を書くときも、それと全く異なる仕方では進めていなかった。「神を信じるすべての者、あるいは大多数の者は、神の存在の証明を吟味し明白に理解しようとするための苦難をなさず、あるいはそのためのスキルを持たないのであるから、私はそこ(『人間知性論』IV. 10. 7)で述べられている証明の弱点をさらす気にはならなかったのである。なぜならその証明によって神の信仰を強化した人もいるであろうし、彼らのうちに真の宗教的感情と道徳的感情を維持するにはそれで十分だからである。[54]」ロックはいつでも、ヴォルテールが彼をそのように呼ぶことを好んだように、「賢明なるロック」だったのである。

ロックは『キリスト教の合理性』のいくつかの節において、慎重さについての自らの見解を最も入念に説明した。古代の哲学者たちに触れながら、彼は次のように言う。「人類のうちにおいて理性的で思索的な人々は……神を求めたとき、唯一至高な見えざる神を発見した。しかし彼らが神を認めて崇拝するときには、ただ彼ら自身の心の内においてであった。彼らはこの真理をひとつの秘密として胸にしまい、決して人々には公表しようとはしなかった。ましてや僧侶たちには、つまり自らの教義や有益な考案物に対する用心深い守役たちの間には、公表などしなかった。」全くのところソクラテスは「彼らの多神教と誤った神についてのオピニオンに反対し、また一笑に付した。彼らがソクラテスにどのような報いを与えたかは周知のとおりである。プラトンと最も思慮分別のある哲学者たちが神の本性と存在についてどのように考えていたとしても、彼らが外向けに信仰告白と礼拝をなす場合には愚民とともになさねばならなかったし、また法によって確立された彼らの宗教を維持しなければ

V. 近代のナチュラル・ライト

ならなかった……。」ロックが古代の哲学者たちの行いを非難すべきものとみなした形跡はない。そのような行いは聖書のうちにある道徳とは両立し得ないものと考えられるかもしれない。しかしロックはそのようには考えなかったのである。ロックがイエスの「慎重さ」や「謙虚さ」、あるいは「自身を包み隠そうとする姿勢」について語るとき、彼はイエスが「自らに反対する目的で解釈されることのないように非常にあやふやな言葉」、「曖昧であやふやで、自らに反対するために利用されることのないような」言葉を用いたと述べ、またイエスは「ローマ総督に正しく、あるいは重要と思われるような告発の及ぶ範囲の外に身を置こうと」努めたと述べている。イエスは「自らの真意を複雑化して包み隠しており」、「そのような思慮深い態度や控え目な態度がなければ、彼のおかれていた状況は、なさんとしている仕事を達成することができないようなものだったのである……彼は自らの真意を複雑化して包み隠してしまったために、彼を理解することは容易ではなくなったのである。」もし彼がそれとは異なる行動に出ていたならば、ユダヤ人とローマ当局の者たちは「彼の生命を奪うか、少なくとも……彼がなさんとした仕事を妨げたことだろう。」加えてもし彼が慎重でなかったなら、彼は「暴動と騒乱を明らかにもたらす危険」を作り出していたであろう。「[彼が真理を伝道したことで]市民社会と世俗的統治体のうちに混乱を……起こす恐れについての余地が」十分にあっただろう[55]。そうであるならば我々は、ロックに従えば、もし制限なき率直さが、成し遂げようとしている気高き仕事の邪魔になったり、人を迫害したり、公共の平和を危険にさらしたりするのならば、慎重な言い方のほうが正統性をもつということが分かる。そして正統性をもつその慎重さは、外向けの信仰告白を愚民とともに行なうこと、曖昧な言葉を用いること、人が容易には理解できないほど自らの真意を複雑化して包み隠してしまうことと、完全に両立しうることになるのである。

しばらくの間、ロックは徹底した合理主義者であったと、つまり彼は

V. 近代のナチュラル・ライト

裸の理性こそ人間の「唯一の星であり羅針盤である[56]」とみなしていただけでなく、そのような理性こそ人間を幸福へと導くのに十分なものとみなし、したがって啓示を不必要であり、それゆえまた不可能なものであると考えて否定していたと、そのように仮定してみよう。そのような場合でさえ、彼がものを書いていた頃の状況では、自らの信条について次のように主張することを超えることはほとんど許されていなかったのである。すなわち、新約聖書の教説は啓示されたものであることが証明されているのだから、またそれが伝道されるときの行動の規則は理性の法の全体を最も完全なかたちで表しているのだから、自らはそれを真理として受け入れている、と。しかしながら、なぜ彼が『政府二論』を書き、「聖書のうちにある適当な言葉の引用からなる政治学」を書いたのではなかったかを理解するために、彼自身がいま述べた二つの主張が真理かどうかに関して疑問を抱いていたのではないかなどと想定する必要はない。彼が確固たる証明とみなそうとしていたものが、彼の読者すべてにとっても同じ光として現れるものか否かに関して、彼はいくらか疑問を抱いていたと想定すれば十分である。それというのも、もし彼がこの種の懸念を抱いていたならば、彼は自らの政治的な教説を、すなわち統治者と人民のもつ権利と義務に関する彼のナチュラル・ローの教説を、出来る限り聖書から独立させたものにせざるを得なかったからである。

ロックが、なぜ自身の読者のすべてが、新約聖書が啓示的な性格を持つことを確実に証明されているとみなすかどうかということに確信がもてなかったかについての理由を理解するためには、イエスこそ神の使いである証拠であるとロックが考えていたものを見るだけでよい。その証拠は「イエスがすべての種類の人々の前でなした数多くの奇跡」によって与えられている。ところで、この点において暗黙にスピノザに追随しているロックによれば、ある現象が超自然的であることを証明したとしても、その現象が奇跡であると証明したことにはならない。それというのも、ある現象が自然的要因によるのではないと証明するためには自然

V. 近代のナチュラル・ライト

の力の限界を知っていなければならないが、そのような知はほとんど得られそうにないからである。人間が神の使いであることを証明するものとされる現象が、その主張を反証するものとされる現象よりも強力であることを示せば十分なのである。かくして、奇跡と奇跡でないものとの明瞭な区別を確立しうるかどうか、あるいはロックの奇跡についての考えに基づいて論証的な議論ができるかどうかは、いまなお疑問のままなのかもしれない。いずれにせよ、奇跡を目の当たりにしていない人々に対して重みをもたせるためには、奇跡は十分に立証されていなければならないのである。旧約聖書の中にある奇跡は異教徒を納得させるほど十分には立証されてはいなかったが、イエスや使徒たちのなした奇跡は万人を納得させるほど十分に立証されていた。そうであるからこそ「[イエスの] 奇跡は……キリスト教のいかなる敵や反対者によっても決して否定されなかったし、否定することの出来るものでもなかった」のである[57]。このように並々ならぬほど大胆な発言が、ホッブズとスピノザと同時代にいた最も有能な人物の口から発せられたものであることは、特に驚くべきことである。もしロックが「あの非難されるべくして非難された」著述家たちをよく読んでいなかったことが確認されうるなら、おそらくロックの発言はさほど奇妙には見えなくなるだろう[58]。しかしホッブズとスピノザが奇跡の実在性を否定したことを、あるいは少なくともその確実性を否定したことを知るために、彼らをよく読んでいなければならないのだろうか。また、ロックがホッブズとスピノザの著作への親しみに欠けていたことは、この種の主題に関する 17 世紀後半の著述家としての彼の資格を大いに減らすことにならないだろうか。このこととは全く別物であるにせよ、もし新約聖書において報じられている奇跡を誰も否定しないならば、次にはすべての者がキリスト教徒だということになるであろう。なぜなら「奇跡が認められているところでは、その教理は否定することが出来ないからである。[59]」しかしロックは、敬虔なキリスト教徒ではないのに新約聖書に精通している人々がいること

V. 近代のナチュラル・ライト

を知っていた。すなわち、新約聖書の奇跡に関するロックの最も勢いのある発言がなされた著作である『キリスト教の合理性』は、彼の時代に際立って「数多く」存在した「理神論者のために主に企画された」ものだったのである[60]。ロックも認めるように、彼はその頃の自国に理神論者が存在することを知っていたのだから、聖書に基づく政治的教説は無条件の真理として普遍的に受け入れられるものではないだろうという事実に、少なくともかつての、我々が彼の著作の中に探しても無駄である非常に複雑な論拠なしには普遍的に受け入れられるものではないだろうという事実に、ロックは気づいていたはずなのである。

　この問題をより簡潔にいえば、次のように述べることかできる。すなわち、神の誠実さは、全くのところ神の啓示した命題の証明となるものである。しかし命題それ自体は「神が啓示したものとみなす我々の知に、その確実性の全てが依存している」、あるいは「我々の確信はその命題が神の啓示によるものであるという我々の知よりも大きなものとはならない。」そして少なくとも、伝統を通してのみ啓示を知るすべての人々に関していえば「この啓示が最初は神に由来するものであるとみなす我々の知は、我々が我々自身の観念の一致・不一致についての明瞭ではっきりした知覚から得る知よりも、決して確実なものとはならない。」したがって、人間の魂は永遠に生きるとする我々の確信は、信仰の領域に属するものであって、理性の領域に属するものではない[61]。しかしそのような確信がなければ「正・不正の正しい基準」は法律としての性格を持たないのであるから、そのような正しい基準は理性にとっての法律ではないのである。このことは、「自然法」なるものが存在しないことを意味することになるだろう。それゆえ、もし「自然の光によって知ることのできる、つまり実定的な啓示の助けなしに知ることのできる法律」が存在すべきならば、そのような法律は、それを構成する一連の規則が死後の生を、あるいは死後の生への信仰を前提として効力をもつようなものであってはならないのである。

Ⅴ．近代のナチュラル・ライト

　そのような規則は古典哲学者たちによって確立されたものである。その異教徒の哲学者たちは「理性をもって語り、彼らの倫理学のうちでは神性についてはさほど言及しなかった。」彼らは、徳とは「我々の自然本性の完成と卓越性のことであって、徳はそれ自体ひとつの褒賞であり、我々の名を後世に伝えるものであろう」と示したが、彼らは「徳が授けられない」もののままにした[62]。それというのも彼らは、現世における生においては見ることができず、死後の生が存在する場合にのみ保証されうるような徳と繁栄ないし幸福との必然的結合を示すことができなかったからである[63]。依然として、裸の理性の力では徳と繁栄ないし幸福との必然的結合を確立することは出来ないのだが、しかし古典哲学者たちは一種の繁栄ないし幸福と、徳の一種あるいは一部分との必然的結合を認めていたし、また実際にはすべての人がそれを認めているのである。全くのところ、「公共の福祉」や「人々の繁栄と現世の幸福」と「様々な道徳的規則」の一般的な順守との間には、目に見える結合が存在している。明らかに完全な「自然法」の一部であるこれらの規則は「きわめて広い範囲の人類から、彼らが道徳性の真の根拠を知っているか認めているかとは関係なく是認されうるのであり、そして道徳性の真の根拠でありうるのは、闇のうちに人々を見て、賞罰を手にし、また高慢な無法者を責めるのに十分な力をもつ神の意志と法律だけである。」しかし、たとえこれらの規則が「道徳性の真の根拠」とは分離されたものであるとしても、また実際にそうであるとしても、それらは「彼らの真の基礎」の上に立つものなのである。「［イエスに先立ち］到るところで必要性によって広められ、市民法によって規定され、あるいは哲学者たちによって推奨された正しい基準は、彼らの真の根底の上に立つものであった。それらは社会の紐帯であると、共同生活における便宜であると、称賛されるべき慣行であると、そのようにみられていた。[64]」完全な「自然法」の地位がロックの思想の中でいかに疑わしいものとなっていたにせよ、「政治的な幸福」――ひとつの「現世における人類の善」――が明白に

V. 近代のナチュラル・ライト

要求するものに限定された部分的な「自然法」は、確固として存在していたようにみえる。結局のところこの部分的な「自然法」だけが、理性の法として、また真の「自然法」として、ロックが認めることのできるものだったのである。

ここで我々は、とりあえず部分的な「自然法」と呼んでいるものと、新約聖書における法との関係を考察しなければならない。もし完全な「自然法」が新約聖書によって「過不足なく」与えられているならば、あるいは「自然法」の「すべての部分」が新約聖書の中に「明瞭で平明で、理解するのに容易な」かたちで示されているならば、新約聖書は人々が政治的な幸福のために従わなければならない「自然法」の規定に関する、とくに明瞭で平明な表現を含むものでなければならない[65]。ロックによれば「神の法と自然法」の規則の一つには、政府は「人民の財産に対して、彼ら自身や彼らの代表者による同意なしには課税してはならない」という主旨のものがある。ロックはこの規則を、聖書の明瞭で平明な言葉によって強固なものとしようと試みることすらしていない。ロックの理解における「自然法」を特徴づけるもう一つの重要な規則は、征服者のもつ被征服者の所有物に対する権利と権原の否定である。すなわち、たとえ正しい戦争においても、征服者は「被征服者の子孫から財産を収奪」してはならないのである。ロック自身、これが「奇妙な教理に思われるであろう」ことを、すなわち新奇な教理に思われるであろうことを認めている。実際にはそれとは反対の教理が、少なくともロックの教理と同じくらい聖書によって保証されているように思われる。彼は一度ならず「主なる者かつ士師なる者が判定者となる」というエフタの言葉を引用しているが、しかし彼はエフタの言葉が征服者の権利についての論争のコンテクストにおいてなされたものであるという事実には、また同じく征服者の権利に関するエフタの見解がロックのそれとは正反対であることには、触れることさえしていないのである[66]。二つの国家間の争いについて述べられたエフタの言葉は、ロックにおいては政府と人民と

V. 近代のナチュラル・ライト

の間の争いに関する「標準句 *locus classicus*」として用いられていると、そのように言いたくなる。このエフタの言葉は、ロックの教理の中では、彼がほとんど引用したことのないパウロの言葉「すべての魂をより高きところにある力に服させよ」に置き換わるものである。[67]

加えてロックの政治的な教説の成否は、政治社会の起源に関する彼のナチュラル・ローの教説にかかっている。後者の教説では、聖書が主に関わるところの政治社会の起源——ユダヤ国家の起源——こそ、非自然的なものである政治社会の唯一の起源であるから、聖書によって十分に基礎づけられることはできない[68]。さらにいえば、ロックの政治的な教説の全体は、自然状態が存在するとの想定に基づくものである。この想定は聖書とは全く異質なものである。次の事実がそのことを完全に明らかにしている。ロックが自身の教理を発表している論文である『政府二論・第二論文』では自然状態への明白な言及が数多くなされているが、ロックがフィルマーのいわゆる王権神授説についての聖書の教理を批判し、それゆえまた聖書の素材を『第二論文』よりも多く用いた『第一論文』において、私が間違っていなければ、自然状態は一箇所しか言及されていない[69]。聖書的な観点との区別において重要なのは、自然状態と市民社会の状態との区別ではなく、無垢の状態と堕落した後の状態との区別である。ロックの考える自然状態は、無垢の状態とも堕落した後の状態とも同じものではない。もし聖書の歴史のどこかにロックの自然状態のための場所があるとすれば、その自然状態は大洪水の後に、つまり堕落のずっと後に始まるものだろう。それというのも、神がノアとその息子たちに与えた認可より前には、人間は自己保存の自然権から帰結するところの肉を食べる自然権を持たなかったのであり、そして自然状態とは、いかなる人も「自然法のすべての権利と特権」を有する状態のことだからである[70]。ところで、もし自然状態が堕落のずっと後に始まるものだとすれば、自然状態は「堕落した人間の腐敗した状態」のすべての特徴を持つことになるのではないかと思われる。しかしながら実際に

V. 近代のナチュラル・ライト

は、それは黄金時代とは言わないまでも「貧しくとも有徳の時代」のことであり、「無垢と誠実さ」によって特徴づけられた時代のことである[71]。堕落それ自体とまさに同じく、堕落に対する罰もまた、ロックの政治的教理においていかなる重要性も持たなくなった。彼は、イヴに向けた神の呪いさえ、その呪いを「避けようと努めてはならない」義務を女性という性に課すものではないと主張している。すなわち、女性は「もしその救済策が見出され得るならば」出産の苦しみを避けることを許されているだろうと主張しているのである[721]。

　ロックのナチュラル・ローの教説と新約聖書の間にある緊張は、結婚とそれに関連するトピックについての彼の教説によって、おそらく最もよく示されることだろう[73]。『第一論文』で彼は、姦通、近親相姦、男色を罪として描写している。彼はそこで「それらが自然の主な意図に逆らっている」という事実からは独立した罪であることを示している。それゆえそれらが罪である理由は、主として「実定的な啓示」によるものではないかと疑わざるを得ない。後に彼は「自然において妻と妾とを区別するものは何であるか」という問いを発している。彼はこの問いに答えてはいないが、しかしそのコンテクストは、ナチュラル・ローがこの区別について沈黙していることを示している。そのうえ彼は、結婚してもよい相手とよくない相手との区別とは、もっぱら啓示された法に基づくものであると示している。彼は『第二論文』における夫婦関係をテーマとした議論において[74]、ナチュラル・ローに従えば、夫婦関係は必ずしも一生の間続くものではないことを明らかにしている。夫婦関係の目的（生殖と教育）は「人間の男女が他の生物よりも長く結びついていなければならない」ことを要求しているだけである、というのである。彼は「夫婦の結びつきは人間においては他の動物」よりも「永続」しなければならないと述べるだけに留まらない。その結びつきが「人間においては他の動物よりも強固である」ことを要求してもいる。しかしながら彼は、その結びつきがどれほど強固でなければならないかについては何も述べ

V. 近代のナチュラル・ライト

てはいない。たしかに一夫多妻制はナチュラル・ローと完全に両立する。ロックが人間の夫婦関係と獣の夫婦関係との違いについて述べていること——すなわち、前者は後者よりも「強固で永続的」であり、あるいはそうあるべきだということ——が、近親相姦に対するいかなる禁止をも要求するのではないということ、それゆえまた彼がそのような禁止について沈黙を保ったままであるということは、注目すべきことでもある。これらのすべてに合致させるべく、のちにロックは、ホッブズには完全に賛同してフッカーには完全に賛同しないかたちで、どのような「違反」が処罰に値し、どのような「違反」が処罰に値しないのかについての唯一の判定者は市民社会であると公言するのである。75

　夫婦関係に関するロックの教理は、両親と子供の権利と義務に関する彼の教説に自然と影響を与えるものである。彼は飽きることもなく「汝の両親を敬え」という言葉を引用する。しかし彼は、男女の法律上の結合とそうでない結合との聖書における区別を完全に黙殺することによって、聖書の命令に非聖書的な意味をもたらしている。さらに彼は、子供たちが両親に負うべき服従に関して、その義務は「子供の未成年期に限られる」と説いている。子供が成年に達した後にも両親が彼らの服従に対して「強い拘束力」を持つのだとすれば、それは単に「あれこれの子供の振舞いが自らの意思と機嫌に相応しいかどうかに応じて［自らの財産を］どのように分けるかは、通常は父親がもつ権力か、あるいは自由裁量である」という事実だけである。ロックの控え目な表現を引用すれば「これは子供たちの服従への少なからぬ拘束力である。」しかしたしかにそれはロックが明確に述べているように「自然的ではない拘束力」なのである。すなわち、成年に達した子供たちは自らの両親に従うためのいかなるナチュラル・ローの義務の下にもないのである。ロックはなおさら強く、子供たちの「両親を敬う永遠の義務」を主張する。この義務を「無効に出来るものはない」。それは「いつでも子供たちが両親に対して負うべきものである」。ロックはそのような永遠の義務のナチュラ

V. 近代のナチュラル・ライト

ル・ローにおける基礎を、両親が子供らを生んだという事実のうちに見出している。しかしながら彼は、もし両親が自分らの子供に「不自然にも無関心」であるならば、彼らは「おそらく」「『汝の両親を敬え』という命令に含まれる義務の多くに」対する権利を失うで「あろう」ことを認めている。彼はこれを超えて先に進む。『第二論文』において彼は、「単に子を生む行為」は子供たちから敬われるべきだと主張する資格を両親に与えるものではないと指摘している。「子供から義務としての敬意を払われることによって両親は、尊敬、畏敬、支持、および従順さを要求する恒久的な権利をもつことになるが、それはまた多かれ少なかれ、父親が自らの子供の教育に示した配慮、費用、および親切さの大小によって左右される。[76]」そこから生じることは、もし父親の配慮、費用、親切がゼロであったならば、彼が尊敬されることを要求する権利もまたゼロになるということである。「汝の父と母を敬え」という定言命法は「もし汝の父と母が汝の尊敬に値するならば、彼らを敬え」という仮言命法となるのである。

ロックの「部分的な自然法」は、新約聖書や聖書一般の明瞭で平明な教説と同じものではない、と述べて間違いないと我々は考える。もし「自然法」の「すべての部分」が新約聖書の中に明瞭で平明なかたちで述べられているとするならば、ロックの「部分的な自然法」は全くのところ「自然法」に属するものではないという結論になる。この結論は次のような考察によっても支持される。すなわち、「自然法」が語の適切な意味での法律であるためには、「自然法」は神によって与えられたものであることが知られなければならない。しかし「部分的な自然法」は、神への信仰を必要とするものではない。「部分的な自然法」は、人民の一人が市民ないし文明人となるために満たさなければならない条件の囲いを線引きするものである。ところで中国人は「偉大で市民的な人民」であり、シャム人も「文明化された人民」ではあるが、中国人もシャム人も「神の観念や知を持たない[77]。」そうであるならば「部分的な自然法」は、語

V. 近代のナチュラル・ライト

の適切な意味における法律ではないことになるのである。[78]

かくして我々は、ロックは語の適切な意味におけるいかなる「自然法」も認めることができなかった、という結論に達する。この結論は、一般に彼の教理、とりわけ『第二論文』の教理と考えられているものとショッキングなほど正反対のものである。『第二論文』の検討に向かう前に、我々は読者に次のような事実について考えて頂きたい。すなわち、ロックの教説についてこれまで受け入れられていた解釈は、非論理的な「欠点と矛盾にロックは満ちている[79]」という結論に達するものだが、そのようなものは彼ほどの肩書きと冷静さを持った人物であれば当然気づくほどきわめて明白なことである、と我々は付け加える。さらに一般に受け入れられている解釈は、結局のところロックの慎重さを、少なくとも人が容易に理解できないほど自らの真意を複雑化して包み隠したり、外向けの信仰告白において愚民に同調したりすることと両立しうるような慎重さを、完全に無視することに基づいている。とりわけこれまで受け入れられていた解釈は、『政府二論』のもつ性格に十分に注意を払ってはいない。それは『政府二論』がロックの政治的教理の哲学的表現を含むものであることをいくらか想定してはいるが、実際にはそれに反して、その「市民的」表現を含んでいるだけなのである。『政府二論』の中で、哲学者たちにではなくイギリス人たちに向かって語っているのは、哲学者としてのロックというよりは、イギリス人としてのロックなのである[80]。この著作における議論が一般に受け入れられているオピニオンに部分的に基づき、またある程度は聖書の原理にさえ基づいているのは、このような理由からである。「大部分の人たちは知ることができない、それゆえ彼らは信じなければならない」のであって、たとえ哲学が「数学のように、すべての部分を証明する科学として倫理を我々に与えたとしても……民に指針を与える最良のものは、依然として福音書の戒律と原理にあったのである。」[81]

しかしながら『政府二論』においてロックがどれほど伝統に追随して

V. 近代のナチュラル・ライト

いたとしても、その教説をフッカーやホッブズの教説と簡単に比較しただけでも、ロックが伝統的なナチュラル・ローの教説からかなり逸脱しており、ホッブズのもたらしたリードに追随していることが示される[82]。全くのところ、ロックがフッカーから離れたことを明確に記した箇所が『政府二論』において一文だけある。しかしこの一文は、根本的な逸脱に対する我々の注意をひくものである。フッカーを引用した後でロックは「しかしそれ以上に私は、すべての人間は本来的には［自然状態］にいると断言する」と述べている。かくして彼は、フッカーに従えば、いくらかの人が実際に、あるいは偶然に自然状態の中にいたことになることを示しているのである。実際に、フッカーは自然状態については何も語っていない。すなわち、自然状態の全ての教理は、フッカーの原理との、つまり伝統的なナチュラル・ローの教理の原理との断絶に基づくものなのである。ロックの自然状態についての観念は「自然状態においてはいかなる人も自然法を行使する力をもつ」という教理と不可分である。彼はこれと関連したコンテクストの中で、この教理は「奇妙なもの」、つまり新奇なものであると、二度にわたって述べている。[83]

ロックによれば、「自然法」を承認するには自然状態を承認することが必要であり、より特殊的には、自然状態において「すべての人が自然法の執行者たる……権利を有することを」承認することが必要とされる。しかしそれはなぜだろうか。「……人間の意思を規定すべきある種の善悪による強制を、人間の自由な行動に課せられる規則と結びつけることなく想定することは全くの無駄であるから、我々が法律を想定する場合はいつでも、その法律に何らかの賞罰を結びつけなければならない。」「自然法」が法律であるためには制裁をそなえていなければならないのである。伝統的な見解によれば、そのような制裁は良心のなす判定によって与えられるものであり、またそれは神の判定であった。ロックはこの見解を斥ける。彼によれば、良心のなす判定は神の判定とは程遠いものであり、良心は「我々自身の行動が道徳的に方正かそうでないかについて

V. 近代のナチュラル・ライト

の我々自身のオピニオン、我々自身の判定にすぎない。」あるいはロックが暗黙に追随しているホッブズを引用すれば「私的な良心は……私的なオピニオンにすぎない」のである。それゆえ、良心は指針にはなり得ないし、ましてや制裁の代わりになどなるものではない。あるいは、もし良心の裁きが我々の行動の道徳的性質についての正統なオピニオンと同じであるならば、それはそれ自体としては全くの無力である。「街を略奪している軍隊を眺めて、彼らが行なうすべての残虐行為に対して道徳原理が考えたものや感じたもの、あるいは良心が作用したものを見ていればよい。」もし現世における「自然法」の制裁があるべきならば、それらの制裁は人間によってなされなければならない。しかし市民社会において、市民社会を通してなされる「自然法」の「強制」は、人間の人為的な取り決めの結果となって現れるものである。それゆえ「自然法」は、もしそれが市民社会や政府に先立つ状態——自然状態——において効力をもたないならば、現世においても効力をもたず、したがって真の法律ではないだろう。自然状態においても、すべての人間は他の人間に対して十分に責任を負わなければならないのである。しかしながらこのことは、自然状態においてはすべての人が「自然法」の執行者としての権利をもつことを必要とする。「自然法は現世において人間に関係する他のすべての法律と同じく、自然状態においてその法律を執行する力を持つ者がいないのならば、無駄なものとなるだろう。」「自然法」は全くのところ神によって与えられたものであるが、しかしそれは神や良心によってではなく人間によって直接的に強制されるものであるから、神によって与えられたものとみなされることは、それが法律であるために必要なことではない。[84]

「自然法」は自然状態において効力をもたないのならば、真には法律であることができない。「自然法」は自然状態が平和の状態でないのならば、自然状態において効力を持つことができない。「自然法」はすべての人間に対して他の人間を「できる限り」保存せよという完全なる義務

V. 近代のナチュラル・ライト

を課すものであるが、しかしそれは「彼自身の保存が競合しない場合」に限るのである。もし自然状態が自己保存と他者保存との習慣的な葛藤を特徴とするものであるならば、「全人類の平和と保全への願い」である「自然法」は効力を失うことになるだろう。すなわち、より高い自己保存の要求は、他者に関心を払うための余地を残しはしないだろう。それゆえ自然状態とは「平和、善意、相互扶助、相互保全の状態」でなければならない。このことは自然状態が社会的な状態でなければならないことを意味する。自然状態においてすべての人間は「地上における共通の優越者」を持つことはないが、「自然法」によって「一つの社会を形成している」のである。自己保存のためには食べ物等の必需品が必要であるから、そしてそういったものの不足は争いの原因であるから、自然状態は豊かな状態でなければならない。「神は我々にすべての物を豊富に与えた。」「自然法」は知られていなければ法律であることができない。それは自然状態において知られていなければならず、それゆえ知られうるものでなければならないのである。[85]

とりわけ『政府二論・第二論文』の最初の数ページでこのような自然状態の姿を描き、あるいは示した後で、議論が進展するにつれてロックはそれを覆すことになる。一見したところ神や善きデーモンによって支配された黄金時代であるかのように見えるその自然状態は、文字通りの政府のない状態、「純粋な無政府状態」である。「堕落した人間たちの腐敗と悪徳がなければ」それは永遠に続いたことだろう。しかし不幸なことに「大部分」は「衡平と正義とを厳格に順守する者ではない。」他の理由はともかくとしてこの理由のために、自然状態は大きな「不都合」を抱えるのである。多くの「相互間の苦情、侵害、不正行為が、自然状態の人間には伴う。」自然状態においては「争いとトラブルが果てしなく続くことだろう。」それは「恐怖と絶え間なき危険に満ちたものである。」それは「病んだ状態である。」平和の状態からは程遠く、平和と平穏が確実でない状態である。市民社会こそ平和の状態であって、それに先立つ

状態は戦争状態なのである[86]。このことは、自然状態が豊かな状態でなく貧困の状態であるという事実の、原因か結果かのいずれかである。自然状態に生きる人々は「貧しい人々であって不幸な人々である。」豊かであるためには市民社会が必要なのである[87]。自然状態が「純粋な無政府状態」であるならば、それは社会的な状態にはなりそうもない。事実として、それは「社会の欠乏」によって特徴づけられる。「社会」と「市民社会」とは同意語である。自然状態は「放縦」である。それというのも「神が人間に植えつけた第一の最も強い欲求」は、他者への関心でも自らの子孫への関心でもなく、自己保存の欲求だからである。[88]

もし自然状態にある人々が「自然法」のもとにあるならば、自然状態は平和と善の状態ということになるだろう。しかし「誰も自らに公布されていない法律の下にいることはできない。」もし「自然法の命令」が「人間に随えつけられており」、あるいは「人類の心のうちに書き込まれていた」ならば、人間は自然状態において「自然法」を知っていたであろう。しかし、いかなる道徳律も「我々の心のうちに強く印象づけられ」たり、「[我々の]胸に書き込まれ」たり、「[我々の]心に刻印され」たり「植えつけられ」たりはしてはいない。いかなる道徳原理の「習慣 *habitus*」も「シュンデレーシス *synderesis*」すなわち良心も存在しないのだから、「自然法」についてのすべての知はひとえに学習によって得られるのである。すなわち、「自然法」を知るためには、「その法律の学徒」にならなければならないのである。「自然法」は証明を通してのみ知られるようになる。それゆえ問題は、人間は自然状態において「自然法」の学徒となり得るかどうかである。「人類の大部分は、証明のための余暇や能力を欲している。……そしてこのような仕方で日雇い労働者や職人、紡ぎ女や乳しぼり女といった人たちの誰しもが倫理学を完全に修めることを期待できるならば、彼らが完全なる数学者になることさえ十分期待できるだろう。」しかしイギリスの日雇い労働者は、アメリカ人の王様よりも暮らし向きがよく、そして「原初においては世界中がアメリカだった

V. 近代のナチュラル・ライト

のであり、今よりもそうだったのである。」「原初の時代」は、学びの習慣よりも「無頓着と見通しを持たない無垢」によって特徴づけられる[89]。人間が自然状態において生を営んでいた状態——「絶え間なき危険」と「欠乏」の状態——は、「自然法」を知ることを不可能にする。すなわち、「自然法」は自然状態においては公布されないのである。「自然法」は語の適切な意味における法律であるためには自然状態において公布されていなければならないのだから、再度我々は、「自然法」は語の適切な意味における法律ではないという結論に至らざるを得ないのである。[90]

そうであるならば、ロックの教理における「自然法」の位置づけとは何であろうか。その根拠は何であろうか。生まれながらの「心に義務として刻印された」ものである「自然法」の規則など、どこにも存在しない。このことは「実践的原理が当然とみなすような、絶え間なく我々のすべての行動に対して作用し、影響し続け、[そしてまた] すべての時代のすべての人間に確固として普遍的なものと観察されうるような」ものとしての「自然法」の規則などまったく存在しないという事実によって示される。しかしながら「自然は……人間のうちに幸福への欲求と不幸への嫌悪を植えつけていた。そしてこれは全くのところ生まれながらの実践的原理である。」この原理は普遍的に絶え間なく効力をもつものである。幸福への欲求と、それが引き起こす幸福の追求は、義務ではない。しかし「人々は……自らの幸福の追求を許されなければならない、否、妨げられてはならない。」幸福への欲求と幸福の追求は絶対的な権利、すなわち自然権である。そうであるならば、生まれながらの自然的な義務は存在しないものの、生まれながらの自然権は存在することになる。いかにしてこれが可能かを理解するためには、我々が先に引用した言葉を再び定式化するだけでよい。すなわち、幸福の追求は「妨げられてはならない」のだから、それはつまり権利であり、「許されなければならない」のである。ホッブズに従えば、それは基本的な道徳的事実として自己保存の権利を確立したが、それと同じ理由で幸福の追求はすべての義務に

V. 近代のナチュラル・ライト

先行する一つの権利なのである。すなわち、石が下に落ちるのと同じ自然の必然性によって、人間は自らの生命を暴力死から守るように促されるのだから、そのようにすることを認められなければならないのである。自然的義務とは区別されたナチュラル・ライト（自然権）は普遍的に効力を持つものであるから、自然状態においても効力を持つ。自然状態における人間は「自身の身柄と所有物に対する絶対的な主人である。[910]」「自然法」は生まれながらのものではないが、反対に自然権は生まれながらのものであるから、自然権は「自然法」よりも基本的であり、そして「自然法」の基礎なのである。

　幸福は生を前提とするものであるから、幸福への欲求と対立する場合には生命への欲求が優先される。このような理性の命令は、同時に自然本性における必然性である。「神が人間のうちに植えつけ、人間本性の原理そのものとして造った原初の最も強力な欲求とは、自己保存の欲求である。」あらゆる権利のうちで最も基本的なものは、自己保存の権利である。自然は人間のうちに「生命と存在を維持する強力な欲求」を植えつけたが、「人間の存在にとって必要で有用なもの」は何であるかを彼に教えるのは、人間の理性だけである。そして理性——あるいはむしろ、これから明らかにされる主題に適用される理性——とは、「自然法」のことである。理性は「自身と自らの生命の主人である人間が、それを維持するための手段に対する権利も有する」ことを教える。さらに理性は、すべての人間は自己保存の欲求に関して、したがってまた自己保存の権利に関して平等であるから、その他の点ではいかに自然本性において不平等かにかかわらず、決定的に重要な点においては平等であることを教えるのである[92]。このことからロックは、まさにホッブズと同じように、自然状態においてはすべての人間が自らの自己保存にとって有益な手段とは何であるかについての判定者であるという結論を導き、そしてこのことは、これもまたホッブズと同じように、自然状態においては「いかなる人間も自らが適切と考えることを行なうことを許されている」とい

V. 近代のナチュラル・ライト

う結論を導く[93]。それゆえ自然状態が「恐怖と絶え間なき危険に満ちている」ことは全く不思議ではない。しかし理性は、平和の状態を除けば生命は維持されないことを、ましてや享受されることなどないことを教える。すなわち、理性は平和を望んでいるのである。それゆえ理性は、平和に貢献するような行動方針が採られることを望む。したがって理性は「いかなる人間も他者に害を与えるべきではない」こと、他者に危害を加える者——それゆえ理性を否定する者——はすべての人間によって罰せられて然るべきこと、そして被害を受けた者は補償を受けることができることを示す。これらが『政府二論』の議論の基礎となっている「自然法」の基本的な規則である。すなわち「自然法」とは、人間の「相互的な安全の保障」ないしは人類の「平和と安全」に関する理性の命令の総体に他ならないのである。自然状態においてはすべての人間が自らの問題の判定者であるから、それゆえまた自然状態は「自然法」そのものから生じる絶え間なき争いによって特徴づけられるものであるから、自然状態は「耐えられない」状態である。その救済手段は、政府と市民社会しかない。したがって理性は、どのように市民社会が構築されなければならないか、またその権利と限界はいかなるものであるかを示す。そこにはひとつの理性的な公法、あるいは自然のコンスティテューション的な法律が存在する。そのような公法の原理とは、あらゆる社会や統治のもつ権力は自然本性において個々に属していた力に由来するものである、といったものである。実際に自己保存に関係した諸個人の契約——父親としての父親の契約や、神の定めた約束や、すべての個人の実際の意思から独立した人間の目的などではなく——が社会の権力全体を創り出す。すなわち「あらゆるコモンウェルスにおける至高の権力とは、社会の全構成員の権力が連なったものに他ならない。」[94]

そうであるならばロックのナチュラル・ローの教説は、ホッブズが述べたように、他者に対する人間の「保全と防衛に役立つものは何であるかに関する結論ないし定理に他ならない」ことを彼が認めたものと考え

Ⅴ．近代のナチュラル・ライト

ると、完全に理解することが出来るのである。そして他の解釈はこれまで述べてきたような困難にさらされるのだから、このように理解されなければならないのである。ロックの考えた「自然法」は、平和における条件を、より一般的に言えば「公共の福祉」ないし「すべての人々の繁栄」の条件を定式化したものである。それゆえ「自然法」のために存在するある種の制裁なるものが、現世において存在することになる。すなわち、「自然法」を無視することは公共における不幸と貧困とをもたらすのである。しかしこのような制裁は不完全なものである。「自然法」を普遍的に順守することは、全くのところ地上のすべての地域における永遠の平和と繁栄を保証することであろう。しかしながら、もしそのような普遍的な順守に失敗したとき、「自然法」に反している社会よりも「自然法」を順守している社会の方が、現世の幸福を享受することが少ないということも、十分に起こりうるのである。それというのも、国内外のいずれの諸事においても、勝利はつねに「正統な側」に味方するものではないからである。すなわち、「大盗賊は……現世における正義の弱々しい手にとって、あまりにも大きいのである。」しかしながら「自然法」を厳格に順守している者とそうでない者との間では、少なくとも前者のみが言行において一貫しうるという違いは残るのであって、前者のみが市民社会と盗賊の一団との間に根本的な相違があることを一貫して主張することができるのである。そしてこの根本的相違は、すべての社会とすべての政府が繰り返し訴えざるを得ないものなのである。一言でいえば、「自然法」は「自然の作品というよりはむしろ知性の産物」である。それは「かろうじて頭の中に」あるもの、つまり一つの「観念」であって、「事物それ自体の中に」あるものではない。このことが、倫理学が論証科学のランクにまで高められることが出来るといえる究極の理由なのである。[95]

　自然状態の位置づけを考慮することなしには「自然法」の位置づけを明らかにすることはできない。ロックはホッブズ以上に明確に、人間が

V. 近代のナチュラル・ライト

現実に自然状態のうちに生きていることを、あるいは自然状態が単なる仮説として想定されたものではないことを主張している[96]。これによって彼は、第一に人間は地上における共通の優越者に服従することなく現実に生き、あるいは生きることができると述べている。さらに彼は、そのような状態のうちに生きている人間のうちで「自然法」を学んだ人は、どのようにすれば自らの状態における不都合に対する救済策を得ることが出来るか、どのようにすれば公共の福祉のための基盤を敷くことが出来るかについて知ることだろうと述べている。しかし自然状態に生きながら「自然法」を知ることが出来るような人は、すでに市民社会に、あるいはむしろ理性が適切に発達させられた市民社会に生きたことのある人だけなのである。それゆえ自然状態において「自然法」の下にある人間とは、例えば未開のインディアンのことではなく、むしろアメリカのイギリス植民地に住むエリートのことだろう。もっとよい例を挙げれば、自らの社会が崩壊した後の世界にいる高度に文明化された人間のことだろう。このような見解をほんの少し進めれば、自然状態において「自然法」の下にある人間の最も明白な例とは、市民社会のうちに生きている人間のことであり、さらには自らが市民社会に正当に要求できるものは何であるかを熟考し、あるいはいかなる条件の下で市民的服従が合理的となるかを熟慮している人間のことである、という見解に到達する。かくして人々が地上におけるいかなる共通の優越者にも服従することなく、「自然法」にのみ服従している状態として理解されるところの自然状態がかつて実在したか否かということは、究極的には無意味なものとなるのである。[97]

ロックがホッブズの結論に反対するのは、ホッブズの「自然法」観に基づいてのことである。彼はホッブズの原理——自己保存の権利——が絶対的な政府を支持するものであるどころか、小さな政府（制限された政府）を必要とするものであることを示そうと試みている。自由、つまり「恣意的で絶対的な力からの自由」こそ、自己保存の「防壁」であ

る。それゆえ奴隷制は、死刑制度の代わりに用いられる場合を除けば、ナチュラル・ローに反するのである。自己保存の基本的権利と両立し得ないすべてのものは、したがってまた理性的な生物が自由な同意を与えることの出来ないすべてのものは、正しくはないのである。したがって市民社会や政府が暴力や征服によって正統に確立されることはあり得ない。「世界中のいかなる正統性をもつ政府も、これを成立させ、また成立させることができたのは」同意によるのである。同じ理由でロックは「一定の確立された法律なしに統治すること」と同様に、絶対君主制を、より正確にいえば「一人ないし多数の……絶対的で恣意的な権力[98]」を非難している。このように要求しているにもかかわらず、コモンウェルスはロックにとって、ホッブズにとってもそうであったように、依然として「強力なリヴァイアサン」であり続けている。すなわち、市民社会に参入するにおいて「人々は自らのもつすべての自然的な力を、参入しようとする社会に委ねる」のである。まさにホッブズがそうしたように、ロックも一度だけの契約を認めている。すなわち、すべての個人が同じ多数者集団における他のすべての個人と結んだ結合の契約とは、服従の契約と同じなのである。まさにホッブズがそうしたようにロックも、次のように説いている。基本的契約の効力によってすべての人間は「多数者の決定に服し、それに拘束されるという、社会のすべての人々に対する義務の下に自らを置くようになる。」それゆえ基本的契約は、無制限の民主制を直ちに樹立するものである。この原初的な民主制は多数決によって存続させることもできるし、他の政治形態に移行することもできる。それゆえ社会契約は、実際には社会というよりも「主権者」(ホッブズ)あるいは「最高の権力」(ロック)への服従の契約なのである[99]。ロックは「人民」や「共同体」、すなわち多数者が最高の権力を持つところならばいかなるところでも、彼らは設立された政府を「排除したり変更したりすることの出来る最高の権力」を残していると、つまり彼らは革命を起こす権利を持っていると、そのように説くことでホッブズに反対す

V. 近代のナチュラル・ライト

る[100]。しかしこの権力（それは通常は発動されない）は共同体や社会に対する個々の服従の義務に資格を与えることはない。反対にロックよりもホッブズの方が、個人の自己保存が侵害されたときにはいつでも社会や政府に抵抗する権利をもつことを強く述べていると述べた方が公平であろう。[101]

そうはいっても、ロックは自らの構築した強力なリヴァイアサンの方がホッブズのリヴァイアサンよりも個人の自己保存に対するより大きな保証を提供することを正当に主張してよいだろう。ホッブズが強く擁護し、ロックが否定しなかった組織化された社会に対する個人のもつ抵抗権は、個人の自己保存に対する保証において実際に効力をもつものではない[102]。純粋な無政府状態——すべての人間の自己保存が常に危険にある状態——に代わる唯一のものは「人々が自分らのもつすべての自然的な力を、参入しようとする社会に委ねる」ことであるから、個人の権利を守るために実際に効力を持つ唯一の保証とは、成員を抑圧できないように社会を構築することである。このように構築された社会や政府だけが正統性をもち、あるいはナチュラル・ローに合致している。そのような社会だけが、個人がもつ一切の自然的な力を譲渡することを正当に要求することができる。ロックに従えば、個人の権利にとっての制度的な保護装置における最良のものは、ほぼすべての国内の問題において執行力（それは強力でなければならない）を厳格に法律に、そして究極的には十分に規定された立法府に従属するようにしたコンステュテューションによって与えられる。立法府は「即席の命令や恣意的な命令」とは区別された法律を作るよう限定されなければならない。その構成員は人民によって選出されるが、任期はかなり短く、それゆえまた「彼ら自身、自らの作った法律に従わなければならない。」選挙システムは人の数と富の両方に配慮しなければならない[103]。それというのも、ロックは君主制や寡頭制における支配者によって個人の自己保存が脅かされるよりも多数者によって脅かされる方が問題は少ないと考えていたように思わ

れるが、個人の権利の保証人として多数者に無条件の信頼を置いていたとは述べることができないのである[104]。彼は、多数者をそのような保証人として述べていると思われる一節において、専制君主や寡頭制における支配者によって自己保存が脅かされ、それゆえ苦しめられている個人にとっての唯一最後の希望は多数者の態度のうちに残されている、と述べているのである。ロックは多数者の権力を、悪しき政府に対するチェック機能、専制的な政府に対する最後の対抗手段とみなしており、政府に代わりうるものとか政府と同じものとはみなしていない。彼は平等なるものが市民社会と両立することはないと考えていたのである。万人に平等に与えられた自己保存の権利は、より理性的な人物のもつ特別な権利を完全に消し去ることはない。それとは反対に、そのような特別な権利の行使は、万人の自己保存と幸福のために役立つものである。とりわけ自己保存と幸福は財産を必要とし、市民社会の目的は財産の保全にあると言うことができるのだから、社会の富裕層に対する貧困者の要求からの保護——あるいは勤勉で理性的な人々に対する怠惰で喧嘩好きな者からの保護——は、公共の福祉ないし共通善にとって本質的なことなのである。[105]

　ロックの政治的な教説においてほとんど文字通り中心的な部分である所有の教理は、たしかに最も特徴的な部分である[106]。それは彼の政治的教説を最も明白に、ホッブズの政治的教説からのみならず、伝統的な教説からも区別するものである。それは彼のナチュラル・ローの教説の一部であるため、その複雑さのすべてを共有している。それに特有の困難は、暫定的には次のように述べることができる。すなわち、所有権はナチュラル・ローについての一つの制度である。ナチュラル・ローは正しい専有のかたちと限界を定めている。人々は市民社会に先立って財産を所有しており、彼らは自然状態において獲得した財産を保持するために、あるいは保護するために、市民社会に参入する。しかし市民社会よりも前にではないにせよ、ひとたび市民社会が形成されると、所有に関する

V. 近代のナチュラル・ライト

ナチュラル・ローは効力を持たなくなってしまう。我々が「人為的な」財産とか「市民的な」財産と呼びうるもの——市民社会の中において所有される財産——は、ひとえに実定法にのみ基づくものである。しかし市民社会は市民的所有権の創造者ではあるが、その主人ではない。すなわち市民社会は、市民的所有権を尊重しなければならないのである。市民社会は、いうなれば自らの創り出したものに奉仕することのほかには役割をもたない。ロックは自然的所有権に、すなわち「至高の法」であるナチュラル・ローに基づいて、排他的に獲得され所有された財産よりも市民的所有こそ大きな尊厳があると主張している。そうであるならば、なぜロックは所有権が市民社会に先立つことをそれほどまで証明しようと努めたのだろうか。[107]

　財産に対する自然権は、自己保存の基本権の結果として現れたものである。つまりそれは、契約や社会的行動から派生したものではない。もし万人が自己を保存する自然権を有しているならば、その人は必然として自らの自己保存に必要なすべての物に対する権利を有していることになる。自己保存に必要なものは、ホッブズがそう信じていたと思われるナイフや鉄砲といったものよりも、むしろ食べ物である。食べ物は、それが食べられていた場合にのみ、すなわちそれが個人の排他的所有となるような仕方で専有されていた場合にのみ、自己保存に役立つ。そうであるならば、「他者を排除する私的支配」に対する自然権というものが存在することになる。食べ物に関して妥当することは「必要な変更を加えれば mutatis mutandis」自己保存に必要な、そればかりか快適な自己保存に必要な他のすべての物に関しても打倒する。それというのも人間は、自己保存の自然権だけでなく、幸福の追求の自然権もまた同様に有するからである。

　自らにとって有用なすべての物を専有する万人の持つ自然権は、人類の平和と保存と両立不可能ではないにせよ、制限されなければならないものである。そのような自然権は、既に他者によって専有されている物

V. 近代のナチュラル・ライト

を専有するすべての権利を除外しなければならない。他者が専有している物を取得すること、すなわち他者を侵害することは、ナチュラル・ローに反するのである。また、ナチュラル・ローは物乞いを推奨しない。必要性それ自体は財産の権原とはならないのである。説得も強制力と同様に財産の権原にはなりにくい。ある物を専有する唯一の信頼できる仕方は、事物を他者から取得するのではなく、直接「万物の共通の母」である自然から取得することである。それは誰のものでもなく、それゆえ誰でも取得できるものを取得することである。ある物を専有する唯一の信頼できる仕方は、その人自身の労働によるのである。すべての人間は自然本性において自身の身体についての排他的な所有者であり、したがって自らの身体の働きの、すなわち自らの労働の排他的な所有者である。それゆえもしある人が自らの労働を——それが単にいちごを摘む程度の労働であっても——まだ誰も所有者となっていない物に混ぜ合わせるとすれば、その物は彼の排他的所有と誰の所有物でもないものとの分離できない混合物となり、それゆえその人の排他的な財産となるのである。労働こそ、自然権と合致した所有の唯一の権原なのである。「人間は自身の主人であり、自身の身体とその行動ないし労働の所有者であることによって、自身のうちに所有権の大きな基礎を［持つ］。[108]」社会ではなく個人——利己心によってのみ駆り立てられる個人——こそが、所有権の創造者なのである。

　自然は「所有の基準」を定めた。すなわち、人が専有してもよいものにはナチュラル・ローによる制限があるのである。万人が労働によって専有できるのは、その人の自己保存にとって必要かつ有用である限りにおいてである。それゆえその人がとりわけ土地を専有してよいのは、その人が耕作や放牧に利用する限りにおいてである。もし彼がある種の物（a）を自らが利用しうる限度を越えて所有し、他の物（b）は利用しうる限度よりも少なく所有しているならば、彼は（a）と（b）とを交換することによって自らにとって有用なものとすることができるだろう。

V. 近代のナチュラル・ライト

したがって、それ自体が自らにとって有用であるものだけでなく、他の有用なものと交換することによって自らにとって有用となりうると思われるものを、誰しもは労働によって専有できるのである。人間は自らにとって有用なもの、あるいは有用となりうるものを自らの労働によって専有することができるが、その人が専有することで有用ではなくなってしまうものは専有することができない。その人は「それを駄目にしてしまう前に生において有利に利用することができる」限りにおいて専有することができるのである。それゆえ人間は「一週間で腐ってしまう」であろうプラムよりも「自らの食べ物として一年を通して状態のよいままである」ナッツの方をより多く蓄えることができるのである。金、銀、ダイヤモンドのような、決して駄目にならず、加えて「本当に有用」ではないものについては、人間は望むだけ「蓄える」ことができる。それというのも人間がナチュラル・ローに対して罪を犯したことになるのは、その人のなした労働（ないしは労働の産物の交換）によって専有したものの「大きさ」によるのではなく、「［その人の］所有物である何かを無益に消滅させてしまう」ことによるからである。それゆえ人間はきわめて消滅しにくく有用なものは、蓄えてよいことになるのである。長持ちして有用なものは、多分に蓄えてよいのである。金と銀は無限に蓄えてよいのである[109]。ナチュラル・ローの与える恐怖は欲深い人に対してではなく、浪費家に対して打ちつけられるものなのである。所有に関するナチュラル・ローは浪費の防止に関係するものである。人間は自らの労働によって物を専有する際に、もっぱら浪費を防ぐことを考えなければならない。ここでは他者について考えなければならないということはないのである。「人間は自らのために、神は我ら全体のために。*Chacun pour soi; Dieu pour nous tous*」[110]

これまで要約として述べてきた所有に関する「自然法」は、自然状態にのみ、あるいは自然状態のある段階にのみ当てはまるものである。それは「世界の最初の時代」や「原初において」行われていた「元来の自

V. 近代のナチュラル・ライト

然法」である[111]。それがそのような遠い昔に行なわれていたのは、当時の人々の生において必要とされていたからに他ならない。その「自然法」は他者の利益やニーズについて沈黙を保ったままでいることができたが、それは他者のニーズが「万物の共通の母」によって配慮されていたためである。一人の人間が自らの労働によってどれほど多く専有したとしても「他者に共通に、十分に同じくらい善きものが残されて」いたのである。原初の世界では人口がまばらであり、また「自然の食べ物も豊富」だったため、当時はこの元来の「自然法」は理性による命令だったのである[112]。このことは、初期の人々が彼らの共通の母によって雨のように注がれた裕福な状態に生きていたということを意味するのではない。それというのも、もしそれが事実だとすれば、人間はまさに原初から生活のために働くよう強いられることはなかっただろうし、また「自然法」があらゆる種類の浪費をそれほど厳しく禁じることもなかったはずだからである。自然が豊富であるということは、潜在的に豊富であるということにすぎない。「自然と大地は、それ自体としてはほとんど無価値な素材を与えるにすぎない。」それらは「どんぐり、水、葉、あるいは皮革」を、「パン、葡萄酒、衣服」とは区別された黄金時代やエデンの園の食べ物、飲物、衣類を与えるのである。自然の豊富さ、原初の時代の豊富さは、原初の時代においては決して現実における豊富さにはならなかった。それは現実には困窮の状態だったのである。これこそが事実であり、人間が自らの労働によってわずかに生活必需品よりも多くを、あるいは（快適な自己保存とは区別された）単なる自己保存のために絶対に必要なものよりも多くを専有することは、明らかに不可能だったのである。快適な自己保存のための自然権などは幻想にすぎなかったのである。しかしまさにこの理由により、すべての人は他者に関心を払うことなく、自らの自己保存に必要なものを労働によって専有することを強いられたのである。それというのも人間は「自らの保存が他者の保存と競合しない」場合に限り、他者の保存に関心を払うことを義務づけられ

— 255 —

V. 近代のナチュラル・ライト

るからである[113]。ロックは明らかに、原初の時代に獲得できる自然の食べ物が豊富であることを拠りどころにして、他者のニーズに関心を払うことなしに専有し、また所有しうる人間の自然権を正当化している。しかしそのような他者のニーズへの無関心は、貧困の状態のうちに人々が生きていたと仮定したとしても正当化することができる。そしてロックは元来の「自然法」が適用された人々が貧困の状態のうちに生きていたと述べているのだから、後者の仕方で正当化されなければならないのである。元来の「自然法」が（1）なぜ労働のみによる専有を命じたのか（2）なぜ浪費を禁止することを命じたのか（3）なぜ他の人間のニーズへの無関心を許したのか といったことの理由を説明するのは、世界の原初の時代に存在した貧困なのである。他者のニーズに対する関心をもたない専有は、人間が豊かな状態で生きているか貧困の状態で生きているかとは関係なく正当化されるのだから、それは端的に正当化されるのである。

ここで、かつて広められていた元来の「自然法」に置き換わった、所有権に関する「自然法」の形態、すなわち市民社会においては所有を規制する所有権に関する「自然法」の形態について考察してみよう。元来の「自然法」に従えば、人間は駄目になる前に利用できるものだけを自らの労働によって専有することができる。いまだ誰にも専有されてはいない他者にとっても同じくらい善きものが十分に残されているのだから、他の制限は必要ではないのである。元来の「自然法」によれば、金や銀といったものはそれ自体としては何の価値も持たないのだから、人間はそれらを望めば望むだけ自らの労働によって専有することができる[114]。市民社会においてはほとんどのものは専有されてしまっている。とりわけ土地は不足している。金と銀は稀少であるばかりでなく、貨幣の発明を通して「蓄えられるほどに価値あるもの」となってしまった[115]。それゆえ我々は、自然状態において存在していた制限よりもずっと厳しい制限を専有に対して課すための規則によって、元来の「自然法」が置

V. 近代のナチュラル・ライト

き代えられることを期待すべきなのである[116]。万人に同じくらい善きものはもはや十分には残されていないのだから、衡平であるためには、貧しい人が「困窮する」ことがないように、自らが利用できる限りのものを専有することのできる人間の自然権を、自らが必要とする分を専有することのできる権利へと制限されることが必要であると思われる。また金と銀はいまや計り知れないほど価値のあるものであるから、衡平であるためには、人が望むだけ金貨を蓄えるための自然権を放棄することが必要であると思われる。しかしロックは正反対のことを説いている。すなわち、市民社会よりも自然状態の方が専有の権利はより制限されていると述べているのである。自然状態において人々に享受されている一つの特権は、市民社会に生きる人々に対しては全くのところ否定されている。すなわち、労働はもはや所有の完全なる権原をつくり出さないというのである[117]。しかしこの喪失は、「原初の時代」が終わりを迎えた後に専有の権利が得た莫大なまでの獲得物のうちのごく一部にすぎない。市民社会における専有の権利は、ロックの元来の「自然法」においては制限されていた手かせから、完全に解放される。すなわち貨幣の導入とは「より大きな所有とその権利」の導入のことであり、いまや人々は「まったく加害者になることがなく、自らが利用できるものよりも多くを所有する[118]」ことができる。ロックは貨幣の発明が所有に革命をもたらした事実を強く主張してはいるが、ある人が望めば望むだけ多くの金銀を蓄えることのできる自然権がその革命によって影響を受けたという趣旨の発言は全くしていない。ナチュラル・ローによれば——またこの意味は道徳法によればということでもある——市民社会における人間は、あらゆる種類の財産を、とりわけ貨幣を自らの望むかぎり多く獲得することができる。そして競争者の間で、また競争者の利害において、平和を維持するための実定法が許す限りのあらゆる仕方で、それを手に入れることができるのである。浪費を禁止するナチュラル・ローでさえ、市民社会においてはもはや効力を持たないのである。[119]

V. 近代のナチュラル・ライト

　ロックは実在しない絶対的所有権に訴えることによって獲得欲の解放を正当化するなどという馬鹿げたことは行っていない。彼は擁護することのできる唯一の仕方で、獲得欲の開放を正当化している。すなわち彼は、それが共通善、公共の福祉、社会の現世における繁栄に役立つものであることを示しているのである。自然状態は貧困の状態であるため、自然状態においては獲得欲を制限することが必要とされた。市民社会は豊かな状態であるため、獲得欲の制限は安全に放棄されうるのである。「……［アメリカの］広大で実りの多い領地の王は、衣食住においてイギリスの日雇い労働者に劣る。[120]」イギリスの日雇い労働者は、自らの労働によって土地その他のものを専有する自然権を失ったことについて不平を述べる自然権すら持たない。すなわち、自然状態におけるいかなる権利と特権を行使しても、自らの働きによって得られる「生活」賃金によって築かれる富さえも、彼は得ることができないのである。貧しい人たちは獲得欲の解放によって窮乏するどころか、むしろ豊かになる。それというのも獲得欲の解放は全体の豊かさと両立するだけでなく、その原因でもあるからである。他者のニーズへの関心なき無制限の専有は、真の博愛なのである。

　労働は疑いもなく所有権の本源的権原を与えるものである。しかし労働はまた、ほぼすべての価値の源泉でもある。「労働は、我々が現世で享受する物の価値のほぼすべてをつくる。」市民社会においては、労働は所有に権原を与えることを止める。しかしそれは依然として、それがこれまで常にそうであったもの、つまり価値や富の源泉であり続ける。結局のところ労働は、所有の権原を創り出すものとしてではなく、富の源泉として重要なのである。そうであるならば、労働をもたらすものとは何であろうか。人々を働くことへと誘うものは何であろうか。人間は自らの欲求、自らの利己的な欲求によって、働くことへと誘われる。しかし人間が自らのありのままの自己保存にとって必要とするものはごく僅かであり、それゆえまた多くの仕事を必要としない。どんぐりを拾い、木

V．近代のナチュラル・ライト

からリンゴを獲るだけで十分なのである。現実における仕事——自然の自生的な賜物の改良——は、人間が自らの必要とするものだけでは満足しないことを前提とする。もし彼の視野が最初に拡げられていなければ、彼の欲求は拡がっていくことはないだろう。広い視野をもった人は「理性的な人」であり、そのような人は少数派なのである。さらにいえば現実における仕事は、人間が将来の便利さのために現在の仕事の辛さを喜んで耐えようとすること、またそれに耐えることが出来ることを前提とするが、「勤勉な人」は少数派なのである。「怠惰で分別のない人たち」のほうが「はるかに多くを占める」のである。それゆえ富の生産は、自発的によく働く勤勉で理性的な人たちがリードし、そして怠惰で分別のない人たちの利益になる場合には、彼らの意思に反して彼らに働くよう強制することを必要とするのである。他のいかなる理由によるのでもなく、単に自らが必要とするものだけでなく自らが利用できるものを手に入れるために自然の賜物を改良しようとよく働く人は、「人類に共通の蓄積を減らしてはおらず、むしろ増やしている。」彼は貧しい人に施しをなす人よりもはるかに人類にとっての偉大な恩人であって、施しをなす人は人類の共通の蓄積を増加させるどころか、むしろ減少させているのである。それにもましてである。自らが利用できる限りのものを専有することによって、勤勉で理性的な人は、荒地のままの「偉大なる世界の共有地」の範囲を減少させていく。彼らは「そのような囲い込み」を通して、怠惰で分別のない人に対してそうでない人たちよりもずっと熱心に働くよう強制する一種の欠乏状態を創り出し、かくして全ての人間の状態を改善することによって自らの状態を改善するのである。しかし現実の豊かさは、それぞれが自らの使用しうるよりも多くを専有するためのインセンティブを持つことがなければ、生み出されはしないだろう。勤勉で理性的な人でさえ、彼らの「所有への愛 *amor habendi*」が肥沃な土地や役に立つ動物、便利な家屋のような、それ自体として有用なものとは異なる対象を持つことができない限りは、初期の人間の特徴であっ

V. 近代のナチュラル・ライト

た活気のない怠惰へと逆戻りすることだろう。豊かさを創造するために必要な労働は、貨幣が存在しなければ存在することはないだろう。「自らの隣人たちの間で貨幣として使える何か、貨幣としての価値をもつ何かを発見すると、あなたはその人が自身の財産を増やしはじめる姿をみることになるだろう」、「自らの家族の使用する範囲とその消費分を満たす範囲を越えて。」そうであるならば労働は豊かさの必要条件ではあっても、その十分条件ではない。現実の豊かさを生み出す労働へのインセンティブは、貨幣の発明によって生まれる獲得欲——自らの使用できる以上に多くを持とうとする欲求——である。それに加えて貨幣が成果をもち始めたのは、ひとえに自然科学によってもたらされた発見と発明を通してであると、我々は言っておかなければならない。「自然を学ぶことは……非常に多くの費用をかけて病院や救貧院の設立者によって建てられた模範的な慈善事業のモニュメントよりも、人類にとって大きな利益をもたらしたといえるだろう。最初に……キニーネの価値とその正統な使用方法を世に広めた人は、病院を……建てた人よりも、多くの人を墓場から救ったのである。[121]」

もし政府の目的が「人民の平和、安全、および公共善」に他ならないのであれば、もし平和と安全が豊かさに不可欠の条件であり、また人民の公共善が豊かさと同じであれば、それゆえもし政府の目的が豊かさであるならば、もし豊かさが獲得欲の解放を必要とするならば、そしてもし報酬がそれを受けるに値する人に安全に所有されるものではなく、獲得欲が必然的に減退していくものであるならば——もしこれらのすべてが真実であるならば——市民社会の目的は「所有権の維持」であると結論づけることが出来る。「人々をコモンウェルスの内に結合させることと、自らを政府の下に置くことの偉大なる主だった目的とは、彼らの所有権の維持である。」この核心的な明言によってロックは、「事物の原初」すなわち自然状態において、その欲求が「簡素で貧しい生活の仕方」の範囲に限られていた「各人のわずかな所有という小さな範囲」を維持

するために人々は市民社会に参入するのだ、ということを意味しているのではない。人々が社会に参入するのは、彼らの財産を維持するためというよりは、むしろ増加させるためである。市民社会によって「維持される」べき所有権とは「静的な」所有権——父から相続し、子供たちへと引き継いでいく小さな農場——ではなく、「動的な」所有権である。ロックの思想は、マディソンの次の言葉のうちに完全に表現されている。「[所有権の獲得についての異なった不平等な能力]の保護は、政府の第一の目的である。」[122]

政府や社会の目的は所有権の維持あるいは不平等な獲得能力の保護であると述べることと、ロックのように所有権は社会に先立つものであると述べることとは、まったく異なっており、まったく余計なことであるとすら思われる。しかしロックは、所有権は市民社会に先立つと述べることで、市民的所有——実定法に基づいて私有されている所有——でさえ、決定的な点で社会から独立していると、それは社会の創造物ではないと、そのように述べているのである。「人間」すなわち個人が「いまなお自身のうちに所有の大いなる根拠」を有している。所有は個人によって、様々な個人によって様々に生み出される。市民社会は単に個人が自らの生産的─獲得的な活動を妨害されることなく追求できるための条件を創り出すにすぎないのである。

ロックの所有についての教理は「資本主義精神」の古典的な教理であると、あるいは公共政策の主要目的に関する教理であると考えれば、今日においても率直に理解することができる。19世紀以降、ロックの読者らは、なぜ彼が「自然法の用法」を用いたのか、あるいはなぜ自らの教理をナチュラル・ローの用いる語法によって表現したのかを理解することを困難に感じるようになった。しかし公共の福祉が獲得能力の解放と保護を必要とすることは、結局のところ、自らの望む限り多くの貨幣その他の富を蓄積することは正統かつ正しいことであると、すなわち内在的に正しいこと、自然本性において正しいことであるということになる。

V. 近代のナチュラル・ライト

そして自然本性において正しいか正しくないかを絶対的な条件や明白な条件の下に我々が区別することを可能にする規則は「自然法の命題」と呼ばれていた。後の世代のロックの後継者たちは、ロックが当然とはみなさなかったことを当然とみなしたため、もはや「自然法の用法」は必要ではないと信じたのである。すなわちロックは、富の無制限な獲得が正しくないことではないことを、道徳的に不正ではないことを、証明しなければならないことであると考えていたのである。

ロックの時代のほとんどの人は富の無制限の獲得は正しくないとか道徳的に不正であるといった旧来の見解に執着していたため、後世の者が進歩に拍手喝采を送り、自身を褒め称えるきっかけと見たにすぎないところを問題と見ることは、彼にとっては全くのところ容易なことであった。このことはまた、ロックが所有についての教理を述べる際に「真意を複雑化して包み隠し、容易には理解できないようにし」、あるいはできるだけ「愚民とともに」歩んだことの理由を説明するものでもある。それゆえ彼は、読者大衆から自らの所有についての教理の革命的な性格を覆い隠しながらも、それを十分なほど明瞭に示している。彼はときおり旧来の見解に触れ、それを明らかに是認しながらも、次のようなことを行なっている。すなわち彼は、「より大きな占有とその権利」が、必要とする「よりも多くを持とうとする人間の欲求」すなわち「貪欲さ」の増大とか、「有害なる所有への愛 *amor sceleratus habendi*」によって導入されたものであることを突き止めたのである。同様に彼は、「黄色い小さな金属のかけら」や「きらめく小石」のことを軽蔑して語っている[123]。しかし直ちに彼はこのような「愚かなこと *niaiseries*」を止める。すなわち、貪欲や強欲は適切に導きさえすれば、本質において悪や愚かであるどころか「模範的な慈善」よりもずっと有益で合理的なものとなるというのが、ロックが所有権について述べた章の基調となっているのである。市民社会を利己心やある種の「私的な悪徳」という「低次ではあるが強固な基盤」の上に築くことによって、自然においては「付与されて

V. 近代のナチュラル・ライト

いない」徳に無益な訴えをなすよりもずっと大きな「公共善」を達成することになるだろう。人間は自らの針路を、人間がどう生きるべきかによってではなく、どう生きているかによって見定めなければならない。ロックは「我々が享受すべきすべての物を豊富に与えた神」という言葉を引用し、また「神の祝福は［人間の上に］その寛容なる手によって惜し気もなく注がれている」が、しかし「自然と大地はそれ自体としてはほとんど価値のない素材しか与えていない」と語っている[124]。彼は、神こそ「全世界の唯一の主であり所有者」であって、人間は神の所有物であり「神の創ったものにおける人間の所有権とは、神によって与えられたものを使用する自由に他ならない」と述べている。しかし彼はまた「人間は自然状態において自らの身体と財産に対する絶対的な主人［である］」とも述べている[125]。彼は「自らの豊富な財産の中から兄弟にいかなる救援物資を送ることもしないで兄弟を破滅させることは、常に資産家にとっての一つの罪であろう」と述べている。しかし所有についてのテーマ的な議論においては、慈善のいかなる義務についても沈黙を保っている。[126]

　ロックの所有の教説、それとともに彼の政治哲学全体は、聖書的な伝統に関してのみならず、哲学的な伝統に関しても同様に革命的である。人間――人間の目的とは区別されたものとしての人間――が道徳世界の中心あるいは源泉となったため、自然的義務から自然権へと力点がシフトすることによって、個人、自我が、道徳世界の中心となり源泉となったのである。ロックの所有についての教理は、ホッブズの政治哲学よりも、このラディカルな変革についてのいっそう「進んだ」表現である。ロックによれば、自然ではなく人間が、自然の賜物ではなく人間の仕事が、ほぼすべての価値あるものの源泉なのである。すなわち、人間がもつほぼすべての価値あるものは、人間そのものの努力の賜物なのである。自然への従順な感謝と意識的な服従や模倣ではなく、希望にみちた自信と創造性こそ、人間の気高さを示す指標となるのである。人間は自然の

V. 近代のナチュラル・ライト

拘束から効果的に解放され、それとともに個人は、偶然にではあっても必然として恩恵をもたらし、したがって最も強力な社会的紐帯となりうる自らの生産的獲得欲が解放されることによって、あらゆる同意や契約に先立つ社会的拘束から解放されるのである。すなわち欲求の抑制は、その効果が人道的な一つのメカニズムに置き換わるのである。そしてそのような解放は、人為的なものの典型、すなわち貨幣という媒介を通して達成された。人間の創造力が最高の支配力を発揮しているように思われる世界とは、実際には自然の規則を人為的な規則によって置き換えた世界のことである。それから先は、自然はそれ自体としては価値のない素材を与えるだけであり、その形相は人間によって、人間の自由な創造によって与えられるのである。それというのも、自然的形相とか知的「本質」といったものは存在しないからである。すなわち「抽象的観念」は「知性それ自体の用途のために知性によって作られた考案物であり創造物」なのである。知性と科学は、貨幣によって最高の努力へと駆り立てられた人間の労働が生の素材に「与えるもの」と同一の関係にある。それゆえ知性の自然的原理なるものは存在しない。すなわち、すべての知はすでに獲得されたものなのである。すなわちまた、すべての知は労働に依存するのであり、また労働そのものなのである。[127]

ロックは快楽主義者である。「本来、善いか悪いかとは快か苦かということにすぎない。」しかし彼のそれは特殊な快楽主義である。すなわち、最大の快楽を享受することに「最大の幸福がある」のではなく「最大の快楽を生み出すものを持つことにある」というのである。このような言葉が述べられている章が、図らずも『人間知性論』の中で「権力 Power」というタイトルを与えられている最も長い章であることは、全くのところ偶然ではない。それというのもホッブズのいうように「人間の権力は……ある未来の明白な利益を得るための現在の手段である」ならば、最大の幸福は最大の権力に存するというのが、まさしくロックが述べていることだからである。知ることの出来る自然などは存在しない

のだから、我々が自然本性に従った快楽と自然本性に反した快楽とを、あるいは自然本性において高級な快楽と低級な快楽とを区別するときの拠りどころとなりうるような人間の自然本性も存在しないのである。すなわち、快苦は「人が異なれば……異なるもの」なのである。それゆえ「古典哲学者たちは、最高善 summum bonum が富に存するのか、身体の喜びに存するのか、徳に存するのか、観想的な生に存するのかと、空しく問い続けた」のである。「最高善 summum bonum 」が存在しない場合には「最高悪 summum malum 」も存在しないのであれば、人間は生にとっての星と羅針盤を全く持たないことになるだろう。「欲求は常に邪悪なものによって、それから逃れるために動かされる。[128]」最も強い欲求とは、自己保存の欲求である。最も強い欲求が尻込みする邪悪とは、死である。そうであるならば死は最大の邪悪でなければならない。すなわち、自然の甘美な生ではなく死への恐怖こそが、我々を生に執着させるのである。自然が確固として築き上げているものは、欲求がそこから動き始めるところ、つまりは欲求の出発点であり、欲求が向かうところの目標とは二次的なものである。第一次的なものの事実とは、欠乏である。しかしこの欠乏、この不足は、もはや完全な何か、完璧な何か、全体的な何かを指向しているものとは理解されない。生の必需品は、もはや完璧な生あるいは善き生のための必需品としては理解されず、単に不可欠のものであると理解される。それゆえ欠乏の充当は、もはや善き生の要求によって制限されることはなく、目的を持たないものとなる。欲求の目標は自然によって、ただ否定的に――苦痛の否定として――規定されることになる。人間の努力を導き出すものは、多かれ少なかれ漠然と期待されるところの快楽ではない。「人間を勤労と行動に駆り立てるところの、唯一のではないとしても主だった拍車とは、不安である。」苦痛の自然における優位は、苦痛を否定しようとする積極的な働きそれ自体ですら苦痛に満ちたものであるほど、きわめて強大なものである。苦痛を除去する苦痛とは、すなわち労働である[129]。人間に対してあらゆ

V. 近代のナチュラル・ライト

る権利のうちで最も重要なものを本来的に与えるものは、この苦痛であり、したがって一つの欠陥である。すなわち、メリットや徳ではなく苦難や欠陥こそが、権利を生じさせるのである。ホッブズは理性的な生を、恐怖に対する恐怖によって、つまり我々を恐怖から救うための恐怖によって支配される生と同一視した。ロックも同一の精神によって動かされており、理性的な生を、苦痛を救うための苦痛によって支配されている生と同一視したのである。労働は自然を模倣するアート（技術）に置き換わる。それというのも労働とは、ヘーゲルの言葉を用いれば、自然に向けた否定的な態度のことだからである。人間の努力の出発点は不幸であり、自然状態は不幸な状態である。幸福へと向かう仕方とは、自然状態から脱する運動、自然から離れる運動のことである。すなわち自然の否定は、幸福へと向かうためになされるものなのである。そしてもし幸福に向かう運動が自由の実現のことであるならば、自由は否定のことになる。まさに第一次的な苦痛それ自体と同じく、苦痛を救うための苦痛は「死においてのみ終止符を打つ。」それゆえ純粋な快楽なるものは存在しないのだから、一方での強力なリヴァイアサンとしての市民社会ないし強制的な社会と、他方での善き生との間には、必然的な緊張関係といったものは存在しないのである。すなわち、快楽主義は功利主義、あるいは政治的快楽主義となるのである。苦痛からの苦痛に満ちた解放は、最大の快楽においてというよりは、むしろ「最大の快楽を生み出すものを所持することにおいて」頂点に達する。生とは喜びへの喜びなき探究、ということになるのである。

注

1 *Elements of Law*, Ep. ded.; I, 1, sec. 1; 13, sec. 3, and 17, sec. 1. *De corpore*, Ep. ded.; *De cive*, Ep. ded. and praef; *Opera Latina*, I, p. xc. *Leviathan*, chaps. xxxi (241) and xlvi (438).『リヴァイアサン』の引用において、括弧内の数字は

Ⅴ．近代のナチュラル・ライト

Blackwell's Political Texts 版のページを示している。

2 *De cive*, praef., and Ⅻ, 3; *Opera Latina*, Ⅴ, 358-59.

3 *Elements*, Ep. ded.; *Leviathan*, chaps. xv (94-95), xxvi (172), xxxi (241), and xlvi (437-38).

4 *De cive*, Ⅰ, 2; *Leviathan*, chap. vi (33). ホッブズは快楽よりも自己保存をより強調して語っており、そのため彼はエピクロス派よりもストア派に近いようにも思われる。ホッブズが自己保存を強調する理由は、快楽は「現象」であってその基礎をなす実在は「運動にすぎない」のに対し、自己保存は「現象」の領域に属するだけでなく「運動」の領域にも属するためである（Spinoza, *Ethics*, Ⅲ, 9 schol. and 11 schol. を参照せよ）。そうであるからホッブズの自己保存の強調は、彼の自然観ないし自然学観に起因し、それゆえ一見すると同じであるかのように見えるストア派の見解とは全くのところ異なった動機を有しているのである。

5 *Thoughts on French Affairs*, in *Works of Edmund Burke* ("Bohn's Standard Library," Vol. Ⅲ), p. 377.

6 *Leviathan*, chap. xlvi (438); *English Works*, Ⅶ, 346.

7 ホッブズがデカルトの第一『省察』の命題に同意していたことを参照せよ。

8 *Elements*, Ep. ded. and Ⅰ, 13, sec. 4; *De cive*, Ep. ded.; *Leviathan*, chap. xi (68); cf. Spinoza, *Ethics*, Ⅰ, Appendix.

9 *English Works*, Ⅶ, 179 ff.; *De homine*, Ⅹ, 4-5; *De cive*, ⅩⅦ, 4, and ⅩⅦ, 28; *De corpore*, ⅩⅩⅤ, 1; *Elements*, ed . Toennies, p. 168. デカルトの『省察』への第四の反論である。ホッブズの科学についての見解が晒されるところの困難は、彼が述べているように、あらゆる哲学ないし科学は「経験」（*De cive*, ⅩⅦ, 12）から始めつつ「帰結を織りなす」（*Leviathan*, chap. ⅸ）ものであるという事実によって、すなわち、哲学や科学は実際にあるものに対して究極的に依存するのであり、構築されたものに対してではないという事実によって示される。ホッブズは、純粋に構築的ないし論証的な本来の科学（数学、運動学、政治学）と、それよりも低い地位にある自然学（*De corpore*, ⅩⅩⅤ, 1;

V. 近代のナチュラル・ライト

De homine, X, 5) とを区別することで、この困難を解決しようとした。この解決策は新たな困難を生み出した。なぜなら、政治学は自然学の一部である人間の自然本性についての科学的研究を前提とするからである (*Leviathan*, chap. ix in both versions; *De homine*, Ep. ded.; *De corpore*, VI, 6)。ホッブズは明らかに、この新たな困難を次のような仕方で解決しようとした。すなわち、政治学的な現象の原因は、より一般的な現象（運動の自然本性、生物の自然本性、人間の自然本性）からそれらの原因へと下降すること、そして経験によって万人に知られている政治学的な現象からそれと同じ原因へと上昇することの二つによって、認識することができるとしたのである (De corpore, VI, 7)。少なくともホッブズは、政治学が「論証」とは異なったものとしての「経験」に基づくものであると、あるいは「経験」からなるのであると、強く主張したのである (*De homine*, Ep. ded.; *De cive*, praef.; *Leviathan*, Introd. and chap. xxxii, beginning)。

10 　対立する陣営に属してはいるものの精神的には同族である二人の著述家からの引用が説明に役立つであろう。フリードリヒ・エンゲルスの『ルートヴィヒ・フォイエルバッハとドイツ古典哲学の終焉』に次のような一節がある。「［弁証法的な哲学］の前には、絶え間なき生成と消滅のプロセス、低次のものから高次のものへの絶え間なき上昇のプロセスの他には、存続するものは何もない。……ここで我々は、このような考えが完全に今日の自然科学の立場と合致するかどうかを問う必要は全くなく、それは地球の存在自体が終わりを迎える可能性、また人間が住めることが終わりを迎えるであろうことをかなり確定的に予測しており、人類の歴史には上昇だけではなく下降もあることもまた認めている。いずれにせよ我々はまだこの分岐点からかなり遠いところにいる」。J・J・バハオーフェンの『タナクイルの言葉』の中には次のような一節が見られる。「東洋人は自然の立場に敬意を払い、西洋人はそれを歴史の立場に置き換えた。……このように神的な理念を人間的な理念のもとに従属させることにおいて、以前の崇高な立場からの堕落における最後の段階が認められよう。……そしてこのような下落は、非常に重要な進

歩へと向かう萌芽をなお含むものである。なぜなら、宇宙 - 自然的な生命観の締めつけのような束縛からの我々の精神の解放のすべては、そのようにみなされるべきものだからである。……気にしがちなエトルリア人が自らの種族には限りがあると考えているとき、ローマ人は自らの国家が永遠であることを喜んでいたのであって、それを疑うことは全くのところできなかった。」

11 *De corpore*, I, 6. 実践の優位を選び取り、思弁や理論の優位を放棄したことは、プラトン主義とエピクロス主義が戦いを起こした地平を放棄したことの必然的帰結である。それというのもプラトン主義とエピクロス主義の綜合は、理解することとは作ることであるという見解に命運がかかっているからである。

12 Aristotle, *Nicomachean Ethics*, 1141a20–22; *De cive*, praef.; *Opera Latina*, IV, 487–88 を参照せよ。哲学において唯一重要なものは政治哲学である。

13 Bacon, *Advancement of Learning* ("Everyman's Library" ed.), pp. 70–71 を参照せよ。

14 *De cive*, Ep. ded.

15 *Ibid.*, II, 1.

16 『リヴァイアサン』の副題(『コモンウェルスの素材、形態、力』)においては、その目的は言及されていない。ホッブズが『市民権』への序文において自らのメソッドについて述べているものを見よ。彼は、自らが起源から目的を演繹したと主張している。しかしながら実際には、彼は目的を当然視している。それというのも彼は、目的(平和)を考慮しながら人間の自然本性と人間の諸事を分析することによって起源を見出しているからである。(*De cive*, I, 1 と *Leviathan*, chap. xi の冒頭を参照せよ)。同様に、ホッブズは「ライト」すなわち正義の分析において、一般に受けいれられている正義の見解を当然とみなしている(*De cive*, Ep. ded.)。

17 *Elements*, Ep. ded.

18 *Ibid.*, I, 14, sec. 6; *De cive*, Ep. ded., I, 7, and III, 31; *Leviathan*, chaps. xiv (92)

V. 近代のナチュラル・ライト

and xxvii (197). 我々は、今日における道徳的な向きを決定する際の探偵小説の役割を理解するためには、ここから出発しなければならないだろう。

19 *De cive*, II, 10 end, 18-19; III, 14, 21, 27 and annot., 33; VI, 13; XIV, 3; *Leviathan*, chaps. xiv (84, 86-87), xxi (142-43), xxviii (202), and xxxii (243).

20 Otto von Gierke, *The Development of Political Theory* (New York. 1939), pp. 108, 322, 352 を参照せよ。また J. N. Figgis, *The Divine Right of Kings* (2nd ed.; Cambridge: At the University Press, 1934), pp. 221-23 を参照せよ。カントにとって、なぜ道徳哲学が義務論と呼ばれて権利論とは呼ばれないのかは、すでに疑問であった (*Metaphysik der Sitten*, ed. Vorlaender, p. 45 を見よ)。

21 *Thoughts on French Affairs*, p. 367.

22 *De cive*, VI, 5-7; *Leviathan*, chaps. xviii (113) and xxviii (202-3).

23 *De cive*, praef.: 「(自然状態と呼ばれるところの) 市民社会を除く人間の状態」。Locke, *Treatise of Civil Government*, II, sect. 15 を参照せよ。この言葉の本当の意味を確認するためには Aristotle, *Physics* 246a10-17; Cicero, *Offices* i. 67; *De finibus* iii. 16. 20; *Laws* iii. 3 (また *De cive*, III, 25) を参照せよ。古典理論に従えば、自然状態とは健全な市民社会における生のことであり、市民社会よりも前にある生のことではない。全くのところコンヴェンショナリストたちは、市民社会が人為的であるとか人工的であると主張したのだが、そのことは市民社会の価値を低下させてしまうことを意味した。コンヴェンショナリストのほとんどは、市民社会よりも前にある生と自然状態とを同一視しない。すなわち、彼らは自然に従った生を、人間的達成の生（哲学者の生であれ、僭主の生であれ）と同一視するのである。それゆえ自然に従った生は市民社会よりも前にある原始の状態においては不可能である。他方、自然に従った生すなわち自然状態と市民社会よりも前にある生とを同一視するコンヴェンショナリストは、自然状態を市民社会よりも好ましい状態とみなす。(Montaigne, *Essais*, II, 12, *Chronique des lettres françaises*, III, 311 を参照せよ)。ホッブズの自然状態の観念は、自然的目的、すなわち「最

V. 近代のナチュラル・ライト

高善 *Summum Bonum*」の存在を否定するため、古典的見解とコンヴェンショナリズムの見解の両方を斥けることを前提としている。それゆえ彼は自然的生を「原初」すなわち最も本源的な欲求に支配された生と同一視する。また同時に彼は、この原初には欠陥があり、その欠陥は市民社会によって修繕されると考えた。そうであるならば、コンヴェンショナリズムによれば市民社会と自然的なるものとの間には緊張が存在するのに対し、ホッブズによれば両者の間には何の緊張も存在しないことになる。したがって、コンヴェンショナリズムによれば自然に従った生は市民社会よりも優れているが、ホッブズによれば劣るのである。加えて述べれば、コンヴェンショナリズムは必ずしも平等主義ではないが、他方でホッブズの立場は平等主義を必要とする。トマス・アクィナスによれば、「自然法状態 *Status legis naturae*」は人間がモーゼの法の掲示よりも前に生きている状態である（*Summa theologica* i, 2. qu. 102. *a*. 3 ad 12）。それは異教徒が生きている状態であり、それゆえそれは一つの市民社会の状態である（Suarez, *Tr. de legibus*, I, 3, sec. 12; III, 11［「純粋な自然の中で、あるいは異国の中で」］; III, 12［「もし純粋な自然状態にあるならば、そこでは真の神が自然に崇拝されている」］を参照せよ）。また、グロティウスの『戦争と平和の法』5, sec. 15. 2 では「自然状態」を「キリスト教的法状態」と対比させており、グロティウスが［iii. 7, sec. 1］「人間の行為の前に、あるいは原始的な自然状態において」と述べるとき、彼は「原始的」という言葉を付け加えることによって、自然状態そのものは「人間の行為の前」にはなく、したがってまた本質的に市民社会よりも前にはないことを示している。しかしながら、もし人間の法が人間の堕落の結果とみなされるのであれば、「自然法状態」は人間が自然法にのみ従っており、いまだいかなる人間の法にも従っていない状態ということになる（Wyclif, *De civili dominio*, II, 13, ed. Poole, p. 154）。ホッブズの自然状態という概念の前史を理解するには、スアレスの前掲書（II, 17, sec. 9）に伝えられたソートーの教理もまた参照せよ。

24 *De cive*, I, 9; III, 13; *Leviathan*, chaps. xv（100）and xlvi（448）.

Ⅴ. 近代のナチュラル・ライト

25 *De cive*, VI, 19; XIV, 1 and 17; *Leviathan*, chap. xxvi (180); Sir Robert Filmer, *Observations concerning the Original of Government* の序文もまた参照せよ。

26 *Elements*, I, 17, sec. 1; *De cive*, Ep. ded.; III, 3-6, 29, 32; VI, 16; XII, 1; XIV, 9-10, 17; XVII, 10; XVIII, 3; *De homine* XIII, 9; *Leviathan*, chaps. xiv (92), xv (96, 97, 98, 104), and xxvi (186).

27 「節制は道徳的な徳というよりも、むしろ強欲な本性から生じた悪徳(それによって害を受けるのは都市よりもその人自身である)の欠乏(である)」(*De homine*, XIII, 9)。この観点から「私的に悪徳な公的利益」という観点まではあと一歩である。

28 1791年6月1日付リヴァロールへの手紙。

29 *De cive*, I, 2, 5, 7; XIII, 4-6; *Leviathan*, chaps. xi (63-64) and xiii end; *De corpore*, I, 6.

30 *Leviathan*, chap. xxx, ラテン語版の第三、第四パラグラフ。*De cive*, IX, 3; X, 2 beginning, and 5; XI, 4 end; XII, 8 end; XIV, 4; Malebranche, *Traité de morale*, ed. Joly, p. 214 もまた参照せよ。通常の意味におけるナチュラル・ローと自然公法との間には次のような相違がある。すなわち、自然公法とそれが主題とするもの(コモンウェルス)は一つのファンダメンタルな虚構であり、主権者の意思は万人の意思であり各人の意思であるとか、主権者は万人を代表するとともに各人を代表するといった虚構に基づいているといった点である(*De cive*, V, 6, 9, 11; VII, 14)。実際には主権者の意思と個々人の意思、つまり唯一自然なる意思との間には本質的な不一致が存するのだが、しかし主権者の意思は万人の意思であり個々人の意思であると「みなされなければならない」。すなわち、主権者に服従するということは、まさしく主権者の意思するところを行うということを意味するのであり、私の意思するところを行うということを意味するのではないのである。たとえ私の理性が習慣的に主権者の意思するところを私も意思するよう命じるのだとしても、このような理性的な意思は必ずしも完全なる私の意思、実際の私の意思、あるいは明白なる私の意思とは同じものではないのである(*Elements*, II, 9, sec. 1 に

おける「暗黙の意思」への言及を参照せよ。*De cive*, XII, 2 もまた参照せよ）。そうであるならばホッブズの前提に基づけば、「代理制 representation」は便宜的なものではなく、本質的に必要なものである。

31 Fr. J. Stahl, *Geschichte der Rechtsphilosophie* (2d ed.), p. 325 を参照せよ。「政治学（ナチュラル・ライト）と政治的技術（特にいわゆる政治的政策）は二つの全く異なった科学的知識であるというのが新しい時代の特徴である。このような分離は、この時代の科学を支配する精神のなせる業である。エートスは理性の内に求められるが、しかし理性は諸事や自然の成果に対しては何ら力をもたない。外面的な関係を要求したり強要したりするものは理性とは全く一致せず、理性に対して敵対的に振る舞う。それゆえエートスを考慮することは国家の倫理に関わる問題ではない」。Grotius, *De jure belli*, Prolegomena. sec. 57 を参照せよ。

32 *De cive*, praef. の最後にかけて論じられる、一方における最良の統治形態の問題と、他方における主権者の権利の問題とが全く異なった事情のものであるという議論を参照せよ。

33 *De cive*, VII, 2-4; XII, 4-5; *Leviathan*, chap. xxix (216). しかしながら *De cive*, XII, 1 and 3 における正統な王と正統でない統治者への言及を見よ。*De cive*, VI, 13 の最後と VII, 14 は、ホッブズが理解したナチュラル・ローが王政と僭主制とを客観的に区別するための根拠を与えるものであることを示している。*Ibid.* XII, 7 と XIII, 10 もまた比較せよ。

34 ホッブズの教理と人間が実際に行っていることとの乖離に関しては *Leviathan*, chaps. xx end と xxxi end を参照せよ。ホッブズの主権論の革命的帰結に関しては *De cive*, VII, 16 and 17, 同様にまた *Leviathan*, chaps. xix (122) and xxix (210) を見よ。すなわちそこには時効によって取得された法や権利といったものはなく、主権者とは現世に生きる主権者のことである（*Leviathan*, chap. xxvi [175]）。

35 *Leviathan*, chap. xxix (210); Kant, *Eternal Peace*, Definitive Articles, First Addition.

Ⅴ. 近代のナチュラル・ライト

36 例えば *Leviathan* の英語版とラテン語版の十章の標題と *Elements* II, 3 and 4 の標題とを *De cive*, VIII, and IX の標題と比較せよ。力能 *potentia* と権能 *potestas* とを同義に用いた実例としては *De cive*, IX, 8 を見よ。*Leviathan* という題名と *De cive* の序文（メソッドついての節の最初部分）との比較は、「力能 power」が「産出 generation」と同義であることを示している。*De corpore*, X, 1 を参照せよ。すなわち力能 *potentia* は原因 *causa* と同じである。ホッブズはブラムホール主教に反対して「力能 power」と「潜在的力 potentiality」とが同一であることを主張している（*English Works*, IV, 298）。

37 *De cive*, XIV, 1, and XVI, 15; *Leviathan*, chap. x (56).

38 *De cive*, X, 16 and VI, 13 annot. end. 許されることと名誉であることとの区別のためには *Leviathan*, chap. xxi (143) を参照せよ（Salmasius, *Defensio regia* [1649], pp. 40-45 を参照せよ）。*Leviathan*, chap. xi (64) と Thomas Aquinas *Summa contra Gentiles* iii. 31 とを比較せよ。

39 *Leviathan*, chaps. xiii (83) and xv (92). この困難はまた、次のようにも述べることが出来る。すなわち、懐疑論に基づくドグマティズムの精神においてホッブズは、懐疑論者であるカルネアデスが正義の擁護論に対する決定的な反論とみなしたものと、そのような擁護論の唯一可能な正当化とを同一視したのである、と。極限の状況——二人の難破した人間が一人しか助からない板の上にいるような状況——は、正義の不可能性ではなく、正義の根拠を明らかにしている、とホッブズは考えているのである。しかしカルネアデスは、そのような状況において人は自らの競争相手を殺さざるを得なくなると主張したのではなかった（Cicero, *Republic* iii. 29-30）。すなわち、極限の状況は本当に必要なことを明らかにするものではないのである。

40 *Leviathan*, chap. xxi (142-43); *De cive*, VIII, 9 もまた参照せよ。

41 *Leviathan*, chap. xxi (143); *English Works*, IV, 414. *Leviathan*, chap. xxx (227) と *De cive*, VIII, 14 を、ロックの征服についての章と比較せよ。

42 *Leviathan*, chaps. xiv (92) and xxiv (215). また *ibid.*, chap. xxxviii の冒頭を参照せよ。*De cive*, VI, 11; XII, 2, 5; XVII, 25 and 27.

V．近代のナチュラル・ライト

43　ベールの有名な命題をファウストゥス・ソキアスの教理よりもホッブズの教理と結びつける根拠となるよい理由は、例えばベールの次の言葉によって与えられている（*Dictionnaire*, art. "Hobbes," rem. D）。「ホッブズはこの著作［*De cive*］でたくさんの敵を作った。しかしこのきわめて明敏な人物ですら政治の基礎はいまだ十分に看破されていないと認めざるを得なかった」。ここで私は、ホッブズ自身の無神論の考えによってさえ、彼が無神論者であったことを証明することはできない。私は読者に *De cive*, XV, 14 と *English Works*, VI, 349 とを比較することをお願いすることくらいに止めておかねばならない。この種の主題について記している多くの現代の学者たちは、生き残りたいとか平穏の中で死にたいと望んでいる「逸脱者たち」にかつて必要とされた考えに対して、どの程度まで警戒するかとか、どの程度まで適応するかといったことについて、十分な考えを持っているようには思われない。これらの学者たちは、ホッブズの著作において宗教を主題として上げられたページは、いうなればバートランド・ラッセル卿のそれに該当する発言を読むべく仕方で読むならば、理解することができると暗に想定している。言い換えれば、ホッブズが有神論者であり、さらにまたよき英国国教徒でさえあったことを証明するために、ホッブズが使用し、かつ他の全ての者が使用することのできる一節が、ホッブズの著作の中に数多くあるという事実を私はよく知っている。広く行なわれている手法は、その結果が個人の精神は自身の社会を支配しているオピニオンから自らを解放することができないとする教条を支えるために用いられていたという事実がなければ、歴史的誤謬に、そればかりか重大な歴史的誤謬に至ることだろう。教会礼拝式の問題におけるホッブズの最後の言葉は、コモンウェルスは教会礼拝式を設けても「さしつかえない」というものである。もしコモンウェルスが教会礼拝式を設けないのならば、すなわちもしコモンウェルスが「多くの種類の礼拝」を許すならば、いずれにせよ「そのコモンウェルスは何がしかの宗教を持っている……と言うことはできない」（［*Leviathan*, chap. xxxi ［240］をラテン語版［p.m. 171］と比較せよ）。

V. 近代のナチュラル・ライト

44 *De cive*, Ep. ded.; *De corpore*, I, 7 を参照せよ。すなわち、内乱の原因は戦争と平和の原因について無知なことにあり、したがって道徳哲学こそ救済策となる、と述べている。それに応じてホッブズは、アリストテレス(*Politics* 1302a35 ff.)とは異なる独特の方法で、主に誤った教理の中に反乱の原因を求めている (*De cive*, XII)。民衆の啓蒙についての見込みにおける信念——*De homine*, XIV, 13; *Leviathan*, chaps. xviii (119), xxx (221, 224-25), and xxxi end——は天賦の知的天分における人間の不平等性など些細なものであるという見解に基づいている (*Leviathan*, chaps. xiii [80] and xv [100]; *De cive*, III, 13)。ホッブズが啓蒙から期待したのは、彼が情念の力を、とりわけ自尊心や野心の力を信じたことと矛盾するように思われる。その矛盾は、市民社会を危険に晒すことになる野心は少数者の特性、すなわち「王国の富裕で有能な臣民、あるいは最も博学と知られた者」の特性であることを考慮することによって解決される。もし生活の糧を「商いや労働によって得ている」「一般大衆」が適切に教育されたならば、少数者の野望や貪欲さは無力なものとなるだろう。*English Works*, IV, 443-44 もまた参照せよ。

45 前掲注(9)を参照せよ。

46 *Treatises of Government*, I, secs. 86, 101; II, secs. 6, 12, 30, 96, 118, 124, 135. *An Essay concerning Human Understanding*, I, 3 sec. 13, and IV, 3, sec. 18. *The Reasonableness of Christianity* (*The Works of John Locke in Nine Volumes*, VI [London, 1824], 140-42).

47 デカルトの「著者は倫理学について好き好んで書きはしない」(*Euvres*, ed. Adam-Tannery, V, 178) を参照せよ。

48 *Treatises*, I, secs. 39, 56, 59, 63, 86, 88, 89, 111, 124, 126, 128, 166; II, secs. 1, 4, 6, 25, 52, 135, 136 n., 142, 195; *Essay*, I, 3, secs. 6 and 13; II, 28, sec. 8; IV, 3, sec. 18, and 10, sec. 7; *Reasonableness*, pp. 13, 115, 140, 144 (「最高の法、自然法」), 145; *A Second Vindication of the Reasonableness of Christianity* (*Works*, VI, 229): 「人間として、我々は我々の王として神を持ち、そして理性の法の下にある。キリスト教徒として、我々は我々の王として救世主イエスを持ち、そして福

V．近代のナチュラル・ライト

音の中で彼によって啓示された法の下にある。そして理神論者としてもキリスト教徒としても、すべてのキリスト教徒は自然の法と啓示された法の両者を学ぶ義務を課せられている……」。注(51)を参照せよ。

49 *Essay*, I, 3, secs. 5, 6, 13; II, 28, sec. 8; IV, 3, sec. 29; *Reasonableness*, p. 144:「しかしどのような場合にそれらの義務［正・不正の正しい尺度についての義務］が完全に知られ、認められ、そしてそれらが一つの『法』の命令すなわち自然法たる最高の法の命令として受け入れられるのか。立法者についての、また立法者に従うか否かによって与えられる賞罰についての明白な知識と承認なしには、それは不可能であった」。*Ibid.*, pp. 150-51:「天国と地獄についての考えは、この現世の儚き快楽を軽んじさせ、理性と関心、利己心がそれを認め、また選ばざるを得ないところの徳に魅力を与え、そして奨励するであろう。道徳はこのような根拠に基づいて確固たるものとなり、せめぎ合いに挑むことができるのであり、その他の根拠はない」。*Second Reply to the Bishop of Worcester* (*Works*, III, 489; see also 474 and 480):「真理の精神によって生み出された真理は極めて動かしがたく、自然の光は来世の状態について幾分かのぼんやりとした予感と幾分かの不確かな望みを与えるが、人間の理性はそれについて幾分にも明晰さや確実さに達することはできない。『生と不死とに福音を通じて光をもたらした』のはイエス・キリストだけであった。……聖書が我々に保証する……啓示の項目は、唯一啓示によってのみ打ち立てられ、確固たるものとされるのである。」

50 *Second Reply to the Bishop of Worcester*, p. 476. *Ibid.*, p. 281 を参照せよ。「私はそれが神の証言であることを私が知っている場合……神の証言を確信することが可能であると考える。なぜならそのような場合、その証言はあるものがどうであるかを私に信じさせることができるだけでなく、私がそれを正しいと考えるならば、それが事実そうであると私に認識させることができるからである。また同様に、私は確信が持てるのである。それというのも、他の証明の仕方がそうであるように、神の誠実さは命題が真であることを私に認識させることができるからであり、それゆえそのような場合には、私は命

V. 近代のナチュラル・ライト

題が真であることを単に信じているだけでなく、認識してもいて、また確実性に達しているのである」。*Essay*, IV, 16, sec. 14 もまた見よ。

51 *Reasonableness*, p. 139:「これまで自然宗教においてなされてきた僅かなことによっては、道徳のすべての部分において、その真の基礎の上に明晰かつ確証的な光をもって打ち立てることは、裸の理性の努めとしてはきわめて困難なことのように思われる」。*Ibid.*, pp. 142-43:「自然法 law of nature は存在するというのは真実である。しかし、これまでその全体を一つの法として、つまりその法のうちに含まれていたものとかその法の義務といったものに比べてそれ以上でもそれ以下でもない一つの法として、我々に与えたり与えようとしたりした者がいただろうか。これまでそのすべての部分を作り、それらを綜合し、また世人に彼らの義務を示した者がいただろうか。救世主キリストの時代より前に、人類の誤りなき規則として頼みとすることのできる法典があっただろうか。……新約聖書の中でイエス・キリストはそのような道徳法を……啓示によって我々に与えた。我々は彼から、我々の向きのために完全かつ十分であり、また理性の規則とも適合した規則を与えられたのである」。*Ibid.*, p. 147:「そうであるから、導かれるためには与えられたその書物を読む他には何も必要ではない。すなわち、あらゆる道徳的義務が明白かつ平明に、そして理解するのにも容易に書かれているのである。そしてここで私が訴えていることは、これが最も確実で最も安全で、最も効果的な教え方ではないかということである。とりわけ我々が考えを先へ進めるならば、その方法は理性を持った創造物のなかで最も低い能力の者に適しているばかりか、最も高い能力の者にも及ぶものであり、彼を満足させ、それどころか啓発することを考慮するものなのである。」

52 *Essay*, I, 3, sec. 3.

53 Macaulay, *The History of England* (New York: Allison, n.d.), II, 491.

54 *Letter to the Bishop of Worcester* (*Works*, III, 53-54).

55 *Reasonableness*, pp. 35, 42, 54, 57, 58, 59, 64, 135-36.

56 *Treatises*, I, sec. 58.

Ⅴ．近代のナチュラル・ライト

57 "A discourse of miracles", *Works*, VIII, 260-64; *Reasonableness*, pp. 135 and 146. *Ibid*., pp. 137-38. 旧約聖書の「啓示は世界の小さな片隅に押し込められていた。……我々の救世主キリストの時代とそれより数世代前には、異教徒の世界はヘブライ人たちがそれによって彼らの信仰を築き上げた奇跡に関して全く立証することができなかったのであり、ユダヤ人自身によってそれは立証されたが、彼らは人類の大半の人々には知られず、また彼らを知っている国民からは軽蔑され、卑しいと考えられていた。……しかし我々の救世主キリストは……彼の奇跡や福音をカナンの地やエルサレムの礼拝者たちに限らなかった。彼は自らサマリアで教えを説き、テユロスとシドンとの境界においてあらゆる地域から集まった大勢の人々の前で奇跡をなした。イエスは復活したのち使徒たちを民衆の中に遣わし、奇跡を行わせた。それは、あらゆる地方できわめて頻繁に、またあらゆる種類の非常に多くの証人たちの前で白日の下でなされたため……キリスト教に敵対する者たちも敢えてそれを否定しなかった。否、ユリウス帝自身も否定しなかった。彼には真相を究明するスキルも力もなかったはずがないのに、である。」注(59)を参照せよ。

58 *Second Reply to the Bishop of Worcester*, p. 477: 「私はホッブズやスピノザにさほど詳しくなく、この問題［死後の生］について彼らの意見がどうであったかを述べることはできません。しかしおそらく、彼ら非難されて然るべき名の者たちよりも閣下の権威の方が自分たちにとって有用であると考える人たちがいることでしょう」。*A Second Vindication of the Reasonableness of Christianity* (*Works*, VI, 420):「私は……彼がリヴァイアサンから引用した言葉や、あるいはそれらしきものがあることを知らなかった。しかし私には、彼の引用からそれらがそこに存在すると私が信じているということよりも多くは分からない。」

59 "A Discourse of Miracles," p. 259. おそらくロックが「奇跡を否定しないこと」と「奇跡を認めること」とを僅かに区別していたことは示されるであろう。その場合、新約聖書に記されている奇跡が決して否定されず、またすること

V. 近代のナチュラル・ライト

   が出来ないということは、イエスが神の使者であることを証明するものではないし、またそれについての論証的な証拠などは存在しないであろう。いずれにせよここで述べられたことは、ロックが別のところで述べていることとは矛盾する。*Second Vindication*, p. 340:「[特に救世主のものだと認められる] これらの記録のなかで最も主要なものは彼の死からの復活であり、それは彼が救世主であることの最大かつ論証的な証拠である」との言葉と、*ibid.*, p. 342:「彼が救世主か否かは [彼の復活] にかかっている……一方を信じれば両方を信ずることになり、どちらかを否定すればどちらも信じることはできなくなる」という言葉を比較せよ。

60 *Second Vindication*, pp. 164, 264-65, 375.

61 *Essay*, IV, 18, secs. 4-8; 前掲注(50)を参照せよ。

62 このことから、「どれほど奇妙に思われようとも、立法者は道徳的な徳と悪徳に対してなすことはなく」、彼の役割は財産の保存に限られることになる (*Treatises*, II, sec. 124; and J. W. Gough, *John Locke's Political Philosophy* [Oxford: Clarendon Press, 1950], p. 190 を参照せよ)。もし徳がそれ自体として有効ではないのならば、市民社会は人間の完全性ないしそこへと向かう傾向とは別のところに基礎を持たなければならなくなるのであって、市民社会は人間における最も強い欲求、つまり自己保存の欲求に、それゆえ財産への関心に基づくものでなければならなくなる。

63 *Reasonableness*, pp. 148-49:「徳と繁栄は相互に伴わないことが度々ある。それゆえまた徳のほうに従おうとする者はほとんどいなかった。徳による不都合は目に見えるかたちで手元に生じ、徳によって報われるということは疑わしく、それもいつになるやらわからないような状態で徳が広く行なわれなかったとしても不思議なことはない。人類は自らの幸福を追求することを認められており、また認められなければならず、それどころか妨げられることもできないのであって、自分たちの主な目的である幸福と両立することはほとんどないと思われる規則に厳格に注意を払わないのは致し方ないと考えざるを得なかったのである。しかるにそれらは彼らを現世の喜びから遠

Ⅴ．近代のナチュラル・ライト

ざけるものであって、来世についての確証や保証などほとんど持ちあわせてはいないのである」。*Ibid.*, pp. 139, 142-44, 150-51; *Essay*, I, 3, sec. 5, and II, 28, sec. 10-12 を参照せよ。

64 *Reasonableness*, pp. 144 and 139; *Essay*, I, 3, secs. 4, 6, and 10; *Treatises*, II, secs. 7, 42 and 107.

65 *Essay*, II, 28, sec. 11 もまた参照せよ。

66 *Treatises*, II, secs. 142 (cf. sec. 136 n.), 180, 184; 前掲注（51）もまた参照せよ。*Ibid.*, secs. 21, 176, 241; Judges 11: 12-24 を参照せよ; ホッブズの *Leviathan*, chap. xxiv (162) もまた参照せよ。

67 とりわけ *Treatises*, II, sec. 90 n. におけるフッカーからの引用とフッカーにおけるコンテクストとを比較せよ。フッカーにおいてロックによる引用文は、そのすぐ前に『ローマ人への手紙』13・1 からの引用文が置かれている。そのパウロの言葉はある引用文中に用いられている（*Treatises*, sec. 237）。*Ibid.*, sec. 13 もまた参照せよ。そこでロックは「神はたしかに政府を設け給うた」という言葉が用いられていることについての異論に言及しているが、その言葉はロックの返答には用いられていない。

68 *Treatises*, II, secs. 101, 109, and 115.

69 *Ibid.*, I, sec. 90.

70 *Ibid.*, I, secs. 27 and 39; II, sec. 25; II, secs. 6 and 87 もまた参照せよ。また II, secs. 36 と 38. II, secs. 56-57 においてロックは、アダムは堕罪に先立つ自然状態にいたと述べているように思われる。*Ibid.*, sec. 36 (cf. 107, 108, 116) に従えば、自然状態は「世界の最初の時代」あるいは「事物の始まり」に位置している（Hobbes, *De cive*, V, 2 を参照せよ）。また *Treatises*, II, sec. 11 の最後と『創世記』4: 14-15 および 9: 5-6 とを比較せよ。

71 *Reasonableness*, p. 112 および *Treatises*, I, secs. 16 and 44-45 を *ibid.*, II, secs. 110-11 and 128 と比較せよ。「すべてのそれらの［諸時代］」*ibid.*, sec. 110 との複数形に注目せよ。自然状態の例は多くあるが、他方で無垢の状態は一度しかない。

V. 近代のナチュラル・ライト

72　*Treatises*, I, sec. 47.

73　ロックの所有論と新約聖書の教説との関係については、ここでは彼の『ルカ伝』18・22 の解釈を述べておけば十分である。「この箇所の意味を私はこのようにみなしている。つまり、彼が持つすべてのものを売り払って貧者に与えるというのは［イエスの］国の不変の法ではない。そうではなく、それはこの若者が本当にイエスを救世主だと信じているかどうか、そして彼の命令に従う準備があり、王なるイエスが求めたときには、すべてを放棄して彼に従うかどうかを試そうとする命令だということである」(*Reasonableness*, p. 120)。

74　夫婦社会をテーマとした議論は『第二論文』の第七章、「夫婦社会について」ではなく「政治社会すなわち市民社会について」と題されたところでなされている。その章はたまたま『市民政府論』全体の中で「神」という言葉から始まる唯一の章である。その章には、たまたまこの著作全体の中で「人間」という言葉から始まる唯一の章が続く。第七章は『創世記』2・18 に記されているような神的な結婚の制度へのはっきりっとした言及から始まる。そのためいっそう聖書の教理（とりわけそのキリスト教的解釈における）とロック自身の教理との間のコントラストは決定的である。また偶然にも『人間知性論』にも「神」という言葉から始まる章が一つだけあって、それには「人間」という言葉が最初にある唯一の章が続く (III, 1 and 2)。「神」という言葉から始まる『知性論』の唯一の章においてロックは、言葉は「究極的には感覚的な観念を表すようなものから引き出される」ことを示そうとしており、また彼は自ら言及したその所見によって「我々は言葉を最初に使用した者の心を埋めていた観念がいかなる種類の観念であったか、そしてそれらがどこから引き出されるのかについて、ある種の推測をなすことができる」と述べている。かくしてロックは、自身が『市民政府論』(II, sec. 56) で取り上げた聖書の教理に用心深く論駁しているが、聖書の教理によれば、言語を始めた人であるアダムは「その身体と精神が力と理性を十分に持っており、彼の存在する最初の瞬間から……神が植えつけた理性の法の命ずるところに

— 282 —

従って自身の行為を統御できる完全なる人間として創られていた」のである。

75 *Treatises*, I, secs. 59, 123, 128; II, secs. 65 and 79-81. *Treatises*, II, secs. 88 and 136（またその注）を、一方では Hooker, *Laws of Ecclesiastical Polity*, I, 10, sec. 10, and III, 9, sec. 2 と、また他方では Hobbes, *De cive*, XIV, 9 と比較せよ。Gough, *op. cit.*, p. 189 を参照せよ。父権よりもさらに高次にある母権については、とりわけ *Treatises*, I, sec. 55 を見よ。そこではロックは暗にホッブズに従っている（*De cive*, IX, 3）。注(84)を参照せよ。

76 *Treatises*, I, secs. 63, 90, 100; II, secs. 52, 65-67, 69, 71-73. 暗にロックは、他のことは平等であっても、富者の子供は貧者の子供に比べて両親を敬うということについてはより厳格な義務を持つということを意味しているように思われる。このことは、裕福な両親は貧しい両親よりも強く自らの子供たちを服従させる事実と完全に一致するだろう。

77 *Treatises*, I, sec. 141; *Essay*, I, 4, sec. 8; *Second Reply to the Bishop of Worcester*, p. 486. *Reasonableness*, p. 144.「それらの正・不正の正しい尺度は……それらの真の根拠のうえに立脚している。それらは社会の紐帯とみなされ、また日々の生を便利にするものや賞賛に値する習わしであるとみなされた。しかしどのような場合にそれらの義務が［イエスよりも前に］完全に知られ、認められ、そしてそれらが一つの法の命令すなわち自然法たる最高の法の命令として受け入れられるのか。立法者についての明白な知識と承認なしには、それは不可能であった」（233 頁および前掲注(49)と比較せよ）。

78 したがってロックは時々「自然法」を理性の法とではなく理性そのものと同一視している（*Treatises*, I, sec. 101 を II, secs. 6, 11, 181 と比較せよ。*Ibid.*, I. sec. 111 の終わりまでを参照せよ。）

79 Gough, *op. cit.*, p. 123.

80 *Treatises*, II, sec. 52 の冒頭と I, sec. 109 の冒頭とを *Essay*, III, 9, secs. 3, 8, 15 および chap. xi, sec. 11 と比較せよ。*Treatises*, Preface, I, secs.1 and 47; II, secs. 165, 177, 223, and 239.

V. 近代のナチュラル・ライト

81 *Reasonableness*, p. 146. *Treatises*, II, sec. 21 の終わりにある来世についての言及を sec. 13 の終わりと比較せよ。*Treatises*, II, secs. 92, 112, 209-10 における宗教への言及を参照せよ。

82 *Treatises*, II, secs. 5-6 において、ロックはフッカー I, 8, sec. 7 から引用している。その節はフッカーによっては、自分自身と同じように隣人を愛する義務を確立するために用いられている。ロックによってはその節は、万人の自然的平等を確立するために用いられている。それと同じコンテクストにおいて、ロックはフッカーが語った相互愛の義務を、他者を傷つけないようにする義務に置き換え、博愛の義務をそこから落としてしまうのである。(Hobbes, *De cive*, IV, 12, and 23 を参照せよ)。フッカーに従えば (I, 10, sec. 4)、父親は本性において「家族の中で最高の権力を持っている」のに対し、ロックに従えば (*Treatises*, II, secs. 52 ff.)、控え目に言っても、父親のもつすべての自然権は母親によって完全に共有される (前掲注 (75) 参照)。フッカーに従えば (I, 10, sec. 5)、ナチュラル・ローは市民社会を命じるものだが、ロックによれば (*Treatises*, II, secs. 95 and 13)、「いくらかの人々が集まれば」市民社会を形成しても「さしつかえない」のである。Hobbes, *De cive*, VI, 2 と前掲注 (67) を参照せよ。フッカー I, 5, sec. 2 における自己保存の解釈を *Treatises*, I, secs. 86 and 88 におけるそれとはまったく異なった解釈と比較せよ。とりわけ「自然法」の証明である「一般的同意 *Consensus gentium*」に関するフッカー (I, 8, secs. 2-3) とロック (*Essay*, I, 3) の間の根本的な不一致を考察せよ。

83 *Treatises*, II, secs. 9, 13, and 15; sec. 91 n. を参照せよ。そこでロックはフッカーを引用しながら、フッカーによっては言及されていない自然状態について述べている。また sec. 14 と Hobbes, *Leviathan*, chap. xiii (83) も比較せよ。自然状態においては「自然法」を執行する権利をすべての人は有しているという教理の「奇妙な」性格については Thomas Aquinas, *Summa theologica* ii. 2. qu. 64, *a*. 3 と Suarez, *Tr. de legibus*, III, 3, secs. 1 and 3 を、他方では Grotius, *De jure belli* ii. 20. secs. 3 and 7 and ii. 25. sec. 1 とともに

Ⅴ．近代のナチュラル・ライト

Richard Cumberland, *De legibus naturae*, chap. 1, sec. 26 を参照せよ。

84 *Reasonableness*, p. 114. 「……［イエスの法］の違反者に対する罰則がないならば、彼の法は王の法ではなく……強制力もなく影響力もないからっぽの話でしかない」。*Treatises*, Ⅱ, secs. 7, 8, 13 end, 21 end; *ibid.*, sec. 11 を Ⅰ, sec. 56 と比較せよ。*Essay*, Ⅰ, 3, secs. 6-9, and Ⅱ, 28, sec. 6; Hobbes, *Leviathan*, chap. xxix (212).「自然法」の執行者となるすべての人の自然権について語る際、ロックは「『人の血を流すものは、人に血を流される』(『創世記』9・6)という偉大な自然法」に言及している。しかし彼は「それというのも神は自らの姿に似せて人間を創ったからである」という聖書的理由を省いている。殺人者を死刑にする権利についてのロックの理由は、人間は人間にとって「有害なものは破壊してよい」である。すなわち、ロックは殺人者と殺された者のいずれも神の姿に似せて創られたものであるという事実を無視するのである。殺人者は「人間がともに社会を形成することもできなければ安全に過ごすこともできないライオンや虎といった野獣と同じように殺されてよい」のである (*Treatises*, Ⅱ, secs. 8, 10, 11, 16, 172, 181; Ⅰ, sec. 30 を参照せよ)。Thomas Aquinas, *Summa theologica* i. qu. 79, *a*, 13 and ii. 1. qu. 96, *a*. 5 ad 3 (cf. *a*. 4, obj. 1); Hooker, Ⅰ, 9, sec. 2-10, sec. 1; Grotius *De jure belli*, Prolegomena, secs. 20 and 27; Cumberland, *loc. cit.*

85 *Treatises*, Ⅰ, sec. 43; Ⅱ, secs. 6, 7, 11, 19, 28, 31, 51, 56-57, 110, 128, 171, 172.

86 *Ibid.*, Ⅱ, secs. 13, 74, 90, 91 and note, 94, 105, 123, 127, 128, 131, 135 n., 136, 212, 225-27.

87 *Ibid.*, secs. 32, 37, 38, 41-43, 49.

88 *Ibid.*, secs. 21, 74, 101, 105, 116, 127, 131 beginning, 132 beginning, 134 beginning (cf. 124 beginning), 211, 220, 243; Ⅰ, sec. 56 と sec. 88 とを比較せよ。上の二節とともに Ⅰ, sec. 97 および Ⅱ, secs. 60, 63, 67, 170 を *Essay*, Ⅰ, 3, secs. 3, 9, 19 と比較せよ。

89 とりわけ *Treatises*, Ⅱ, secs. 11 の終わり部分および 56 を *Essay*, Ⅰ, 3, sec. 8, and Ⅰ, 4, sec. 12 と比較せよ。*Treatises*, Ⅱ, secs. 6, 12, 41, 49, 57, 94, 107, 124, 136;

V. 近代のナチュラル・ライト

Essay, I, 3, secs. 1, 6, 9, 11-13, 26, 27; *Reasonableness*, pp. 146, 139, 140. 前掲注 (74) を参照せよ。

90 *Treatises*, II, secs. 10, 11, 87, 128, 218, 230 における「犯罪 crime」(「罪 sin」とは区別されたものとして) の使い方を *Essay*, II, 28, secs. 7-9 と比較せよ。

91 *Essay*, I, 3, secs. 3 and 12; *Reasonableness*, p. 148; *Treatises*, II, sec. 123 (cf. sec. 6). Hobbes, *De cive*, I, 7, and III, 27 n. を参照せよ。

92 *Treatises*, I, secs. 86-88, 90 beginning, 111 toward the end; II, secs. 6, 54, 149, 168, 172. 自己保存の権利の幸福追求の権利に対する関係は次のとおりである。すなわち、前者は「生存する」権利であって、人間が存在するために必要なものに対する権利であり、後者は「生における利便性を享受する」権利や「安楽な保存」のための権利であって、それゆえまた人間の存在にとって必要ではなくとも人間の存在にとって有用なものに対する権利を意味している (*Treatises*, I, secs. 86, 87, 97; II, secs. 26, 34, 41)。

93 *Ibid.*, II, secs. 10, 13, 87, 94, 105, 129, 168, 171.

94 *Ibid.*, secs. 4, 6-11, 13, 96, 99, 127-30, 134, 135, 142, 159.

95 *Ibid.*, secs. 1, 12, 176-77, 202; *Essay*, III, 5, sec. 12, and IV, 12, secs. 7-9 (cf. Spinoza, *Ethics*, IV, pracf. and 18 schol.). 「自然と理性の法」に含まれている法的なフィクションの要素としては、*Treatises*, II, sec. 98 の冒頭を sec. 96 と比較せよ。*Reasonableness*, p. 11 の「理性の法、あるいは、いわゆる自然法」という言葉を参照せよ。セクションAの前掲注(8)および注(113)(119)を参照せよ。Hobbes, *De cive*, Ep. ded., and *Leviathan*, chap. xv (96 and 104-5).

96 *Leviathan*, chap. xiii (83) ——ラテン語版も見よ—— と *Treatises*, II, secs. 14, 100-103, 110 とを比較せよ。ロックがホッブズから逸脱した理由は、ホッブズに従えば自然状態はいかなる種類の統治よりも劣るが、他方でロックに従えば自然状態は恣意的で無法の統治よりも好ましいからである。したがってロックは、自然状態は良識ある人たちの観点からすれば「絶対君主制」よりも生きやすいと説く。すなわち、自然状態は実際に存在しなければならず、あるいは実際に存在したに違いないと説くのである。

V. 近代のナチュラル・ライト

97 *Treatises*, II, secs. 111, 121, 163 を参照せよ。Hobbes, *De cive* の序文の「国家の法と国民の義務の探究において必要なことは、国家が解体されるということではなく、あたかも解体されているかのように考えられなければならないということである」という言葉を参照せよ。

98 *Treatises*, I, secs. 33 and 41; II. secs. 13, 17, 23, 24, 85, 90-95, 99, 131, 132, 137, 153, 175-76, 201-2; Hobbes, *De cive*, V, 12, and VIII, 1-5 を参照せよ。

99 *Treatises*, II, secs. 89, 95-99, 132, 134, 136; Hobbes, *De cive*, V, 7; VI, 2, 3, 17; VIII, 5, 8, 11; また *Leviathan*, chaps. xviii (115) と xix (126) を参照せよ。

100 *Treatises*, II, secs. 149, 168, 205, 208, 209, 230. ロックは、一方では社会は政府がなくとも存在しうると説いているが (*ibid.*, secs. 121 end and 211)、他方では社会は政府がなければ存在し得ないとも説いている (*ibid.*, secs. 205 and 219)。この矛盾は、ただ革命の瞬間においてのみ社会は政府がなくとも存在し、また活動しているという事実を考慮すれば解消される。もし政府が、すなわち合法的政府が存在しない間は社会ないし「人民」が存在することができず、したがってまた活動することが出来ないとするならば、現に存在する *de facto* 政府に反対する「人民」の活動もあり得ない。かくして古い権力を消滅させるまさにその瞬間に新たな立法的最高権力を設立する一種の多数決による決定は、革命的行為であると理解される。

101 これと一致して、ロックはホッブズよりも強調して、個人の兵役義務を主張している (*Treatises*, II, secs. 88, 130, 168, 205, 208 と *Leviathan*, chaps. xxi [142-43], xiv [86-87], xxviii [202] とを比較せよ。)

102 *Treatises*, II, secs. 168 and 208.

103 *Ibid.*, secs. 94, 134, 136, 142, 143, 149, 150, 153, 157-59.

104 *Treatises*, II, sec. 201 で言及されている専制の例を見よ。多数者による専制の例は挙げられていない。人民の特性についてのロックの見解も参照せよ。*Ibid*, sec. 223:「人民は『うつろいやすい』というよりも『のろま』である。」

105 *Ibid.*, secs. 34, 54, 82, 94, 102, 131, 157-58.

106 私はこの章を終えた後、C. B. マクファーソンの "Locke on Capitalist

V. 近代のナチュラル・ライト

Appropriation", *Western Polotical Quarterly*, 1951, pp. 550-66 という論文に注目した。マクファーソン氏の所有についての章に関する解釈とこのテキストにおいて展開されている解釈はかなり一致している。*American Political Science Review*, 1950, pp. 767-70 を参照せよ。

107 「実際上の所有権の根拠としてこのように『同意』を受け入れることと、政府は自然的な所有権を保護するために存在するという理論との間には、矛盾があるように思われる。おそらくロックはいつものように「自然法」の用いる言い回しから功利主義的な考察へと移ることによって、その矛盾を解決したことだろう (R. H. I. Palgrave, *Dictionary of Political Economy, s. v.* "Locke")。ロックは自身の理解するナチュラル・ロー、すなわち平和と公的な幸福の条件を定式化したものである「自然法」は、それ自体「功利主義的」なのだから、ナチュラル・ローから功利主義的な考察へと「移る」必要などなかったのである。

108 *Treatises*, II, secs. 26-30, 34, 44.

109 *Ibid.*, secs. 31, 37, 38, 46.

110 *Ibid.*, secs. 40-44 と Cicero, *Offices* ii. 12-14 とを比較せよ。キケロが人間が人間を助けるということの徳を証明するために用いたものと同じタイプの例が、ロックによっては労働の徳を証明するために用いられている。

111 *Treatises*, II, secs. 30, 36, 37, 45. secs. 32-51 において現在形から過去形に変わっていることを考慮せよ。とりわけ sec. 51 を考慮せよ。

112 *Ibid.*, secs. 27, 31, 33, 34, 36.

113 *Ibid.*, secs. 6, 32, 37, 41, 42, 43, 49, 107, 110. 初期の人間は「必要以上のものを」欲しなかったとロックは述べている。しかし始まりの頃に地上にいた「貧しく惨めな」個人たちが人間に必要なものを常に持っていたかどうかは疑わなければならない。その書物の中で示された理由としては、人間は他者に十分残されているかどうかに関わらず、自らの自己保存にとって必要なものを自らの労働によって専有する自然権を有していなければならない。これと同じ考え方から、合法的な専有は労働による専有に限られない、というより進

んだ結論が導き出されるように思われる。それというのも、極端な欠乏の状態においては、他者が餓死するか否かに関わらず、純粋に自己保存のために必要とするものを他者から奪い取ってもよいからである。しかしこのことが意味しているのは、極端な欠乏の状態においては平和は完全に不可能であるということであり、またナチュラル・ローは、もし平和が完全には不可能でないとき、人間は平和のためにどのように行動しなければならないかを定式化する、ということに過ぎない。すなわち、所有に関するナチュラル・ローは、必然として「自然法」そのものに設けられた限界に留まるのである。しかし、この限界を越えて拡がる霧にかすむ原野においては、存在するのは自己保存の権利だけであり、この権利はすべての場所において不可侵であるが、その原野においては不安定でもある。

114　*Ibid.*, secs. 33, 34, 37, 46.

115　*Ibid.*, secs. 45 and 48.

116　「『自然法』の義務は社会において止むのではなく、むしろ『多くの場合において』より厳密なものとなる」(*ibid.*, sec. 135)。所有の場合はロックが言うところの「多くの場合」には属さない。

117　「『始まりにおいては』労働が所有に対する権利を与えた」(*ibid.*, sec. 45)。「『初期の頃』、労働が所有の権原を『開始する』ことができた」(sec. 51)。secs. 30 および 35 もまた参照せよ。

118　*Ibid.*, secs. 36, 48, 50.

119　Luigi Cossa, *An Introduction to the Study of Political Economy* (London, 1893), p. 242. そこでロックは「労働の生産力を声高に主張することによって、生産の構成要素に土壌や節約を数えたホッブズのかつての誤りを回避している」と述べられている。ロックに従えば、所有に関する原初的な「自然法」は市民社会同士の関係においてはなお有効であり、それというのも「すべてのコモンウェルスは互いに自然状態にある」からである (*Treatises*, II, secs. 183 and 184; Hobbes, *De cive*, XIII, 11, and XIV, 4 それとともに *Leviathan*, chaps. xiii [83] および xxx [226] もまた参照せよ)。したがって

V. 近代のナチュラル・ライト

　原初的な「自然法」は、正当な戦争に勝利することで征服者が獲得する権利を規定する。すなわち、正当な戦争において征服者は、征服された側の持っていた土地所有に対する権原を獲得するのではなく、彼は損害に対する賠償として金銭をとり立てることができるのである。それというのも「そのような富や財宝は……空想的な想像上の価値しか持たないからである。自然はそのような価値をそれらの上に置かなかった」(Treatises, II, secs. 180-84)。このように言いつつも、ロックは市民社会においては金銭が無限の価値を持つという事実を、また征服が市民社会の存在を前提とするという事実を、忘れてはいないのである。この困難は次のように考えることで解決される。すなわち、征服におけるロックの論考の第一の目的は、征服は合法的統治の権原を与えることはできないということを示すことである、と考えることである。それゆえ彼は、とりわけ征服者はその土地の所有者になることによって征服された者の合法的な統治者になることはない、ということを示さなければならなかった。したがって彼は、土地と貨幣との本質的な違いを、また自己保存のためには前者の方がより大きな価値を有することを強調しなければならなかったのである。さらに言えば、彼はこのコンテクストの中で、商業と産業が行き詰まってしまって（征服された人々のうちの罪のない部分の）快適な自己保存ではなく、自己保存そのものが危うくなってしまっているような状態について語っている。このような状態は本来の自然状態の内に存在する状態とは根本的に異なる。すなわち、前者の状態においては征服者は「ありあまるほど持っている」が、そこには征服された者によって用いられるものは何も残されてはいないのである。それゆえ征服者は慈悲深くある義務がある (Treatises, II, sec. 183)。しかし本来の自然状態においては、「ありあまるほど持って」いる者は誰もいないか、さもなければ他者にも十分に残されているかのどちらかである。ロックは、もし征服者たちが「ありあまるほど持って」いなかったならば、あるいは言い換えれば「全世界が住民過多である場合」には、どうしたらよいかについては議論を控えている。彼の原則に従えば、征服者は自らの自己保存が脅かされるならば征服された

者の要求を考慮する義務はないのだから、彼はホッブズが述べた「そうであるならば、全てにとっての最後の救済策は戦争である。それは全ての者に対して勝利か、あるいは死を与える」（*Leviathan*, chap. xxx［227］; *De cive*, Ep. ded 参照）と同じように答えたに違いないのである。

120 *Treatises*, II, secs. 41.「私は所有権――自らが独立して利己的に用い享受するために、自らの勤労が生み出す全体を、自らに最も快い仕方で自由に処分する力をもって所持する、あるいは私有する個人の権利――を、福祉にとって、さらにまた社会の持続的な存在にとって……ロック氏とともに自然がそのような権利を確立したと信じながら……本質的であると見なしている」（Thomas, Hodgskin, *The Natural and Artificial Right of Property Contrasted* [1832], p. 24; W. Stark, *The Ideal Fundations of Ecnomic Thought* [London, 1943], p. 59 からの引用）。

121 *Treatises*, II, secs. 34, 37, 38, 40–44, 48–49; *Essay*, I, 4, sec. 15, and IV, 12, sec. 12; Hobbes, *Leviathan*, chap. xxiv を参照せよ。「貨幣はコモンウェルスの血液である」とある。

122 *Treatises*, II, secs. 42, 107, 124, 131; *The Federalist*, No. 10. 前掲注（104）を参照せよ。

123 *Treatises*, II, secs. 37, 46, 51 end, 75, 111.

124 *Ibid.*, I, secs. 40, 43; II, secs. 31, 43. 自然の恵みと人間の労働の相対的な重要性についてロックが述べていることと、アンブロシウスが *Hexaemeron*, translated by George Boas, in *Essays on Primitivism and Related Ideas in the Middle Ages* (Baltimore: Johns Hopkins Press, 1948), p. 42 で述べていることを比較せよ。

125 *Treatises*, I, sec. 39; II, secs. 6, 27, 123. ついでに言えば、もし「自然状態における人間が自分自身の……所有物の絶対的な主人で［ある］ならば」あるいはもし財産が「所有者の利益と独占的な便宜のためのものであるならば」、「両親の財産を相続する」（*ibid.*, I, secs. 88, 93, 97; II, sec. 190）子供たちの自然権は、彼らの両親が自らの財産を他の仕方で処分しない場合にこの権利を持

V. 近代のナチュラル・ライト

つ（ロックによればそのようにしてもよい。I, sec. 87; II, secs. 57, 65, 72, 116 end）という決定的な条件に従うことになる。そうであるならば、結局のところ両親の財産を相続する子供たちの自然権は、両親が遺言を残さないで死んだ場合に、両親は知らない人よりは自分の子供を財産の相続人として選んだであろうと想定されるということになるのである。I, sec. 89 と Hobbes, *De cive*, IX, 15 とを比較せよ。

126 *Treatises*, I, sec. 42（「罪 sin 」という言葉の用法については前掲注(90)を参照せよ）。*Ibid.*, sec. 92:「財産は……所有者の利益と『独占的な』便宜のためにある。」征服についての章（ii, sec. 183）における博愛の義務についての言及に関しては、前掲注(119)を見よ。前掲注(73)を参照せよ。

127 ロックは自身への敵対者たちがなすべきではない譲歩について語りつつ、次のように述べている。「それというのも、それによって彼らは、それらの諸原理についての知識を我々の思考の産物 labour に頼りながら、『彼らが非常に好きであると思われる自然の恵み』を破壊してしまうことだろう」（*Essay*, I, 2, sec. 10）。

128 *Essay*, II, 21, secs. 55, 61, 71; chap. 20, sec. 6.

129 *Treatises*, II, secs. 30, 34, 37, 42.

Ⅵ．近代のナチュラル・ライトの危機

A．ルソー

　近代性の最初の危機は、ジャン・ジャック・ルソーの思想においてもたらされた。近代になされた冒険的な企てが根本的に誤りであるとみなし、その救済策を古典思想への回帰に求めようと感じたのは、ルソーが最初ではない。それにはスウィフトの名に触れておけば十分である。しかしルソーは「反動」ではなかった。彼は近代性に身を委ねていたのである。かくして、近代人の運命を受け入れることを通してのみ、彼は古代へと回帰させられたのだ、と我々は言いたくなる。いずれにせよ彼の古代への回帰とは、同時に近代性の前衛でもあったのである。ホッブズ、ロック、百科全書派から離れ、プラトン、アリストテレス、プルタルコスへと訴えていくなかで、彼は近代の先人たちがなお保持していた古典思想の重要な諸要素を捨て去っていったのである。ホッブズにおいて、理性は権威を用いて情念の解放を果たした。情念は解放された女性の地位を獲得した。理性は遠隔操作によるものではあっても支配し続けた。ルソーにおいては、情念それ自体が主導権を握って反乱を起こした。情念は理性の地位を奪い取り、その放埓な過去を怒りを込めて否定し、カトーよろしく厳しい口ぶりで、理性の堕落に対して判決を下し始めたのである。ルソーの噴火によって西洋の世界を覆った灼熱の熔岩は、冷やされ、削りとられた後で、18世紀後期と19世紀前期の偉大な思想家たちが建てた堂々たる建造物のために用いられた。ルソーの弟子たちは全くのところ彼の見解を明瞭にしたが、しかし彼らがルソーのビジョンの幅の広さを維持したかどうかは疑問であろう。彼の近代性に対する、古典古代的であるとともにそれ以上に前衛的な、近代性の名における情念的で力強い攻撃は、ニーチェによってルソーに劣ることのない情念と力

VI. 近代のナチュラル・ライトの危機

強さによって繰り返され、かくしてニーチェは近代性の第二の危機——我々の時代の危機——を先導したのである。

ルソーは二つの古典的な観念の名において近代性を攻撃した。すなわち、一方では都市国家と徳において、他方では自然においてである[1]。「古代の政治家たちはマナーや徳のことを絶えず語ったものだが、今日の政治家たちは商業や金銭のことばかりを語っている。」商業、金銭、啓蒙、獲得心の解放、奢侈、立法を万能とする信仰といったものが、絶対君主制であれ代議共和制であれ、近代国家の特徴である。マナーや徳は都市国家のうちにおいて慣れ親しむものである。ジュネーヴは全くのところ一つの都市国家ではあるが、しかし古典古代の都市国家よりも、とりわけローマよりも、都市的ではない。すなわちルソーは、彼のなす他ならぬジュネーヴへの称賛のなかで、ジュネーヴ人ではなくローマ人のことを、あらゆる自由な市民のモデルであり、あらゆる自由な市民のうちで最も尊敬に値する市民であると呼んでいるのである。ローマ人はこれまでの市民のうちで最も有徳で、最も力強く、最も自由な市民であるから、あらゆる市民のうちで最も尊敬に値する市民である。ジュネーヴ人は、古代人のもつ公共精神や愛国心に欠けるため、彼らはローマ人やスパルタ人ではなく、アテナイ人でさえない。彼らは祖国のことよりも私的なことや家庭的なことにより多く関心をもっている。彼らは古代人がもつような魂の偉大さを欠いているのである。彼らは市民というよりは、むしろブルジョアである。古典期より後には、都市国家の神聖なる統一は、世俗的な力と霊的な力との二元性によって、そして究極的には地上の国家と天上の国家との二元性によって、破壊されてしまったのである。[2]

近代国家はそれ自体、人為を通して存在する人工的なもの、自然状態の欠陥を救済する人工的なものとして現れてくるものである。それゆえ近代国家を批判する者のうちに、自然状態の方が市民社会に比べて望ましい状態なのではないかという疑問が生じてきた。ルソーは、作為性と

VI. 近代のナチュラル・ライトの危機

人為性の世界から自然状態への回帰、自然への回帰を提唱した。彼はその全生涯を通して、近代国家から転じて古典的な都市国家に訴えることだけでは決して満足しなかった。彼はほとんど同時に、古典的な都市国家から転じて「自然人」に、前ポリス的な未開人に訴えていたのである。[3]

都市国家への回帰と自然状態への回帰との間には明白な緊張関係がある。この緊張はルソーの思想の骨子である。彼は読者に対し、二つのダイナミックに反する立場の間で永続的に行き戻りしている一人の人間の混乱した光景を示している。ある瞬間には、彼はすべての拘束や権威に反対する個人の権利や心情の権利を熱心に擁護するが、次の瞬間には同じくらい熱心に、社会や国家機構への個人の全面的服従を要求し、そして最も厳格な道徳的規律や社会的規律に好意を示すのである。今日、最も真面目なルソー研究者らは、最後には彼は一時的な動揺とみなされるものの克服に成功しているという見解に傾倒している。彼らは成熟期のルソーが個と社会それぞれにおいて正統性をもった主張を等しく満足させると考える解決法、あるタイプの社会において成立する解決案を発見したと考えている。この解釈は一つの決定的な反論にさらされる[4]。ルソーは最後まで、正統な社会でさえも束縛の一形態にすぎないと信じていたのである。したがって彼は、個と社会との間の対立の問題に対する自身の解決法を、解決への無難な接近——依然として正統性をもつ疑問を受ける余地のある接近——を超えたものとみなすことができなかった。それゆえ彼にとっては、社会、権威、制限、責任といったものに別れを告げること、あるいは自然状態へと回帰することは、依然として残された正統性をもつ可能性の一つにすぎないのである[5]。そうであるならば問題は、いかにして彼は個と社会の間の対立を解決したかよりも、むしろいかにして彼はそのような解決不可能な対立を考えたのか、ということになるのである。

ルソーの『学問芸術論』は、この問題についてより明確に定式化する

VI. 近代のナチュラル・ライトの危機

ための一つの鍵となるものを提供している。彼の重要な著作のうちで最も初期のものであるその著作において、彼は徳の名において科学とアートとを攻撃している。すなわち、科学とアートは徳とは両立することが出来ず、そして徳こそ唯一重要なものであると述べているのである[6]。みたところ徳は、信仰の支え、あるいは必ずしも一神教である必要はないが有神論の支えを必要とする[7]。しかし力点は徳それ自体にある。ルソーは市民哲学者ソクラテス、ファブリキウス、とりわけまたカトーの例に言及することによって、自らの目的にとっての徳の意味を十分に明瞭に示している。すなわち、カトーは「最も偉大な人間であった」と述べることによって、それをなしているのである[8]。徳とは第一に政治的な徳、愛国者の徳、全ての人々の徳である。徳は自由な社会を前提とし、自由な社会は徳を前提とする。すなわち、徳と自由な社会とは一体なのである[9]。ルソーは二つの点において、自身の古典的モデルから逸脱している。モンテスキューに従って述べるならば、ルソーは徳をデモクラシーの原理とみなしているのである。すなわち、徳は平等ないしその承認と不可分なのである[10]。第二に彼は、徳のために必要とされる知は理性によってではなく、彼が「良心」と呼ぶもの（あるいは「素朴な魂についての崇高な科学」）によって、あるいは感情や本能によって与えられるものであると信じていた。彼が念頭においていた感情とは、本来はすべての真の善行の自然的根源である同情の感情であることを証明するだろう。ルソーは自らのデモクラシーへの傾倒と、理性の上にある感情への選好との間に、一つの関係性をみていたのである。[11]

ルソーは徳と自由な社会とは一体であると考えていたため、科学と自由な社会とが両立し得ないことを証明することによって、科学と徳とが両立し得ないことを証明することができた。『学問芸術論』の基礎をなす論拠は、この著作の中では全くのところ不十分にしか展開されていないが、しかし『学問芸術論』を読むにおいてルソーの後期の著作を鑑みるならば、十分に明瞭になるはずの五つの主要な考察にまとめら

れる。[12]

　ルソーによれば、市民社会とは本質的に特殊な社会であり、あるいはより正確にいえば閉じられた社会である。彼の考えでは、市民社会はその社会特有の特徴をもつ場合にのみ健全であることができ、そのためにはその個別性が人民的な諸制度かつ排他的な諸制度によって生み出されること、あるいは育成されることが必要である。これらの諸制度は人民の「哲学」によって、つまり他の社会には移すことのできない思考の仕方――「それぞれの人民の哲学は他の人民にとってはほとんど適当ではない」――によって、息を吹き込まれなければならない。他方、科学や哲学は本質的に普遍的なものである。科学や哲学は必然として人民の「哲学」の力を弱めるものであり、それとともに市民の共同体における特殊な生の仕方やマナーへの愛着を弱めてしまうものである。言い換えれば、科学とは本質的にコスモポリタン的なものであるが、社会は愛国主義の精神によって、決して人民の憎悪と両立できないことはない精神によって、息を吹き込まれなければならないのである。政治社会とは他の国家から自己防衛しなければならない社会であり、軍隊の徳を育てなければならず、また通常は好戦的な精神を発展させるものである。反対に哲学や科学は、好戦的な精神に対して破壊的である[13]。さらにいえば、社会はその成員に対して共通善のために十分に献身的であるべきことを、あるいは彼らが仲間のために奔放し、それに積極的であるべきことを要求する。「怠惰な市民はみな悪党である。」他方、一般に認められるように科学の本質的な要素は余暇であり、これを怠惰と区別するのは誤りである。言い換えれば、真の市民は義務に身を捧げるが、それに対して哲学者や科学者は利己的に自らの快楽を追求している[14]。それに加えて、社会は成員に対してある宗教的信仰に何の疑問も持つことなく従うことを要求する。このような有益な確信、「我々のドグマ」、あるいは「法律によって権威づけられた神聖な教条」は、科学によって危険にさらされる。科学はその有用性を考慮することなく真理そのものに関わるもの

VI. 近代のナチュラル・ライトの危機

であり、かくしてそのような意図を理由として科学は使えない真理や有害な真理にさえ到達する危険にさらされる。しかしながら実際には科学は真理に到達することなど出来ないのであり、それゆえ真理の探究とは危険な誤りや危険な懐疑論へと導くものである。社会の本質的要素は信仰やオピニオンである。それゆえ科学、すなわちオピニオンを知に置き換えようとする試みは、必然として社会を危険にさらすのである[15]。それ以上に、自由な社会はその成員が人為的な自由のために、つまりそれを作り出すことに誰もが貢献することのできた共同体の法律や斉一的な行為の規則に従うために、彼らのもつ本源的ないし自然的な自由を放棄することを前提としている。市民社会は協調を、あるいは自然的存在としての人間が市民に変わることを要求するのである。しかし哲学者や科学者は、絶対的な誠実さをもって、すなわち一般意思や共同体の思考の仕方に関心を払うことなく、「自らの非凡な才覚」に従わねばならない[16]。最後に自由な社会は、人為的な平等と自然的な不平等とを置き換えることを通して現れるものである。しかしながら科学の追求とは、才能の育成を、つまり自然的不平等の育成を必要とするものである。我々が優越性や誇りに対する関心こそ科学や哲学の根源であると正当に述べることができるのは、その特徴が自然的不平等の育成であるからである。[17]

　科学や哲学が自由な社会と両立することが出来ず、したがって徳とも両立することが出来ないという命題をルソーがうち立てたのは、科学や哲学の手段を用いてのことであった。それによって彼は、科学や哲学が有益でありうることを、つまり徳と両立することが出来ることを、暗黙のうちに認めたことになる。しかし彼はそれを暗黙に認めたままにしておかなかった。まさにその『学問芸術論』において、内なる成員が学識と道徳性とを結合しなければならない教化された社会にこそ、彼は高い称賛を与えたのである。彼はベーコン、デカルト、ニュートンを人類の教師と呼んだ。また彼は、第一級の学者が人民を義務に関して啓蒙し、かくして人民の福祉に貢献できるように、宮廷のうちに名誉ある保護所

VI. 近代のナチュラル・ライトの危機

を設けるべきだと主張した。[18]

ルソーはこのような矛盾に対して三つの異なる解決法を提案した。第一のものによれば、科学は善き社会にとっては悪しきものであり、悪しき社会には善きものである。腐敗した社会、専制的に支配された社会においては、神聖なオピニオンないし先入見に対する攻撃のすべては、そこでの社会道徳はいまよりも悪くなることがないのだから、正統性をもつ。そのような社会においては、科学だけが人間に救済の手段を与えることができる。すなわち、社会の基礎についての議論は、世に蔓延る悪を緩和する方法の発見をもたらすことであろう。このような解決法は、もしルソーが自らの著作を彼の同時代人に対してのみ、すなわち腐敗した社会の成員に対してのみ書きとめたのであれば、十分なものであっただろう。しかし彼は、自らのいる時代を超えた著述家として生きることを願ったし、また彼は革命を見越してもいた。それゆえ彼は、善き社会の必要条件を、そして実際のところ、革命後に設立されると思われる過去に存在したいかなる社会よりも完全な社会の必要条件もまた、視野に入れて書きとめたのである。政治的な問題に対するこのような最善の解決法は、哲学によって、また哲学によってのみ発見される。したがって哲学は、単に悪しき社会にとって善きものであるというだけでなく、それは最善の社会の出現のために不可欠なのである。[19]

ルソーの第二の提案によれば、科学は「ある個人」にとっては、すなわち「幾人かの偉大な天才」や「幾人かの特権的な魂の持ち主」、あるいは彼が自身をその一人にカウントしている「少数の真の哲学者」にとっては善きものであるが、「人民」や「公衆」や「俗人 les hommes vulgaires」とっては悪しきものである。したがって彼は『学問芸術論』において、科学そのものをではなく、通俗化された科学や科学的知識が拡散されることを攻撃したのである。科学的知識の拡散は、社会にとってのみならず、科学や哲学そのものにとって不幸なことである。科学は通俗化を通してオピニオンへと退化し、あるいは先入見に対する戦いはそれ自体が

VI. 近代のナチュラル・ライトの危機

一つの先入見となる。科学は少数者の領分であらねばならない。それは俗人には秘匿なものとされていなければならないのである。いかなる書物も一握りの少数者だけでなく、それを読むことのできるすべての者が手にすることの出来るものであるから、ルソーは多大なる留保とともに、自らの哲学や科学についての教説を自らの原理に従って示さざるを得なかった。全くのところ、彼は自らの住んでいる腐敗した社会においては哲学的知識の普及はもはや有害ではないと信じていた。しかしすでに述べたように、彼は自らの同時代人のためにのみ書きとめたのではなかったのである。『学問芸術論』はこのような事実に照らして理解されなければならない。この著作の役割は、すべての人にではなく、俗人に対してのみ、科学から離れることを警告することにある。ルソーが科学を単純に悪であるとして斥けるとき、彼は俗人に語りかける一人の俗人としてのキャラクターで語っている。しかし彼は、自身が俗人であるどころか、単に俗人のなりをして現れただけの一人の哲学者であることを、そしてまた自身が究極的には「人民」に向けて語っているどころか、単に彼らの時代の、彼らの国の、彼らの社会のオピニオンによって支配されていない人々に向けて語っていることを、ほのめかしているのである。[20]

そうであるならば、個と社会との対立は解決できないとするルソーの信念と、彼が最善の社会の要求にさえ反対して「ある個人」すなわち少数の「特権的な魂の持ち主」のために究極的な留保を与えたことの主な理由は、科学と社会（ないしは「人民」）との間の根本的な不均衡における彼の信念にある、と思われるだろう。このような印象は、ルソーが社会の基礎を身体の欲求のうちに見出しているという事実によって、また自身も自らの身体における利益に関係するいかなることを用いても自らの魂を真に占拠することなどできなかったと述べている事実によって、強固なものとされる。つまり彼自身、純粋かつ無私なる観想──例えばテオフラストゥスの精神における植物の研究──の喜びと恍惚のうち

Ⅵ. 近代のナチュラル・ライトの危機

に、完全なる幸福と神のごとき自己満足を見出しているのである[21]。かくしてルソーは啓蒙主義に反するものとして哲学の古典観念を回復させる方法を求めたのではないかという印象が強くなってくる。彼が天によって与えられた知性に関する人間の自然的不平等の決定的な重要性について再び主張したのは、たしかに啓蒙主義に向けた反対においてである。しかしルソーが古典的見解をもった瞬間、彼は自らをそこから解放しようと求めてきた力に対して再び屈することになることを付け加えておかなければならない。市民社会から転じて自然に訴えることを彼に強制するのと同じ理由が、哲学や科学から転じて自然に訴えることを彼に強制することになるのである。[22]

　科学の価値に関する『学問芸術論』の矛盾は、第一、第二の提案がその一部をなすところの第三の提案によって、ルソーが解決しようとしたものとしては最も完全に解決されている。第一、第二の提案は、科学の居場所を二種類に区別することによって矛盾を解決していた。第三の提案は、二種類の科学を区別することによって矛盾を解決している。すなわち、徳と両立することができず、また我々が「形而上学」(ないしは純理論的な科学) と呼ぶことのできる類の科学と、徳と両立でき、また我々が「ソクラテス的知恵」と呼ぶことのできる類の科学との二種類である。ソクラテス的知恵とは自己認識のことである。それは人間が無知であることの知である。それゆえそれは一種の懐疑論であって、「不本意な懐疑論」ではあるが、しかし危険なものではない。ソクラテス的知恵は徳と同一のものではなく、それというのも徳とは「素朴な魂の科学」のことであり、ソクラテス的知恵は素朴な魂のことではないからである。いかなる人間も有徳的でありうるのに対し、ソクラテス的知恵とは少数者の領分である。ソクラテス的知恵は本質的に補助的なものである。つまり謙虚かつ無言の徳の実践だけが重要な事柄なのである。ソクラテス的知恵はいかなる類の詭弁に対しても「素朴な魂の科学」ないし良心を防御する機能をもっている。そのような防御が必要なことは偶然ではな

VI. 近代のナチュラル・ライトの危機

く、また腐敗の時代に限られることでもない。ルソーの最も偉大な弟子の一人が述べたように、単純さや無垢は全くのところ素晴らしいものではあるが、しかしそれは容易にミスリードされるものでもある。「それゆえ知よりも、行為やその抑制において成り立つ知恵こそが、科学を必要とするのである。」ソクラテス的知恵は、ソクラテスのためにではなく、素朴な魂の持主や民のためにこそ必要なのである。真の哲学者とは、徳と自由な社会の守り人という、絶対的に必要な役割を果たす人のことである。人類の教師である彼らは、そして彼らこそが、人民をその義務に関して、また善き社会の明確な特性に関して啓蒙することができるのである。この役割を果たすために、ソクラテス的知恵はその基礎として理論科学の全体を必要とする。ソクラテス的知恵は理論科学の最後のものであり、冠である。本来的には徳に奉仕するものではなく、それゆえ悪しきものである理論科学は、善きものとなるためには徳に奉仕するものとならなければならない[23]。しかしながらその研究が人民を導くことを自然によって運命づけられた少数者の領分であり続ける場合にのみ、それは善きものとなることが出来る。エソテリックな理論科学だけが善きものとなることが出来るのである。このことは、腐敗の時代において科学の一般化における制限が緩和されうることを、また緩和されなければならないことを否定するものではない。

もし「自然人」ではなく有徳な市民こそがルソーの究極の基準であるならば、このような解決法は最終的なものとみなすべきだろう。しかし彼によれば、哲学者自身はどこかしら有徳な市民よりも自然人のほうに近いのである。ここでは哲学者が自然人と共有している「怠惰な性格」について言及しておけば十分である[24]。ルソーは自然の名において、哲学だけでなく都市国家や徳についても同じくらい問題にした。彼は、彼のいうソクラテス的知恵が究極的には理論科学に、あるいはむしろ特別な種類の理論科学に、すなわち近代の自然科学に基づいていたために、そのようにせざるを得なかったのである。

VI. 近代のナチュラル・ライトの危機

　ルソーの理論の原理を理解するためには、彼の『人間不平等起源論』に目を向けなければならない。近年の研究者たちの傾向とは対照的に、彼は常にこの著作（『人間不平等起源論』）を「最も重要な著作」とみなしていた。彼はその中で、自身の原理を「完全に」展開しているとか、この書物は自らの原理を「無謀とは言わないまでも最大の大胆さをもって」明かしたものであると主張している[25]。全くのところ『人間不平等起源論』は、ルソーにおける最も哲学的な著作であり、彼の基礎となる省察を含むものである[26]。とりわけ『社会契約論』は、『人間不平等起源論』によって敷かれた基礎に基づくものである。『人間不平等起源論』は厳密に「哲学者」の著作である。そこでは道徳性は、紛れもない前提や申し分のない前提ではなく、一つの対象や一つの問題とみなされている。

　『人間不平等起源論』は人間の「歴史」の風体として書かれたものである。その歴史はルクレティウスが自らの詩の第五巻で記した人類の運命の物語をモデルとしている[27]。しかしルソーはその物語をエピクロス的なコンテクストから取り出し、近代の自然科学と社会科学によって与えられたコンテクストのうちに置き入れている。ルクレティウスは、人類の運命が神の働きを頼みとしなくても完全に理解することができることを示すために、人類の運命を描いた。彼は、自身が言及せざるを得なかった病への救済策を、政治的な生からの哲学の撤退に求めた。他方、ルソーが人間の物語を語るのは、ナチュラル・ライトに合致した政治的秩序を発見するためである。さらにいえば、彼は少なくとも最初のうちは、エピクロスよりもむしろデカルトのほうに追随している。すなわち彼は、動物が機械であることを、そして人間は自らの魂の精神性によってのみ一般的なメカニズムや（機械論的な）必然性の次元を越えることを前提としているのである。デカルトは「エピクロス派の」宇宙観を、有神論の枠組みの中に統合した。すなわち、神は物体を創造し、その運動法則を定め、宇宙は人間の理性的な魂を除外するとともに純粋に機械論的なプロセスを通して現れるというのである。理性的な魂は、思考が運動す

VI. 近代のナチュラル・ライトの危機

る物体の変容であるとは理解できないために、特別の創造を必要とする。理性とは動物のうちにおいて人間を明白に区別するものなのである。ルソーは物体の創造だけでなく、人間についての伝統的な定義をも同様に問題とみている。獣は機械であるという見解を受け入れることで、彼は人間と獣の間には知性に関する程度の差があるにすぎないことを、あるいは力学の法則が観念の形成を説明することを示している。物理的には説明できないが、人間の魂の精神性を証明するものは、人間の選択の力と、選択の自由に向けた人間の意識であると述べる。「そうであるならば、動物のうちにおいて人間を区別しているものは、知性であるというよりはむしろ自由な行為という人間の質である。」しかしルソーがこの主題に関してどのようなことを信じていたとしても、『人間不平等起源論』の議論は自由な意思こそが人間の本質であるという想定には基づいておらず、あるいはより一般的に表現すれば、その議論は二元論的な形而上学には基づいていないのである。続けてルソーは、そのように提示された人間の定義は論争に陥りやすいと述べており、それゆえ彼は「自由」を「完成への素質」へと置き換え、人間がその素質によって獣とは区別される事実は誰にも否定することができないと述べるのである。ルソーは自らの教理を最も強固な根拠の上に置こうとしている。彼は自らの教理を「解決できない反論」や「強力な反対」、「克服できない困難」にさらされている二元論的な形而上学に依拠させることを望んでいない[28]。『人間不平等起源論』の議論は唯物論者に対して、他の者に対してと同じように、受け入れられるものとなっている。それは唯物論と反唯物論との間の争いに関して中立的なものとなっており、あるいは語の今日的な意味における「科学的」なものになっているのである。[29]

『人間不平等起源論』の「自然学的」探究[30]は、ナチュラル・ライトの基礎の研究と、したがって道徳性の基礎の研究と同一のものとみなされている。「自然学的」探究は、自然状態の正確な特徴を明るみに出すものとみなされているのである。ルソーはナチュラル・ライトを確立するた

VI. 近代のナチュラル・ライトの危機

めには自然状態にまで遡らなければならないことを、当然のように考えていた。つまり彼はホッブズの前提を受け入れているのである。彼は古典哲学者らのナチュラル・ライトの教説を斥けながら「ホッブズはナチュラル・ライトについての近代の定義のもつすべての欠陥を非常によく見極めていた」と述べる。「近代人」や「我々の法学者たち」(「ローマの法学者たち」すなわちウルピアヌスとは区別された法学者たち) は、人間は自然本性において自らの理性を十分に用いることができると、つまり人間としての人間はナチュラル・ローの完全な義務に服していると、そのような誤った想定を持っていたというのである。ルソーは明らかに「ナチュラル・ライトについての近代の定義」によって、彼の時代のアカデミックな教説においてはなお支配的であった伝統的な定義を理解している。そうであるから彼は、伝統的なナチュラル・ローの教説に対するホッブズの攻撃に賛同しているのである。ナチュラル・ローは理性に先行する原理において、すなわち必ずしも人間に特有のものではない情念において、その根拠を持たなければならない。さらに彼は、自らの自己保存にとっての適切な手段とは何であるかについての唯一の判定者たる権利が各人に備わっていることを含意する自己保存の権利の中にナチュラル・ローの原理を見出すことに関しても、ホッブズに賛同している。彼らによればこの見解は、自然状態における生が「孤独」であることを、つまりそれは社会のみならず社会性すらも存在しないことによって特徴づけられることを前提としている[31]。ルソーはナチュラル・ローの教説についてのホッブズ的改革の精神に対する自らの忠誠心を、「理性的な正義についての崇高な格言『他者からしてほしいと欲することを他者にせよ』……これは、完全ではないがおそらくより有用な格率『他者にできるだけ害悪が少ないように、自身に対して善をなせ』」に代わるべきであると述べることによって表明している。彼はホッブズに劣らず、正義の根拠をあるべき人間の姿にではなく「あるがままの人間をとらえること」によって発見しようと真剣に試みている。そして彼は、ホッブズの

VI. 近代のナチュラル・ライトの危機

社会的な徳への徳の還元を受け入れるのである。[32]

ルソーは、自身よりも前に存在したすべての政治哲学者から離れるのと同じ二つの理由で、ホッブズから離れる。第一に「社会の基礎について考察した哲学者らはいずれも自然状態にまで遡る必要性を感じたが、誰一人としてそこに到達しなかった。」彼らはいずれも自然人や自然状態における人間を描くと主張したが、文明人を描いていたのである。ルソーの先人らは、いまこの現実にいる人間を観察することによって、自然人の特徴を確定しようと試みた。この方法は、人間が自然本性において社会的であると想定されている限りにおいては合理的であった。このように想定しながら、人為的なものを明らかに人為的な取り決めによって確立されたものと同一視することによって、自然的なものと実定的なものや人為的なものとの間に一線を画すことができた。少なくとも実社会における法令から独立したものとして人間のうちに生じるすべての情念は自然的なものであることを当然とみなすことができた。しかしホッブズに伴って、ひとたび人間の自然における社会性を否定すれば、我々が観察する人間のうちに生じる多くの情念は、社会の、したがってまた人為的な取り決めの微弱で間接的な影響において生じたものである限りにおいて、人為的なものでありうると認めなければならなくなる。ルソーはホッブズの前提を受け入れたがためにホッブズから離れることになったのである。ホッブズは、一方では人間が自然本性において社会的であることを否定し、他方では社会人の経験としての自らの人間的経験に言及することで自然人の特徴を確立したため、ひどく一貫していないのである[33]。ルソーは伝統的な見解に対するホッブズの批判を考え抜くことによって、今日のほとんどの社会科学者らを悩ませている困難に直面した。すなわち、人間の人間に関する経験についての省察ではなく、ひとえに特殊的に「科学的な」方法だけが、人間の自然本性についての真の知へと人間を導くことができるように思われたのである。ルソーの自然状態についての省察は、ホッブズの省察とは反対に、「自然学的」な

VI. 近代のナチュラル・ライトの危機

探究の性格をもつものなのである。

　ホッブズは自然人と未開人とを同一視した。ルソーはしばしばこの同一視を受け入れ、それに従い、また当時の民族学的文献も広く利用している。しかし彼の自然状態の教理は、自ら指摘しているように、そこでの未開人はすでに社会の型にはめられており、それゆえもはや厳密な意味での自然人ではないのだから、原理的にはこの種の知識からは独立したものである。彼はまた、自然人の特徴を確立するのに役立つと思われるいくつかの実験を提案もしている。しかしこれらの実験は完全に未来における事柄であり、彼の教理の根拠とはなり得ない。彼が用いる手段とは「人間の魂のもつ第一の作用、最も単純な作用を思索すること」である。社会を前提とする精神の働きは、人間は自然において孤独なのだから、人間の自然的なコンスティテューションには帰属することはないのである。[34]

　ルソーがホッブズから離れる第二の理由は、次のように述べることができる。ホッブズは、もしナチュラル・ライトが効力をもつべきならば、それは情念に根ざすものでなければならないと説いていた。他方で彼は「自然法」（人間の自然的義務を命ずるルール）を、明らかに伝統的な仕方において、つまり理性の命令として考えていた。彼はそれらを「結論ないし定理」として描写していた。ルソーは、伝統的な見解に対するホッブズの批判については間違いないのだから、ホッブズの「自然法」の概念のほうを問題にしなければならないという結論を導き出している。すなわち、「自然権」だけでなく「自然法」も、人間の自然的義務、人間の社会的徳もまた、情念に直接根ざすものでなければならないと、それらは推論や計算よりももっと強力な支えを持たなければならないと、そのような結論を導き出しているのである。本来「自然法」は「直接自然の声で語らなければならない」ものである。それは前理性的なものでなければならず、「自然的な感情」や情念によって命じられるものでなければならないのである。[35]

VI. 近代のナチュラル・ライトの危機

　ルソーは、自らが自然人について研究した結果を、人間は自然においては善であるという言葉に集約した。この結論は、ホッブズの前提に基づいてなされたホッブズの教理への批判の結果、生じたものであると理解することができる。ルソーは次のように論じる。すなわち、ホッブズが認めたように人間は自然において非社会的である。しかし、誇りや「自尊心 *amour-propre*」は社会を前提とする。したがって自然人は、ホッブズの主張とは異なり、自尊心や虚栄心をもつことが出来ない。しかしまたホッブズが主張したように、自尊心と虚栄心はすべての悪徳の根源である。それゆえ自然人はすべての悪徳から解放されているのである。自然人は自己愛や自己保存への関心によって動かされる。それゆえもし他者に危害を加えることによって自己を保存できると信じたならば、彼はそのようにすることだろう。しかし彼は、自尊心や虚栄心をもつ場合にはよくあるように、他者へ危害を加えることそれ自体には関わろうとはしないだろう。さらにいえば、自尊心と同情とは両立することが出来ない。我々は自らの面子にとらわれている限り、他者の苦しみに対して鈍感である。同情の力は、教養や人為の増加に伴って減退していく。ルソーは自然人が同情に厚いことを示している。すなわち、もし自己保存の本能の強力な衝動が同情によって緩和されることがなかったならば、人類は何らかの人為的な規制が生まれるまで生き残ることができなかったであろう、というのである。彼は、種の保存への本能的な欲求が生殖と同情への欲求へと分化するものと想定していたように思われる。同情とは、あらゆる社会的徳の源泉としての情念のことである。彼は、人間は自然本性において自己愛と同情によって動かされ、また虚栄心や自尊心から解放されているため、自然本性において善である、と結論づけている。[36]

　自然人が誇りを欠くのと同じ理由で、彼はまた知性や理性を、それとともにまた自由を欠く。理性は言語と隣り合わせであり、言語は社会を前提とする。すなわち、自然人は前社会的であるから、前理性的でもあ

Ⅵ. 近代のナチュラル・ライトの危機

る。ここで再びルソーは、ホッブズの前提から、ホッブズ自身は導き出すことのなかった必然的な結論を導き出している。理性を持つことは一般観念を持つことを意味する。しかし一般観念は、記憶や想像力のようなイメージとは異なり、自然的なプロセスや無意識的なプロセスの産物ではない。それらは定義を前提としているのである。それらは定義において存在しているのである。したがってそれは言語を前提とする。言語は自然的なものではないのだから、理性は自然的なものではないのである。これらのことから我々は、ルソーが人間は理性的動物であるという伝統的な定義を新しい定義に置き換えた理由を、最もよく理解することができる。さらにいえば、自然人は前理性的であるから「彼は自らが必要とするものへの権利を、理性によって［理性に合致させて］自らに帰属させている」とはいっても、彼は理性の法である「自然法」についてのいかなる知にも、全く無知なのである。自然人はあらゆる点において前道徳的である。すなわち、彼はまったく心を持たないのである。自然人はまだ人間になっていないのである。[37]

　人間は自然本性において善であるというルソーの命題は、人間は自然本性において人間に満たないという彼の主張に照らして理解されなければならない。人間は自然本性において善にも悪にもなりうるような人間に満たない存在であるから、自然本性において善なのである。語るに値する人間の自然的なコンスティテューションなどそこにはない。すなわち、人間に特有のすべてのものは獲得されたものであり、あるいは究極的には作為や人為によるものなのである。人間は自然本性においてはほとんど無限に完成に向かうことが出来る。ほとんど無制限といえる人間の進歩や、悪しきものから自らを解き放つ人間の力を妨げる自然の障害などは存在しない。それと同じ理由で、人間のほとんど無制限の堕落を妨げる自然の障害もまた存在しない。人間は自然本性においてほとんど無限の順応性をもっているのである。アベ・レーナルの言葉に従えば、人類は我々がそのように作りたいと願うとおりのものである。人間は、

VI. 近代のナチュラル・ライトの危機

自らが自分自身から作り出すことのできるものに一定の制限を設けるような、正確な意味における自然本性を持たないのである。[38]

もし人間のヒューマニティが獲得されるものであるならば、その獲得性は説明されなければならない。「自然学的探究」の要件に従えば、人間のヒューマニティは偶然の因果関係の産物として理解されなければならない。この問題は、ホッブズにおいてはほとんど存在しなかった。しかしそれは、彼の前提に基づくかぎり必然として生じてくるものである。彼は、自然的存在の自然的生産や機械論的生産と、人間の構築するところの自発的生産や恣意的生産とを区別していた。彼は人間の世界を一種の宇宙内宇宙であると考えていた。彼は人間が自然状態を離れて市民社会を設立することを、自然に対する人間の一種の反抗であると考えていた。しかしながら、スピノザが指摘したようにホッブズの全体観は、自然状態と市民社会の状態の二元論ないしは自然的世界と人間的世界の二元論が自然的世界の一元論へと還元されることを、あるいは自然状態から市民社会への移行ないしは自然に対する人間の反抗が一つの自然的なプロセスとして理解されるべきことを必要とするものであった[39]。ホッブズは部分的に、前社会的な人間はすでに理性的存在であり、契約を結ぶ能力のある存在であると誤って想定してしまったがために、この必要性を自ら覆い隠してしまったのである。それゆえ自然状態から市民社会への移行は、彼にとっては社会契約の締結と同時に起こるものであった。しかしルソーは、ホッブズの前提が必然として含むものに気づいていたことによって、その移行が自然的なプロセスにおいて成立するものであると、あるいは少なくともそれによって決定的に準備されたものであると、そのように考えざるを得なかった。すなわち、人間が自然状態から離れて文明という冒険に乗り出していくのは、善きにつけ悪しきにつけ自由を用いたことによるのではなく、あるいは本質的な必然性によるのではなく、機械論的因果性や一連の自然的な偶然によるのであると、そのように考えざるを得なかったのである。

Ⅵ. 近代のナチュラル・ライトの危機

　人間のヒューマニティや理性は獲得によるものである。理性は身体の基本的欲求に遅れて現れてくる。理性はこれらの欲求を充足させる過程において現れてくるのである。もともとこれらの単純で一様な欲求は、容易に充足させられるものである。しかしまさにこの事実は莫大なまでの人口の増加をもたらし、かくして基本的欲求を充足させることを困難にする。それゆえ人間は生き残るために、考えることを——考えることを学ぶことを——強いられるのである。さらには、基本的欲求は様々な気象その他の条件の下で、様々な仕方で満足させられる。それゆえ精神は、ある環境において基本的欲求やその充足が変化するときのある仕方に正確に対応するなかで発達していく。これらの環境は人間の思考を形成していく。ひとたびこのようにして形成されると、人間は新たな欲求を発展させ、それらを充足させようとし、そしてその中でさらに精神が発展していく。そうであるならば精神の進歩とは、必然的なプロセスなのである。それが必然的であるのは、それが一つの目的には向かっておらず、したがって偶然的ではあるものの自然的な原因の必然的な結果である変化（島の形成や火山の爆発など）によって、人間が考えることを強いられるからである。偶然は人間に知性とその発達を強制する。とりわけ自然状態から文明的な生への移行がこのような性格をもつものであるならば、文明化のプロセスが自然状態における人間に満たない者の幸福を破壊してしまうことや、人間が社会を組織するにおいて重大な過ちを犯してしまうことは、おそらく驚くべきことではないだろう。これらの不幸と愚行はいずれも必然なのであり、それらは初期の人間の経験不足と哲学の欠如による必然的な帰結なのである。それはそうとして、社会がいかに不完全であるにせよ、社会の中で、また社会を通して、理性は発達していくものである。ついには元来の経験と哲学の欠如は克服され、また人間は強固な基盤の上に公的な「ライト」を確立することに成功するのである[40]。その瞬間、そのルソーの瞬間には、もはや人間は思いがけない環境によってではなく、むしろ自らの理性によって形成され

VI. 近代のナチュラル・ライトの危機

るところのものとなっていることだろう。盲目的な運命の産物である人間は、ついには自らの運命を見通すことのできる主人となるのである。理性の創造性や、自然の盲目的な力への精通は、そのような盲目的な力の一つの産物なのである。

　ルソーの自然状態の教理において、近代のナチュラル・ライトの教説は危機に陥る。その教説を考え抜くことによってルソーは、それを完全に放棄する必要があることを目の当たりにしたのである。自然状態が人間に満たない状態であるならば、そこに人間の規範を発見しようとして自然状態へ帰っていくなどということは馬鹿げたことである。かつてホッブズは、人間が自然本性的な目的を持つことを否定した。彼は人間の原初のうちに、自然的な権利ないし恣意的ではない権利の根拠を発見できると信じていた。対してルソーは、人間の原初があらゆる人間的な特性を欠くことを示した。それゆえホッブズの前提に基づきつつも、自然のうちに、人間の自然本性のうちに権利の根拠を発見しようとする試みは、全面的に放棄する必要が生じたのである。そしてルソーは一つの代替案を示したように思われる。それというのも彼は、人間において特徴的なことは自然の賜物などではなく、自然を克服したり変化させたりするために人間がなしたこと、あるいはそのように強いられたことであると示したからである。すなわち、人間のヒューマニティとは歴史的プロセスの産物であることをルソーは示したのである。しばらくの間——それは一世紀以上の長きに渡って続いた——人間の行為の基準は歴史的プロセスのうちに求めることができると思われていた。この解決法は、歴史的プロセスやその結果は自然状態よりも明白に望ましいものであることを、あるいはそのプロセスは「意味深きもの」であることを前提としていた。ルソーはそのような前提を受け入れることができなかった。彼は、歴史的プロセスが偶然のものに過ぎないのであれば、それは人間に何らかの基準を与えることなどできないことに、そしてもしそのプロセスが隠れた目的をもつものであっても、その合目的性は超歴

VI. 近代のナチュラル・ライトの危機

史的な基準が存在する場合を除いては認識されることがないことに気づいていたのである。歴史的プロセスは、そのプロセスの目標や目的についての前もっての知識がなければ、進歩的なものとして認識されることがないのである。歴史的プロセスは意味深きものであるために、真の公的な「ライト」についての完全なる知を極めなければならない。人間は、そのような知を持たないのならば、自らの運命を見通す主人であることが出来ず、あるいはそうはなり得ないだろう。そうであるならば、人間に真の基準を与えるのは歴史的プロセスの知ではなく、真の公的な「ライト」についての知ということになる。

　ルソーの苦難は、単なる誤解によるものであったことが示されてきた。彼の時代におけるアカデミックな教説では、自然状態は人間が原初において実際に生を営んでいた状態としてではなく、単なる「仮説」として理解されていた。すなわち自然状態における人間とは、自らの本質的な能力を順当に発達させはするが、ナチュラル・ローにのみ服し、それゆえまたナチュラル・ローから導き出されるすべての義務と権利を、そしてそのような義務と権利のみを有していると「考えられる」人間のことである。それはかつて人間がいかなる実定法にも服していない状態に事実として生きていたかどうかとは関係ないのである。ルソー自身、『人間不平等起源論』においてこのような自然状態の概念をほのめかし、またそれを受け入れているように思われる。彼は『社会契約論』の冒頭において、「歴史的な」自然状態の知はナチュラル・ライトの知とは無関係であると述べているように思われる。従って彼の自然状態についての教説は、二つの全く関連のない自然状態の意味を、すなわち人間の原初の状態としての（したがって過去の事実としての）自然状態と、人間としての人間の法律上の地位としての（したがって一つの抽象や想定としての）自然状態の意味を、相互に完全に分離することが必要であることを完全に明らかにしたと、そのように述べるより他に功績がないように思われるだろう。言い換えれば、ルソーはいくらか不本意ながらも、アカ

Ⅵ. 近代のナチュラル・ライトの危機

デミックなナチュラル・ライトの教説はホッブズやロックといった人たちの教説よりも優れていたという事実に関する証人であったように思われる[41]。このような批判は、ナチュラル・ライトの内容ならびに存在に関する問題と、ナチュラル・ライトの承認に関する問題との間にある必然的な結合を無視しており、後者の問題は、全体のうちでの人間の地位の問題と、あるいは人間の起源の問題と同一のものである。それゆえルソーが、すべての政治哲学者が自然状態に、すなわち人間の原初の状態に遡る必要性を感じていたと述べることは、まったくの誤りであるということはない。すべての政治哲学者は、正義の要求は人間の立法とは独立した支えを持つかどうか、またそれはどれほどかということについて、省察することを強いられていたのである。当時のアカデミックなナチュラル・ライトの教説が陰に陽に基づいていた伝統的な自然神学を端的に採用することなくしては、ルソーはそのようなアカデミックなナチュラル・ライトの教説に回帰することはなかったであろう。[42]

ナチュラル・ライトの内容ならびにその性格は、人間の起源が考えられるときの仕方によって決定的に影響を受けるものであろう。このことは、ナチュラル・ライトが現存する人間に向けられたものであり、ルソーのいう自然状態に生きていた愚かな動物に向けられたものではない、という事実を取り払ってしまうものではない。それゆえルソーが自らのナチュラル・ライトの教説を、自身が自然人ないし自然状態における人間について知っていると信じていたことの上にいかにして基礎づけることができたのかを理解することは困難である。彼の自然状態の概念は、もはや人間の自然についての考察に基づかないナチュラル・ライトの教説に向かっており、あるいは、もはや一つの「自然法」としては理解されない理性の法に向かっている[43]。ルソーは、自らの一般意思に関する教説、伝統的なナチュラル・ローの「現実的な」代替物を見出そうとする試みの成果とみなすことのできる教説によって、そのような理性の法の性格を示していたと言うことができるだろう。その教説によれば、人間

— 314 —

Ⅵ. 近代のナチュラル・ライトの危機

の欲求に対する制限は人間の完成という効果的でない要件によってではなく、人が自身に対して主張するのと同じ権利をすべての他者にも認めることによって設けられるものである。すべての者は必然として自らの権利の承認に積極的な関心を抱くものであるが、それに反して、他者の人間的な完成に積極的な関心を抱く者は全くいないか、あるいはいたとしてもごくわずかしかいないのである。これが事実なのだから、私的な欲求は「一般化される」ことによって、つまり社会のすべての成員を平等に拘束する法律の内容であると考えられることによって、理性的な欲求に形を変えるのである。「一般化」の試練から生き延びた欲求は、まさにこの事実によって理性的であり、したがって正しいと証明される。理性の法を「自然法」であると考えることをやめていたならば、ルソーは自らのソクラテス的知恵を自然科学からラディカルに独立させることが出来たことだろう。しかし彼はそのような手順を踏まなかった。彼がモンテスキューから学んだ教訓が、彼の思想のなかで自然的かつコンスティテューション的な法に固有の純理的な傾向を中和したのである。そしてその極端な純理主義は、理性の法を人間の自然本性についての知からラディカルに独立させようとする試みの結果だったのである。[44]

ルソーがホッブズの前提から導き出した自然状態に関する結論は、社会的動物としての人間の概念への回帰を示しているように思われる。ルソーがそのような概念へと回帰したと思われる理由は他にもあった。ホッブズによれば、すべての徳と義務は自己保存への関心からのみ生じ、したがってまた計算から直接的に生じてくるものである。しかしながらルソーは、計算や利己心は社会の紐帯として十分に強いものではなく、また社会の根源として十分に深いものではないと感じていた。しかし彼は、人間が自然本性において社会的な存在であると認めることを拒んだ。彼は、社会の根源は人間の根本的な社会性とは区別された人間の情念や感情のうちに発見されるものであると考えたのである。彼がそのように考えた理由は次のように述べることができる。すなわち、もし社会が自

VI. 近代のナチュラル・ライトの危機

然的なものであるならば、それは本質的に個々の意思に基づくものではない。しかし人間を社会の成員たらしめているのは本質的に自然であって人間の意思ではないと、そのようにルソーは考えたのである。他方、もしもホッブズが計算や利己心に割り当てたものが情念や感情に割り当てられるとすれば、社会との関係における個人の優位は維持される。そうであるからルソーは、個人の、すなわちすべての人間の根源的な独立性に関心をもっていたために、社会的動物としての人間という概念に回帰することを拒んだのである。彼は、自然状態は個人の根源的な独立性を保証するものであるという理由で、自然状態という観念を保持した。彼は個人の独立性に最も効果的に働くような自然的基準に関心をもっていたため、自然状態の観念は保持したのである。[45]

もしもルソーが意図せずに引き起こした自然状態の価値の低下ないし極端な消耗が、彼の思想の中で自然状態の人間の最も特徴的な性質である独立性や自由といったものの重要性をそれ相応に増大させることによって余りあるほどに補われることがなかったならば、彼は自然状態の観念を保持することができなかったであろう。ホッブズの教理において、自由や、自らの自己保存に有益な手段の唯一の判定者である万人の権利は、自己保存それ自体よりも下位のものであり、自由と自己保存が衝突する場合には自己保存のほうが優先された。しかしながらルソーによれば、自由は生命よりも高次の善である。実際に彼は、自由を徳や善性と同一視する傾向がある。彼は、自由とは人間が自らに課した法へと服従することであると述べる。このことは第一に、法に対して服従しなければならないというだけでなく、立法それ自体が個人に起源を持たなければならないということを意味している。第二に、自由は徳の条件や帰結であるというよりは、むしろ徳そのものであることを意味している。徳について真であるといえることは、ルソーが徳と区別していた善性についても真であるといえる。すなわち、自由と善とは同一のものであって、自由であることは、あるいは自分自身であることは、善なのである

VI. 近代のナチュラル・ライトの危機

——これは、人間は自然本性において善であるとする彼の命題の意味するところの一つである。とりわけ彼は、人間についての伝統的な定義を、理性ではなく自由こそが人間の特徴であるとする新しい定義に置き換えられなければならないことを示した[46]。ルソーは「自由の哲学」の創始者であるといえるだろう。「自由の哲学」の発展形態すなわちドイツ観念論とルソーとが関係していることを、したがってまたホッブズとが関連していることを、ヘーゲルよりも明瞭に表現している者はいない。ヘーゲルはカントとフィヒテの観念論と「ナチュラル・ライトの反社会主義的な体系」すなわち人間の自然的な社会性を否定して、「個人の存在を第一義的で最高のものとみなす」ところのナチュラル・ライトの教理との類似性について書き留めたのである。[47]

「ナチュラル・ライトの反社会主義的な体系」は、エピクロス主義の変形によって現れたものである。エピクロス派の教理によれば、自然的な善は快楽と同じもの、すなわち基本的に身体への快楽と同じものであるから、個人は自然本性においていかなる社会的拘束からも自由である。しかしこれと同じくエピクロス派の教理によれば、快楽には自然的な限界、つまり最大ないし最高の快楽というものがあるのだから、個人は自然本性において定められた境界のうちに留められる。すなわち、飽くなき快楽の追求は自然に反することであるというのである。ホッブズによるエピクロス主義の変形は、個人をその人の意思に起因するのではないすべての社会的拘束から解放するだけでなく、すべての自然的目的から解放することも暗に意味するものであった。もはや彼は、人間の自然的目的という観念を斥けることによって、個人の「善き生」とは個人が意思をもつよりも前に了解されている普遍的なパターンの遵守や、それとの同化のことであるとは理解していなかった。彼は善き生を、人間の原初の見地から、あるいは人間の義務、完全性、徳とは区別された人間の自然権の見地から考えた。彼の理解したナチュラル・ライトは、無限の欲求を抑制するものというよりはむしろ方向づけるものである。すなわ

Ⅵ. 近代のナチュラル・ライトの危機

ち、自己保存への関心に起因する力への無限の欲求は、正統な幸福の追求と同一視されることになる。このように理解されたナチュラル・ライトは、条件つきの義務と打算的な徳を導くものでしかない。ルソーは、ホッブズの理解した幸福は絶え間なき不幸と同じであり[48]、道徳性に関するホッブズとロックの「功利主義者的な」理解は適切ではないことを確認した。すなわち、道徳は計算よりももっと堅固な支えを持たなければならないことを確認したのである。彼は幸福と道徳についての適切な理解を回復しようと考えたため伝統的自然神学の改訂版に頼ったのだが、しかし彼はそれすらも「解決できない反論」にさらされていると感じた[49]。彼はそのような反論に影響を受けたことで、完全性、徳、義務の優先とは区別された権利や自由を優先するというホッブズ的な観念から出発することによって人間の生の理解を試みることを強いられたのである。彼は無条件的な義務と打算的ではない徳の観念を、自由や権利を優先しようとするホッブズ的な観念に接ぎ木しようと試みた。いわば彼は、義務は権利から派生したものであると考えられなければならないことを、より適切にいえば、人間の意思に先行するナチュラル・ローなどはどこにも存在しないことを認めてしまったのである。しかし彼は、そのような基本的権利は自己保存の権利ではないと、つまりそのような権利は条件つきの義務を導くものでしかなく、それ自体は人間が獣と共有する衝動から派生するものではないと、そのように感じていた。もし道徳性やヒューマニティが適切に理解されるべきであるならば、それらは人間に根源的かつ特有な権利や自由に突き止められなければならなかった。ホッブズはそのような自由が存在することを暗に認めていた。それというのも彼は、もし精神と肉体という伝統的な実体二元論が放棄されるならば、科学は意味、秩序、真理が人間の創造的活動においてのみ生じる場合か、人間が創造者としての自由をもつ場合を除いては可能ではないことを、暗黙のうちに認めていたからである[50]。ホッブズは実際に、物体と精神という伝統的な二元論を、唯物論的一元論にではなく、自然

VI. 近代のナチュラル・ライトの危機

（あるいは実体）と自由という新たな二元論に置き換えることを強いられたのである。実際にホッブズが科学に関して示したことは、ルソーにおいては道徳に適用された。ルソーは基本的自由や基本的権利を、他ならぬ無条件の義務の確立における問題としての創造的な行為であると考える傾向があった。すなわち、自由とは本質的に自己立法のことなのである。このような試みの究極的な帰結は、徳と自由とを置き換えることにあり、すなわち人間を自由にするのが徳であるというのではなく、人間を有徳にするのが自由であるという見解であった。

ルソーは、人間が自らに課した法への服従のうちに成立し、かつ市民社会の前提である真の自由ないし道徳的自由を、市民的自由とだけでなく、とりわけ自然状態──盲目的な欲求の支配によって特徴づけられ、したがってまた道徳的な意味での奴隷制という言葉によって特徴づけられる状態──の自然的自由とも区別しているというのは真実である。しかし、彼がこのような区別を曖昧にしたこともまた真実である。それというのも、市民社会においては誰しもが「ただ自分自身のみに服従し、その人は以前と同じく自由であり続ける」と、つまり自然状態において自由であるのと同じように自由であり続けると、そのように彼は述べているからである。このことは、自然的平等が市民的平等のモデルであり続けるのとまさに同じく、自然的自由が市民的自由のモデルであり続けることを意味している[51]。順番にいえば、市民的自由とはある意味では自分自身にのみ服従することをいうのだから、たしかに道徳的自由にきわめて近いものということになる。自然的自由、市民的自由、道徳的自由の区別を曖昧にしたことは、決して偶然の誤りではない。すなわち、道徳的自由の新たな理解は、第一義的な道徳的現象は自然状態における自由であるという観念から始まるものだったのである。それはともかくとしても、ルソーの教理における「自由」の地位の高まりは、ほとんど論破されていた自然状態の観念を命からがら救ったのである。

ホッブズとロックの教理における自然状態は、ある人が言うように消

VI. 近代のナチュラル・ライトの危機

極的な基準であった。すなわち自然状態は、一つの、そして唯一の完全なる解決法として「貨幣をその血液とみなす強力なリヴァイアサン」を示すなどという自己矛盾によって特徴づけられるのである。しかしながらルソーは、ホッブズとロックが考えたような市民社会はもちろんのこと、市民社会それ自体が根本的な自己矛盾によって特徴づけられると、そして自己矛盾から解放されている状態はまさしく自然状態なのだと、そのように考えていたのである。彼は、自然状態における人間は根本的に独立しているがために幸福であり、他方、市民社会においては根本的に従属しているがために不幸であると考えていたのである。それゆえ市民社会は人間の究極目的に向かってではなく、人間の原初に向かって、人間の最も遠い過去に向かって超越されなければならない。かくしてルソーにとっての自然状態は、積極的な基準となるに至ったのである。しかし彼は、偶然による必要性が人間を自然状態から離れるよう強制し、またそのような至福の状態に帰ることは永遠にできないような仕方で変質させたことを認めた。したがって、善き生の問題についてのルソーの答えは次のようなものである。すなわち、善き生はヒューマニティのレベルに応じて可能な限り自然状態に接近することにより成立する、というものなのである。[52]

　政治的な方面ではそのような接近の最たるものは、社会契約の要件に従って構築された社会によって達成される。ホッブズやロックと同じようにルソーも、自然状態においては万人が自由かつ平等であり、そして基本的欲求とは自己保存の欲求のことである、という前提から出発する。彼は先人たちとは異なり、原初においては、あるいは原初的な自然状態においては、自己保存の欲求の衝動は同情によって緩和されていたと、そして原初的な自然状態は人間が市民社会に参入するに先立って、偶然による必要性によってかなり変化したと主張し、市民社会は自然状態の非常に遅い段階においてようやく必要となり、可能となったのだと主張する。自然状態において生じた決定的な変化は、同情の衰えを招いた。

Ⅵ. 近代のナチュラル・ライトの危機

同情は虚栄心や誇りが現れたことで、そして究極的には不平等が現れたことで、それゆえ人間の仲間への依存関係が現れたことで、衰えてしまったのである。このような展開の結果として、自己保存は困難になっていった。ひとたび限界点に達すれば、自己保存は自然的同情に代わって作為による代替物を必要とするようになり、原初の頃に存在していた自然的自由と自然的平等に代わって人為による代替物を必要とするようになる。本源的自由と本源的平等へのできる限りの再接近が社会の内部で達成されるべきだと要求するのは、万人の自己保存なのである。[53]

　そうであるならば市民社会の根拠は、もっぱら自己保存の欲求のうちに、あるいは自己保存の権利のうちに求められなければならない。自己保存の権利は、自己保存に必要な手段に対する権利を含意している。したがって、専有への自然権というものが存在することになるのである。すべての人間は、自然本性において自らが必要とする大地の果実を専有する権利を有している。すべての人間は自らの労働を通して、そして自らの労働によってのみ、自ら耕した大地の産物に対する独占的な権利を獲得することができ、それとともにまた、少なくとも次の収穫期までの土地そのものに対する独占的な権利を獲得することができる。継続的な耕作は、耕作された土地の継続的な所有を正統化するものであろうが、しかしそれは、その土地における所有権を生み出すものではない。所有権とは実定法によってつくられたものである。実定法によって認められる前には、土地は不法占拠されているのである。すなわちそれは力によって獲得されただけであって、真に所有されたものではない。そうでなければ自然権は、おそらく自身の落ち度のせいではないのに土地を所有し損ねた人々の自己保存の権利を犠牲にして、最初に占有した者の権利を神聖化するものということになるだろう。貧者も自由人として、自らが自己保存のために必要とするものを獲得するための自然権を有しているのである。もしすべてのものが他者によってすでに専有されているがために、彼らが自らの必要とするものを自分自身の小さな土地を耕す

VI. 近代のナチュラル・ライトの危機

ことで専有することすらできないのならば、彼らは暴力に訴えることだろう。かくして最初に占有した者の権利と、暴力に頼らなければならない者の権利の間で争いが生じるのである。生活必需品の専有への欲求は、自然状態の最終段階を最も恐ろしい戦争状態へと変容させる。ひとたびこの局面に達すれば、法や正義が暴力の後に続くこと、すなわち人為的な取り決めや契約を通して平和が保証されることは、すべての人にとって、つまり富者にとってだけでなく貧者にとっても利益となる。このことは結局のところ、「賢明なるロックの格言に従えば、所有権のないところには不正義もあり得ない」ということに、あるいは自然状態においてはいかなる者も「自らを惹きつけ、また自らの入手できるすべての物への無制限の権利」を有している、ということになる。現実の社会の基盤をなす契約は、自然状態の終わりに存在した人間の事実上の占有を、真の所有権に変えた。それゆえそれは、その前にあった収奪を認めたことになる。現実の社会は富者によって貧者に対して仕掛けられた策略に基礎を置くものなのである。すなわち、政治権力は「経済的」な力に基礎を置くものなのである。いかなる改善策も、この市民社会の元来から存在する欠陥を矯正することはできない。法が持てる者に味方して、持たざる者に敵対することは避けられないのである。しかしそれにもかかわらず万人の自己保存は、社会契約が結ばれ、それが守られることを要求するのである。[54]

もし社会契約が、人間に対して自らの自己保存にとって必要な手段の判定者であり続けることを、あるいはかつてと同じく自由であり続けることを許さないのであれば、それは個人の自己保存に危険をもたらすものであろう。他方、私的な判定は公的な判定に置き換えられるべきだとするのは、市民社会の本質である。この対立する要求は、行政において行われる公的な判定が法に厳格に合致するのならば、また法律のかたちになっている公的な判定が市民共同体の作成物であるのならば、そして法律に従うすべての成人男子が投票を通じてその内容に影響を与えるこ

Ⅵ. 近代のナチュラル・ライトの危機

とができるのならば、その限りにおいて最大限に調停されたことになる。ある法律に投票することは、自らの私的な意思や自然意思を、万人を等しく拘束し、また万人に等しく利益をもたらす法律の対象として考えることを意味し、あるいは他のすべての人が自身の欲求をなすがままにした場合に生じるであろう望ましくない結末を考慮することで自らの利己的な欲求を抑制することを意味する。それゆえ全ての者を包括する市民共同体による立法は、自然的な同情に対する人為的な代替物である。市民は無制限の私的な判定に従うことはできないのだから、自然状態における人間よりも全くのところ自由ではないが、しかし彼は仲間たちによって習慣的に保護されているのだから、自然状態における人間よりも自由人なのである。市民は法にのみ、公共の意思にのみ、一般意思にのみ服従しており、いかなる他者の私的な意思にも服従してはいないのだから（原初の）自然状態における人間と同じく自由なのである。しかし、もしいかなる種類の個人的な依存関係や「私的統治」も避けられてしかるべきものならば、すべての人、すべての物は一般意思に服従しなければならないことになり、社会契約は「それぞれの同輩をすべての権利とともに共同体全体に全面的に委ねること」を、あるいは「一個の完全かつ単独の全体であるすべての個人を、ある意味ではその個人が自らの生命と存在を受けとるところのより大きな全体の一部分へと」変容させることを要求する。かつてそうであったように人間が社会の中で自由であり続けるためには、人間は完全に「集産化され」あるいは「脱自然化され」てしまわなければならないのである。[55]

　社会における自由は、万人が（そしてとりわけ政府が）自由なる社会の意思へと完全に身を明け渡すことによってのみ可能となる。人間はすべての権利をある社会に明け渡すことによって、実定法を斥けるために社会の裁決に訴える権利を、つまりナチュラル・ライトに訴える権利を失うことになる。すなわち、すべての権利は社会的な権利となってしまうのである。自由な社会は、ナチュラル・ライトが実定法に吸収されて

VI. 近代のナチュラル・ライトの危機

しまうことに基づいており、またそれに依存している。ナチュラル・ライトは、それに合致するように構成されたある社会における実定法によって正統に吸収される。一般意思はナチュラル・ローに置き換わるのである。「主権者はまさに主権者であるという事実によって、常にあるべき姿の主権者なのである。」[56]

ルソーは自らが考えていた自由な社会を、しばしば「デモクラシー」と呼んだ。デモクラシーは他のいかなるレジームよりも自然状態における平等に近い。しかし民主制は「賢明に調整され」なければならない。すべての者が投票権を持たなければならない一方で、投票は大都市の「暴徒 la canaille」に対抗するものとしての中産階級や田舎の民に有利になるようなかたちで「調整され」なければならないのである。さもなければ、失うものを持たない者たちはパンのために自由を売り渡しかねないのである。[57]

適切に制限を加えられた民主制における実定法によるナチュラル・ライトの吸収は、もし一般意思——これは実際には法律上の多数者の意思を意味する——が誤ることはないという保証が得られるならば、擁護することのできるものであろう。一般意思ないし人民の意思は、それが常に人民の善を望む限りでは誤ることなどないが、しかし人民は常に人民にとっての善を知っているわけではない。それゆえ、一般意思は啓蒙される必要がある。啓蒙された個人は社会の善を理解することだろうが、しかしそれが彼らの私的な善と衝突した場合に彼らが社会の善のほうを支持する保証など全くない。計算と利己心は、社会的紐帯として十分に強いものではないのである。全体としての人民も個人も、同じ程度に案内を必要とするのである。人民は自らが望むものを知るために教育を受けなければならず、自然的存在として自身の私的な善にばかり関心をもっていた個人は、私的な善よりも公の善をためらうことなく選ぶ市民へと変容させられなければならない。このような二重の問題の解決法は、立法者や国父によって、すなわち自らが考案した法典を神の起源に

Ⅵ. 近代のナチュラル・ライトの危機

帰すこと、あるいは自身の知恵をもって神を讃えることで投票に委ねる法律のよさを人民に納得させ、同時に個人を自然的存在から市民へと変容させることのできる優れた知性の持ち主によって、与えられるのである。立法者のこのような行動だけが、自然的なるものの資格ではないとしても少なくとも強制力を、人為的に獲得することができるのである。立法者が自身に対する神からの使命や自らの法典への神の承認を市民に納得させる際の論拠が、必然として根拠の疑わしいものであることはいうまでもない。ひとたび法典が承認され、「社会的精神」が発達し、賢明なる立法がその偽りの起源ではなく証明済みの知恵を理由として受け入れられるならば、法典の超人間的な起源への信仰はもはや必要とされなくなるものと考えられるだろう。しかしこのような示唆は、古き法に対するいまなお生きている敬意、あるいは社会が健全であるために不可欠である「古さについての先入見」が、それらの起源に関する説明が公然と問題とされたとはいえ何とか生き残ることができたという事実を見落としている。言い換えれば、自然人の市民への変容における問題は、社会そのものの問題と同時に古くから存在する問題であって、それゆえ社会は、立法者の神秘的で畏怖を与えるような行動を、あるいは少なくともそれに相応するものを、絶えず必要とするのである。それというのも社会は、社会によって生まれたオピニオンや感情が自然的感情を克服し、いわば無に帰する場合にのみ、健全たることができるからである。すなわち社会は、政治哲学を社会の基礎としてその着眼の中心へと持ち込んだまさにその事実を市民が忘れ去るために、出来る限りのことをしなければならないのである。自由な社会の存否は、哲学が必然として抵抗する一種の不明瞭化にかかっている。政治哲学によって提起された問題は、政治哲学が導く解決法が働くために、忘れられなければならないのである。[58]

　ルソーの立法者の教理が、ルソー自身の役割を漠然と示している点を除く限りでは、実際の解決法を示すものというよりもむしろ市民社会の

VI. 近代のナチュラル・ライトの危機

根本問題を明らかにするものとなっていることは、疑いのない真実である。彼が古典的な立法者の観念を放棄しなければならなかった正確な理由は、その観念が人民の主権を不明瞭にする傾向があることを、つまり現実において人民の完全な主権が法の主権に代わるといったことを招きかねないことであった。古典的な立法者の観念は、すでに確立された秩序全体ではなく人民の主権意思へと、あるいは過去の世代の意思ではなく現在の世代の意思へと、繰り返し訴えることを求めるルソーの自由の観念とは相容れないものである。それゆえルソーは、立法者の活動に代わるものを見出さなければならなかった。ルソーの最終的な示唆によれば、もともと立法者に委ねられていた役割は、一方での『社会契約論』と他方での『エミール』とではいくらか異なった観点で描写された市民宗教によって果たされなければならないのである。ひとえに市民宗教だけが、市民に求められる感情を生み出すものであろうと、そのようにいうのである。我々は、ルソーがサヴォアの助任司祭の信仰告白のうちに示した宗教に彼自身が完全に同意していたかどうかといった問題には立ち入る必要はなく、なぜならそれは、その告白のせいで迫害されている際に彼が述べたことに言及することで答えられるような問題ではないからである。決定的なことは、知、信仰、人民の関係についての彼の明確な見解によれば、人民はあれこれの宗教の真理に関してオピニオンを超えたものを持つことができないという事実である。サヴォアの助任司祭によって説かれる宗教も「解決できない反論」に晒されるのだから、いかなる人間であればこの点に関して真の知を持ちうるのかについて疑問を抱くことも出来るだろう。それゆえ結局のところいかなる市民宗教も、少なくとも科学によって育まれた「危険なピュロニズム」によって本質的に危険に晒される限りにおいて、立法者による自らの法典の起源についての説明と同じ性格をもつもののように思われる。つまりすべての宗教のうちの最良のものでさえも晒される「解決できない反論」は、危険な真理なのである。もしも市民宗教の基本的な教条を疑う者が外面

VI. 近代のナチュラル・ライトの危機

的にもそれに服さないのならば、自由な社会など明らかに存在することが出来ないのである。[59]

　市民宗教から離れていえば、原初の立法者の活動に相応するものは慣習である。慣習もまた、立法者の行為において生じた意思の一般化とは独立して個々人の意思を社会化したものである。慣習は法に先行している。それというのも民族や部族は、すなわちその集団の全成員が同一の自然的な影響に晒され、またそれによって形成されたという事実によって生じるところの慣習によってまとめられた集団は、市民社会に先行するからである。前政治的な民族は、契約によってもたらされた市民社会の生成のうちにおいてよりも前政治的な民族の生成のうちにおいてのほうがより効果的に自然的原因が働くのだから、市民社会よりも自然的である。民族は市民社会よりも原初的な自然状態のほうに近く、それゆえ重要な点において市民社会に優越する。もし市民社会が民族性というほとんど自然的な基盤に基づくものならば、あるいはもしそれが民族的な固有性をもつものならば、それはヒューマニティのレベルにおいてはかなりの程度自然状態に接近するものとなり、あるいはより健全なものとなることだろう。民族的な慣習や民族的結合は計算や利己心よりも、したがって社会契約よりも深く、市民社会の根源といえるのである。民族的な慣習と民族的な「哲学」は、まさに感情が理性の母体であるように、一般意思の母体である。したがって自身の民族の過去、とりわけ初期の頃は、いかなるコスモポリタン的な大望よりも、より高い尊厳性をもつことになる。もし人間のヒューマニティが偶然の因果関係によって獲得されるものならば、そのヒューマニティは民族ごと、時代ごとに、根本的に異なったものとなることだろう。[60]

　ルソーは自らの考えた自由な社会を人間の問題を解決するものとはみなさなかったが、それは驚くべきことではない。たとえその社会が他のいかなる社会よりも自由の要求を満たすものであるとしても、その結論は、端的に真の自由は市民社会の彼方に求められなければならないとい

VI. 近代のナチュラル・ライトの危機

うことなのである。ルソーが示しているように市民社会と義務が同じ広がりをもつものであるならば、人間の自由は義務や徳さえも越えて求められるものでなければならない。徳と市民社会との結合関係の疑わしさ、それと同じく徳と幸福の関係の疑わしさを考慮し、ルソーは徳と善性とを区別した。徳は努力と習慣化を前提としている。それは第一に負担にほかならず、その要求するところは厳しい。善性すなわち善行への欲求は、あるいは少なくとも悪行への欲求の完全なる不在は、端的に自然なことである。善性についての喜びは、自然において率直に生じるものである。善性は同情という自然的感情と率直に結びつけられている。それは良心や理性に属するものというよりも、むしろ心に属するものである。ルソーは、徳は善性に全くのところ劣るものであると説いた。しかし彼の自由観の曖昧さは、言い換えれば、前社会的な生の幸福への彼の憧憬は、この教説を彼自身の観点からも疑問の多いものにしてしまうのである。[61]

この点によって我々は、ルソーの家族に対する態度、より正確には単なる異性間の愛のみならず夫婦愛と父性愛に対する態度を理解することができる。愛は、市民社会、義務、徳といったものよりも原初的な自然状態のほうに近い。愛は強制と、また自制とさえも、端的に両立することができない。それは自由であり、そうでなければ愛などは存在しない。夫婦愛と父性愛とが「人間が知っている」ところの「最も甘美な感情」、あるいは「自然の最も甘美な感情」でさえありうるのは、また端的に異性間の愛が「最も甘美な情念」ないし「人間の心のうちに抱かれる最も美味なる感情」でありうるのは、まさにそのような理由によるのである。これらの感情は「血の権利」と「愛の権利」を生じさせ、人間のつくったいかなる絆よりも神聖な絆を創り出すのである。愛を通じて人間は、市民的な生や徳の生によるよりも、ヒューマニティのレベルにおいて自然状態へとより接近する。ルソーは古典的な都市国家よりも家族と愛し合う夫婦のほうに回帰する。彼自身の言葉を用いれば、彼は市民の関心

事よりもブルジョワ的な最も高貴な関心事へと回帰した、と我々は言うことができるのである。[62]

　しかし、少なくともルソーが「無謀とは言わないまでも最大の大胆さをもって」自らの原理を明らかにした著作によれば、愛のうちにさえ人為的な要素や人工的な要素は存在する[63]。愛は社会的な現象であり、それに対して人間は自然本性において非社会的なのだから、孤立した個人はヒューマニティのレベルにおいて可能な自然状態への最も近い接近をなすことは出来ないのかどうかを考えることが必要となる。ルソーは強烈な言葉を用いて、孤独のうちの瞑想の魅力と悦びについて語った。彼は「孤独のうちの瞑想」によって、哲学とか哲学の極致といったものを理解したのではなかった。彼が理解する孤独のうちの瞑想とは、思索や観察に敵対するものとは言わないまでも、それらとはまったく異なるものなのである。それは「存在の感情」、すなわち自身が存在していることへの喜びの感情からなるものであり、あるいはそこに導くものである。もしある人が自身の外にあるすべてのものから身を退くならば、またもしある人が存在の感情とは異なるいかなる愛情も自身のうちからなくしてしまうならば、その人は崇高なる至福——神のごとき自足と沈着さ——を享受する。過去と未来は彼にとっては消滅したものなのだから、彼は完全に自分自身であり、また完全に自分自身に属することによって、自分自身のうちにのみ慰めを見出す。文明人がヒューマニティのレベルにおける原初的な自然状態への回帰を完成するのは、自らをこのような感情へと完全に没入させることによってである。それというのも、いうなれば社会的な人間が自らの存在の感情をもっぱら仲間たちの意見から導き出してくるのに対し、自然人は——全くのところ未開人さえ——自らの存在を自然のうちに感じるからである。「未来についてのいかなる観念を持つこともなく、自らがいま存在しているという確固とした感情に」彼は身を委ねているのである。存在の感情こそ「人間の最初の感情」なのである。それは自己保存の欲求よりも根源的なものである。存

VI. 近代のナチュラル・ライトの危機

在そのもの、端的な存在こそ、自然本性における喜びなのだから、人間は自らの存在の維持に関心を払うのである。[64]

ルソーが経験し、描写した存在の感情は、自然状態における人間が経験したような存在の感情においては欠けていた豊かな分節化をもつものである。ここでついに文明人、あるいは市民社会から孤独へと回帰した文明人たちは、愚かな動物には全くのところ不可能であった幸福の域に達する。結局のところ、市民社会の出現は人類ないし共通善にとっては悪であったが個人にとっては善きものであったと何のためらいもなしにルソーに主張させたものは、このような文明人の卓越性、あるいは文明人の間の最良の者たちの卓越性なのである[65]。そうであるならば市民社会についてのそのような究極的な正当化は、それがあるタイプの個人に対して、市民社会から身を退くことによって、すなわちその外べりに住むことによって、崇高なる至福を享受することを許しているという事実によるものなのである。他方で彼は、自身の最も初期の頃の重要な著作においては、ジュネーヴの市民に対して「すべての役立たずの市民は有害な人間とみなされてよかろう」などと述べていたにも関わらず、最後の著作においては、自身が常に全くのところ役立たずの市民であったと述べ、しかも彼の時代の人間が彼を役立たずの成員として社会から単に立ち退かせるかわりに、有害な成員として社会から追放するという不正を行ったのだ、などと述べている[66]。ルソーによって示された市民社会を超えることによってそれを正当化するタイプの人間とは、もはや哲学者のことではなく、のちに「アーティスト」と呼ばれるようになった者のことである。彼の特権的待遇への要求は、彼の知恵ではなく感受性に基づくものであり、彼の徳ではなく善性や同情心に基づくものであった。彼は自らの要求が不確かなものであることを認めている。すなわち、自らは悪しき良心をもつ市民であると認めているのである。しかし彼の良心は彼自身を告発するものというだけでなく、彼が属する社会をも同時に告発するものであるから、彼は自身を社会の良心とみなす傾向があっ

た。しかし彼は社会の悪しき良心であるため、悪しき良心を持たざるを得ないのである。

　我々はルソーの孤独のうちの瞑想のもつおぼろげな性格と哲学的観想の覚醒とを対比させなければならない。それに加えて我々は、彼の孤独のうちの瞑想の前提と彼の自然神学(それとともにそのような神学に基づく道徳)の前提との間にある解決不可能な対立を考慮しなければならない。そのようにすれば我々は、彼が社会と対峙して個人ないし稀な個人のためにかかげた要求が明瞭さと明確さに欠けるものであることが理解できる。より正確にいえば、要求という行為の明確さは、要求の内容の不明確さとは鋭い対照をなすものである。このことは驚くべきことではない。善き生はヒューマニティのレベルでの自然状態への回帰にあるとする観念は、すなわちあらゆる人間的特性を完全に欠落させた状態への回帰にあるとする観念は、個人はいかなる明確な人間的内容をも欠くような社会からの究極的な自由を要求する、という結論を必然的に導くものなのである。しかし人間的な大望の目標としての自然状態のもつこのような根本的欠陥は、ルソーの眼においては完全に正当化されるものであった。すなわち人間的な大望の目標としての自然状態の不明確さが、まさにその自然状態を自由の理想的な媒体としたのである。自然状態の名において社会に対して留保をつけることは、その留保のために生の仕方や原因や追求といったものを示すことを強いられることもなく、あるいはそれを示すようなことなど出来はしないのに、社会に対して留保をつけることを意味する。ヒューマニティのレベルにおいて自然状態に回帰するという観念は、何かのための自由とは異なるような社会からの自由を要求するための理想的な根拠となった。それは、社会から離れたところにある不確定な何か、確定することの出来ない何かに、すなわち、補うことも正当化することもできないものである個としての個人の究極の神聖さに訴えるための、理想的な根拠だったのである。まさにこのことによって、かなりの数の人々にとって自由が意味をもつように

VI. 近代のナチュラル・ライトの危機

なったのである。何かのための自由としてのすべての自由、個人よりも、あるいは単なる人間としての人間よりも高いところにある何かに照らして正当化されるところのすべての自由は、必然として自由を制限し、あるいは同じことではあるが自由と放縦との間に筋の通った区別を設ける。それは自由を、それが要求された目的において条件付きのものとする。ルソーはこの不確定であり、また確定することすら出来ない自由と市民社会の要件との間にある不均衡をなお明瞭に見抜いていたという事実によって、多くの彼の追随者たちとは区別される。彼が生涯の最期に告白したことは、プルタルコスの著作よりも彼を魅了し、有益であった書物はなかったということであった[67]。この孤独な夢想家は、なおプルタルコスの英雄たちに敬服していたのである。

B. バーク

ルソーが近代のナチュラル・ライトの教説を受け入れ、それを考え抜くことによって招いた困難は、前近代のナチュラル・ライトの概念への回帰につながるものだったのだろう。そのような回帰はエドマンド・バークによって、いうなれば土壇場になって試みられた。バークはキケロとスアレスの側に立って、ホッブズとルソーに反対した。「我々はいまでも過去二世代の人々のように、古代の健全な著述家たちを、現在の大陸の人々が読んでいると思われるよりも読み続けている。彼らは我々の心を捉えているのである。」バークは「古代の健全な著述家たち」の側に立って「新道徳」の創始者ないし「道徳において大胆な実験を行った者」である「パリの哲学者たち」に、とりわけルソーに反対した。彼は「道徳の南方大陸 *terra australis* において何かを発見したふりをしている哲学」を、蔑みをもって否認した[68]。彼の政治的活動は全くのところイギリスのコンスティテューションへの献身によって導かれていたが、

Ⅵ. 近代のナチュラル・ライトの危機

しかし彼はイギリスのコンスティテューションを、かつてキケロがローマの政体に対して考えていたものと同じ類の精神において考えていたのである。

　バークは政治の原理における理論的著作を一冊として書いていない。ナチュラル・ライトについての彼のすべての発言は、「人にむけた攻撃 *ad hominem*」の発言において、また個々に特有の実際上の目的に率直に役立てられるものとしてなされたものである。したがって彼の政治的原理の示すものは、ある程度は政治的状況の変化に伴って変化している。そのため彼は、率直に言って支離滅裂であるとみなされることもあった。しかし実際には、彼は生涯を通して同一の原理を保持していたのである。アメリカ植民地やアイルランドのカトリック教徒には味方をし、ウォーリン・ヘースティングスとフランス革命には反対した彼の活動は、ただ一つの信念によってつき動かされたものであった。彼の思想のもつ著しいほど実践的な傾向のとおり、彼はそのような発言が最も急迫して必要とされている時に、すなわちそのような原理が最も非妥協的かつ効果的に攻撃された時に——フランス革命の勃発の後に——自らの原理を最も力強く、最も明瞭に述べたのである。フランス革命はヨーロッパの未来における進歩に関する彼の予想には影響を及ぼしたが、しかし道徳的・政治的に正・不正であるものについての彼の見解に関しては、影響を及ぼすどころか、むしろ堅強なものとしたのである。[69]

　バークの思想が実践的な性格をもつことは、彼が自らの推奨する政策が健全であると当時の聴衆を説得するために役立つ場合には、いつでも躊躇することなく近代のナチュラル・ライトの言葉を用いた理由を部分的に説明している。彼は自然状態、自然権、人間の権利、そして社会契約あるいはコモンウェルスが作為的な性格をもつことについて語った[70]。しかし彼は、これらの観念を古典的な枠組みやトマス的枠組みのうちに統合したともいえるだろう。

　我々は少数の例を挙げるに止めなければならない。バークは自然状態

VI. 近代のナチュラル・ライトの危機

における人間、「契約のもとにはない」人間が自然権を持つことを快く認めている。自然状態においては万人が「第一の自然法である自己防衛の権利」、自分自身を統治する権利、すなわち「自分自身で判断し、自らの言い分を主張」する権利、また「あらゆるものに対する権利」さえも有することを認めているのである。しかし「あらゆるものに対する権利を有することで、彼らはあらゆるものを欲求する。」自然状態とは「我々の裸の自然本性、身震いのするような自然本性」の状態のことであり、我々の自然本性がいかなるかたちにおいてもいまだ我々の徳によって影響を受けていない状態、原初における野蛮の状態のことである。したがって自然状態とそれに帰属する「人間の完全なる権利」は、文明化された生に対して基準を与えることなどできないのである。我々の自然本性による欲求のすべては――確かにいって、我々のもつより高次の自然本性による欲求のすべては――自然状態から転じて文明社会のほうへと志向する。すなわち「粗野な自然状態」ではなく、市民社会こそが真の自然状態なのである。バークは市民社会が「人為的な取り決めの産物」ないし「契約の産物」であることを認めている。しかしそれは特殊な種類の「契約」ないし「パートナーシップ」であり、「あらゆる徳とあらゆる完全性におけるパートナーシップ」である。それは神による全秩序、「永遠なる社会の偉大なる原初の契約」を契約と述べることができるのとほとんど同じ意味における契約なのである。[71]

バークは市民社会の目的が人間の権利の擁護にあることを、とりわけ幸福追求の権利の擁護にあることを認めている。しかし幸福は徳によってのみ、つまり「徳によって情念に対して課される」制限によってのみ、見出されることができる。したがって、理性、政府、法への服従は、あるいは「人々に対する制限は、彼らの自由と同じく彼らの権利として数えられるべきである。」「人間は決して互いに完全なる独立の状態にはない」のだから「道徳による束縛なしに」行為することなど決してできない。人間の意思は常に、理性、思慮、徳の支配の下になければならない。

それゆえバークは政府の根拠を「我々の義務に対する準拠のうちに」求め、「人間の想像上の権利」のうちには求めない。したがって彼は、我々のすべての義務が合意や契約から生じるといった主張を否定するのである。[72]

「人間の想像上の権利」に関する議論は、自らの自己保存や自らの幸福を招くものが何であるかについての唯一の判定者であるとされる万人の権利に焦点を置くものである。すべての人間は政治権力のうちに何らかのかたちで参入すべきであり、ある意味ではいかなる他者とも同じ程度に参入すべきであるという主張を正当化するように思われていたのは、このように称された権利である。バークはそのように称された基本権が発見されたところの原理に遡ることで、この主張を問題にした。彼は万人が自己保存や幸福の追求への自然権をもつことは認めている。しかし彼は、もし万人が自らの自己保存と自らの幸福を招く手段の判定者たる権利をもたないのならば、万人の自己保存と幸福の追求の権利は無効となる、といった主張は否定している。それゆえ欲求を満足させる権利や社会から便宜を受ける権利とは、必ずしも政治権力のうちに参入する権利のことではない。それというのも多数者の判断ないし「多数者の意思と多数者の利益とは、きわめて異なるものに違いない」からである。人間はよき統治への権利を有するが、よき統治と多数者による統治の間には必然的なつながりは全くないため、政治権力ないし政治権力への参入は、人間の権利に属するものではないのである。正しく理解された人間の権利は「真に自然的なアリストクラシー」の優位を、それとともにまた財産の優位を、とりわけ土地財産の優位を示すものなのである。言い換えれば、煽動家によってそそのかされ、想像によって判断を下すようなことがなければ、万人は全くのところ適正に自らの苦難を感情によって判断することが出来るのである。しかし苦難の原因は「感情の問題ではなく、理性と先見性の問題、そしてしばしば彼方における考察の問題であり、[大多数の者には] 把握すらできない非常に多くの事情が組み合

VI. 近代のナチュラル・ライトの危機

わさった問題である。」それゆえバークは統治の根拠を「人間の想像上の権利」のうちにではなく「我々の欲求への配慮のうちに、そして我々の義務への服従のうちに」求めているのである。したがって彼は、ナチュラル・ライトそれ自体がいまここにあるコンスティテューションの正統性を十分に主張することが出来るといった見解を斥けている。すなわち、その社会における人間の欲求への配慮と徳の促進に最もふさわしいコンスティテューションこそ、いまここにある社会において正統なのであり、そのふさわしさはナチュラル・ライトによってではなく、経験によってのみ決定されるものなのである。[73]

バークは、いかなる権威もその究極の起源を人民のうちに持つとか、主権者とは究極的には人民のことであるとか、いかなる権威も究極的にはかつて「契約を結んだことのない」人間の契約に由来するものであるとか、そのような見解を斥けてはいない。しかし彼は、これらの究極的な真理や半真理が政治的に関わりをもつものであるという見解は斥けている。「もし市民社会が人為的な取り決めの産物であるならば、そのような人為的な取り決めは法にならなければならない。」ほとんどの実践的な目的にとって、人為的な取り決め、原初契約、すなわち確立されたコンスティテューションは、最高の権威である。市民社会の役割は欲求の充足なのだから、確立されたコンスティテューションはその権威を、本源的な人為的取り決めやその起源からというよりも、むしろ幾世代にもわたって有益に働いてきたものやその成果から導き出すのである。正統性の根拠は同意や契約にではなく、証明された有益性、すなわち時効 prescription にあるのである。「契約を結んだことのない」未開人の原初契約とは異なるものである時効だけが、コンスティテューションのもつ知恵を明らかにすることができ、それゆえまたコンスティテューションを正統化することができるのである。原初契約に基づいて生み出された習慣、とりわけ徳の習慣は、原初の行為そのものよりもはるかに重要である。原初的な行為とは異なるものである時効だけが、いまここにある

Ⅵ. 近代のナチュラル・ライトの危機

社会秩序を聖化することができるのである。人民はコンスティテューションの主人であるというよりは、むしろコンスティテューションの産物である。人民主権の厳密な観念は、現存する世代が主権者であることを意味する。すなわち「現在の便益性」こそ、コンスティテューションに「帰属するための原理」、その唯一の原理なのである。コモンウェルスにおける「一時的な所有者と生命の賃借人たち」は「自らの祖先から何を継承したかに関して無頓着」であり、また「自らの子孫に何が継承されるべきかについても」必然として無頓着である。人民は、あるいはまた他のすべての統治者は、ナチュラル・ローの主人ではないのである。ナチュラル・ローは統治者の意思や一般意思に吸収されてしまうようなことはないのである。結論として、バークにとって正しい戦争と正しくない戦争の区別は大きな重要性を持っていた。彼は、国の外交政策はもっぱらその「物質的な利益」の見地から決定されるべきだとする観念を忌み嫌っていたのである。[74]

バークは、一定の条件のもとでは人民はすでに確立された秩序を変更することができることを否定しない。しかし彼はこのことを、究極的な権利としてのみ認めたのである。健全な社会は、人民の究極的な主権がほとんど常に休眠の状態にあることを必要とする。彼がフランス革命の理論家たちに反対するのは、彼らが「必要に迫られて行ったある事案をひとつの法律の規定」に変えてしまうからであり、あるいは彼らが極端な場合においてのみ妥当なことを通常においても妥当であるとみなすからである。「しかし、このような極端な場合を一般化して述べる習慣自体、褒められたことではないし、安全でもない。」それに対してバークの意見は「その基礎が極端なものに反対することに置かれているため、決して極端には至ることはない。」[75]

バークはフランス革命の過激主義を新たな哲学のうちに突き止める。「古い道徳」は「社会的な善意と個人的な自己否定の」道徳であった。一方でパリの哲学者たちは「個人的な自己抑制」や節制や「厳格で抑制を

— 337 —

VI. 近代のナチュラル・ライトの危機

加える徳」の気高さを否定する。彼らが認めるのは「自由な」徳、すなわち「彼らがヒューマニティとか善意といった言葉で呼ぶ徳」だけである[76]。このように理解されたヒューマニティは放埒と相性がよい。それは放埒を育てるものですらある。またそれは夫婦の絆を失わせ、劇場を教会の代わりにするものである。それに加えて「彼らの道徳を緩めるものと……同じ規律」が「彼らの心を硬化する」。すなわち、フランス革命の理論家たちの極端な人道主義は、必然として獣性をもたらすものなのである。それというのもそのような人道主義は、基本的な道徳的事実とは基本的な身体的欲求に合致した権利のことであるという前提に基づくものだからである。すべての社会性は派生的であり、また事実、人工的である。そしてたしかに市民社会は根本的に人工的なものである。したがって市民の徳は「自然的愛情の幹に」接ぎ木されるようなことは不可能である。しかし市民社会は必要であるばかりか、気高く神聖なものであると思われる。したがって自然的感情、すべての自然的感情は、いわゆる愛国心やヒューマニティの要件と称されたもののために、無慈悲にも犠牲にされなければならないのである。フランスの革命家たちは、科学者、幾何学者、化学者の態度において人間の諸事にアプローチしたことによって、このような必要性に到達したのである。したがって彼らは最初から「道徳世界の支えであるそれらの感情や習慣に対して無関心であるよりもなお悪かった。」彼らは「人間を実験のうちに考察するが、それはエアポンプや毒ガスのレシピエントの中にいる鼠について考察するのと同じである。」したがって「彼らは、二千年という期間は自らが追求する善にとって長すぎる期間だとは思わない、と宣言するつもりなのである。」「彼らのヒューマニティは消滅しない。彼らはそれを長きにわたって停止させているだけである。……彼らのヒューマニティは彼らの地平にある。そしてまさにその地平と同じように、いつでも彼らの前を過ぎ去っていく。」「無粋で、ぞんざいで、ひねくれた、陰鬱な、衒学趣味と好色の甚だしいメドレー」であるかつてのギャラントリーの人為物

Ⅵ. 近代のナチュラル・ライトの危機

に対し、自然的な何かをもって反対する彼らの放埓さの理由を説明するものは、フランスの革命家たちの、あるいは彼らの教師たちのもつこのような「科学的」態度である。[77]

そうであるから、バークは単に道徳的な教説の実体の変化に反対するだけでは終わらなかった。彼はそれと同様に、また主として、その様態の変化に反対しているのである。すなわち新しい道徳の教説は、働く人が彼の前の仕事について考えるようにというよりも、むしろ幾何学者が図形や平面について考えるように人間の諸事について考えるような、人間の作成物なのである。バークによれば、フランス革命に独特な性格を与えたものは、このような実践的アプローチから理論的アプローチへの内的変化なのである。

「フランスにおける現在の革命は、私の目からすれば……かつてヨーロッパにおいて純然たる政治上の原理にもとづいて引き起こされたいかなる革命とも、ほとんど類似性も類比性ももたない。あれは教理と理論的ドグマの革命である。それは改宗の精神がその本質的な部分をなす宗教的根拠に基づいて行なわれた変化にこそ類似性をもつものである。」それゆえフランス革命は、宗教改革にある種の類似性をもつ。しかし「この一般的な政治的党派性の精神」ないしこの「武装した教理」は「宗教とは分離して」おり、またそれは実際のところ無神論的である。フランス革命を導いた「理論的ドグマ」は純粋に政治的なものなのである。しかしその革命は政治上の権力を宗教に、そして「人間の精神のコンスティテューションにさえ」拡げていったため、それは人類の歴史における最初の「完全なる革命」なのである。しかしながらその成功は、それを動かした政治的原理によっては説明することができない。これらの原理は「考えなしの多数者の自然的傾向性に最も媚びるもの」であるから、かねて強い魅力を持つものであった。したがって中世におけるジャックリーとジョン・ボールの乱とイギリス内乱期の過激派の努力のように、「このような人間の権利を根拠とした」反乱の企ては早いうちからあった。し

VI. 近代のナチュラル・ライトの危機

かしこれらの企ては全く成功しなかった。フランス革命の成功は、それと似たすべてのものからそれを区別する多くの特性のうちのただ一つのものによって説明することができる。すなわち、フランス革命は最初の「哲学的革命」だったのである。それは、文士、哲学者、「純血の形而上学者」が「反乱の従属的な手先やラッパ吹きとしてではなく、主謀者やまとめ役として」仕組まれた最初の革命なのである。それは「野望の精神が思弁の精神と結び合わさった」最初の革命なのである。[78]

バークは思弁や理論の精神が実践や政治の領域を侵すことに反対して、理論は単独では実践の十分な指針となることができないとする古き時代の見解を復活させたということができるだろう。彼はとりわけアリストテレスに回帰したと言ってよかろう。しかし他のことはともかくとして、この主題についてバークと同じ程度に強調して力強く語った者は、彼よりも前には誰もいないことを急ぎ付け加えておかなければならない。政治哲学の観点からすれば、理論と実践との問題に関するバークの意見は、彼の著作の最も重要な部分であるとさえ言うことができるだろう。彼は「思弁主義 speculatism」の新たに生まれた最も強力な形態、すなわち哲学に起源をなす政治的純理主義と闘わなければならなかったため、この問題に関してとりわけアリストテレスが語ったよりも強調して力強く語ったのである。政治に対するそのような「思弁的」アプローチは、フランス革命よりもずっと前から、批判すべきところとして彼の注目に値するものとなっていた。1789 年よりも数年前に、彼は「われわれ思弁的時代の思弁家たち」について語っていた。生涯のごく早い時期からバークの注意を「思弁と実践の間の古くからの対立」に対して最も力強く向かわせたものは、現実のうちに増してゆく思弁の政治的重要性だったのである。[79]

バークが自らの最大の政治的行動、すなわちフランス革命に反対する行動のみならず、アメリカ植民地人に味方する行動を思い立ったのは、そのような対立に照らしてのことであった。いずれの場合にも、バーク

Ⅵ. 近代のナチュラル・ライトの危機

が反対した政治的リーダーたちは、ある種の権利を主張していた。すなわち、イギリス政府は統治の権利を主張し、フランスの革命家たちは人間の権利を主張したのである。いずれの場合にも、バークは全く同じ方法で前に進んだ。すなわち、彼は権利そのものよりもむしろ、権利を行使する際の知恵のほうを問題としたのである。いずれの場合にも彼は法律主義的アプローチに対抗するものとして、真の政治的アプローチの回復に努めた。ところで彼は、独得の仕方で法律主義的アプローチを、あるいは他の形態としては歴史家、形而上学者、神学者、数学者のアプローチを、「思弁主義」の一形態とみなした。政治的な事柄に対するこれらのアプローチは、いずれも次のような共通点をもつ。すなわちそれらは、あらゆる実践を統御する徳である思慮によって統御されてはいないという共通点をもつのである。バークの言葉の使い方が適切かどうかについては言うべきことがあるとしても、ここでは彼はその生涯における最も重要な二度の行動において反対した政治的リーダーたちを裁くにおいて、彼らの思慮の欠落を情念よりもむしろ理論的精神による政治的領域への侵犯に突きとめたことを述べておけば十分である。[80]

バークは自らの時代に優勢であった理論を歴史の名において攻撃したのだと、しばしばそのように言われてきた。後に明らかになるように、このような解釈は全く正当化できないということはない。しかし、我々はその解釈が限定的にしか確かではないことを理解するために、バークよりも後の世代において歴史の発見とはいわないまでも歴史への転換として現れたものは、第一義的には実践や思慮とは区別された理論の本質的限界についての伝統的見解への回帰であった、という事実から出発しなければならない。

最も徹底した「思弁主義」とは、実践が必要とするすべての光は、理論、哲学、科学によって与えられるとする見解であろう。バークはこのような見解に反対して、理論は実践を導くには不十分であり、それに加えて本質的に実践をミスリードする傾向を持つものであると主張す

VI. 近代のナチュラル・ライトの危機

る[81]。実践は、したがってまた実践知あるいは思慮は、第一に特有かつ可変的なものと関係するが、理論は普遍的かつ不変的なものと関係するという事実によって、実践と理論とは区別される。「人間と人間の諸事に関わる」理論は主に道徳の原理に関係し、それとともに「拡げられた道徳の原理である真の政治の原理」ないし「統治の適切な目的」に関係する。我々は統治の適切な目的こそ知ってはいるものの、それらの目的が、今ここで、定着はしても一時的なものにすぎない個別的な状況の下で、どのようにして、またどの程度まで実現されうるかについては、何も知らないのである。そして「あらゆる政治的原理に対して際立った色彩と独自の効果を」与えるものは、まさしく状況なのである。例えば政治的自由は、状況の違いによって恩恵にも災いにもなる。政治学の原理についての知識とは異なるものである「国家を建設し、刷新し、改革する科学」は、「ア・プリオリには教えられない経験科学」なのである。そして理論は、統治の適切な目的だけでなく、それらの目的への手段をもまた取り扱う。しかしそのような普遍的に妥当する手段に関する規則などは存在しない。しばしば我々は「道徳それ自体の原理のために道徳それ自体の規則を留保しなければならないようなひどく急迫した状況に」直面することがある[82]。ほとんどの場合に健全なこの種の規則は数多く存在しているため、それらはもっともらしさを持つものではあるが、それらを適用することが命取りとなるような稀な場合には、積極的にミスリードを犯すことになる。そのような規則は偶然性をしっかりと勘定に入れていないのであり、「あらゆる人間の諸事において偶然性は非常に大きな役割を任せられるだけの正当な資格をもっているが、思弁家たちはすすんでそれに任せようとはしない。」かくして偶然性の力を軽視することで「何らかの確かさをともなう我々の手の内にある唯一の道徳的信頼こそ、おそらく我々の時代の関心事である」ことを忘れてしまうため、「彼らは予言者としてはものを語っても、政治家としてはものを語っていないのである。」普遍的なものや一般的なものへの関心は、特有

Ⅵ. 近代のナチュラル・ライトの危機

のものや独特のものへのある種の盲目をつくり出すきらいがある。経験から導かれた政治的規則は、現在までの成功例や失敗例から導き出された教訓を表すものである。それゆえそれらは新しい場面には適用することができない。矛盾することのなかったこれまでの経験が普遍的に妥当するものと認められたまさにその規則への反動において、しばしば新しい場面は生じてくる。すなわち、人間は善であれ悪であれ、創造的なのである。それゆえ「[その場合の実際の状況とは] 異なる事実に基づく経験が、あらゆるものの中で最も当てにならない」ということも起こりうるのである。[83]

このことから、歴史は非常に限られた価値しか持たないことが結論として明らかになるのである。歴史から「多くの政治的知恵が学ばれることであろう」が、しかしそれはただ「習慣としてであって、教訓としてではない」のである。歴史は人間の知性を「彼の前の仕事」からミスリードをもたらす類推へと移す傾向があり、また人間は自然本性においてそのような誘惑に負ける傾向がある。それというのも、その特有の性格においてこれまで解明されていなかった場面を解明することは、すでに解明された先例に照らしてそれを解釈するよりも、より大きな努力を必要とするからである。バークは言う、「私は政治の事柄においては大多数の人々が少なくとも五十年は遅れているのに……書物においてはすべてのことが、彼らが少なからぬ勤勉さや利口さを発揮することもなく解決されていることを、絶えず観察してきた。」このことは、政治家がしばしば「彼の前の仕事」のために歴史を必要とすることを否定するものではない。理性と良識は、例えば「我々が追求してきた方策のために困難に巻き込まれた時は、いつでも我々はこれらの方策を厳密に再検討すべきである」ことを、あるいは我々は「最も広い歴史の詳細に立ち入る」べきであることを、絶対的に命じている。歴史は実践知と共通点をもつ——両者は特有のことに関わる。また歴史は理論とも共通点をもつ——歴史の対象、すなわち過去の行動や記録（acta）は、適切な行為の対

VI. 近代のナチュラル・ライトの危機

象 (*agenda*)、すなわち我々が今なさねばならないことではない。かくして歴史ないし「回顧的知恵」は、それが「古くからの思弁と実践との対立を見事に調停させることを助ける」ことができたという錯覚を作り出すのである。[84]

困難な状況の解明とその処理に含まれる困難を避けるために人々が採るもう一つの方法は、法律主義である。しばしば彼らは、いまここにあるものに関係する本来の政治的な問題そのものが、普遍的な事柄に関係する法律それ自体に訴えることで十分に解答することが出来るという想定のもとに行動している。バークがしばしば法律的アプローチを「思弁的」とか「形而上学的」といった言葉で呼ぶのは、思慮的なものと法律的なものとの相違を念頭においてのことである。彼は「通常の場面においては適合的」である法律的なもののもつ「限定的で固定的な」性格と、「新たに困難な場面が現れたときに」人々を導くことのできる唯一のものである思慮とを対比させているのである。[85]

そうであるならば理論は、実践知には必然的に欠けている単純性、斉一性、厳密性といったものをもつことになる。最善の秩序や端的に正しい秩序、あるいは自然状態のいずれかに主として関わるのは、人間と人間の諸事に関わる理論の特性である。いずれの形の理論も、主として最も単純なケースに関わるものである。このような単純なケースは、実際には決して起こることはない。現実におけるいかなる秩序も端的に正しいということはなく、すべての社会秩序は自然状態とは根本的に異なるのである。それゆえ実践知はいつでも、例外、変更、均衡、妥協、混合といったものを取り扱わなければならないのである。「日常の生のうちに入り込んだこれらの形而上学な権利は、濃密な媒質のうちに射し込んだ光線のように、自然法 laws of nature によって直線から屈折させられる。」「社会の諸目的は最大限に複雑である」から、「原初的な人間の権利」は「本来あった方向性の単純さ」を維持し続けることができず、「そして [これらの権利は] 形而上学的には真であるのに対して、道徳的・政治的

Ⅵ. 近代のナチュラル・ライトの危機

には偽なのである。」それゆえ理論とは対照的に実践知は「最も繊細で複雑なスキル」を、すなわち長きにわたる多様な実践によってのみ生じるスキルを必要とするのである。[86]

　他方でバークは理論を「精緻な」ものとか「洗練された」ものであると特徴づけ、単純さと平明さのうちに健全な政治の本質的性格を見ている。「洗練された政策はこれまで常に混乱の生みの親であった。」社会が配慮しなければならない欲求と、社会が従わなければならない義務は、すべての人にその人の感情や良心を通して知られる、と言うことができるだろう。政治理論は政治的な問題への最善の解決法に対して問題を提起する。他のことはともかくとしてこのために、それは日常的な経験の限界を超えることになる。すなわち、それは「洗練される」のである。市民としての了見のある人は最善の解決法を漠然と意識するものだが、諸々の状況においては最善の解決法に対するどのような変更が適切かをはっきりと意識する。今日の例では、そのような人は現在のところ「単純ではあっても広きにわたる文化[87]」だけが可能であるという事実に気づいている。健全な行動に必要な明快さは、最善の解決法に関する明快さが高められたとしても、あるいは他のすべての種類の理論的な明快さが高められたとしても、必ずしも高められるものではない。すなわち、象牙の塔の明るい光は、さらには研究所の明るい光は、政治的な事柄が存在するところの媒体を損なうことによって、それを曖昧にしてしまうのである。いまここにある状況における統治の目的に非常によく合致するような政策を立案するには「最も繊細で複雑なスキル」が必要である。しかしそのような政策は、人民がその健全さを理解することができなければ失敗に終わる。すなわち、「洗練された政策」は信用を破壊し、したがってまた完全な服従を破壊してしまうのである。政策は「すべての政策のより広い根拠」とみなされるよう「平明」でなければならないが、他方でそれは「計画の一部を作るための特定の方策の根拠」が「それを享受することになっている人々の通常の能力にふさわしいこと」を必要

VI. 近代のナチュラル・ライトの危機

とせず、あるいはその根拠が彼らに知らされるべきであるということさえも必要とすることはない。「最も本質的な点において」、「好奇心の少ない人」は「彼らの感情と経験」によって「最も賢く物知りな人と同等」たることが出来るし、またそうであるべきなのである。[88]

さらにいえば、実践は特有なものへの愛着を、あるいはより正確に言えば「その人自身のもの」(その人の祖国、その人の民族、その人の宗教グループ等々)への愛着を前提とするが、他方で理論はそれらから離れている。何かに愛着をもつことは、それを気にかけること、それに関心を払うこと、それによって影響されること、それに利害関係をもつことを意味する。実践的な事柄は、理論的な事柄とは区別されたものとして「人間の本務と人間の内奥に帰する。」理論家は、他のケースよりも自らのケースや自らの集団のケースに関心を抱くようなことはない。彼は「冷淡で覇気がない」とは言わないまでも、公平で中立的なのである。「思弁家は中立的であるべきである。大臣はそのようにはできない。」行為する人間は、必然かつ正統に自身のものをひいきする。そのようにすることはその人の義務である。バークが意味していることは、理論家は「価値判断」を下してはならないということではなく、いつどこで見出されるかとはかかわりなく彼は理論家として卓越したものの味方であるということである。つまり彼は自分自身のものよりもむしろ善きものを無条件に選ぶということである。しかしながら行為する人間は、それが卓越性においていかに欠けているとしても、第一に自分自身のものに、自らに最も身近で最も大切なものに関心を払う。実践の地平は必然として理論の地平よりも狭きものなのである。理論は、より広い展望を開くことによって、かくしてまた実践的追求の限界を明らかにすることによって、実践への完全なる献身を危険に貶める傾向がある。[89]

実践は待たせることの出来ないものであるから、理論をもつ自由を持たない。「我々は事象を時間に……服従させなければならない。」実践的な思想とは、締切りを念頭に置いた思想のことである。それは最も望ま

しいことよりも、むしろ最もさし迫ったことに関心を払う。それは理論のもつ気楽さやゆとりを欠く。それは人に「意見の表明を避けること」や判断を留保することを許さない。それゆえそれは、理論的思考よりも程度の低い明晰さと確実さで満足しなければならない。すべての理論的「決定」は取消すことが可能だが、行動は取消すことが出来ない。理論は何度でも最初から始めることができるし、またそうしなければならない。最善の社会秩序の問題それ自体が「コンスティテューションの破滅を想定した上で……問題を論じている」ことを、すなわち実践的な思想において「悪しき習慣」とみなされるであろうことをなしていることを意味しているのである。実践は理論とは対照的に、過去の決定によって、それゆえまた確立されたことによって制限を受ける。人間の諸事において所有は資格を与えられるが、他方で理論的な事柄においては、すでに受け入れられている見解を支持するための前提などは存在しないのである。[90]

　本質的に「私的なもの」である思弁は、世論に関心を払うことなく、真理に関心を払うものである。しかし「国家の方策」や「政治的な問題は、第一義的に真偽に関わるのではない。それらは善悪に関わるのである。」それらは平和と「互いの便益」に関わるのであり、それらを満足に処理することは「猜疑心なき信頼」、同意、合意、妥協を必要とする。政治的行動は「国民の機嫌を賢明にマネジメントすること」を必要とする。「その共同体の一般的な意識に……方向性」を与えようとする場合でさえ、それは「公衆の傾向に……従わ」なければならない。「国民の声の抽象的な価値」をどのように考えなければならないかにかかわらず「……国家の偉大なる支えであるオピニオンは、その声に全面的に［依存しているのである］」。したがって形而上学的に真であるものが政治的には偽であるということは、容易に生じてくるのである。「確立されたオピニオン」、「公共の安寧によく貢献すると認められているオピニオン」は、「全く誤りのないもの」ではないとしても、揺がされてはならない。先入

VI. 近代のナチュラル・ライトの危機

見は「充たされ」なければならないのである。政治的な生は、それ自体が既存のコンスティテューションを超えるような基本的原理が休眠状態であり続けることを必要とする。連続性というはかなき解決法は「人の目から保護され」なければならず、あるいは「策を労して上手に仕立てられたヴェール」によって覆われるように投げかけられなければならないのである。「あらゆる政府の原初の頃には、それを覆う聖なるヴェールが存在した。」思弁は「革新的」であり、科学の「水」は「能力を発揮する前にかき混ぜられなければならない」。それに対して実践は、できる限り先例、実例、そして伝統を維持しなければならないのである。「古くからの慣習は、世界中のすべての政府の偉大なる支えなのである。」社会とは全くのところ同意に基づくものである。しかし同意は理詰めによってのみ達成されるものではなく、とりわけ共同生活の利点における単純な計算——短期間に完成されることであろう計算——によってではなく、長きに渡って育まれてきた習慣と先入見によってのみ達成されうるのである。理論は誤謬、先入見、迷信を斥けるが、それに対して政治家は、それらを利用するのである。[91]

理論の政治への侵犯は、人の心の平静さを失わせ、それをたきつける効果を持つ傾向がある。現実のいかなる社会秩序も完全ではない。「思弁的探究」は既存の秩序の不完全な部分に対して必ずや光を当てることになる。もしこれらの探究が、必然として「哲学的探究の冷静さ」を欠くものである政治的議論のうちに導入されるならば、既存の秩序に対して「国民に不満を生じさせる」ようになり、その不満といえば理性的な改革を不可能とすることもありうるほどのものである。政治のアリーナにおいては最も正統といえる理論上の問題は「厄介な問題」に他ならず、それは「論争好きの精神」と「熱狂主義」とを引き起こすものである。「国家や王国の論理」を超えるような考察は、「学校に」任せられなければならないのである。「なぜならそこにおいてのみ、それらは安全に議論されることが出来るからである。」[92]

Ⅵ. 近代のナチュラル・ライトの危機

　ここまでのパラグラフから推測されることだが、バークは実践知を理論科学の侵略から守るだけでは満足しなかった。彼は理論を、とりわけ形而上学をこき下ろすことによって、アリストテレス的伝統と訣別しているのである。彼は「形而上学」とか「形而上学者」という言葉を、しばしば侮蔑的な意味で用いている。このような用法と、彼がエピクロスの自然学を「理性に最も接近したもの」と考えた一方でアリストテレスの自然哲学を「彼にふさわしくないもの」とみなしたという事実との間には、関連性がある[93]。彼の形而上学への酷評と、彼の同時代人であるヒュームとルソーの懐疑論的な傾向との間にも、関連性がある。少なくとも、バークによる理論と実践との区別は、理論ないし理論的生こそが究極的に優越しているとする明白な信念に基づくものではないため、アリストテレスのそれとはラディカルに異なるということだけは言っておかなければならない。

　このような主張を支えるために、我々がバークの用法と思想の傾向から由来する一般的な印象に全面的に依存しなければならないということはない。彼は『崇高と美の観念の起源に関する哲学的考察』という一冊の理論的著作を書いているのである。その著作の中で、彼は理論科学の限界について、非論争的な口調で次のように語っている。「我々が直接的に感覚することのできる事物の性質から一歩なりとも踏み出すときには、我々は自らの背の立たないほどの深みに入ることになる。その後に我々が行うすべてのことは、果敢のないもがきでしかなく、そのことは我々が我々に属していない要素のうちにあるということを示しているのである。」物体的現象と精神的現象についての我々の知識は、それらの作用のかたちに、つまりそれらの「どのようであるか」に限られている。それはそれらの「なぜ」には決して到達することができないのである。この探究のタイトルそれ自体が、バークの唯一の理論的労作の系譜を明らかにしている。それはロックを、そしてバークの知人であるヒュームを思い出させるものである。バークはロックについて述べる、「この偉

VI. 近代のナチュラル・ライトの危機

大な人物の権威は、疑いもなく比類なきほどに偉大である。」『崇高と美』の最も重要な命題はイギリス的な感覚論と完全に一致するものであり、明らかに古典理論には反対している。バークは一方における美と、他方における完全性、均衡、徳、便益性、秩序、適合性、またその他の「知性そのものの産物」との間に関係性があることを否定しているのである。いうなれば、彼は可視的な美や感覚的な美を、知的な美の光において理解することを拒否しているのである。[94]

　伝統的に想定されてきた知的な美への指向性からの感覚的な美の解放は、感情と本能を理性からある程度解放することを、あるいは理性の価値をいくらか低下させることを示すものであり、もしくはその両者を伴うものである。理論と実践の相違について述べたときの非古典的なバークの論調を説明するのは、理性に対するこのような新しい態度である。バークによる近代の「理性主義」への反対は、「理性主義」そのものに対する反対へと、ほとんど無意識のうちにシフトしていった[95]。理性の欠陥について彼が述べていることは、全くのところ部分的には伝統的な見解にすぎない。ある場面では彼は「人類の判断」、「種」の知恵、「人類の古くからの永遠の良識」、すなわち「一般的合意 *consensus gentium*」を擁護して、個人の判断を貶めることを超えて進んだりはしなかった。またある場面では「長く続く幾世代にもわたる」経験や「幾時代もの集約された理性」の経験の広がりと多様性を擁護して、個人が獲得しうるものである経験を貶めることを超えて進んだりはしなかった[96]。バークの理性批判における斬新さは、その最も重要な実践的帰結において、少しの曖昧さもなく現れている。すなわち彼は、コンスティテューションは「成長」しなければならないとする見解を擁護し、人間の手によって「構築される」ことができるとする見解を斥けるのである。それゆえとりわけ彼は、最善の社会秩序は個人によって作られるもの、賢明なる「立法者」や創始者によって創られうるものであり、またそうであるべきだとする見解をこそ、斥けるのである。[97]

Ⅵ. 近代のナチュラル・ライトの危機

　このことをより明瞭に把握するには、控え目にいっても他のいかなるコンスティテューションにも劣らぬものとみなしたイギリスのコンスティテューションについてのバークの見解を、最善のコンスティテューションについての古典的見解と比べてみる必要がある。古典理論によれば、最善のコンスティテューションとは理性の考案物であり、すなわち一人の個人や少数の個人の意識的活動や計画の考案物である。それは人間本性の完成の要件を最も高い程度に満たすものであるから、あるいはその構造は自然のパターンを模倣したものであるから、自然と合致したものであり、あるいは自然的秩序そのものである。しかしその作り方は自然的ではない。すなわちそれは、設計、計画、意識的な作成による作品であって、自然的プロセスやその模倣によって生じたものではないのである。最善のコンスティテューションは様々な目的に向けられており、それらはそのうちの一つが最高の目的となるような仕方で自然本性によって相互に結びつけられている。それゆえ最善のコンスティテューションは、とりわけ自然本性によって最高である単一の目的に向けられているのである。他方でバークによれば、最善のコンスティテューションは計画を通してではなく自然的プロセスの模倣を通して成立したものであるから、すなわち誰かの手によって方向づけられた省察によるのではなく、継続的に、無意識のうちにとはいわないまでもゆるやかに、「非常に長い時間のうちに、また非常に様々な偶然のうちに」現れてきたものであるから、自然と合致するのであり、あるいはそれこそが自然であり第一のものである。「新たに空想された国家、新たに構想された国家」のすべては、必然として悪なのである。それゆえ最善のコンスティテューションは「規則的な計画に基づいて形成されたり、何らかの設計の統一とともに形作られたりするもの」ではなく、「最大限に多様な目的」に向けられたものなのである。[98]

　もしある人が、健全な政治的秩序は歴史の産物でなければならないとする見解をバークに帰するものとみなすならば、その人はバーク本人の

VI. 近代のナチュラル・ライトの危機

発言を越えてしまっている。「歴史的」と呼ばれるようになったものは、バークにおいてはなお「ローカルで偶然的なもの」に留められていた。「歴史的プロセス」と呼ばれるようになったものは、彼にとってはなお偶然的な因果関係に、すなわち生じた状況に対する思慮深い処置によって形を変えられた偶然的な因果関係に他ならなかった。したがって彼にとっての健全な政治的秩序とは、結局のところ偶然的な因果関係における意図しない結果のことなのである。彼は健全な政治的秩序をもたらすために、かつて近代の経済学が公共の繁栄をもたらす際に示したものを用いた。すなわち、共通善はそれ自体、共通善に向けて命じられたのではない活動がもたらしたものだというのである。バークは古典思想の原理には全くのところ反するものである近代の経済学の原理を受け入れた。「金銭への愛」、「この自然で合理的な……原理」は、「あらゆる国家の繁栄の偉大なる原因である。[99]」善き秩序ないし合理的な秩序は、それ自体が善き秩序や合理的な秩序には向けられていない力による結果である。この原理は、当初は天体システムに適用され、その後で「欲求の体系」すなわち経済学に適用された[100]。健全な政治的秩序の生成に対するこの原理の適用は、歴史の「発見」における二つの最も重要な要素のうちの一つである。もう一つの同じくらい重要な要素は、人間のヒューマニティの理解に対するそれと同じ原理の適用によって与えられた。人間のヒューマニティは、偶然的な因果関係によって獲得されたものであると理解されたのである。その古典的な説明はルソーの『人間不平等起源論』のうちに発見することができるが、このような見解は、「歴史的プロセス」は絶対的瞬間において頂点に達するものと考えられるといった結論を導く。その瞬間とは、盲目的な運命の産物である人間が、最初に何が政治的・道徳的に正・不正かを適切な仕方で理解することによって、自らの運命を見通す主人となる瞬間のことである。このような見解は「完全なる革命」に、「人間精神のコンスティテューションにさえ」拡がる革命に到達する。バークは絶対的瞬間の可能性を否定し、人間は決し

Ⅵ. 近代のナチュラル・ライトの危機

て自らの運命を見通す主人になることは出来ず、最も賢明な個人が自身で考え抜いたものは「非常に長い時間のうちに、また非常に様々な偶然によって」生み出されたものには常に劣ると述べる。それゆえ彼は「完全なる革命」の実現可能性ではないとしても少なくともその正統性を否定し、フランス革命の基礎をなす誤りに比べれば他のすべての道徳的な誤りや政治的な誤りなどは取るに足らず、それはほとんど消え失せてしまうほどであると述べる。フランス革命の時代は絶対的瞬間であるどころか「最も啓蒙されていない時代であり、市民社会の最初の形成以来、おそらく最も立法の資格の少ない時代」である。ある人は、それは完全なる邪悪の時代であると言いたくなるだろう。現在に対する賛美ではなく軽蔑こそがその時代の特徴である。古代の秩序と騎士道の時代に対する軽蔑ではなく賛美こそ、健全な態度といえるのである。すべての善きものは相続される。必要なのは「形而上学的な法学」ではなく「歴史法学」である[101]。かくしてバークは「歴史学派」への道を掃き清める。しかし我々は、彼のフランス革命に対する妥協なき反対において、かつてのいかなる思想とも異質なその革命理論の根底にあったものと同一の基本原理に訴えていたという事実を見失ってはならないのである。

　バークが一方における「金銭への愛」と繁栄との結合、他方における「非常に様々な偶然」と健全な政治的秩序との結合を、神による秩序の一部とみなしていたことは、ほとんど言うまでもないことである。人間の省察によって導かれたのでないプロセスの産物が省察の産物に比べて知恵においてはるかに優れているのは、そのプロセスが神による秩序の一部だからである。同様の観点からカントは、ルソーの『人間不平等起源論』の教説を弁神論であると解釈していた[102]。したがって歴史の観念は、まさに近代の経済学と同じように、神に向けた伝統的な信仰を修正することを通して現れうるものであった。このような修正は通常「世俗化」として描写される。「世俗化」とは、霊的なものや永遠なるものの「時間化」のことである。それは永遠なるものを時間的なコンテクストに統

VI. 近代のナチュラル・ライトの危機

合させようとする試みである。それゆえそれは、もはや永遠なるものは永遠なるものとしては理解されないことを前提としている。言い換えれば、「世俗化」は思想のラディカルな変化を、すなわち一つの平面から全く異なる平面へと思想がシフトすることを前提としているのである。このラディカルな変化は、近代の哲学や科学の出現においてあからさまな形態で現れる。しかしそれは、神学の内部における第一義的な変化ではない。神学の概念の「世俗化」として現れてきたものは、結局のところ近代の哲学や自然科学、政治学によって生み出された知的な風潮に対して伝統的な神学が適応したものであると理解されなければならないだろう。神の理解に関する「世俗化」は、神の道は十分に啓蒙された人間であれば十分な研究によって理解できるものであるという見解において頂点に達している。神は自らの善き目的のためならば悪をも利用するもの、あるいは悪をも許すものであるというまさにその事実によって、神学の伝統は神に神秘的な性格があることを認めた。それゆえそれは、人間は神の摂理によっては自らの方向を定めることはできず、人間に悪をなすことを端的に禁ずる神の法によってのみ方向を定めることができると主張した。神の秩序が人間の知によって理解可能であるとみなされるようになり、それゆえまた悪が明らかに必要なもの、有用なものとみなされるようになって、悪しき行為を禁止することはエビデンスを失っていった。したがって、かつては悪であると非難されていた様々な行為の仕方が、いまでは善であるとみなされるようになったのである。人間の行為の目標は低次のものとなってしまったのである。しかしはっきりいってこのような目標の低下は、近代の政治哲学がまさにその始まりの頃から意識的に意図していたことである。

　バークはフランス革命が全面的に悪であると信じた。彼はそれを、今日において我々が共産主義革命を非難するのと同じように、強く、無条件的に非難した。彼は、「すべての宗派、すべての宗教に対して戦争を」仕掛けたフランス革命が勝利を収めることは可能であろうと、かくして

VI. 近代のナチュラル・ライトの危機

革命の状態が「数百年にわたって地上の一つの災厄として」存続することは可能であろうと、そのように考えた。それゆえ彼は、フランス革命の勝利が神によって定められたものだということもあるだろうとみなしたのである。自らの神についての「世俗化された」理解に従い、彼は「もし法律、マナー、宗教、政治を取り入れているヨーロッパのシステム」が破滅を運命づけられているのならば、「人間の諸事におけるこのような強力な流れに反対し続ける人は……毅然とした態度をもつ確固とした人ではなく、意固地で頑固な人だということになるだろう」といった結論を導き出している[103]。バークは、もし人間の諸事における完全に邪悪な流れが十分に強力なものであるならば、その流れに反対することは意固地でしかない、などと言い出しかねないところまで来ている。彼は最後の抵抗が貴きものであることを忘れてしまっているのである。人類の敵に対する孤立無援の立場における抵抗は、誰にも予見できなかったかたちで「火をふく銃砲と翻る旗とともに没落し」、人類が被った甚大な損失の記憶を気づかせたままにしておくことに貢献し、その回復の欲求や希望を呼び起こして強化し、そして終わりなきように見える暗黒と破壊の谷間において謙虚に人間らしい仕事を続けている人々への狼煙となるかもしれないと、そのようには考えていないのである。彼は、いま失われている大義は永遠に失われるのかどうかについて人間は知ることが出来ると、あるいは道徳法とは異なる神の摂理の意味を人間は十分に理解することが出来ると強く確信しているからこそ、そのようには考えないのである。このようなバークの思想をほんの一歩進めると、善悪の区別は進歩的か後退的かの区別へと、歴史的プロセスと調和するかしないかの区別へと置き換わってしまう。ここにおいて確かに我々は、失われた大義をあえて支持するカトーとは対極にいるのである。

　バークの「保守主義」は古典思想と完全に一致しているのに反して、彼の「保守主義」に対する彼の解釈は、フランス革命の理論家たちの「ラディカリズム」そのものがなしたものよりも古典思想とは無縁のアプ

VI. 近代のナチュラル・ライトの危機

ローチを、人間の諸事に対して用意するものだったのである。政治哲学や政治理論はその始まりの頃から、市民社会のあるべき姿についての探究であった。バークの政治理論はイギリスのコンスティテューションの理論と、すなわち現実において「浸透している潜在的な叡知を発見する」試みと同じものであり、あるいはそのようになろうとする傾向がある。バークがイギリスのコンスティテューションを賢明であると認めるためには、それを超えた基準によって判定しなければならなかったと考えられ、そして彼はある程度までは疑いもなくこれを実行している。彼はイギリスのコンスティテューションに先行するナチュラル・ライトそれ自体について、倦むことなく語っているのである。しかし彼はまた、「我々のコンスティテューションは時効のコンスティテューションである。それは原初から存在していることを唯一の権威としているコンスティテューションである」と述べ、イギリスのコンスティテューションはイギリス人の自由を「他のより一般的なライトや先行するライトとは関係なく、とりわけこの王国の国民に属する一つの財産として」要求し主張するものであるとも述べている。しかし時効はコンスティテューションの唯一の権威であるなどということはなく、それゆえコンスティテューションに先立つ「ライト」に訴えることは、すなわちナチュラル・ライトに訴えることは、時効それ自体が善きものであることを十分に保障しないことには余計なことであるなどとみなすことはできないのである。もしもそのような基準がその過程のうちに内在するならば、もしも「現実的なもの、現存するものは理性的である」ならば、それを超越した基準などはなくてもよいことになる。善きものと先祖のものとの原初における同一視への回帰として生じてきたものは、実際にはヘーゲルを準備したのである。[104]

我々は先に、後になって歴史の発見とみなされるようになったものは、本当のところはむしろ理論と実践との区別を復活させたものであったと述べた。この区別は17、8世紀の純理主義によって、あるいは基本的に

VI. 近代のナチュラル・ライトの危機

は同じことだが、すべての理論は本質的に実践への奉仕であると理解する立場（知は力のためにある *scientia propter potentiam* ）によって、曖昧にされてしまった。理論と実践との区別の復活は、当初から、理論的形而上学に関する懐疑主義、実践を好み理論を軽視することにおいて頂点に達する懐疑主義によって、変更を加えられていた。このような先例に従って実践の最高の形態――政治社会の設立と形成――は、省察によっては統御されることのない準自然的なプロセスであるとみなされるようになり、かくしてそれは純理論的なテーマとなることができた。政治理論は実践が生み出したものについての理解、あるいは現実についての理解となり、あるべき姿の探究であることを止めてしまったのである。政治理論は「理論的に実践的」（すなわち一歩退いた地点における考察）であることを止め、形而上学（および自然学）が伝統的に純理論的なものと理解されていたのと同じ仕方で、純理論的なものとなった。ここにおいて人間の行為の対象では決してない、全体よりもむしろ人間の行為とその産物とを最高のテーマとする新しいタイプの理論、新しいタイプの形而上学が存在するようになった。全体と、全体の上に位置する形而上学においては、人間の行為は高位にはあるものの従属的な位置を占めていた。今日のように、形而上学が人間の行為とその産物とを、他のあらゆる存在ないしプロセスが目指すべき目的であるとみなすようになったときに、形而上学は歴史の哲学となったのである。歴史の哲学とは第一義的には人間の実践についての理論ないし観想であり、それとともに必然として、人間の完結した実践についての理論ないし観想のことである。それは重大な人間の行為が完結されること、すなわち歴史が完結されることを前提としている。実践は哲学の最高のテーマとなることで、本来の実践に関わることを、すなわち「我々が今なさねばならないこと *agenda*」に関わることを止めてしまった。キルケゴールとニーチェの側からのヘーゲル主義に対する反抗は、実際にそれが世論に強い影響を与えている限りにおいて、実践の可能性を、すなわち重大かつ未決定の

VI. 近代のナチュラル・ライトの危機

未来をもつ人間の生の可能性を回復する試みとして現れてきたものである。しかしこのような試みは、理論の可能性それ自体を徹底的に破壊したため、混乱を増やした。「純理主義」と「実存主義」は、二つの誤った極論として我々の前に現れるようになる。それらは相互に対立しながらも、決定的な点においては一致している。すなわち、「天の下にあるこの世界の神」である思慮を無視する点においては、一致しているのである[105]。思慮と「天の下にあるこの世界」は、「天の上の世界」についての知がなければ——真のテオリアがなければ——正確に理解することができないのである。

過去の偉大な理論的著作のうち、キケロの『国家』よりも、イギリスのコンスティテューションについてのバークの言説に精神的に近いものはないと思われる。バークは1820年まで発見されなかったキケロのこの傑作を知ることができなかったのだから、両者の類似性はいっそう注目に値する。バークがイギリスのコンスティテューションをモデルとみなしたのとまさに同じく、キケロはローマの政体を最善の政体であると主張した。キケロは、プラトンの『国家』のなかでソクラテスがなしたように、新しい政体を考案することではなく、むしろローマの政体を描写することを選んだ。バークとキケロのこのような主張は、それのみを取ってみるならば、古典的原理と完全に合致する。すなわち最善の政体は本質的に「可能」であり、それはある場所やある時において実際に実現できていたものである、ということになる。しかしながら注意すべきことは、バークは自身がモデルとするコンスティテューションを彼自身の時代の現実のうちにあるものと想定していたのに対し、キケロは最善の政体を、過去においては実現されていたがすでに現実にはないものと想定していたことである。とりわけキケロは、最善の政体の特徴とはいかなる実例とも、とくにローマの政体の実例ともお構いなしに決定されうるものであることを、完全に明らかにした。いま論じている点においてキケロとプラトンの間には特別な相違はなく、プラトンは『国家』の

VI. 近代のナチュラル・ライトの危機

続篇である『クリティアス』を書いたが、そこでは『国家』のうちに「考案された」政体がアテナイの過去において実現していたことが示された。バークとキケロの間の次のような一致は、より重要なことであると思われる。すなわち、バークはイギリスのコンスティテューションが卓越しているとする根拠を、「きわめて長い時間をかけて」成立し、かくして「いくつもの時代において集約された理性」を体現したものであるという事実に突き止めたが、それとまさに同じように、キケロはローマの政体が優越しているとする根拠を、一人の人間や一つの世代によって作られたものでなく、多くの人間と多くの世代によって作られたものであるという事実に突き止めたことである。キケロはローマの秩序が最善の政体に発展していった道程のことを「自然の道」と呼んでいる。しかしキケロは「新しい政府の創作という考えそれ自体」に対して、バークのように「嫌悪と恐怖」を抱いてはいなかった。キケロが一人の人間によって作られたものであったスパルタの政体よりも多くの人間と多くの世代によって作られたものであったローマの政体の方を好んだとはいっても、彼はスパルタの政体が尊敬に値することを否定してはいないのである。ローマの政体の起源に関する彼の言説において、ロムルスはほとんどリュクルゴスのカウンターパートとして現れている。キケロは市民社会が優れた個人によって設立されるとする考えを放棄してはいないのである。ローマの政体がその完成態へと到達したときに辿った「自然の道」であるとキケロが理解するものは、運とは対極にある「協議と訓練」であった。彼は「自然の道」を、省察によっては導かれることのないプロセスのことであるとは理解していないのである。[106]

バークは健全な社会秩序の性格に関しては古典理論に賛同しなかったため、健全な社会秩序の生成に関しても、古典理論に賛同しなかった。彼の見るところでは、健全な社会秩序や政治的秩序は「規則的な計画に基づいて形成されたり、何らかの設計の統一とともに形作られたりするもの」ではなく、なぜならそのような「体系的な」手順、そのような「人

VI. 近代のナチュラル・ライトの危機

間の考案についての知恵における推定」は、可能な限り高い程度の「人格の自由」とは両立し得ないと思われるからである。国家は「最大限に多様な目的」を追求しなければならず、そして「それらのうちのどれか一つを、他の目的のために、あるいは全体のために犠牲にすること」は最小限にしなければならない。それは「個別性」に関わらなければならず、あるいは「個人の感情や個人の利害」に可能な限り高い関心を払わなければならない。まさにこの理由のために、健全な社会秩序の生成は省察によって導かれるプロセスではなく、自然で無意識のプロセスに可能な限り近いプロセスでなければならないのである。すなわち、自然的なものは個人的なものであり、普遍的なものは知性の創造物なのである。自然性と、個別性の自由な開花とは、同じものなのである。したがってその個別性における個人の自由な発展は、混沌を招くどころか、最善の秩序を「全体集団におけるいくばくかの不規則性」と両立させることが出来るだけでなく、それを必要とする秩序を生み出すのである。不規則性の中にこそ美は存在する。「メソッドと厳密性、均整の精神は、美の起源に利するものであるどころか、むしろそれを損なうものであると知られている。[107]」古代人と近代人との間の論争は、結局のところ、そしておそらくその始まりの頃から、「個別性」の位置づけに関係している。バーク自身、あまりにも深く「健全であった古代」の精神を吸い込みすぎていたため、個別性への関心が徳への関心を圧倒することを許すことができなかったのである。

注

1 この節の注においては、文献の表題について以下の省略形を用いる。

"*D' Alembert*" = *Lettre à d' Alembert sur les spectacles*, ed. Léon Fontaine; "*Beaumont*" = *Lettre à M. de Beaumont* (Garnier ed.); "*Confessions*" = *Les Confessions*, ed. Ad. Van Bever; "*C. S.*" = *Contrat social*; "*First Discourse*" =

Ⅵ. 近代のナチュラル・ライトの危機

Discours sur les sciences et sur les arts, ed. G. R. Havens; "*Second Discourse*" = *Discours sur l'origine de l'inégalité* (Flammarion ed.); "*Émile*" = *Émile* (Garnier ed.); "Hachette" = *Œuvres complétes*, Hachette ed.; "*Julie*" = *Julie ou la Nouvelle Héloïse* (Garnier ed.); "*Montagne*" = *Lettres écrites de la Montagne* (Garnier ed.); "*Narcisse*" = *Préface de Narcisse* (Flammarion ed.); "*Rêveries*" = *Les Rêveries du promeneur solitaire*, ed. Marcel Raymond.

2 *First Discourse*, p. 134; *Narcisse*, pp. 53-54, 57 n.; *Second Discourse*, pp. 66, 67, 71-72; *D'Alembert*, pp. 192, 237, 278; *Julie*, pp. 112-13; *C. S.*, Ⅳ, 4, 8; *Montagne*, pp. 292-93. ルソーよりもポリスの哲学的概念を理解した近代の思想家はいない。すなわちポリスとは、人間の知と愛の力についての自然的範囲と一致した完全な結合体なのである。とりわけ *Second Discourse*, pp. 65-66 および *C. S.*, Ⅱ, 10 を見よ。

3 *First Discourse*, pp. 102 n., 115 n., 140.「人は私が徳の事例を古代からとってくるふりをしていると非難する。もし私がさらに古くまで遡ることが出来るならば、もっとよい例を見つけたことだろうと、そのように言っているようである」(Hachette, Ⅰ, 35-36)。

4 ルソーについてのこのような解釈の古典的な定式化は、カントの『世界公民的見地における一般史の考察』の第七命題において見出される。(*The Philosophy of Kant*, ed. Carl J. Friedrich ["Modern Liberty" ed.], pp. 123-27)。

5 *C. S.*, Ⅰ, 1; Ⅱ, 7, 11; Ⅲ, 15; *Émile*, Ⅰ, 13-16, 79-80, 85; *Second Discourse*, pp. 65, 147, 150, 165.

6 *First Discourse*, pp. 97-98, 109-10, 116. Hachette, Ⅰ, 55: 道徳性は知性の脅威と比べて無限に崇高である。

7 *First Discourse*, pp. 122, 140-41; *Émile*, Ⅱ, 51; *Julie*, pp. 502 ff., 603; *Montagne*, p. 180.

8 *First Discourse*, pp. 120-22; *Second Discourse*, p. 150; *Julie*, p. 325. Hachette, Ⅰ, 45-46. 本源的な平等こそ「すべての徳の源泉である」*Ibid.*, p. 59. カトーはかつて存在したもののうち最も純粋な徳の光景とモデルを人類に与えた。

Ⅵ. 近代のナチュラル・ライトの危機

9 *Narcisse*, pp. 54, 56, 57 n.; *Émile*, Ⅰ, 308; *C. S.*, Ⅰ, 8; *Confessions*, Ⅰ, 244.

10 Hachette, Ⅰ, 41, 45-46; *Second Discourse*, pp. 66, 143-44; *Montagne*, p. 252. *First Discourse* (pp. 118-20) におけるプラトン『ソクラテスの弁明』(21b ff.) からの引用とプラトンの原文とを比較せよ。すなわちルソーはソクラテスの（民主制的ないし共和制的）政治家への非難を引用していない。また彼はソクラテスの職人への非難をアーティストへの非難へと置き換えている。

11 *First Discourse*, p. 162; *Second Discourse*, pp. 107-10; *Émile*, Ⅰ, 286-87, 307; *Confessions*, Ⅰ, 199; Hachette, Ⅰ, 31, 35, 62-63.

12 ルソー自身が述べるように、『学問芸術論』においては彼はまだ自らの原理を完全には明らかにしておらず、その書物はまた他の理由からも不十分なのだから、このような手法には何の問題もない（*First Discourse*, pp. 51, 56, 92, 169-70）。そして他方では『学問芸術論』は後期の作品よりもルソーのファンダメンタルな考えについての統一性を明らかにしている。

13 *First Discourse*, pp. 107, 121-23, 141-46; *Narcisse*, pp. 49 n., 51-52, 57 n.; *Second Discourse*, pp. 65-66, 134-35, 169-70; *C. S.*, Ⅱ, 8 (toword the end); *Émile*, Ⅰ, 13; *Gouvernement de Pologne*, chaps. ⅱ and ⅲ; *Montagne*, pp. 130-33.

14 *First Discourse*, pp. 101, 115, 129-32, 150; Hachette, Ⅰ, 62; *Narcisse*, pp. 50-53; *Second Discourse*, p. 150; *D'Alembert*, pp. 120, 123, 137; *Julie*, p. 517; *Émile*, Ⅰ, 248.

15 *First Discourse*, pp. 107, 125-26, 129-33, 151, 155-57; *Narcisse*, pp. 56, 57 n.; *Second Discourse*, pp. 71, 152; *C. S.*, Ⅱ, 7; *Confessions*, Ⅱ, 226. Hachette, Ⅰ, 38 n. 「その様々な学派の有害な格率と不敬なドグマを明らかにすることは、実際のところ哲学にとってはかなりの不名誉であろう。……これらすべての学派の中でどのような危険な誤謬にも陥らなかった学派は一つでもあるだろうか。また、『すべての』哲学者によって貪欲に受け入れられ、彼らが公に教えていたこととは反対の感情を密かに公言することに役立った二つの教理の区別については、どのように言わなければならないのだろうか。ピタゴラスは奥儀の教理を利用した最初の人であった。彼は長らく試し、偉大なる秘

儀を行った後でなければ、それを弟子たちに伝授しなかった。彼はひそかに弟子たちに無神論を教授し、ジュピターには厳粛に百頭の牛の贄を捧げた。哲学者たちはこのようなやり方をよいと判断したため、そのやり方は急速にギリシア中に拡がり、そこからローマにまで拡がった。法廷弁論において強く立証した不死の神々を、友人たちとともに嘲笑したキケロの作品に見られる通りである。奥儀の教理がヨーロッパからシナへと伝えられたことは決してなかったが、しかしそれはシナにおいても哲学と共に生み出された。この教理のおかげで、シナ人たちは自らの間にきわめて多くの無神論者や哲学者を持つこととなった。学のある真面目な人がこのような致命的な教理の歴史を書いたならば、『古今の哲学への』深刻な打撃となることだろう。」 *Confessions*, II, 329 を参照せよ。

16 *First Discourse*, pp. 101-2, 105-6, 158-59; *Second Discourse*, p. 116; *C. S.*, I, 6, 8; II, 7; *Émile*, I, 13-15.

17 *First Discourse*, pp. 115, 125-26, 128, 137, 161-62; *Narcisse*, p. 50; *Second Discourse*, p. 147; *C. S.*, I, 9 (end); Hachette, I, 38 n.

18 *First Discourse*, pp. 98-100, 127-28, 138-39, 151-152, 158-61; *Narcisse*, pp. 45, 54.

19 *First Discourse*, p. 94 (cf. 38, 46, 50); *Narcisse*, pp. 54, 57-58, 60 n.; *Second Discourse*, pp. 66, 68, 133, 136, 141, 142, 145, 149; *Julie*, Preface (beginning); *C. S.*, I, 1; *Beaumont*, pp. 471-72.

20 *First Discourse*, pp. 93-94, 108 n., 120, 125, 132-33, 152, 157-62, 227; Hachette, I, 23, 26, 31, 33, 35, 47 n. 1, 48, 52, 70; *Second Discourse*, pp. 83, 170, 175; *D'Alembert*, pp. 107-8; *Beaumont,* p. 471; *Montagne*, pp. 152-53, 202, 283. 『学問芸術論』の批評家は次のように述べている。「一般の趣味にあれほど真っ向から衝突する真理をあまり白日の下に置いてはいけないだろう……。」ルソーは彼に対して次のように答えた。「私は全くのところ同じ意見ではなく、お手玉遊びは子供たちにやらせておかねばならないと信じる。」(Hachette, I, 21; また *Confessions*, II, 247 も参照。) ルソーの原理は「全ての

VI. 近代のナチュラル・ライトの危機

『有用な』事柄において」（*Beaumont*, pp. 472, 495; *Rêveries*, IV）真理を述べることだった。したがって、有用であることの可能性を全く欠くような真理は抑え込んだり偽ったりしてよいだけでなく、それと反対のことを主張することによって真理について積極的に虚偽を働いてもよく、かくして嘘つきの罪を犯したことにならないのである。有害な真理や危険な真理に関して帰結は明白である（*Second Discourse* 第一部の終りの部分と *Beaumont*, p. 461 も参照せよ）。Dilthey, *Gesammelte Schriften*, XI, 92 を参照せよ。「奇妙な任務について［ヨハネス・フォン・モイラーは語った。］すなわち『臣民が理解しなかったとしてもお上は真理を学んだように見せかけ、そして自らの状態における幸運を確信できるほど臣民を教育する』。」

21 *First Discourse*, p. 101; *Montagne*, p. 206; *Confessions*, III, 205, 220-21; *Rêveries*, V-VII.

22 *First Discourse*, p. 115 n.; *Narcisse*, pp. 52-53; *Second Discourse*, pp. 89, 94, 109, 165; *Julie*, pp. 415-17; *Émile*, I, 35-36, 118, 293-94, 320-21; Hachette, I, 62-63:「人間は理性に反対して本能のほうを取るようなことがあるだろうか。私が要求しているのはまさにこのことである」。

23 *First Discourse*, pp. 93, 97, 99-100, 107, 118-22, 125, 128, 129, 130 n., 131-32, 152-54, 161-62; Hachette, I, 35; *Narcisse*, pp. 47, 50-51, 56; *Second Discourse*, pp. 74, 76; *Émile*, II, 13, 72, 73; *Beaumont*, p. 452. Kant, *Grundlegung zur Metaphysik der Sitten*, Erster Abschnitt（toward the end）を参照せよ。

24 *First Discourse*, pp. 105-6; *Second Discourse*, pp. 91, 97, 122, 150-51, 168; *Confessions*, II, 73; III, 205, 207-9, 220-21; *Rêveries*, VI (end) and VII.

25 *Confessions*, II, 221, 246.

26 とりわけ *C. S.*, I, 6 (beginning) を参照せよ。社会契約の「存在理由」は『社会契約論』においてではなく『人間不平等起源論』において説明されていることが示されている。*C. S.*, I, 9 もまた参照せよ。

27 *Second Discourse*, p. 84; *Confessions*, II, 244 も参照せよ。Jean Morel, "Recherches sur les sources du discours de l'inégalité," *Annales de la Société*

VI. 近代のナチュラル・ライトの危機

J.-J. Rousseau, V (1909), 163-64 を見よ。

28 *Second Discourse*, pp. 92-95, 118, 140, 166; *Julie*, p. 589 n.; *Émile*, II, 24, 37; *Beaumont*, pp. 461-63; *Rêveries*, III, *First Discourse*, p. 178 を参照せよ。

29 このようなアプローチの先史については、本書198-199頁および224-225頁を見よ。

30 *Second Discourse*, pp. 75, 173.

31 *Ibid.*, pp. 76, 77, 90, 91, 94-95, 104, 106, 118, 120, 151; *Julie*, p. 113; *C. S.*, I, 2; II, 4, 6; *Émile*, II, 45 もまた参照せよ。

32 *Second Discourse*, p. 110; *C. S.*, I (beginning) もまた参照せよ。*D'Alembert*, pp. 246, 248 および *Confessions*, II, 267. ルソーは自然状態の概念が反聖書的な意味を持つことを十分意識していた。そのため彼は、もともとは自らの自然状態についての説明を全くの仮説として提示したのである。自然状態がかつて実在したことがあるという考えは、あらゆるキリスト教的哲学者が受け入れざるを得ない聖書の教説に矛盾するものである。しかし『人間不平等起源論』の教説はキリスト教徒のそれではなく、それは人類に向けて語る人の教説であって、プラトンやクセノクラテスの時代のリュケイオンにおいてふさわしく、また18世紀においてはふさわしくない。それは人間本性の研究に自然の光を当てることによって到達された教説であり、そして自然は決して嘘をつくことはない。このような言説と一致して、ルソーは後に、自身は自らの自然状態の説明を証明したと主張した。自然状態から専制へと至る発展の説明ないしは「統治形態の歴史」は、依然として仮説的であり、あるいは自然状態の説明よりも不確実である。その二つからなる著作の第一部の終りの部分で、ルソーは自然状態を一つの「事実」と呼んでいる。すなわち問題は「実在のものとして与えられた二つの事実」を「中間項的事実の連鎖、さらには実際に、あるいはおそらく未知の事実の連鎖によって」結びつけることにある。与えられた事実とは、自然状態と、当時の専制の状態である。ルソーが『社会契約論』の第一章において自らはそれらを知らないと述べた際には、この中間項的な事実について言及しているのであって、自然

VI. 近代のナチュラル・ライトの危機

状態の特性についてではない。もしルソーの自然状態についての説明が仮説的なものであったならば、彼の政治的教説全体が仮説的なものとなってしまうだろう。その実践的な帰結は祈りと忍従ということになり、不満ではなく、たとえ可能だとしても改革ということにはならないだろう。*Second Discourse*, pp. 75, 78-79, 81, 83-85, 104, 116-17, 149, 151-52, 165 を参照せよ。人間精神の発達に必要とされる「幾千の世紀」に対する言及（*ibid.*, p. 98）と聖書年代学とを比較せよ。Morel, *op. cit.*, p. 135 もまた見よ。

33 *Second Discourse*, pp. 74-75, 82-83, 90, 98, 105-6, 137-38, 160, 175.

34 *Ibid.*, pp. 74-77, 90, 94-95, 104, 124, 125, 174; Condorcet, *Esquisse d'un tableau historique des progrès de l'esprit humain*, Première Époque (beginning) もまた参照せよ。

35 *Second Discourse*, pp. 76-77, 103, 107-10; *Émile*, I, 289 もまた参照せよ。

36 *Second Discourse*, pp. 77, 87, 90, 97-99, 104, 107-10, 116, 120, 124-25, 147, 151, 156-57, 160-61, 165, 176-77.

37 *Ibid.*, pp. 85, 89, 93-94, 98-99, 101, 102, 105-6, 109, 111, 115, 118, 157, 168. モレルは（*op. cit.*, p. 156）ルソーが「一般観念の自然的生成に代えて学問的反省によるそれらの構成を置いた」と述べることによって正しく指摘している（本書 197-199 頁参照）。ルソーのモデルであるルクレティウスの詩（v. 1028-90）においては、言語の起こりは理性の起こりとは関係なく述べられている。すなわち理性は、人間の自然的なコンスティテューションに属するものなのである。ルソーにおいては、言語の起こりは理性の起こりと同時である（*C. S.*, I, 8; *Beaumont*, pp. 444, 457）。

38 人間は自然本性によって善であるというルソーの主張は、わざと曖昧にされている。それは――どちらかといえば伝統的な見解と全くの半伝統的な見解という――二つの両立し難い見解を示している。前者の見解は次のように述べることが出来る。すなわち、人間は本性的に善であり、彼が悪であるのは彼自身に非があるのであって、ほとんどの悪は人間に起源をもつのである。すなわち、ほとんどの悪は文明に帰されるのであって、文明はその根源

VI. 近代のナチュラル・ライトの危機

を自尊心に、すなわち自由を誤用することのうちにもつ。この見解の実践的な帰結は、人間は忍従と祈りの精神において、今では避けられないものとなった文明の悪に耐えるべきである、ということである。ルソーに従えば、この見解は聖書的な啓示信仰に基づくものである。加えてルソーが述べているように、自然人すなわち自然状態における人間は自尊心を持たず、したがって自尊心は彼が自然状態(無垢の状態)を離れる理由や、彼が文明の冒険へと乗り出す理由ではあり得なかった。より一般的に表現するならば、自然人は意志の自由を欠くのであって、したがって自由を誤用することができず、自然人は自由によってではなく完成能力によって特徴づけられるのである。*Second Discourse*, pp. 85, 89, 93-94, 102, 160; *C. S.*, I, 8 を参照せよ。前掲注(32)を参照せよ。

39 『スピノザ書簡集』(50)におけるホッブズの批判と『神学・政治論』四章(冒頭)および『エチカ』IIIの序論を比較せよ。本書第V章注(9)を参照せよ。

40 *Second Discourse*, pp. 68, 74-75, 91, 94-96, 98-100, 116, 118-119, 123, 125, 127, 128, 130, 133, 135, 136, 141, 142, 145, 179, *Narcisse*, p. 54; *Julie*, p. 633 n.

41 Moses Mendelssohn, *Gesammelte Schriften* (Jubilaeums-Ausgabe), II, 92; *Second Discourse*, p. 83 および本書247-248頁を参照せよ。

42 *C. S.*, II, 6 (see chap. iii, n. 18, above) を参照せよ。*C. S.* と *Second Discourse* との関連性については、前掲注(26)および(32)を見よ。

43 *C. S.*, II, 4 と *Second Discourse*, p. 77 を参照せよ。

44 ルソーは、彼が「モンテスキューによって確立された原理」すなわち「自由はすべての風土において実を結ぶものではなく、すべての人民がこれに達するということはない」(*C. S.*, III, 8)という原理にはっきりと賛同することによって古典思想家と一致する。この原理を受け入れたことは、直接利用されるためになされたルソーの提案のほとんどが温和な性格のものであることを説明するものである。しかしながらルソーは、モンテスキューや古典思想家とは異なり、「正統性を持った政府はいずれも共和制であり」(II, 6)、したがってまた現存するレジームのほとんどは合法的ではないと説いている。

VI. 近代のナチュラル・ライトの危機

すなわち「非常にわずかの国民だけが法律を持つ」(III, 15) と説くのである。これは結局のところ、このような事実によって、正統性を持つものとならないことには多くの場合に専制のレジームは避けられない、と述べるに等しい。すなわちサルタンを絞殺することは、サルタンのあらゆる統治行為と同じく合法的なのである (*Second Discourse*, p. 149)。

45 Hachette, I, 374; *Émile*, I, 286-87, 306, II, 44-45.

46 *Second Discourse*, pp. 93 (cf. Spinoza, *Ethics*, III, 9 schol.), 116, 130, 138, 140-41, 151; *C. S.*, I, 1 (beginning), 4, 8, 11 (beginning); III, 9 n. (end). Hobbesの*De cive*の最初の二つの部分の頭部分を参照せよ。また Locke, *Treatises*, II, secs. 4, 23, 95, 123 も参照せよ。

47 "Wissenschaftliche Behandlungsarten des Naturrechts" *Schriften zur Politik und Rechtsphilosophie*, ed. Lasson, pp. 346-47:「より低次の抽象においては、無限性は確かに主観の絶対性として幸福論一般において強調されており、また特に自然法においては反社会主義的と言われ、個々人の存在を第一義的かつ最高の事柄として定めるような体系によって重視されているが、しかしカントやフィヒテの観念論において保持されたような純粋な抽象に至ってはいない。」ヘーゲルの*Encyclopädie*, secs. 481-82 を参照せよ。

48 *Second Discourse*, pp. 104-5, 122, 126, 147, 160-63; また *Émile*, I, 286-87 も参照せよ。

49 前掲注(28)を参照せよ。

50 本書 197-199 頁を見よ。

51 *C. S.*, I, 6, 8; *Second Discourse*, p. 65.「自由」の曖昧さについては *Second Discourse*, pp. 138-41 もまた参照せよ。

52 *Second Discourse*, pp. 65, 104-5, 117-18, 122, 125-26, 147, 151, 160-63, 177-79; *Julie*, p. 385; *C. S.*, II, 11; III, 15; *Émile*, II, 125.

53 *Second Discourse*, pp. 65, 75, 77, 81, 109-10, 115, 118, 120, 125, 129, 130, 134; *C. S.*, I, 6 (beginning); I, 2.

54 *Second Discourse*, pp. 82, 106, 117, 118, 125, 128-29, 131-35, 141, 145, 152; *C. S.*,

Ⅵ. 近代のナチュラル・ライトの危機

I, 2, 8, 9; II, 4 (toward the end); *Émile,* I, 309; II, 300.

55 *C. S.*, I, 6, 7; II, 2-4, 7; *Émile,* I, 13.『人間不平等起源論』における社会契約についての議論は明らかに暫定的なものである (p. 141)。

56 *C. S.*, I, 7; II, 3, 6. *Ibid.*, II, 12 (「法の分類」)を、ホッブズ、ロック、モンテスキュー、また言うまでもなくフッカーとスアレスにおける対応箇所と比較せよ。ルソーはナチュラル・ローに言及すらしていない。

57 *Second Discourse,* pp. 66, 143; *Julie,* pp. 470-71; *C. S.*, IV, 4; *Montagne,* pp. 252, 300-301. *Narcisse,* pp. 50-51 および *Second Discourse,* pp. 179-80 における古典理論の貴族政治的な原理についてのルソーの批判を参照せよ。

58 *Narcisse,* p. 56; *Second Discourse,* pp. 66-67, 143; *C. S.*, II, 3, 6-7; III, 2, 11. 立法者の章 (*C. S.*, II, 7) における奇跡についての言及を *Montagne,* ii-iii における奇跡の問題についてのあからさまな議論と比較せよ。

59 *Julie,* pp. 502-6; *C. S.*, IV, 8; *Beaumont,* p. 479; *Montagne,* pp. 121-36, 180; 前掲注(28)もまた参照せよ。

60 *Narcisse,* p. 56; *Second Discourse,* pp. 66-67, 74, 123, 125, 150, 169-70; *C. S.*, II, 8, 10, 12; III, 1; *Émile,* II, 287-88; *Pologne,* chaps. ii-iii; Alfred Cobban, *Rousseau and the Modern State* (London, 1934), p. 284 もまた参照せよ。

61 とりわけ *C. S.*, I, 8 および II, 11; *Second Discourse,* pp. 125-26, 150; *Julie,* pp. 222, 274, 277; *Émile,* II, 48, 274-75; *Confessions,* II, 182, 259, 303; III, 43; *Rêveries,* vi を参照せよ。

62 *Second Discourse,* pp. 122, 124; *D'Alembert,* pp. 256-57; *Julie,* pp. 261, 331, 392, 411 (cf. also pp. 76, 147-48, 152, 174 n. 193, 273-75); *Rêveries,* x (p. 164).

63 *Second Discourse,* pp. 111, 139.

64 *Ibid.*, pp. 96, 118, 151, 165; *Émile,* I, 286; *Rêveries,* V and VII. 本書 300-301 頁を参照せよ。

65 *Second Discourse,* pp. 84, 116, 125-26; *Beaumont,* p. 471.

66 *First Discourse,* p. 131; *Rêveries,* VI (end).

67 *Rêveries,* IV (beginning).

Ⅵ. 近代のナチュラル・ライトの危機

68 *The Works of Edmund Burke* ("Bohn's Standard Library"), II, 385, 529, 535, 541; VI, 21-23. 以下"*Works*"として引用。

69 *Ibid.*, II, 59-62; III, 104; VI, 144-53. 進歩の問題に関しては II, 156; III, 279, 366; VI, 31, 106; VII, 23, 58; VIII, 439; *Letters of Edmund Burke: A Selection*, ed. Harold J. Laski, p. 363 (以下"*Letter*"として引用) を参照せよ。*Burke, Select Works*, ed. E. J. Payne, II, 345 もまた参照せよ。

70 例えば *Works*, I, 314, 348, 470; II, 19, 29-30, 145, 294-95, 331-33, 366; III, 82; V, 153, 177, 216; VI, 29 を参照せよ。

71 *Ibid.*, II, 220. 332-33. 349. 368-70; III, 82, 86; V, 212, 315, 498.

72 *Ibid.*, II, 310, 331, 333, 538; III, 109; V, 80, 122, 216, 424.

73 *Ibid.*, I, 311, 447; II, 92, 121, 138, 177, 310, 322-25, 328, 330-33, 335; III, 44-45, 78, 85-86, 98-99, 109, 352, 358, 492-93; V, 202, 207, 226-27, 322-23, 342; VI, 20-21, 146.

74 *Ibid.*, II, 58, 167, 178, 296, 305-6, 331-32, 335, 349, 359-60, 365-67, 422-23, 513-14, 526, 547; III, 15, 44-45, 54-55, 76-85, 409, 497, 498; V, 203-5, 216; VI, 3, 21-22, 145-47; VII, 99-103.

75 *Ibid.*, I, 471, 473, 474; II, 291, 296, 335-36, 468; III, 15-16, 52, 81, 109; V, 120. G. H. Dodge, *The Political Theory of the Huguenots of the Dispersion* (New York, 1947), p. 105 を参照せよ。ジュリューは、「公の平和のためには」人民は自分たちの力が真にはどの程度のものかを知らない方がよいと考えた。人民の権利は「小さな不正の場合に浪費されたり用いられたりしてはならない救済策のようなものである。それらはあまりにも俗人の目の前に晒されすぎることによって汚されてはならない神秘的なものである。」「国家や宗教が破壊されるようなことになると、［このような救済策が］生み出されうる。さらには、私はそれが沈黙に覆われていることが悪であると考えない」。

76 Letter to Rivarol of June 1, 1791 (cf. *Works*, I, 130-31, 427; II, 56, 418), *Works*, V, 208, 326. 商業と、純粋さとは区別されたものとしての物腰の柔らかさとの関係については Montesquieu, *De l'esprit des lois*, XX, 1 (and XIX, 16) を参

Ⅵ．近代のナチュラル・ライトの危機

照せよ。

77　*Works*, II, 311, 409, 419, 538-40; V, 138, 140-42, 209-13.

78　*Ibid*., II, 284-87, 299, 300, 302, 338-39, 352, 361-62, 382-84, 403-5, 414, 423-24, 527; III, 87-91, 164, 350-52, 354, 376, 377, 379, 442-43, 456-57; V, 73, 111, 138, 139, 141, 245, 246, 259.

79　*Ibid*., I, 311; II, 363; III, 139, 356; V, 76; VII, 11.

80　*Ibid*., I, 257, 278, 279, 402, 403, 431, 432, 435, 479-80; II, 7, 25-30, 52, 300, 304; III, 16; V, 295; VII, 161; VIII, 8-9; Ernest Barker, *Essays on Government* (Oxford, 1945), p. 221 もまた参照せよ。

81　*Works*, I, 259, 270-71, 376; II, 25-26, 306, 334-35, 552; III, 110; VI, 148; *Letters*, p. 131.

82　*Works*, I, 185, 312, 456; II, 7-8, 282-83, 333, 358, 406, 426-27, 431, 520, 533, 542-43, 549; III, 15-16, 36, 81, 101, 350, 431-32, 452; V, 158, 216; VI, 19, 24, 114, 471; VII, 93-94, 101.

83　*Ibid*., I, 277-78, 312, 365; II, 372, 374-75, 383; III, 15-17; V, 78, 153-54, 257.

84　*Ibid*., I, 311, 384-85; II, 25; III, 456-57; V, 258.

85　*Ibid*., I, 199, 406-7, 431, 432; II, 7, 25, 28; V, 295.

86　*Ibid*., I, 257, 336-37, 408, 433, 500-501; II, 29-30, 333-35, 437-38, 454-55, 515; III, 16; V, 158; VI, 132-33.

87　Winston S. Churchill, *Blood, Sweat, and Tears* (New York, 1941), p. 18.

88　*Works*, I, 337, 428-29, 435, 454, 489; II, 26, 30, 304, 358, 542; III, 112, 441; V, 227, 278; VI, 21, 24; VII, 349.

89　*Ibid*, I, 185-86, 324, 501; II, 29, 120, 280-81, 548; III, 379-80; VI, 226; VII, 458.

90　*Ibid*., I, 87, 193, 323, 336, 405; II, 26, 427-28, 548, 552; VI, 19; VII, 127.

91　*Ibid*., I, 87, 190, 257, 280, 307, 352, 375, 431, 432, 471, 473, 483, 489, 492, 502; II, 27-29, 33-34, 44, 292, 293, 306, 335, 336, 349, 429-30, 439; III, 39-40, 81, 109, 110; V, 230; VI, 98, 243, 306-7; VII, 44-48, 59, 60, 190; VIII, 274; *Letters*, pp. 299-300.

92　*Works*, I, 259-60, 270-71, 432; II, 28-29, 331; III, 12, 16, 25, 39, 81, 98-99, 104, 106;

VI. 近代のナチュラル・ライトの危機

VI, 132.

93　*Ibid.*, VI, 250-51.

94　*Ibid.*, I, 114, ff., 122, 129, 131, 143-44, 155; II, 441; VI, 98.

95　『崇高と美』の中で、バークは「もし何もなかったとしても、我々の庭園が、数学的観念が美の真の尺度ではないと我々が感じ始めていることを表明している」と述べ、そしてこのような誤った見解は「プラトンの適合と適性の理論から生じた」と述べている (*Works*, I, 122)。『フランス革命の省察』において、彼はフランスの革命家たちをフランスの「装飾庭園師」に見立てている (*Works*, II, 413)。*Ibid.*, II, 306, 308 および I, 280 を参照せよ。

96　*Works*, II, 359, 364, 367, 435, 440; VI, 146-47.

97　『フランス革命の省察』のドイツ語訳者である Friedrich von Gentz はこのように述べている。「コンスティテューションが作為されるなどということは絶対に不可能である。それは自然の作品と同じようにそれ自体の漸次的な発展によって築き上げられなければならない。……この真理こそ最も貴重であり、『おそらく唯一の事実上の新しい真理である』。(『なぜなら以前はそれはせいぜい予感されていたにすぎず、完全に認識されていたわけではなかったからである』)。それによってフランス革命は政治学をより豊かなものにしたのである」(*Staatsschriften und Briefe* [Munich, 1921], I, 344)。

98　*Works*, II, 33, 91, 305, 307-8, 439-40; V, 148, 253-54.

99　*Ibid.*, II, 33; V, 313; VI, 160; *Letters*, p. 270. バークの近代「経済的政治家 economical politicians」との一致については、とりわけ *Works*, I, 299, 462, II, 93, 194, 351, 431-32; V, 89, 100, 124, 321; VIII, 69 を見よ。バークがフランス革命を通して学んだと思われる数少ないことの一つは、権力や影響力は必ずしも財産に付随するものではないということである。*Works*, III, 372, 456-57; V, 256 を VI, 318 と比較せよ。Barker, *op. cit.*, p. 159 もまた見よ。

100　Hegel, *Rechtsphilosophie*, sec. 189 Zusatz を参照せよ。

101　*Works*, II, 348-49, 363; VI, 413; Thomas W. Copeland, *Edmund Burke: Six Essays* (London, 1950), p. 232 もまた見よ。

Ⅵ. 近代のナチュラル・ライトの危機

102 *Works*, II, 33, 307; V, 89, 100, 321; Kant, *Sämtliche Werke*, ed. Karl Vorländer VIII, 280.
103 *Works*, III, 375, 393, 443; VIII, 510; *Letters*, p. 308.
104 *Works*, II, 306, 359, 443; III, 110, 112; VI, 146; Hegel, *op. cit.*, Vorrede; Barker, *op. cit.*, p. 225 も参照せよ。
105 *Works*, II, 28.
106 Cicero, *Republic* i. 31–32, 34, 70–71; ii. 2–3, 15, 17, 21–22, 30, 37, 51–52, 66; v. 2; *Offices* i. 76. Polybius vi. 4. 13, 9. 10, 10. 12–14, 48. 2 も考察せよ。
107 *Works*, I, 117, 462; II, 309; V, 253–55.

訳者あとがき

本書は Leo Strauss *Natural Right and History* (Chicago University Press, 1953) の邦訳である。周知の通り、同書はすでに『自然権と歴史』の表題にて、塚崎智・石崎嘉彦両氏によって、1988 年に昭和堂より公刊され、また 2013 年には筑摩書房より若干の修正が加えられて再刊されている。

『自然権と歴史』の訳者である塚崎氏が「訳者あとがき」にて以下のように述べているように、同書において Natural Right の訳語には解釈上の問題が生じている。

> 翻訳中もっとも気がかりだったのは、そして今でも懸念しているのは、本書のキー・ワード Natural Right の訳語のことである。近代のホッブズ以後の Natural Right を「自然権」と訳すことにためらいはなかったが、古代・中世の Natural Right に「自然権」の訳語を当てることには問題が感じられ、むしろ「自然法」(Natural Law) と訳した方が適切ではないかと思われることが多かったからである。しかしながら、古代・中世を論じた第 IV 章……において『自然法』(Natural Law) の語が別個に用いられているので、Natural Right に『自然法』の訳語を当てることは避けなければならなかった。シュトラウスが Right の訳語を使用したとき、彼の母国語であるドイツ語の Recht が念頭にあったのではないかと想像されるが、周知のごとく Recht は、フランス語の droit やイタリア語の diritto と同じく権利と法の両義をそなえていて、そのことに我々の訳語選定の難しさの遠因があるように思われた。」

それゆえ『自然権と歴史』では訳語として、古典的な Natural Right に

訳者あとがき

については「自然的正」が、近代以降の Natural Right については「自然権」が充てられている。

　このような懸念を受けとめ、シュトラウスの示そうとした Natural Right がいかなるものか、また塚崎氏の述べるようにそれを「自然法」と訳すことが適切であるならば Natural Law のほうはいかなるものかを検討したことによって、再訳の意義を感じた次第である。すなわち本書においてシュトラウスは、「歴史」と対比的な概念である「ナチュラル・ライト Natural Right」の意味するところが歴史的に変遷してきたということ、あるいは近代において全く異なるものとなってしまったということを述べようとしているという解釈のもと、『ナチュラル・ライトと歴史』の表題にて再訳を試みた。本書の「近代のナチュラル・ライト」の冒頭にあるように、フッカーの時代とロックの時代との間には思想的に大きな隔たりがあり、「フッカーとロックとの間の時期は、近代の自然科学、非目的論的自然科学の興り、それとともに伝統的なナチュラル・ライトの基盤の破壊が目撃された時期だったのである。」それゆえシュトラウスは「近代のナチュラル・ライト」の章で両者の観念の違いを明らかにすること、「ナチュラル・ライトの伝統において断絶が起きた」ことを明らかにすることに尽力しており、近代よりも前の「ナチュラル・ライト」が、むしろ「自然法」の意味合いを強くもつものであったことを、その観念の歴史的変遷を明らかにすることを通して表現しようとしている。そしてまた、近代以降のナチュラル・ライトが伝統的な意味合いとは異なり、自然権と解されるに至った事実を示しているのである。このような観点からいえば、近代と前近代の Natural Right を一様に自然法とか自然権、あるいは自然的正という訳語で充て込んでしまうことは、あるいはまたそれらを訳し分けてしまうことは、シュトラウスの意図するところとは合致しないと考えた次第である。シュトラウスは、近代における Natural Right の概念の変容とその「危機」が、「自然」の放棄を準備したということを全体において述べようとし、また本書において「ナチュ

訳者あとがき

ラル・ライト」と「歴史」を対比的に描こうとしたのである。

なお、本書の「訳者あとがき」は、皇學館大學人文學會の發行する機關誌『皇學館論叢』に掲載されている「レオ・シュトラウス *Natural Right and History* における"Natural Right"の訳語の問題とその解決」ならびに「レオ・シュトラウス *Natural Right and History* における"Natural Right"と"Natural Law"の関係」の二論文を、あとがきの体裁として要約・修正したものである。

レオ・シュトラウスは1899年9月に、ドイツのヘッセン州キルヒハインで生まれた。マールブルク、フランクフルト、ベルリン、ハンブルクの各大学にて哲学を、そしてまた数学や物理学を学んだ。1921年にはヤコビの認識論の研究でハンブルク大学より哲学博士を授与されている。正統派ユダヤ教徒だったこともあって、彼は1938年にナチスによる迫害を逃れるために米国に移っている。米国ではニューヨークのニュー・スクール・フォー・ソーシャル・リサーチを経て、シカゴ大学で政治哲学の教鞭を執ることになった。

このようなシュトラウスの半生を踏まえれば、彼が「ナチュラル・ライト Natural Right」という語を用いて表現しようとしたものが浮かび上がってくる。上述の塚崎氏の言うように、彼の母国語であるドイツ語では、英語でいうところの「ライト Right」は「レヒト Recht」であり、その場合における自然法は Naturrecht である。ドイツでは「法」を表す言葉は Recht と Gesetz の二種類があるが、後者は多くの場合、記された「法」、つまり制定法や法律といったもののことを指すとともに、法則といったものも表す。これに対して前者は「法」を表すと同時に権利をも表す言葉である。その意味で、彼の母国語における「自然法」と「自然権」を同時に表す言葉は Naturrecht しか存在せず、Naturgesetz は概念において別物である。あるいはまた、Naturrecht に対応するところのナチュラル・ライト Natural Right は、ローマ法における ius naturale の英

訳者あとがき

語表記である。ius は法とも権利とも訳されるように Recht の概念の源泉、あるいはその互換である。対して同様に、ローマ法においては「法」ないし法律、そして法則のことを表す lex が存在し、これがドイツ語における Gesetz に対応している。本書の翻訳が複雑なのは、英語における Law が厳密にそれらと同様に分類されるものではなく、それゆえ事実上の意味において英語における「法」は一般的には Law よりほかにないためである。そのような事情がある中でシュトラウスは、本書における「ナチュラル・ライトの歴史」の記述がナチュラル・ライトの起源についての考察から始まっていることからもわかるように、その法観念の歴史的変遷が古代から、つまり ius naturale から始まるものであることを、英語という言語を用いて明らかにしようとしているのである。

　本書では、Law と区別するために、Right を単に「法」と訳すことは極力避けるべきであると思われた。しかし訳書は書物であって、訳語の選択は読者の誤解なきように努めなければならないのだから、実際の翻訳にあたっては文脈に応じて right は様々に訳されねばならず、その場合例えば「ライト」「法や正義」「正」、そして近代以降の文脈では「権利」などと訳されるのが適切と考えた。また、単なる「正しさ」や「正当さ」、あるいは合法性ないし合「法律」性と対比するために「正統」という訳語もまた充てることとした。すなわち、単なる「正しさ」とかいまここにおける「正しさ」といったものを示すところの「正当性」と、何らかの高次における「正」の根拠に基づいているところの「正しさ」である「正統性」の概念を、正しさ Just と正統さ Right との対比として示すことの意義を踏まえてのことである。シュトラウスは「何が正しいのか」の価値判断はなされるべきであるとして本書でウェーバーを批判しており、価値的に相対的なものである「歴史」のような人為的な何かに訴えることが「正統 Right」ではなく、それの価値判断をなすところの、伝統的ないし古典的な「ナチュラル・ライト Natural Right」に訴えることこそが、本来的には「正統 Right」であると主張しているように思われる。

訳者あとがき

シュトラウスの全体主義に反対する思想・信念を踏まえれば、本書で法律的に Just ではあるが Right ではないという場合について、何が自然において正しいかの価値判断を行う「ナチュラル・ライト」の語を用いて問題提起しようとしていることは見て取れよう。

Right の語を訳す際に法と権利をどのように振り分けるかという点に関して言えば、単に「ライト」と記す場合を除けば、a right とか rights と原文にある場合には、主に「権利」と訳した。近代において「ナチュラル・ライト」を端的に個別的なものとみなすことで自然権という概念が生じたことを踏まえてのことである。

ここで、塚崎氏の「あとがき」にあるように、Natural Right に対比する語として Natural Law があることに注目したい。伝統的ないし古典的な Natural Right を「自然法」のことであると解釈し、また実際にそのように訳した際に、同じ文脈の中で Natural Law の方はどのように解釈すべきか、という問題がここで浮上してくるのである。これについては、伝統的な「自然法」を擁護するヨハネス・メスナーの『自然法 Das Naturrecht』の訳者である水波朗氏の見解を、シュトラウスにおいても適用することとした。

訳語に関して一言しておかねばならない。それは、我国においては普通、共に「自然法」と訳される lex naturalis（Naturgesetz）と jus naturale（Naturerecht）の区別の問題であって、この両者を明確に分けて考えることは、一般にトマス主義的自然法論においてそうであるように、メスナー教授の場合にも甚だ重要なこととされている。lex naturalis は何よりも本性の働き inclinatio naturae である。殊に今の場合、個々の具体的に実存しているこの、あの人間のうちにある「本性の特定された傾き」である。事柄を単純化していえば、人はこうした本性の一定の傾きに従って人間の本質的な現実在に適合した仕方で

訳者あとがき

行為する場合にのみ、自己の本質を獲得し、自己の存在性を増し、自己充足を遂げることが出来る。そして自己充足をとげることが一切の人間的行為の目標であり、倫理学はいかにしてこの目標をとげるかに答えるものであるから、結局 lex naturalis は、人間の個人的、社会的、文化的生活の一切にかかわる最も一般的な倫理法則であり、倫理学の基本原理である。……これに対して jus naturale も、それ自身 lex naturalis であるが、ただ観点を異にしてみられたその一部である。つまり人間の集団的な生活関係におけるある特殊な準則である。それは、各個人や共同体が自己の存在充足を遂げるために他から妨げられることなく事をなしうる「自律的領域」Autonomie を画定するものである。したがってそれは、この自律的領域を実力を背景にして保障する「実定法」や、この領域への他からの侵害を必要とあれば実力を用いてでも排除することを要求できる資格としての「権利」、あるいはまた他人の自律的領域の尊重を意味する「法的義務」などにかかわるものである。ここに固有の意味での「法」或いは「法律」の世界がある。人間の集団的な生活関係（社会・国家・経済生活）は、こうしたいわゆる「倫理の最低限」としての「法」的秩序へと我々を傾かせる人間本性の傾き、つまり jus naturale に現に支えられているのであり、又人は一そうそれに支えられ、一そうそれを実現するように努むべきなのである。（ドン・ボスコ社版「訳者あとがき」）

水波氏の見解に従えば、伝統的な自然法の見地において両者はその概念上区別されるのであって、lex naturalis = Natural Law は第一に人間の「本性の特定された傾き」のことを指し、それに対して ius naturale = Natural Right は「人間の集団的な生活関係におけるある特殊な準則」、「各個人や共同体が自己の存在充足を遂げるために他から妨げられることなく事をなしうる『自律的領域』を画定するもの」のことを指す。あるいはまた、Natural Right はそれ自体 Natural Law の一部ではあるが、

訳者あとがき

観点が違う、という点において異なるのである。上記のように、Natural Law は「最も一般的な倫理法則であり、倫理学の基本原理」である。それは現在一般的に「自然法」とよぶところの Natural Law とは、「法」そのものではないという点において、厳密にいえば性格が異なる。それに対して Natural Right は、「実力を背景にして保障する『実定法』や、この領域への他からの侵害を必要とあれば実力を用いてでも排除することを要求できる資格としての『権利』、あるいはまた他人の自律的領域の尊重を意味する『法的義務』などに関わるものである」。われわれは「現実の社会のなかで人間が生きるための『倫理の最低限』としての『法』的秩序へと我々を傾かせる人間本性の傾き、つまり jus naturale に現に支えられている。」そしてまた本性において社会のなかで生を営むわれわれは、「一そうそれに支えられ、一そうそれを実現するように努むべきなのである。」そうであるから順序として、メスナーは『自然法』のなかで、はじめに Naturgesetz ＝ Natural Law について論じ、その後で Naturrecht ＝ Natural Right について論じている。その根底において Natural Right の問題は人間本性の問題であり、「自然」観の問題なのである。したがって、水波氏はメスナーの区別に従い、Naturgesetz（lex naturalis）を主に「本性法則」とし、Naturrecht（jus naturale）を、「自然法」と訳し分けた。水波氏は『自然法』創文社版の「訳者あとがき」にて、次のようにも述べている。

　　（Naturgeset は）人間本性の法則であって、これは現実在する法則（Sein）でもあれば同時に人間の存在充足を指導する倫理法則（Sollen）でもあるものとして、各個人や各社会体の存在に、その存在の構造法則として印刻されているものである。これは最広義での道徳法則、或はそう言いたければ倫理法則であり、人間の個人的・社会的生活全般を現に支配し規定する規範である。ところがすでにギリシアの昔から、この本性法則の一部であって、しかもことに「各人ノモノ」、各人

の権利にかかわる社会生活上の本性法則が、特別に（lex naturalis 一般から区別されて）jus naturale の名をえてきた。メスナーが Naturgesetz（本性法則）と区別して Naturrecht（自然法）と呼ぶものはこれである。この法則はことに固有存在としての社会諸集団の生活、制度・イデオロギー的なもの、法や権利の社会的実力による保障などに深くかかわり、まさしく社会倫理学の主として問う法則なので、本書にメスナーは『自然法』のタイトルを有するのである。

要するに伝統的な自然法においては、Naturgesetz = Natural Law のうち、各人の権利に「かかわる」ところの「社会生活上の」自然法則すなわち「自然法」のことを、Naturrecht = Natural Right と呼ぶのである（すなわちそれは権利そのものではない）。シュトラウスは『人間の本性法則 Natural Law と歴史』を著したのではなく、『ナチュラル・ライト Natural Right と歴史』を著した。シュトラウスは両者を明確に区別していたのであって、メスナーに適用されるこの訳し分けはシュトラウスにおいても、少なくとも伝統的な自然法の文脈においては可能であろう。

しかしながら、本書において Natural Right の訳語には「ナチュラル・ライト」の語を充てることとした。そうであるならば Natural Law のほうは、読者にその違いをより意識的に訴えるためにも、「ナチュラル・ロー」の訳語を充てるべきであろうと考えた。本書を読み進めてみれば、ところどころに「ナチュラル・ライトないしナチュラル・ロー」とか「ナチュラル・ライトは、否むしろナチュラル・ローは」といったかたちで、シュトラウスは意識してそれらを使い分けているからである。また、メスナーの『自然法』を訳し分ける際に水波氏がところどころ括弧で補足したように、ナチュラル・ローを本性法則ではなく自然法則、あるいはもはや自然法と訳したほうがよさそうな箇所が、シュトラウスにおいても散在している。Natural Law は第一に人間の本性法則を指す語ではあっても、Natural Right を含む、あるいは人間と社会体の自然本性にお

訳者あとがき

いてそれを見出すところのものである、包括的な概念だからである。このような訳し分けは全体を通して少々煩雑な印象を受けるが、シュトラウスの意図するところには沿った形になるように思われた。

　最後に、翻訳にあたっては『自然権と歴史』を参照し、多くを学ばせて頂いた。誠に同書がなければ本書をまとめることなど到底不可能であったし、本書は先達の秀逸な功績を継承したものに過ぎないと、ここで申し述べておきたい。心から謝意を表する次第である。

　2016年2月

遠藤　司

Leo Strauss（レオ・シュトラウス）
1899年、ドイツのヘッセン州キルヒハイン生まれ。エルンスト・カッシーラーに師事し、後にはフッサールやハイデガーにも学ぶ。ハンブルク大学より哲学博士を授与。シオニストであったため、ナチスによる迫害を逃れるために米国に移る。ニューヨークのニュー・スクール・フォー・ソーシャル・リサーチを経て、シカゴ大学で政治哲学の教鞭を執った。1973年没。

代表作に *Natural Right and History* や *Hobbes' politische Wissenschaft* など。

遠藤　司（えんどう　つかさ）
1981年、山梨県生まれ。皇學館大学現代日本社会学部准教授。同志社大学大学院法学研究科博士前期課程修了。

レオ・シュトラウス
ナチュラル・ライトと歴史

平成28年4月1日　初版
本体価格 1,490 円 + 税

翻訳者　遠藤　司
発行所　皇學館大学出版部
代表者　井面　護
〒516-8555　伊勢市神田久志本町1704

印刷所　㈲青木印刷
〒516-0036　伊勢市岡本1-2-24

ISBN978-4-87644-200-3　C0110